孙培青
文　集

第三卷

隋唐五代教育论著选

孙培青　编

上海教育出版社
SHANGHAI EDUCATIONAL
PUBLISHING HOUSE

第二编 唐 代

目
录

目
录

裴　堪 / 468

目
录

29

第三编 五 代

孙培青文集　第三卷　隋唐五代教育论著选

目
录

隋、唐、五代(581—960),是中国封建社会文化教育发展的重要历史阶段。许多教育家、思想家、政治家、科学家对与教育有关的问题有所论述,但文献材料颇为分散,查找实在不易。《隋唐五代教育论著选》选取这个时期三百八十年间具有重要意义的教育论著,原则上按人物所处年代的先后加以编列,从多方面反映这个时期教育思想和教育实际的发展与变化。

隋是六世纪下半叶由杨坚建立的,它是统一南北、结束分裂局面的中央集权国家。隋王朝的统治较为短暂,只持续了三十多年,在一些教育家、思想家的推动下,虽制定了兴学的教育政策,但并未认真贯彻。教育事业曾有初步发展,但由于最高统治者思想的摇摆、政局的动荡,中途遭受挫折,出现大起大落的情况。从历史发展的过程考察,隋代创设的一些制度为唐代教育发展开辟了道路。隋代制定兴学的教育方针,设置学校,网罗人才,整顿文风,推行礼乐教化,重视图书建设等等,都是有重要意义的。

唐继隋而起,承隋的历史经验教训,实行隋已开创的一些有效的制度,走上繁荣强盛的道路,统治时间长达二百九十年。唐初,李渊就强调要兴化崇儒。李世民在"偃武修文"的思想指导下,于贞观初实行崇儒兴学的方针政策,采取了一系列实际措施,建立了从中央到地方的官学教育制度,使教育事业有了很大的发展。到了李隆基当政的开元年代,不仅官学受到政府重视,而且私学的开办也受到政府鼓励,还通过教育立法,在学校内部建立起较完备的教学制度。广泛发展的教育事业和丰富的教育实践活动,是教育思想发展、教育论著产生的现实基础,所以唐代教育论著不仅绚丽多彩,而且数量有较大的增长,自然成为本书的主体部分。

五代延续五十多年,在分裂割据的特定政治条件下,各地方政权维持短期的安定,使地区经济和教育事业有所发展。战争的破坏,造成学校的不足;而民间书院的兴起,弥补了学校的不足。这是五代教育的特点。印板术的使用,使经书广泛传播,也为教学创造了有利条件。但是,这一时期在教育理论方面创新不多。

以下着重就唐代教育论著中的有关问题作一些说明。

关于崇儒的教育方针政策。这是这一历史阶段教育论著中体现的重要特点。唐王朝建立后,为了长远统治利益,在政治上、经济上暂时对人民作了一些让步,而在思想上则设法加强控制。儒学、佛教、道教成为唐代统治者控制人民思想的三件"法宝"。其中,与政治伦理道德密切结合,在社会生活中经常发挥作用的是儒学。传统的儒学因为主张贵贱等级制度、忠孝仁义的封建伦理道德,采用通过礼乐教化移风易俗的感化手段,仍然适合帝王统治需要,成为官方学术。唐初就宣扬崇儒的理论,武德二年(619年)曾强调兴化崇儒,并颁发了诏书,在贞观年代继续提倡。其实际措施是用行政命令为儒家创始人孔丘立庙,规定定期祭孔的制度,并将儒家经典列为学校正式课程,通过学校教学渠道,把儒家思想灌输给年轻生徒,鼓励勤读经书的儒生,为他们提供参政当官的机会。论著中有不少议论崇儒、尊孔、读经、任贤的文献，就是这种思潮的反映。

关于提倡道教，大量设置玄学。这是唐代教育政策中的新特色。李渊开其端，认道教始祖李耳为先祖，立庙奉祀，提高道教的地位。李治进一步封李耳为太上玄元皇帝。李隆基推动尊崇道教达到高潮，命令京都及各州皆立玄元皇帝庙，士庶每家藏《老子》一本，勤加习读，贡举加试《老子》，还命令将崇玄学与玄元皇帝庙并设，规定博士与学生皆有定额，学习道教的"五经"（《老子》称《道德真经》，《庄子》称《南华真经》，《文子》称《通玄真经》，《列子》称《冲虚真经》，《庚桑子》称《洞虚真经》），其考试如国学，科举增设道举，为玄学生入仕参政开辟了道路。唐代依照行政命令设立的崇玄学达数百所之多，其教学有完备的制度。这种奇特现象是南朝的玄学所无法比拟的，后代再也没有出现过。

关于人性论的讨论。人性论是教育理论的基础，在唐代是被重视和讨论的问题之一。一些思想家为了论证统治者特权地位，选择合乎他们利益的人性理论，批评性善论、性恶论、性善恶混论等都属于一偏之见，而继承孔丘"唯上智与下愚不移""性相近也，习相远也"的观点，发展成性三品说。韩愈是这种学说的主要代表。与过去的思想家不同，他把性与情联系起来，以情的表现来说明性，认定情的品级和性的品级是相应的，肯定教育在发展和完善人性方面的重要作用。李翱与韩愈的观点有差别，他受佛学的影响，主张性善情恶，认为性本质上总是善的，而情都是恶的，情影响了性，使性受蒙蔽或破坏，因此教育的任务就是灭情复性。皇甫湜认同韩愈的性三品说，但偏向性善论，强调自觉勉励。后来的杜牧则抨击性善论、性善恶混论，而偏向性恶论，强调要用礼法来制约人的性恶。皇甫湜和杜牧在人性论上都缺乏新见解。

关于培养人才的标准。对选用官吏,李世民强调以德行学识为本,德行居于首位,学识居于其次。这也就成为培养人才的标准,此种人才要知道儒家以德治国的理论,遵循"三纲五常"的规范,能通达社会事务,经世致用,最好还要文武兼备。

关于伦理道德教育。统治者提倡忠君孝亲,规定《孝经》是学校必读的教材。李隆基还亲注《孝经》,颁于学校,作为标准教材。思想家肯定"五常"是社会道德规范,其中最基本的规范是仁与义(合称"仁义"),其他一切规范皆是仁义在各方面的实际表现。所谓自古以来永存不变的道,就是仁义。仁义存于内心,而表现于行为。在对待人我关系上,体现"躬自厚而薄责于人"的精神,责己重以周,责人轻以约。个人的修养与师友的影响密切相关,要审慎地选择善友,建立牢固的联系,如此在进德修业上会获益匪浅。要有道德是非观念,不能只计个人的利害而不顾是非,应该从道,而不是从众。处世之中,要坚持道德原则,实行时要从具体情况出发,适当注意灵活性。这就是内可以守其道,外可以行其道。

关于统一教学内容,统一教材。唐代统一的中央集权国家体制的确立,要求居统治地位的儒学思想也相应地统一。当时南北有不同的门派,传播不同的注疏,体现不同的经学理论,学校教学难有统一标准,考试取士也无共同标准,这对统一思想是有妨碍的。李世民为了统一儒学思想,先令颜师古考定五经文字,统一了经书文字,后又令孔颖达负责组织一批经学家,研究汉以下的注疏,进行统一解释,成书后,又经过两次修订,最终编成一百七十卷的《五经正义》。这部官书颁发之后,成为国家规定的统一教材,也是科举考试的依据。统治者认为经学教材统一十分重要,经文因年久而产生误差，就一而再再而三地进行统一诸经文字工作。大历年间，张参奉命校勘五经文字。开成年间，李昂采纳郑覃建议，创立石经，都是这种思想的实际体现。经学统一，束缚了学术思想的发展，引起有识之士的不满，他们突破官定注疏的束缚，凭己意说经，发表异议，阐发自己的政治见解。这种舍注疏甚至舍传记而求经的做法，造成学风的转变。啖助及其弟子赵匡、陆质就是开新风气的先锋，支持者大有人在。

关于文化、科学繁荣与教育的发展。唐代国家统一，有较长时间的社会安定，农业生产的恢复和发展，促进了经济的繁荣；国际交流的开展，历史文化遗产的积累，为文化、科学的发达创设了条件。在文化方面，唐代文学的主要文体近体诗和散文极为兴盛，取得了辉煌成就，士人没有不会诗文的。官学和私学都教授文学，对学习文学和文学写作的方法，有不少人加以研究，此类论著颇多。唐代重视历史研究，强调史书编纂，组织编纂了多部史书，还有个人编写的重要史学著作，史学理论有了新的总结，史学传受也较普遍。在艺术方面，书法颇受重视，学习继承"二王"书体，创造唐代新书体，先后出现了许多书家，总结书法教学的许多经验，写下不少论著，成为宝贵的遗产。在科学方面，唐代重视数学，王孝通著《缉古算经》，李淳风注释《十部算经》，是数学的重要发展，也为数学教学提供了条件。地理学研究也有较大的发展，适应内外交通发展的需要，编成多种地志、地图，地理学家贾耽所绘制的《海内华夷图》等在绘制方法上有创新，都推进了地理教学。医学科学也有较大发展，《备急千金要方》《外台秘要》是集当时医学大成的两部名著，《唐新本草》是一部收集大量药物资料并有药图配套的国家药典。这些著作为医学教学提供了条件，有利于医学教学的发展。学科的发展，不胜枚举。由上可见，社会需要促进学科发展，学科发展为社会服务。传授专门学科知识的专科学校的设立以及专家的私人传授，培养了各类人才，这是唐代教育的新问题，也是它的新特点。

关于教学思想。这方面的不少论著都是在教学实践基础上所作的经验总结，稍偏重于学习的经验。韩愈的《进学解》，就是其中较为突出的代表作，强调勤学要专心致志，博学要遍涉百家，精思要明其道义，育人要因材施教。教学思想的发展，更重要的是体现于各学科教学法的普遍研究与总结，其中书法教学、文学教学经验的总结比较具有代表性。尤其是书法教学，从虞世南、欧阳询至颜真卿、韩方明，都有专篇论述，对后世有重要影响。

关于考试的要求和方式。唐代学校与科举考试制度有极为密切的关系，学校的根本目标是培养人才，科举的基本任务是选拔人才，科举为重，学校其次，两者的政治任务是统一的。学校考试的方式绝大部分仿照科举。对于选拔人才的考试，各方不断发生争论，主要有几个问题：要以德行还是才艺为选才标准？当时有人主张先德行而后才艺，也有人主张舍德行而取才艺。要保护特权还是否定特权？有人主张对贵族子弟给予特殊优待，考试可采低标准，任官则优先；有人认为对贵族子弟照顾太优会败坏政治，对国家不利，故对照顾应当有所限制。至于选用人才的途径，有人主张恢复古代的地方选举，废止科举；有人认为应当继续实行科举，进行全国性的考试竞争，学校毕业生中欲参政当官者都要参加。考试要求是重经学还是重文学？实际上，进士科颇受重视，越来越偏重文学。是重韵文还是重散文？有人主张以诗赋试士，有人主张废诗赋而用论议。考试方式是用口试还是用笔试？

有人主张口试简便,当场就可了解程度;有人主张笔试可复查,便于防止舞弊。以上情况表明,考试制度是当时存在争议的教育问题。

关于师道问题。儒家提倡仁义之道,而仁义之道有待于师传,故重仁义之道必然强调尊师,两汉经师以此受尊。自魏晋以来,在玄学和佛教、道教的冲击下,儒学地位下降,人们不热衷从师求道,尊师的观念日渐淡化。在科举制度实行后,进士科占据优势,诗赋策论成为入仕的重要手段,学习文学成为时代潮流。文学强调的不是师传继承,而是个人创新,士大夫以此显示自己的才华,反以从师求教为耻。虽然有识之士不断地指出求师问道的必要性,但难于扭转社会上已形成的习惯。到了唐中叶,韩愈等人为了复兴儒学,发起古文运动和师道运动。韩愈的《师说》是师道运动的"宣言",柳宗元的《答韦中立论师道书》是师道运动的代表作。他们在求师问道、革除弊风等基本问题上观点一致,相互支持。由于个人处境不同,他们在具体做法上略有差异:韩愈不畏流俗,旗帜鲜明;柳宗元担心受政治迫害,表现谦退。他们的主张对后世产生深远的影响。

关于皇子的教育问题。唐代统治者为使政权传之万世,重视对太子及其他皇子的教育。他们认为皇位继承人的教育关系到国家存亡的根本,远则吸取夏桀、商纣败亡的教训,近则吸取隋炀帝亡国的教训,提出继承人不应过于娇生惯养,应当知道社会生活实际,要有品德修养,能适当处理与臣民的关系,要学习经史,懂得圣人治国平天下的道理,所以要注重师傅之教,为之创设一个良好的人际环境。李世民重视皇子的教育,确立师傅制度,任命心腹大臣为师傅,派忠实的人为随从人员。晚年,他又亲自写了《帝范》作为遗嘱,教训李治。本着李世民的这种精神,后来吴兢编撰《贞观政要》时,列了《尊敬师傅》《教戒太子诸王》《规谏太子》等专篇。《贞观政要》一书成为以后皇帝的祖训,大臣们根据祖训提醒皇帝注意。元稹《论教本书》试作理论总结,涉及一些教育理论问题,值得加以重视。五代时张昭《请妙选东宫师傅疏》也属此类。

关于士大夫的家庭教育。士大夫是有文化知识的阶层,在他们之中产生统治人才。士大夫为了保持优越的社会地位,普遍重视家庭教育,或教以学优则仕,或训以为人处世,或传以专门学术,或授以为文之道。部分士大夫还以诗文阐发关于家教的思想观点,留传子孙。由于教导的对象是自己的子弟,因此士大夫的诗文都情真意切地表达了他们的心声和厚望,如韩愈的《符读书城南》、杜牧的《冬日寄小侄阿宜诗》。李商隐的《义山杂纂》、柳玭的《家训》及《诫子孙》,都是士大夫家教的具体表现。

关于女子教育。唐代在封建三纲伦理原则支配下,男尊女卑,女子地位低下,男女的分工是男治外、女治内。对女子的要求就是成为贤妻良母,女子没有受学校教育的权利,只能在家学女工,习家务;条件非常好的,也只能在家读书识字,通常是读《论语》《孝经》《女诫》等书,认识妇女的本分以及应守的伦理规范。个别杰出者将其思想表达为文字,劝告其他女性也遵守封建伦理的要求。如郑氏、宋若昭姐妹,她们都深受东汉班昭《女诫》提倡"三从四德"的影响,根据对妇女品德的要求,仿《孝经》而作《女孝经》,仿《论语》而作《女论语》,两书颇受重视,成为此后妇女教育的重要教材,影响颇为深远。

关于社会教育。隋唐统治者要人民安分守己,纳租服役,成为驯民，不破坏社会等级秩序，因此对社会教育也给予一定重视，让地方官吏负起教导民众的责任，推行礼教，灌输忠孝仁义的思想，以达到化民成俗的目的。杨坚既劝学又行礼，李世民令州县行乡饮酒礼，李旦申劝礼俗，都是统治者重视社会礼教的实际表现。有些地方行政官也在自己的职权范围内推行礼教，使地方的风俗淳厚，秩序正常，农业获得发展，人民丰衣足食，取得较好的政绩。

在这本论著选里，还有关于其他教育问题的文献材料，这里就不一一提及。

本书在编选的体例上，不加注释，也不附译文。

本书在编选过程中，得到金林祥、张建仁、施国恩、徐书业、贾觅恒、孙璟、穆岚等同志的协助，谨此致谢。

由于隋、唐、五代人物众多，材料浩繁，选材定有疏漏，未尽妥善，敬希读者指正。

孙培青

二〇二〇年三月

编者的话

一、我国古代教育论著往往跟其他论著混在一起，需要加以抉择取舍。因此，选材时，全文涉及教育的就选了全文；如果只有一段讲教育，尽量选自然段，一般不作语录式的摘选。

　　二、教育论著跟其他论著有联系的，如伦理教育与伦理学、审美教育与美学、音乐教育与音乐理论等方面，涉及教育的就选，不涉及教育的不选。

　　三、有些著作，经后人考证，其作者确有疑问，但这些著作也反映了当时或稍后的教育情况和思想，故还是选入，只列出书名，不写作者，在书的简介里说明。次序按论著内容或成书的时代排列。

　　四、论著按朝代划分，但若论著作者为后代人，则其所著前代正史中论述教育的文字收入前代的论著选。如果不是在正史而是在一般著作中论述前代教育，则此类著作仍编入作者所生活的朝代的论著选。

　　五、论著一般以作者生年为序，若生年未详，参照卒年；若生卒年皆未详，参照其活动的时间。如果作者的生年在某帝王的生年之前，他的教育论著写于此帝王在位时期，则对排列顺序予以适当调整。

　　六、原文有篇目的，用原篇目；没有篇目的，根据原书叙述或内容拟篇目。

七、原则上按原书的字排印，改正避讳字（包括缺笔字）。有些地方有脱误或衍文，仿照中华书局一九八二年点校本《史记》的点校体例，参考有关文献，认为应删的删去，但保留原字，加个圆括号；认为应加上的加上，加个六角括号，以便识别。

八、标点符号遵照一般用法。引文加双引号，引文中还有引文的加单引号。

九、为了使读者了解作者的生平，在每位作者的论著前写作者简介。有的论著，如《隋书》，写书的简介，并介绍书的编撰者。

十、论著一般不加注释。根据新近整理的标点本（如中华书局出版的《元稹集》《中说校注》等）排印的，不加校注。根据较早的其他版本排印，文字出入较大的，酌加校注。

十一、文献出处在论著之后注明，具体内容包括书名、卷数、篇名、出版单位和出版时间，例如：《史记》卷八七《李斯传》，中华书局一九八二年版。如果是辑佚的论著（如严可均辑佚的《全上古三代秦汉三国六朝文》），除了照原书注明原来的出处外，还写明录自何书。

十二、如果只选用论著的一段或几段，写明"节选"。如果一本书的各篇都是选用的，在书名后写"节选"；如果有些篇全用，有些篇选用，在篇名后写"节选"。

第一编 隋代

柳　昂

柳昂（生卒年未详）　字千里，河东解县（今山西运城西南）人。才识器量过人。在北周，官至大内史。隋开皇初为太子太保，后加上开府，授潞州刺史。昂在州，甚有惠政，见天下安定，可以劝学行礼，因上表言事，上览而善之，因下诏劝学行礼，从此天下州县兴起学校，皆置博士习礼。

上文帝劝学行礼表

臣闻帝王受命，建学制礼，故能移既往之风，成惟新之俗。自魏道将谢，分割九区，关右、山东，久为战国，各逞权诈，俱殉干戈，赋役繁重，刑政严急。盖救焚拯溺，无暇从容，非朝野之愿，以至于此。晚世因循，遂成希慕，俗化浇敝，流宕忘反。自非天然上哲，挺生于时，则儒雅之道，经礼之制，衣冠民庶，莫肯用心。世事所以未清，轨物由兹而坏。

伏惟陛下禀灵上帝，受命昊天，合三阳之期，膺千祀之运。往者周室颓毁，区宇沸腾，圣策风行，神谋电发，端坐廊庙，荡涤万方，俯顺幽明，君临四海。择万古之典，无善不为，改百王之弊，无恶不尽。至若因情缘义，为其节文，故以三百三千，事高前代。然下土黎献,尚未尽行。臣谬蒙奖策,从政藩部,人庶轨仪,实见多阙,儒风以坠,礼教犹微,是知百姓之心,未能顿变。仰惟深思远虑,情念下民,渐被以俭,使至于道。臣恐业淹事缓,动延年世。若行礼劝学,道教相催,必当靡然向风,不远而就。家知礼节,人识义方,比屋可封,辄谓非远。

《隋书》卷四七《柳昂传》,中华书局一九七三年版

杨坚（隋文帝）

杨坚(541—604)　即隋文帝。弘农华阴(今属陕西)人。隋代建立者。出身贵族,女儿为周宣帝皇后。580年,周宣帝死,继位的周静帝年仅八岁,坚以后父任宰相,总揽朝政。581年,废静帝自立,建国号隋。581—604年在位。587年灭后梁,589年灭陈,结束南北分裂局面,全国复归于统一。政治上加强皇权,实行三省六部制、地方州县二级制,九品以上地方官由吏部任免。经济上实行均田制,减轻农民负担,促进生产发展。前期注重文教,以重儒劝学为方针,于开皇三年(583年)下诏劝学行礼,州县皆置博士习礼。九年,又下诏再促劝学,认为统一和平时期,俱可学文。国学及州县生徒数量有较大发展,国子寺独立成为教育领导机构,统辖国子学、太学、四门学、书学、算学,生徒达千人,出现文教繁荣的局面。到了后期,专尚刑名,崇信佛教,不悦儒术,文教政策也随之改变。认为学校生徒多而不精,培养人才效果极差,下令简省,唯留国子学一所,学生七十人,其他学校连同州县学并废,造成教育事业的大倒退。

劝学行礼诏

建国重道,莫先于学;尊主庇民,莫先于礼。自魏氏不竞,周、齐抗衡,分四海之民,斗二邦之力,递为强弱,多历年所。务权诈而薄儒雅,重干戈而轻俎豆,民不见德,唯争是闻。朝野以机巧为师,文吏用深刻为法,风浇俗弊,化之然也。虽复建立庠序,兼启黉塾,业非时贵,道亦不行。其间服膺儒术,盖有之矣,彼众我寡,未能移俗。然其维持名教,奖饰彝伦,微相弘益,赖斯而已。王者承天,休咎随化,有礼则祥瑞必降,无礼则妖孽兴起。人禀五常,性灵不一,有礼则阴阳合德,无礼则禽兽其心。治国立身,非礼不可。

朕受命于天,财成万物,去华夷之乱,求风化之宜。戒奢崇俭,率先百辟,轻徭薄赋,冀以宽弘。而积习生常,未能惩革,闾阎士庶,吉凶之礼,动悉乖方,不依制度。执宪之职,似塞耳而无闻,莅民之官,犹蔽目而不察。宣扬朝化,其若是乎?古人之学,且耕且养。今者民丁非役之日,农亩时候之余,若敦以学业,劝以经礼,自可家慕大道,人希至德。岂止知礼节,识廉耻,父慈子孝,兄恭弟顺者乎?始自京师,爰及州郡,宜祗朕意,劝学行礼。(开皇三年)

《隋书》卷四七《柳昂传》,中华书局一九七三年版

劝学诏

往以吴、越之野,群黎涂炭,干戈方用,积习未宁。今率土大

同,含生遂性,太平之法,方可流行。凡我臣僚,澡身浴德,开通耳目,宜从兹始。丧乱已来,缅将十载,君无君德,臣失臣道,父有不慈,子有不孝,兄弟之情或薄,夫妇之义或违,长幼失序,尊卑错乱。朕为帝王,志存爱养,时有臻道,不敢宁息。内外职位,遐迩黎人,家家自修,人人克念,使不轨不法,荡然俱尽。兵可立威,不可不戢;刑可助化,不可专行。禁卫九重之余,镇守四方之外,戎旅军器,皆宜停罢。代路既夷,群方无事,武力之子,俱可学文,人间甲仗,悉皆除毁。有功之臣,降情文艺,家门子侄,各守一经,令海内翕然,高山仰止。京邑庠序,爰及州县,生徒受业,升进于朝,未有灼然明经高第。此则教训不笃,考课未精,明勒所由,隆兹儒训。官府从宦,丘园素士,心迹相表,宽弘为念,勿为踽促,乖我皇猷。

朕君临区宇,于兹九载,开直言之路,披不讳之心,形于颜色,劳于兴寝。自顷逞艺论功,昌言乃众,推诚切谏,其事甚疏。公卿士庶,非所望也,各启至诚,匡兹不逮。见善必进,有才必举,无或噤默,退有后言。颁告天下,咸悉此意。(开皇九年四月壬戌)

《隋书》卷二《高祖纪下》,中华书局一九七三年版

施用雅乐诏

在昔圣人,作乐崇德,移风易俗,于斯为大。自晋氏播迁,兵戈不息,雅乐流散,年代已多,四方未一,无由辨正。赖上天鉴临,明神降福,拯兹涂炭,安息苍生,天下大同,归于治理,遗文旧物,皆为国有。比命所司,总令研究,正乐雅声,详考已讫,宜即施用,见行者停。人间音乐,流僻日久,弃其旧体,竞造繁声,浮宕不归,

遂以成俗。宜加禁约，务存其本。（开皇十四年四月乙丑）

《隋书》卷二《高祖纪下》，中华书局一九七三年版

简励学徒诏

儒学之道，训教生人，识父子君臣之义，知尊卑长幼之序，升之于朝，任之以职，故能赞理时务，弘益风范。朕抚临天下，思弘德教，延集学徒，崇建庠序，开进仕之路，伫贤隽之人。而国学胄子，垂将千数，州县诸生，咸亦不少。徒有名录，空度岁时，未有德为代范，才任国用。良由设学之理，多而未精。今宜简省，明加奖励。（仁寿元年六月乙丑）

《隋书》卷二《高祖纪下》，中华书局一九七三年版

令州县搜扬贤哲诏

日往月来，唯天所以运序；山镇川流，唯地所以宣气。运序则寒暑无差，宣气则云雨有作，故能成天地之大德，育万物而为功。况一人君于四海，睹物欲运，独见致治，不藉群才，未之有也。是以唐尧钦明，命羲、和以居岳；虞舜睿德，升元、凯而作相。伊尹鼎俎之媵，为殷之阿衡；吕望渔钓之夫，为周之尚父。此则鸣鹤在阴，其子必和，风云之从龙虎，贤哲之应圣明，君德不回，臣道以正，故能通天地之和，顺阴阳之序，岂不由元首而有股肱乎？

自王道衰，人风薄，居上莫能公道以御物，为下必蹈私法以希时。上下相蒙，君臣义失，义失则政乖，政乖则人困。盖同德之风难嗣，离德之轨易追，则任者不休，休者不任，则众口铄金，戮辱之

祸不测。是以行歌避代，辞位灌园，卷而可怀，黜而无愠，放逐江湖之上，沉赴河海之流，所以自洁而不悔者也。至于闾阎秀异之士，乡曲博雅之儒，言足以佐时，行足以励俗，遗弃于草野，埋灭而无闻，岂胜道哉！所以览古而叹息者也。

方今区宇一家，烟火万里，百姓乂安，四夷宾服，岂是人功，实乃天意。朕惟夙夜祗惧，将所以上嗣明灵，是以小心励己，日慎一日。以黎元在念，忧兆庶未康，以庶政为怀，虑一物失所。虽求傅岩，莫见幽人，徒想崆峒，未闻至道。唯恐商歌于长夜，抱关于夷门，远迹犬羊之间，屈身僮仆之伍。其令州县搜扬贤哲，皆取明知今古，通识治乱，究政教之本，达礼乐之源。不限多少，不得不举。限以三旬，咸令进路。征召将送，必须以礼。（仁寿三年七月丁卯）

《隋书》卷二《高祖纪下》，中华书局一九七三年版

牛 弘

牛弘(545—610) 字里仁,安定鹑觚(今甘肃灵台)人。隋代学者。在北周,历官中外府记室、内史上士、纳言上士、员外散骑侍郎、内史下大夫、大将军等。在隋,历官散骑常侍、秘书监、礼部尚书、太常卿、吏部尚书,进位上大将军、右光禄大夫。弘以典籍遗逸,上表请开献之路。上纳之,于是下诏,献书一卷,赐缣一匹。一二年间,篇籍稍备。隋代修礼订乐,皆令牛弘主持。有文集十三卷行于世。

上表请开献书之路

经籍所兴,由来尚矣。爻画肇于庖羲,文字生于苍颉,圣人所以弘宣教导,博通古今,扬于王庭,肆于时夏。故尧称至圣,犹考古道而言,舜其大智,尚观古人之象。《周官》,外史掌三皇五帝之书,及四方之志。武王问黄帝、颛顼之道,太公曰:"在《丹书》。"是知握符御历,有国有家者,曷尝不以《诗》《书》而为教,因礼乐而成功也。

昔周德既衰,旧经紊弃。孔子以大圣之才,开素王之业,宪章祖述,制《礼》刊《诗》,正五始而修《春秋》,阐《十翼》而弘《易》道。

治国立身，作范垂法。及秦皇驭宇，吞灭诸侯，任用威力，事不师古，始下焚书之令，行偶语之刑。先王坟籍，扫地皆尽。本既先亡，从而颠覆。臣以图谶言之，经典盛衰，信有征数。此则书之一厄也。汉兴，改秦之弊，敦尚儒术，建藏书之策，置校书之官，屋壁山岩，往往间出。外有太常、太史之藏，内有延阁、秘书之府。至孝成之世，亡逸尚多，遣谒者陈农求遗书于天下，诏刘向父子雠校篇籍。汉之典文，于斯为盛。及王莽之末，长安兵起，宫室图书，并从焚烬。此则书之二厄也。光武嗣兴，尤重经诰，未及下车，先求文雅。于是鸿生巨儒，继踵而集，怀经负帙，不远斯至。肃宗亲临讲肆，和帝数幸书林，其兰台、石室、鸿都、东观，秘牒填委，更倍于前。及孝献移都，吏民扰乱，图书缣帛，皆取为帷囊。所收而西，裁七十余乘，属西京大乱，一时燔荡。此则书之三厄也。魏文代汉，更集经典，皆藏在秘书、内外三阁，遣秘书郎郑默删定旧文。时之论者，美其朱紫有别。晋氏承之，文籍尤广。晋秘书监荀勖定魏《内经》，更著《新簿》。虽古文旧简，犹云有缺，新章后录，鸠集已多，足得恢弘正道，训范当世。属刘、石凭陵，京华覆灭，朝章国典，从而失坠。此则书之四厄也。永嘉之后，寇窃竞兴，因河据洛，跨秦带赵。论其建国立家，虽传名号，宪章礼乐，寂灭无闻。刘裕平姚，收其图籍，五经子史，才四千卷，皆赤轴青纸，文字古拙。僭伪之盛，莫过二秦，以此而论，足可明矣。故知衣冠轨物，图画记注，播迁之余，皆归江左。晋、宋之际，学艺为多；齐、梁之间，经史弥盛。宋秘书丞王俭，依刘氏《七略》，撰为《七志》。梁人阮孝绪，亦为《七录》。总其书数，三万余卷。及侯景渡江，破灭梁室，秘省经籍，虽从兵火，其文德殿内书史，宛然犹存。萧绎据有江陵，遣将破平侯景，收文德之书，及公私典籍，重本七万余卷，悉送荆州。故江表图书，因斯尽萃于绎矣。及周师入郢，绎悉焚之于外城，所收十才一二。此则书之五厄也。后魏爰自幽方，迁宅伊、洛，日不暇给，经籍阙如。周氏创基关右，戎车未息。保定之始，书止八千，后加收集，方盈万卷。高氏据有山东，初亦采访，验其本目，残缺犹多。及东夏初平，获其经史，四部重杂，三万余卷。所益旧书，五千而已。

今御书单本，合一万五千余卷，部帙之间，仍有残缺。比梁之旧目，止有其半。至于阴阳河洛之篇，医方图谱之说，弥复为少。臣以经书，自仲尼已后，迄于当今，年逾千载，数遭五厄，兴集之期，属膺圣世。伏惟陛下受天明命，君临区宇，功无与二，德冠往初。自华夏分离，彝伦攸斁，其间虽霸王递起，而世难未夷，欲崇儒业，时或未可。今土宇迈于三王，民黎盛于两汉，有人有时，正在今日。方当大弘文教，纳俗升平，而天下图书尚有遗逸，非所以仰协圣情，流训无穷者也。臣史籍是司，寝兴怀惧。昔陆贾奏汉祖云"天下不可马上治之"，故知经邦立政，在于典谟矣。为国之本，莫此攸先。今秘藏见书，亦足披览，但一时载籍，须令大备。不可王府所无，私家乃有。然士民殷杂，求访难知，纵有知者，多怀吝惜，必须勒之以天威，引之以微利。若猥发明诏，兼开购赏，则异典必臻，观阁斯积，重道之风，超于前世，不亦善乎！伏愿天监，少垂照察。

《隋书》卷四九《牛弘传》，中华书局一九七三年版

何 妥

何妥（生卒年未详） 字栖凤，西城（今陕西安康）人，居蜀郡郫县（今四川郫县）。隋代学者。少时机敏，八岁游国子学，十七岁应梁湘东王召为诵书左右。在北周，任太学博士。隋初为国子博士，善言辞，好评论人物，通音律，奉命作清、平、瑟三调声，又作八佾及鞞、铎、巾、拂四舞。出为龙州刺史，有负笈游学者，皆善待之，亲为讲说教授。后复为学官，转为国子祭酒。著有《周易讲疏》十三卷、《孝经义疏》三卷、《庄子义疏》四卷、文集十卷。

定乐舞表

臣闻明则有礼乐，幽则有鬼神，然则动天地，感鬼神，莫近于礼乐。又云乐至则无怨，礼至则不争，揖让而治天下者，礼乐之谓也。臣闻乐有二，一曰奸声，二曰正声。夫奸声感人而逆气应之，〔逆气成象而淫乐兴焉。正声感人，而顺气应之，〕顺气成象，〔而和乐兴焉。〕故乐行而伦清，耳目聪明，血气和平，移风易俗，天下皆宁。孔子曰："放郑声，远佞人。"故郑、卫、宋、赵之声出，内则发疾，外则伤人。是以宫乱则荒，其君骄；商乱则陂，其官坏；角乱则忧，其人怨；徵乱则哀，其事勤；羽乱则危，其财匮。五者皆乱，则国亡无日矣。魏文侯问子夏曰："吾端冕而听古乐则欲寐，听郑、卫之音而不知倦，何也？"子夏对曰："夫古乐者，始奏以文，复乱以武，修身及家，平均天下。郑、卫之音者，奸声以乱，溺而不止，獶杂子女，不知父子。今君所问者乐也，所爱者音也。夫乐之与音，相近而不同，为人君者，谨审其好恶。"案圣人之作乐也，非止苟悦耳目而已矣。欲使在宗庙之内，君臣同听之则莫不和敬；在乡里之内，长幼同听之则莫不和顺；在闺门之内，父子同听之则莫不和亲。此先王立乐之方也。故知声而不知音者，禽兽是也；知音而不知乐者，众庶是也。故黄钟大吕，弦歌干戚，僮子皆能舞之。能知乐者，其唯君子！不知声者，不可与言音；不知音者，不可与言乐。知乐则几于道矣。纣为无道，太师抱乐器以奔周。晋君德薄，师旷固惜清徵。

上古之时，未有音乐，鼓腹击壤，乐在其间。《易》曰："先王作乐崇德，殷荐之上帝，以配祖考。"至于黄帝作《咸池》，颛顼作《六茎》，帝喾作《五英》，尧作《大章》，舜作《大韶》，禹作《大夏》，汤作《大濩》，武王作《大武》，从夏以来，年代久远，唯有名字，其声不可得闻。自殷至周，备于《诗》《颂》。故自圣贤已下，多习乐者，至如伏羲减瑟，文王足琴，仲尼击磬，子路鼓瑟，汉高击筑，元帝吹箫。汉高祖之初，叔孙通因秦乐人制宗庙之乐。迎神于庙门，奏《嘉至》之乐，犹古降神之乐也。皇帝入庙门，奏《永至》之乐，以为行步之节，犹古《采荠》《肆夏》也。乾豆上荐，奏登歌之乐，犹古清庙之歌也。登歌再终，奏《休成》之乐，美神飨也。皇帝就东厢坐定，奏《永定》之乐，美礼成也。其《休成》《永至》二曲，叔孙通所制也。汉高祖庙奏《武德》《文始》《五行》之舞。当春秋时，陈公子完奔齐，陈是舜后，故齐有《韶》乐。孔子在齐闻《韶》，三月不知肉味是也。秦始皇灭齐，得齐《韶》乐。汉高祖灭秦，《韶》传于汉，高祖改名《文始》，以示不相袭也。《五行舞》者，本周《大武》乐也，始皇改曰《五行》。及于孝文，复作四时之舞，以示天下安和，四时顺也。孝景采《武德舞》以为《昭德》，孝宣又采《昭德》以为《盛德》，虽变其名，大抵皆因秦旧事。至于魏、晋，皆用古乐。魏之三祖，并制乐辞。自永嘉播越，五都倾荡，乐声南度，是以大备江东。宋、齐已来，至于梁代，所行乐事，犹皆传古，三雍四始，实称大盛。及侯景篡逆，乐师分散，其四舞、三调悉度伪齐。齐氏虽知传受，得曲而不用之于宗庙朝廷也。

臣少好音律，留意管弦，年虽耆老，颇皆记忆。及东土克定，乐人悉返，访其逗遛，果云是梁人所教。今三调、四舞并皆有手，虽不能精熟，亦颇具雅声。若令教习传授，庶得流传古乐。然后取其会归，撮其指要，因循损益，更制嘉名。歌盛德于当今，传雅正于来叶，岂不美欤！谨具录三调、四舞曲名，又制歌辞如别。其有声曲流宕，不可以陈于殿庭者，亦悉附之于后。

《隋书》卷七五《何妥传》，中华书局一九七三年版

李 谔

李谔（生卒年未详） 字士恢，赵郡（今河北赵县）人。好学善文，有辩才。在北齐，为中书舍人。在北周，为天官都上士，与杨坚深相结纳。隋开皇时，历官比部、考功二曹侍郎，治书侍御史，通州刺史。认为文家之作，体尚轻薄，递相师效，流宕忘反，于是上书隋文帝，要求正文体。上将其奏书颁示天下，四方响应，深革其弊。

上书正文体

臣闻古先哲王之化民也，必变其视听，防其嗜欲，塞其邪放之心，示以淳和之路。五教六行为训民之本，《诗》《书》《礼》《易》为道义之门。故能家复孝慈，人知礼让，正俗调风，莫大于此。其有上书献赋，制诔镌铭，皆以褒德序贤，明勋证理。苟非惩劝，义不徒然。降及后代，风教渐落。魏之三祖，更尚文词，忽君人之大道，好雕虫之小艺。下之从上，有同影响，竞骋文华，遂成风俗。江左齐、梁，其弊弥甚，贵贱贤愚，唯务吟咏。遂复遗理存异，寻虚逐微，竞一韵之奇，争一字之巧。连篇累牍，不出月露之形，积案盈箱，唯是风云之状。世俗以此相高，朝廷据兹擢士。禄利之路既开，爱尚之情愈笃。于是闾里童昏，贵游总卯，未窥六甲，先制五言。至如羲皇、舜、禹之典，伊、傅、周，孔之说，不复关心，何尝入耳。以傲诞为清虚，以缘情为勋绩，指儒素为古拙，用词赋为君子。故文笔日繁，其政日乱，良由弃大圣之轨模，构无用以为用也。损本逐末，流遍华壤，递相师祖，久而愈扇。

及大隋受命，圣道聿兴，屏黜轻浮，遏止华伪。自非怀经抱质，志道依仁，不得引预搢绅，参厕缨冕。开皇四年，普诏天下，公私文翰，并宜实录。其年九月，泗州刺史司马幼之文表华艳，付所司治罪。自是公卿大臣咸知正路，莫不钻仰坟集，弃绝华绮，择先王之令典，行大道于兹世。如闻外州远县，仍踵敝风，选吏举人，未遵典则。至有宗党称孝，乡曲归仁，学必典谟，交不苟合，则摈落私门，不加收齿；其学不稽古，逐俗随时，作轻薄之篇章，结朋党而求誉，则选充吏职，举送天朝。盖由县令、刺史未行风教，犹挟私情，不存公道。臣既忝宪司，职当纠察。若闻风即劾，恐挂网者多，请勒诸司，普加搜访，有如此者，具状送台。

谔又以当官者好自矜伐，复上奏曰：

臣闻舜戒禹云："汝惟不矜，天下莫与汝争能；汝惟不伐，天下莫与汝争功。"言偃又云："事君数，斯辱矣；朋友数，斯疏矣。"此皆先哲之格言，后王之轨辙。然则人臣之道，陈力济时，虽勤比大禹，功如师望，亦不得厚自矜伐，上要君父。况复功无足纪，勤不补过，而敢自陈勋绩，轻干听览！

世之丧道，极于周代，下无廉耻，上使之然。用人唯信其口，取士不观其行，矜夸自大，便以干济蒙擢，谦恭静退，多以恬默见遗。是以通表陈诚，先论己之功状，承颜敷奏，亦道臣最用心。自炫自媒，都无惭耻之色，强干横请，唯以乾没为能。自隋受命，此风顿改,耕夫贩妇,无不革心,况乃大臣,仍遵敝俗!如闻刺史入京朝觐,乃有自陈勾检之功,喧诉阶墀之侧,言辞不逊,高自称誉,上黩冕旒,特为难恕。凡如此辈,具状送台,明加罪黜,以惩风轨。

《隋书》卷六六《李谔传》,中华书局一九七三年版

杨广（隋炀帝）

杨广（569—618）　即隋炀帝。弘农华阴（今属陕西）人。604—618年在位，年号大业。杨坚次子，用阴谋夺得继承权，登位后实行残暴的统治。滥用民力，修建东都洛阳，建造奢华的西苑，限期修筑长城，开凿数千里运河，无休止地巡游，发动对外战争。这些劳民费财的行动，导致越来越重的负担，使人民破家荡产，别无生路可走，最终只有举行起义以推翻残暴的统治。在文教上，大业初年曾恢复重儒劝学的方针，确立科举取士制度，征召全国儒生于东都讲论，选拔任用，复开庠序，国子学及郡县学的规模超过开皇初。但这些政策措施未能贯彻至终，随着政治腐败，外战内乱相继，社会动荡，学中师徒怠散，空有建学之名，而无教导成才之实。

求贤兴学诏

君民建国，教学为先，移风易俗，必自兹始。而言绝义乖，多历年代，进德修业，其道浸微。汉采坑焚之余，不绝如线，晋承板荡之运，扫地将尽。自时厥后，军国多虞，虽复黉宇时建，示同爱礼,函丈或陈,殆为虚器。遂使纡青拖紫,非以学优,制锦操刀,类多墙面。上陵下替,纲维靡立,雅缺道消,实由于此。

朕纂承洪绪,思弘大训,将欲尊师重道,用阐厥繇,讲信修睦,敦奖名教。方今宇宙平一,文轨攸同,十步之内,必有芳草,四海之中,岂无奇秀! 诸在家及见入学者,若有笃志好古,耽悦典坟,学行优敏,堪膺时务,所在采访,具以名闻,即当随其器能,擢以不次。若研精经术,未愿进仕者,可依其艺业深浅,门荫高卑,虽未升朝,并量准给禄。庶夫恂恂善诱,不日成器,济济盈朝,何远之有! 其国子等学,亦宜申明旧制,教习生徒,具为课试之法,以尽砥砺之道。(大业元年七月丙子)

《隋书》卷三《炀帝纪上》,中华书局一九七三年版

令十科举人诏

天下之重,非独治所安,帝王之功,岂一士之略。自古明君哲后,立政经邦,何尝不选贤与能,收采幽滞。周称多士,汉号得人,常想前风,载怀钦伫。朕负扆凤兴,冕旒待旦,引领岩谷,置以周行,冀与群才共康庶绩。而汇茅寂寞,投竿罕至,岂美璞韬采,未值良工,将介石在怀,确乎难拔? 永鉴前哲,怃然兴叹! 凡厥在位,譬诸股肱,若济巨川,义同舟楫。岂得保兹宠禄,晦尔所知,优游卒岁,甚非谓也。祁大夫之举善,良史以为至公,臧文仲之蔽贤,尼父讥其窃位。求诸往古,非无褒贬,宜思进善,用匡寡薄。

夫孝悌有闻,人伦之本;德行敦厚,立身之基。或节义可称,或操履清洁,所以激贪厉俗,有益风化。强毅正直,执宪不挠,学业优敏,文才美秀,并为廊庙之用,实乃瑚琏之资。才堪将略,则

拔之以御侮，膂力骁壮，则任之以爪牙。爰及一艺可取，亦宜采录，众善毕举，与时无弃。以此求治，庶几非远。文武有职事者，五品已上，宜依令十科举人。有一于此，不必求备。朕当待以不次，随才升擢。其见任九品已上官者，不在举送之限。（大业三年四月甲午）

《隋书》卷三《炀帝纪上》，中华书局一九七三年版

文武职事以才授诏

军国异容，文武殊用，匡危拯难，则霸德攸兴；化人成俗，则王道斯贵。时方拨乱，屠贩可以登朝，世属隆平，经术然后升仕。丰都爰肇，儒服无预于周行，建武之朝，功臣不参于吏职。自三方未一，四海交争，不遑文教，唯尚武功。设官分职，罕以才授，班朝治人，乃由勋叙，莫非拔足行阵，出自勇夫，教学之道，既所不习，政事之方，故亦无取。是非暗于在己，威福专于下吏，贪冒货贿，不知纪极，蠹政害民，实由于此。自今已后，诸授勋官者，并不得回授文武职事，庶遵彼更张，取类于调瑟，求诸名制，不伤于美锦。若吏部辄拟用者，御史即宜纠弹。（大业八年九月己丑）

《隋书》卷四《炀帝纪下》，中华书局一九七三年版

杨广（隋炀帝）

刘　炫

刘炫（约549—约617）　字光伯，河间景城（今河北沧县西）人。隋代经学家。少时以聪敏见称，与信都刘焯结伴闭户读书，十年不出，通经史诸学。自称对《周礼》《礼记》《毛诗》《尚书》《公羊》《左传》《孝经》《论语》之孔、郑、王、何、服、杜等注共十三家，皆能讲授。因伪造《连山易》《鲁史记》等，被人告发，获罪归家，以教授为务。后被召与诸儒修定五礼。开皇二十年（600年），文帝令废国子学、四门学及州县学，炫上书言学校不宜废，未被采纳。炀帝即位后，令诸郡置学官，其议源于炫。后射策高第，任太学博士。岁余，以品卑而去职。死于隋末。著有《论语述议》十卷、《春秋攻昧》十卷、《五经正名》十二卷、《孝经述议》五卷、《春秋述议》四十卷、《尚书述议》二十卷、《毛诗述议》四十卷、《注诗序》一卷、《算术》一卷。诸书已佚，清马国翰《玉函山房辑佚书》有辑录。

自赞

通人司马相如、扬子云、马季长、郑康成等，皆自叙风徽，传芳来叶。余岂敢仰均先达，贻笑从昆。徒以日迫桑榆，大命将近，故友飘零，门徒雨散，溘死朝露，埋魂朔野，亲故莫照其心，后人不见其迹，殆及余喘，薄言胸臆，贻及行迈，传示州里，使夫将来俊哲知余鄙志耳。

余从绾发以来，迄于白首，婴孩为慈亲所恕，棰楚未尝加，从学为明师所矜，榎楚弗之及。暨乎敦叙邦族，交结等夷，重物轻身，先人后己。昔在幼弱，乐参长者，爰及耆艾，数接后生。学则服而不厌，诲则劳而不倦，幽情寡适，心事方违。内省生平，顾循终始，其大幸有四，其深恨有一。性本愚蔽，家业贫窭，为父兄所饶，厕缙绅之末，遂得博览典诰，窥涉今古，小善著于丘园，虚名闻于邦国，其幸一也。隐显人间，沉浮世俗，数忝徒劳之职，久执城旦之书，名不挂于白简，事不染于丹笔，立身立行，惭恧实多，启手启足，庶几可免，其幸二也。以此庸虚，屡动神眷，以此卑贱，每升天府，齐镳骥骤，比翼鹓鸿，整缃素于凤池，记言动于麟阁，参谒宰辅，造请群公，厚礼殊恩，增荣改价，其幸三也。昼漏方尽，大耋已嗟，退反初服，归骸故里，玩文史以怡神，阅鱼鸟以散虑，观省野物，登临园沼，缓步代车，无罪为贵，其幸四也。仰休明之盛世，慨道教之陵迟，蹈先儒之逸轨，伤群言之芜秽，驰骛坟典，厘改僻谬，修撰始毕，图事适成，天违人愿，途不我与。世路未夷，学校尽废，道不备于当时，业不传于身后。衔恨泉壤，实在兹乎？其深恨一也。

《隋书》卷七五《刘炫传》，中华书局一九七三年版

陆法言

陆法言(562—?) 名慈(一说名词),字法言,以字行,魏郡临漳(今河北临漳西南)人。隋代音韵学家。开皇时任承奉郎,与仪同三司刘臻、外史颜之推、著作郎魏渊、武阳太守卢思道、散骑常侍李若、国子博士萧该、蜀王咨议参军辛德源、吏部侍郎薛道衡共同撰集《切韵》,仁寿元年(601年)再增补,定为五卷。凡有文藻,即须明声韵,可见其应用之广。

切韵序

昔开皇初,有仪同刘臻等八人,同诣法言门宿。夜永酒阑,论及音韵,以今声调,既自有别,诸家取舍,亦复不同。吴楚则时伤轻浅,燕赵则多伤重浊,秦陇则去声为入,梁益则平声似去。又支脂鱼虞,共为一韵,先仙尤侯,俱论是切。欲广文路,自可清浊皆通,若赏知音,即须轻重有异。吕静《韵集》、夏侯该《韵略》、阳休之《韵略》、周思言《音韵》、李季节《音谱》、杜台卿《韵略》等,各有乖互。江东取韵,与河北复殊。因论南北是非,古今通塞,欲更捃选精切,除削疏缓,萧、颜多所决定。魏著作谓法言曰:"向来论难,疑处悉尽,何不随口记之? 我辈数人,定则定矣。"法言即烛下握笔,略记纲纪,博问英辩,殆得精华。于是更涉余学,兼从薄宦,十数年间,不遑修集。今返初服,私训诸弟子,凡有文藻,即须明声韵。屏居山野,交游阻绝,疑惑之所,质问无从。亡者则生死路殊,空怀可作之叹;存者则贵贱礼隔,以报绝交之旨。遂取诸家音韵,古今字书,以前所记者,定之为《切韵》五卷。剖析豪厘,分别黍累,何烦泣玉,未得县金,藏之名山,昔怪马迁之言大,持以盖酱,今叹扬雄之口吃。非是小子专辄,乃述群贤遗意,宁敢施行人世,直欲不出户庭。于时岁次辛酉,大隋仁寿元年。

《全上古三代秦汉三国六朝文》之《全隋文》卷二七《陆法言》,中华书局一九五八年版

陆法言

25

王　通

王通(584—617)　字仲淹,绛州龙门(今山西河津)人。隋代思想家、教育家。出身儒学世家,其父亲教读经。幼有大志,广师名儒,受《书》于东海李育,学《诗》于会稽夏琠,问《礼》于河东关子明,正《乐》于北平霍汲,考《易》于族父仲华,精研儒学,慨然以治国平天下自许。仁寿三年(603年),西游长安,针对时弊,上《太平十二策》,受大臣阻挠,未被纳用。退居河汾白牛溪,从事著述和教授,诸生自远而至,受业者千数。河南董常、太山姚义、京兆杜淹、赵郡李靖、南阳程元、扶风窦威、河东薛收、中山贾琼、清河房玄龄、巨鹿魏徵、太原温大雅、颍川陈叔达,皆及门受业。大业中,以著作郎、国子博士征,辞以疾,不至。死后,门人私谥曰"文中子"。著有《礼论》《乐论》《续书》《续诗》《元经》《赞易》,后人称为"王氏六经"(亦称"续六经")。平日问答之语,由门弟子薛收、姚义等辑录,仿《论语》体裁,编为十篇,名为《中说》(又名《文中子》)。"王氏六经"在宋代已失传,今存唯《中说》一书。

中说（节选）①

论王道与教化

文中子曰："甚矣，王道难行也！吾家顷铜川六世矣，未尝不笃于斯，然亦未尝得宣其用，退而咸有述焉，则以志其道也。"……余小子获睹成训，勤九载矣。服先人之义，稽仲尼之心，天人之事，帝王之道，昭昭乎！（《王道篇》）

子游孔子之庙，出而歌曰："大哉乎！君君臣臣，父父子子，兄兄弟弟，夫夫妇妇，夫子之力也。其与太极合德，神道并行乎？"王孝逸曰："夫子之道岂少是乎？"子曰："子未三复'白圭'乎？天地生我而不能鞠我，父母鞠我而不能成我，成我者，夫子也。道不啻天地父母，通于夫子，受罔极之恩，吾子汩彝伦乎！"孝逸再拜谢之，终身不敢臧否。（《王道篇》）

子曰："唐虞之道直以大，故以揖让终焉。必也有圣人承之，何必定法？其道甚阔，不可格于后。夏商之道直以简，故以放弑终焉。必也有圣人扶之，何必在我？其道亦旷，不可制于下。如有用我者，吾其为周公所为乎！"（《天地篇》）

子燕居，董常、窦威侍。子曰："吾视千载已上，圣人在上者，未有若周公焉，其道则一，而经制大备，后之为政，有所持循。吾视千载而下，未有若仲尼焉，其道则一，而述作大明，后之修文者，有所折中矣。千载而下，有申周公之事者，吾不得而见也。千载

王
通

而下，有绍宣尼之业者，吾不得而让也。"(《天地篇》)

子居家，不暂舍《周礼》。门人问子，子曰："先师以王道极是也，如有用我，则执此以往。通也宗周之介子，敢忘其礼乎？"

子曰："《周礼》其敌于天命乎！《春秋》抗王而尊鲁，其以周之所存乎！《元经》抗帝而尊中国，其以天命之所归乎！"(《魏相篇》)

子曰："吾于天下，无去也，无就也，惟道之从。"(《天地篇》)

杨素使谓子曰："盍仕乎？"子曰："疏属之南，汾水之曲，有先人之弊庐在，可以避风雨，有田，可以具饘粥，弹琴著书，讲道劝义，自乐也。愿君侯正身以统天下，时和岁丰，则通也受赐多矣，不愿仕也。"(《事君篇》)

尚书召子仕，子使姚义往辞焉，曰："必不得已，署我于蜀。"或曰："僻。"子曰："吾得从严、扬游泳以卒世，何患乎僻？"(《事君篇》)

贾琼请六经之本，曰："吾恐夫子之道或坠也。"子曰："尔将为名乎！有美玉，姑待价焉。"(《周公篇》)

贾琼、薛收曰："道不行，如之何？"子曰："父母安之，兄弟爱之，朋友信之，施于有政，道亦行矣，奚谓不行？"(《礼乐篇》)

子谒见隋祖，一接而陈《十二策》，编成四卷。薛收曰："辩矣乎？"董常曰："非辩也，理当然尔。"房玄龄请习《十二策》，子曰："时异事变，不足习也。"(《魏相篇》)

文中子曰："问则对，不问则述，窃比我于仲舒。"(《魏相篇》)

房玄龄谓薛收曰："道之不行也必矣，夫子何营营乎！"薛收曰："子非夫子之徒欤？天子失道，则诸侯修之；诸侯失道，则大夫修之；大夫失道，则士修之；士失道，则庶人修之。修之之道，从师无常，诲而不倦，穷而不滥，死而后已，得时则行，失时则蟠。此先王之道所以续而不坠也,古者谓之继时。《诗》不云乎:'纵我不往,子宁不嗣音?'如之何以不行而废也。"玄龄惕然谢曰:"其行也如是之远乎!"(《立命篇》)

子在长安,杨素、苏夔、李德林皆请见。子与之言,归而有忧色。门人问子,子曰:"素与吾言终日,言政而不及化。夔与吾言终日,言声而不及雅。德林与吾言终日,言文而不及理。"门人曰:"然则保忧?"子曰:"非尔所知也。二三子皆朝之预议者也。今言政而不及化,是天下无礼也;言声而不及雅,是天下无乐也;言文而不及理,是天下无文也。王道从何而兴乎?吾所以忧也。"(《王道篇》)

文中子曰:"二帝三王,吾不得而见也,舍两汉将安之乎?大哉,七制之主!其以仁义公恕统天下乎?其役简,其刑清,君子乐其道,小人怀其生,四百年间,天下无二志,其有以结人心乎?终之以礼乐,则三王之举也。"(《天地篇》)

子曰:"古之为政者,先德而后刑,故其人悦以恕;今之为政者,任刑而弃德,故其人怨以诈。"

子曰:"古之从仕者养人,今之从仕者养己。"(《事君篇》)

子曰:"古之仕也,以行其道;今之仕也,以逞其欲,难矣乎!"(《事君篇》)

子曰:"吏而登仕,劳而进官,非古也。其秦之余酷乎?古者士登乎仕,吏执乎役,禄以报劳,官以授德。"(《事君篇》)

子曰:"通其变,天下无弊法;执其方,天下无善教。故曰:'存乎其人。'"(《周公篇》)

温大雅问:"如之何,可使为政?"子曰:"仁以行之,宽以居之,深识礼乐之情。""敢问其次?"子曰:"言必忠,行必恕,鼓之以利害不动。"又问其次,子曰:"谨而固,廉而虑,龊龊焉自保,不足以发

也。"子曰："降此，则穿窬之人尔，何足及政？抑可使备员矣。"（《述史篇》）

董常曰："子之《十二策》，奚禀也？"子曰："有天道焉，有地道焉，有人道焉，此其禀也。"（《述史篇》）

论教育的作用

〔房玄龄〕曰："敢问化人之道？"子曰："正其心。"（《事君篇》）

陈叔达为绛郡守，下捕贼之令，曰："无急也，请自新者原之，以观其后。"子闻之曰："陈守可与言政矣。上失其道，民散久矣，苟非君子，焉能固穷？导之以德，悬之以信，且观其后，不亦善乎？"（《事君篇》）

繁师玄曰："敢问稽古之利？"子曰："执古以御，今之有乎？"子曰："居近识远，处今知古，惟学矣乎！"（《礼乐篇》）

陈叔达谓子曰："吾视夫子之道，何其早成也？"子曰："通于道有志焉，又焉取乎早成耶？"叔达出，遇程元、窦威于涂，因言之。程元曰："夫子之成也，吾侪慕道久矣，未尝不充欲焉。游夫子之门者，未有问而不知、求而不给者也。《诗》云：'实获我心。'盖天启之，非积学能致也。"（《礼乐篇》）

贾琼问："'富而教之'何谓也？"子曰："仁生于歉，义生于丰，故富而教之，斯易也。……"（《立命篇》）

论道德教育

子曰："仁者，吾不得而见也，得见智者，斯可矣。智者，吾不

得而见也,得见义者,斯可矣。如不得见,必也刚介乎? 刚者好断,介者殊俗。"(《王道篇》)

薛生曰:"智可独行乎?"子曰:"仁以守之,不能仁,则智息矣,安所行乎哉?"

子曰:"元亨利贞,运行不匮者,智之功也。"(《问易篇》)

或曰:"君子仁而已矣,何用礼为?"子曰:"不可行也。"或曰:"礼岂为我辈设哉?"子不答,既而谓薛收曰:"斯人也,旁行而不流矣,安知教意哉! 有若谓'先王之道,斯为美'也。"(《礼乐篇》)

薛收问仁,子曰:"五常之始也。"问性,子曰:"五常之本也。"问道,子曰:"五常一也。"(《述史篇》)

张玄素问礼,子曰:"直尔心,俨尔形,动思恭,静思正。"问道,子曰:"礼得而道存矣。"玄素出,子曰:"有心乎礼也。夫礼,有窃之而成名者,况躬亲哉!"(《魏相篇》)

李靖问任智如何,子曰:"仁以为己任。小人任智而背仁为贼,君子任智而背仁为乱。"(《天地篇》)

子曰:"识寡于亮,德轻于才,斯过也已。"(《立命篇》)

贾琼问君子之道,子曰:"必先恕乎!"曰:"敢问恕之说?"子曰:"为人子者,以其父之心为心;为人弟者,以其兄之心为心。推而达之于天下,斯可矣。"(《天地篇》)

子曰:"君子之学进于道,小人之学进于利。"(《天地篇》)

子曰:"不就利,不违害,不强交,不苟绝,惟有道者能之。"(《天地篇》)

子曰:"过而不文,犯而不校,有功而不伐,君子人哉!"(《天地篇》)

子曰:"富观其所与,贫观其所取,达观其所好,穷观其所为,

可也。"(《天地篇》)

贺若弼请射于子，发必中。子曰："美哉乎，艺也。古君子志于道，据于德，依于仁，而后艺可游也。"弼不悦而退。子谓门人曰："矜而愎，难乎免于今之世矣。"(《事君篇》)

子曰："爱生而败仁者，其下愚之行欤？杀身而成仁者，其中人之行欤？游仲尼之门，未有不迨中者也。"(《事君篇》)

子曰："改过不吝，无咎者，善补过也。……"(《问易篇》)

贾琼问群居之道，子曰："同不害正，异不伤物。"曰："可终身而行乎？"子曰："乌乎而不可也？古之有道者，内不失真，而外不殊俗，夫如此故全也。"(《礼乐篇》)

子曰："仁义其教之本乎？先王以是继道德，而兴礼乐者也。"(《礼乐篇》)

仇璋谓薛收曰："子闻三有七无乎？"收曰："何谓也？"璋曰："无诺责，无财怨，无专利，无苟说，无伐善，无弃人，无畜憾。"薛收曰："请闻三有。"璋曰："有慈，有俭，有不为天下先。"收曰："子及是乎？"曰："此君子之职也，璋何预焉？"子闻之曰："唯其有之，是以似之。"(《魏相篇》)

子曰："君子先择而后交，小人先交而后择，故君子寡尤，小人多怨，良以是夫！"

子曰："君子不责人所不及，不强人所不能，不苦人所不好。夫如此，故免。"(《魏相篇》)

仇璋问君子有争乎？子曰："见利争让，闻义争为，有不善争改。"(《魏相篇》)

子曰："君子服人之心，不服人之言；服人之言，不服人之身。服人之身，力加之也。君子以义，小人以力，难矣夫！"(《立命篇》)

子曰:"罪莫大于好进,祸莫大于多言,痛莫大于不闻过,辱莫大于不知耻。"(《关朗篇》)

论知心与成人

子曰:"义也清而庄,靖也惠而断,威也和而博,收也旷而肃,琼也明而毅,淹也诚而厉,玄龄志而密,徵也直而遂,大雅深而弘,叔达简而正。若逢其时,不减卿相,然礼乐则未备。"

或曰:"董常何人也?"子曰:"其动也权,其静也至,其颜氏之流乎?"(《天地篇》)

子谓魏徵曰:"汝与凝,皆天之直人也。徵也遂,凝也挺。若并行于时,有用舍焉。"

子谓李靖曰:"凝也,若容于时,则王法不挠矣。"(《天地篇》)

子观田,魏徵、杜淹、董常至。子曰:"各言志乎?"徵曰:"愿事明王,进思尽忠,退思补过。"淹曰:"愿执明王之法,使天下无冤人。"常曰:"愿圣人之道行于时,常也无事于出处。"子曰:"大哉!吾与常也。"(《天地篇》)

子曰:"常也其殆坐忘乎? 静不证理而足用焉,思则或妙。"(《天地篇》)

子曰:"孝哉,薛收! 行无负于幽明。"(《天地篇》)

子曰:"言取而行违,温彦博恶之;面誉而背毁,魏徵恶之。"(《事君篇》)

子谓:"姚义可与友,久要不忘;贾琼可与行事,临难不变;薛收可与事君,仁而不佞;董常可与出处,介如也。"(《周公篇》)

子谓李靖智胜仁,程元仁胜智。子谓董常几于道,可使变

王
通

理。(《问易篇》)

子曰:"姚义之辩,李靖之智,贾琼、魏徵之正,薛收之仁,程元、王孝逸之文,加之以笃固,申之以礼乐,可以成人矣。"(《礼乐篇》)

文中子曰:"记人之善而忘其过,温大雅能之;处贫贱而不慑,魏徵能之;闻过而有喜色,程元能之;乱世羞富贵,窦威能之;慎密不出,董常能之。"(《礼乐篇》)

子谓贾琼曰:"君子哉,仇璋也!比董常则不足,方薛收则有余。"(《魏相篇》)

论教育的主要内容

子曰:"《书》以辩事,《诗》以正性,《礼》以制行,《乐》以和德,《春秋》《元经》以举往,《易》以知来,先王之蕴尽矣。"(《魏相篇》)

董常曰:"夫子以《续诗》《续书》为朝廷,《礼论》《乐论》为政化,《赞易》为司命,《元经》为赏罚,此夫子所以生也。"(《魏相篇》)

文中子曰:"《元经》有常也,所正以道,于是乎见义。《元经》有变也,所行有适,于是乎见权。权、义举,而皇极立。"

文中子曰:"《春秋》,一国之书也,其以天下有国而王室不尊乎?故约诸侯以尊王政,以明天命之未改,此《春秋》之事也。《元经》,天下之书也,其以无定国而帝位不明乎?征天命以正帝位,以明神器之有归,此《元经》之事也。"(《魏相篇》)

程元问六经之致,子曰:"吾续《书》以存汉、晋之实,续《诗》以辩六代之俗,修《元经》以断南北之疑,赞《易》道以申先师之旨,正《礼》《乐》以旌后王之失,如斯而已矣。"(《礼乐篇》)

文中子曰:"《春秋》其以天道终乎,故止于获麟;《元经》其以人事终乎,故止于陈亡。于是乎,天人备矣。"(《述史篇》)

子谓董常曰:"吾欲修《元经》,稽诸史论,不足征也,吾得《皇极谠义》焉。吾欲《续》诗,考诸集记,不足征也,吾得《时变论》焉。吾欲续《书》,按诸载录,不足征也,吾得《政大论》焉。"董常曰:"夫子之得,盖其志焉?"子曰:"然。"(《王道篇》)

薛收曰:"敢问《续书》之始于汉,何也?"子曰:"六国之弊,亡秦之酷,吾不忍闻也,又焉取皇纲乎?汉之统天下也,其除残秽,与民更始,而兴其视听乎?"薛收曰:"敢问《续诗》之备六代,何也?"子曰:"其以仲尼《三百》始终于周乎!"收曰:"然。"子曰:"余安敢望仲尼!然至兴衰之际,未尝不再三焉,故具六代始终,所以告也。"(《王道篇》)

子曰:"王道之驳久矣,《礼》《乐》可以不正乎?大义之芜甚矣,《诗》《书》可以不续乎?"(《天地篇》)

薛收问《续诗》,子曰:"有四名焉,有五志焉。何谓四名?一曰化,天子所以风天下也;二曰政,蕃臣所以移其俗也;三曰颂,以成功告于神明也;四曰叹,以陈诲立诫于家也。凡此四者,或美焉,或勉焉,或伤焉,或恶焉,或诫焉,是谓五志。"(《事君篇》)

李伯药见子而论诗,子不答。伯药退谓薛收曰:"吾上陈应、刘,下述沈、谢,分四声八病,刚柔清浊,各有端序,音若埙篪。而夫子不应,我其未达欤?"薛收曰:"吾尝闻夫子之论诗矣,上明三纲,下达五常,于是征存亡,辩得失。故小人歌之,以贡其俗;君子赋之,以见其志;圣人采之,以观其变。今子营营,驰骋乎末流,是夫子之所痛也。不答则有由矣。"(《天地篇》)

子谓叔恬曰:"汝不为《续诗》乎?则其视七代损益,终懑然也。"

子谓《续诗》，可以讽，可以达，可以荡，可以独处；出则悌，入则孝；多见治乱之情。（《天地篇》）

子谓："《续诗》之有化，其犹先王之有《雅》乎？《续诗》之有政，其犹列国之有《风》乎？"（《事君篇》）

子谓叔恬曰："汝为《春秋》《元经》乎？《春秋》《元经》于王道，是轻重之权衡、曲直之绳墨也，失则无所取衷矣。"（《事君篇》）

门人有问姚义："孔庭之法，曰《诗》曰《礼》，不及四经，何也？"姚义曰："尝闻诸夫子矣，《春秋》断物，志定而后及也；《乐》以和，德全而后及也；《书》以制法，从事而后及也；易以穷理，知命而后及也。故不学《春秋》，无以主断；不学《乐》，无以知和；不学《书》，无以议制；不学《易》，无以通理。四者非具体不能及，故圣人后之，岂养蒙之具耶？"或曰："然则《诗》《礼》何为而先也？"义曰："夫教之以《诗》，则出辞气，斯远暴慢矣；约之以《礼》，则动容貌，斯立威严矣。度其言，察其志，考其行，辩其德。志定则发之以《春秋》，于是乎断而能变；德全则导之以《乐》，于是乎和而知节；可从事则达之以《书》，于是乎可以立制；知命则申之以《易》，于是乎可与尽性。若骤而语《春秋》，则荡志轻义；骤而语《乐》，则喧德败度；骤而语《书》，则狎法；骤而语《易》，则玩神。是以圣人知其必然，故立之以宗，列之以次。先成诸己，然后备诸然；先济乎近，然后形乎远。亶其深乎！亶其深乎！"子闻之，曰："姚子得之矣。"（《立命篇》）

论教学

子曰："学者，博诵云乎哉？必也贯乎道。文者，苟作云乎哉？

必也济乎义。"（《天地篇》）

刘炫见子，谈六经，唱其端，终日不竭。子曰："何其多也！"炫曰："先儒异同，不可不述也。"子曰："一以贯之可矣。尔以尼父为多学而识之耶？"炫退，子谓门人曰："荣华其言，小成其道，难矣哉！"（《周公篇》）

薛宏请见六经，子不出。门人惑，子笑曰："有好古博雅君子，则所不隐。"（《周公篇》）

文中子曰："广仁益智，莫善于问；乘事演道，莫善于对。非明君孰能广问？非达臣孰能专对乎？其因宜取类，无不经乎？洋洋乎，晁、董、公孙之对！"（《问易篇》）

薛方士曰："逢恶斥之，遇邪正之，何如？"子曰："其有不得其死乎？必也言之无罪，闻之以诫。"（《问易篇》）

子曰："知之者不如行之者，行之者不如安之者。"（《礼乐篇》）

子谓窦威曰："既冠读《冠礼》，将婚读《婚礼》，居丧读《丧礼》，既葬读《祭礼》，朝廷读《宾礼》，军旅读《军礼》，故君子终身不违礼。"窦威曰："仲尼言：'不学礼，无以立。'此之谓乎？"（《魏相篇》）

子谓仇璋、薛收曰："非知之艰，行之惟艰。"（《魏相篇》）

门人窦威、贾琼、姚义受《礼》，温彦博、杜如晦、陈叔达受《乐》，杜淹、房乔、魏徵受《书》，李靖、薛方士、裴晞、王珪受《诗》，叔恬受《元经》，董常、仇璋、薛收、程元备闻六经之义。（《关朗篇》）

论教师

子曰："盖九师兴而易道微，三传作而《春秋》散。"贾琼曰："何谓也？"子曰："白黑相渝，能无微乎？是非相扰，能无散乎？故齐、韩、毛、郑,《诗》之末也。大戴、小戴,《礼》之衰也。《书》残于古今,《诗》失于齐鲁,汝知之乎?"贾琼曰:"然则无师无传可乎?"子曰:"'神而明之,存乎其人';'苟非其人,道不虚行'。必也传又不可废也。"(《天地篇》)

文中子曰:"事者,其取诸仁义而有谋乎? 虽天子必有师,然亦何常师之有? 唯道所存。以天下之身,受天下之训,得天下之道,成天下之务,民不知其由也,其惟明主乎?"(《问易篇》)

贾琼请绝人事,子曰:"不可。"请接人事,子曰:"不可。"琼曰:"然则奚若?"子曰:"庄以待之,信以从之,去者不追,来者不拒,泛如也,斯可矣。"(《述史篇》)

文中子曰:"度德而师,易子教,今亡矣。"(《立命篇》)

琼曰:"夫子十五为人师焉,陈留王孝逸,先达之傲者也,然白首北面,岂以年乎? 琼闻之,德不在年,道不在位。"(《立命篇》)

子躬耕。或问曰:"不亦劳乎?"子曰:"一夫不耕,或受其饥,且庶人之职也。亡职者,罪无所逃,天地之间,吾得逃乎?"(《天地篇》)

《中说校注》,中华书局二〇一三年版

隋　书

《隋书》 唐魏徵等撰，八十五卷，为纪传体的隋代史，内容分为两部分：第一部分纪传，五十五卷，由魏徵、颜师古、孔颖达、许敬宗等撰写，魏徵撰序、论，其他人撰纪传，成书于贞观十年(636年)。第二部分十志，三十卷，由于志宁、魏徵、李淳风、韦安仁、李延寿、敬播、令狐德棻、褚遂良等撰写，成书于显庆元年(656年)。其中，《经籍志》创立经、史、子、集四部分类法，成为旧目录书籍分类的标准。

儒林传序

儒之为教大矣，其利物博矣！笃父子，正君臣，尚忠节，重仁义，贵廉让，贱贪鄙，开政化之本源，凿生民之耳目，百王损益，一以贯之。虽世或污隆，而斯文不坠，经邦致治，非一时也。涉其流者，无禄而富；怀其道者，无位而尊。故仲尼顿挫于鲁君，孟轲抑扬于齐后，荀卿见珍于强楚，叔孙取贵于隆汉。其余处环堵以骄富贵，安陋巷而轻王公者，可胜数哉！

自晋室分崩，中原丧乱，五胡交争，经籍道尽。魏氏发迹代阴，经营河朔，得之马上，兹道未弘。暨夫太和之后，盛修文教，播绅硕学，济济盈朝，缝掖巨儒，往往杰出，其雅诰奥义，宋及齐、梁不能尚也。南北所治，章句好尚，互有不同。江左《周易》则王辅嗣，《尚书》则孔安国，《左传》则杜元凯。河、洛《左传》则服子慎，《尚书》《周易》则郑康成。《诗》则并主于毛公，《礼》则同遵于郑氏。大抵南人约简，得其英华；北学深芜，穷其枝叶。考其终始，要其会归，其立身成名，殊方同致矣。

爰自汉、魏，硕学多清通，逮乎近古，巨儒必鄙俗。文、武不坠，弘之在人，岂独愚蔽于当今，而皆明哲于往昔？在乎用与不用，知与不知耳。然曩之弼谐庶绩，必举德于鸿儒，近代左右邦家，咸取士于刀笔。纵有学优入室，勤逾刺股，名高海内，擢第甲科，若命偶时来，未有望于青紫，或数将运舛，必委弃于草泽。然则古之学者，禄在其中，今之学者，困于贫贱，明达之人，志识之士，安肯滞于所习，以求贫贱者哉？此所以儒罕通人，学多鄙俗者也。昔齐列康庄之第，多士如林，燕起碣石之宫，群英自远。是知俗易风移，必由上之所好，非夫圣明御世，亦无以振斯颓俗矣。

自正朔不一，将三百年，师说纷纭，无所取正。高祖膺期纂历，平一寰宇，顿天纲以掩之，贲旌帛以礼之，设好爵以縻之，于是四海九州强学待问之士靡不毕集焉。天子乃整万乘，率百僚，遵问道之仪，观释奠之礼。博士罄悬河之辩，侍中竭重席之奥，考正亡逸，研核异同，积滞群疑，涣然冰释。于是超擢奇隽，厚赏诸儒，京邑达乎四方，皆启黉校。齐、鲁、赵、魏，学者尤多，负笈追师，不远千里，讲诵之声，道路不绝。中州儒雅之盛，自汉、魏以来，一时而已。及高祖暮年，精华稍竭，不悦儒术，专尚刑名，执政之徒，咸非笃好。暨仁寿间，遂废天下之学，唯存国子一所，弟子七十二人。炀帝即位，复开庠序，国子郡县之学，盛于开皇之初。征辟儒生，远近毕至，使相与讲论得失于东都之下，纳言定其差次，一以闻奏焉。于时旧儒多已凋亡，二刘拔萃出类，学通南北，博极今古，后生钻仰，莫之能测。所制诸经义疏，搢绅咸师宗之。既而外事四夷，戎马不息，师徒怠散，盗贼群起，礼义不足以防君子，刑罚不足以威小人，空有建学之名，而无弘道之实。其风渐坠，以至灭亡，方领矩步之徒，亦多转死沟壑。凡有经籍，自此皆湮没于煨尘矣。遂使后进之士不复闻《诗》《书》之言，皆怀攘夺之心，相与陷于不义。《传》曰："学者将植，不学者将落。"然则盛衰是击，兴亡攸在，有国有家者可不慎欤！诸儒有身没道存，遗风可想，皆采其余论，缀之于此篇云。

《隋书》卷七五《儒林传》，中华书局一九七三年版

经籍志序

夫经籍也者，机神之妙旨，圣哲之能事，所以经天地，纬阴阳，正纪纲，弘道德，显仁足以利物，藏用足以独善，学之者将殖焉，不学者将落焉。大业崇之，则成钦明之德；匹夫克念，则有王公之重。其王者之所以树风声，流显号，美教化，移风俗，何莫由乎斯道？故曰："其为人也，温柔敦厚，《诗》教也；疏通知远，《书》教也；广博易良，《乐》教也；洁静精微，《易》教也；恭俭庄敬，《礼》教也；属辞比事，《春秋》教也。"遭时制宜，质文迭用，应之以通变，通变之以中庸。中庸则可久，通变则可大，其教有适，其用无穷，实仁义之陶钧，诚道德之橐籥也。其为用大矣，随时之义深矣，言无得而称焉。故曰："不疾而速，不行而至。"今之所以知古，后之所以知今，其斯之谓也。是以大道方行，俯龟象而设卦，后圣有作，仰

鸟迹以成文。书契已传,绳木弃而不用,史官既立,经籍于是兴焉。

夫经籍也者,先圣据龙图,握凤纪,南面以君天下者,咸有史官,以纪言行。言则左史书之,动则右史书之。故曰"君举必书",惩劝斯在。考之前载,则三坟、五典、八索、九丘之类是也。下逮殷、周,史官尤备,纪言书事,靡有阙遗,则《周礼》所称:太史掌建邦之六典、八法、八则,以诏王治;小史掌邦国之志,定世系,辨昭穆;内史掌王之八柄,策命而贰之;外史掌王之外令及四方之志,三皇、五帝之书;御史掌邦国都鄙万民之治令,以赞冢宰。此则天子之史,凡有五焉。诸侯亦各有国史,分掌其职。则《春秋传》,晋赵穿弑灵公,太史董狐书曰:"赵盾杀其君",以示于朝。宣子曰:"不然。"对曰:"子为正卿,亡不越境,反不讨贼,非子而谁?"齐崔杼弑庄公,太史书曰"崔杼杀其君",崔子杀之。其弟嗣书,死者二人。其弟又书,乃舍之。南史闻太史尽死,执简以往,闻既书矣,乃还。楚灵王与右尹子革语,左史倚相趋而过。王曰:"此良史也,能读三坟、五典、八索、九丘。"然则诸侯史官,亦非一人而已,皆以记言书事,太史总而裁之,以成国家之典。不虚美,不隐恶,故得有所惩劝,遗文可观,则《左传》称《周志》,《国语》有《郑书》之类是也。

暨夫周室道衰,纪纲散乱,国异政,家殊俗,褒贬失实,隳紊旧章。孔丘以大圣之才,当倾颓之运,叹凤鸟之不至,惜将坠于斯文,乃述《易》道而删《诗》《书》,修《春秋》而正《雅》《颂》。坏礼崩乐,咸得其所。自哲人萎而微言绝,七十子散而大义乖,战国纵横,真伪莫辨,诸子之言,纷然淆乱。圣人之至德丧矣,先王之要道亡矣,陵夷踳驳,以至于秦。秦政奋豺狼之心,划先代之迹,焚

《诗》《书》,坑儒士,以刀笔吏为师,制挟书之令。学者逃难,窜伏山林,或失本经,口以传说。

汉氏诛除秦、项,未及下车,先命叔孙通草绵蕝之仪,救击柱之弊。其后张仓治律历,陆贾撰《新语》,曹参荐盖公言黄老,惠帝除挟书之律,儒者始以其业行于民间。犹以去圣既远,经籍散逸,简札错乱,传说纰缪,遂使《书》分为二,《诗》分为三,《论语》有齐、鲁之殊,《春秋》有数家之传。其余互有蹐驳,不可胜言。此其所以博而寡要,劳而少功者也。武帝置太史公,命天下计书,先上太史,副上丞相,开献书之路,置写书之官,外有太常、太史、博士之藏,内有延阁、广内、秘室之府。司马谈父子,世居太史,探采前代,断自轩皇,逮于孝武,作《史记》一百三十篇。详其体制,盖史官之旧也。至于孝成,秘藏之书,颇有亡散,乃使谒者陈农,求遗书于天下。命光禄大夫刘向校经传诸子诗赋,步兵校尉任宏校兵书,太史令尹咸校数术,太医监李柱国校方技。每一书就,向辄撰为一录,论其指归,辨其讹谬,叙而奏之。向卒后,哀帝使其子歆嗣父之业。乃徙温室中书于天禄阁上。歆遂总括群篇,撮其指要,著为《七略》:一曰《集略》,二曰《六艺略》,三曰《诸子略》,四曰《诗赋略》,五曰《兵书略》,六曰《术数略》,七曰《方技略》。大凡三万三千九十卷。王莽之末,又被焚烧。光武中兴,笃好文雅,明、章继轨,尤重经术。四方鸿生巨儒,负帙自远而至者,不可胜算。石室、兰台,弥以充积。又于东观及仁寿阁集新书,校书郎班固、傅毅等典掌焉。并依《七略》而为书部,固又编之,以为《汉书·艺文志》。董卓之乱,献帝西迁,图书缣帛,军人皆取为帷囊。所收而西,犹七十余载。两京大乱,扫地皆尽。

魏氏代汉,采掇遗亡,藏在秘书中、外三阁。魏秘书郎郑默,始制《中经》，秘书监荀勖，又因《中经》，更著《新簿》，分为四部，总括群书。一曰甲部，纪六艺及小学等书；二曰乙部，有古诸子家、近世子家、兵书、兵家、术数；三曰丙部，有史记、旧事、皇览簿、杂事；四曰丁部，有诗赋、图钻、《汲冢书》。大凡四部合二万九千九百四十五卷。但录题及言，盛以缥囊，书用缃素。至于作者之意，无所论辩。惠、怀之乱，京华荡覆，渠阁文籍，靡有孑遗。

东晋之初，渐更鸠聚。著作郎李充，以勖旧簿校之，其见存者，但有三千一十四卷。充遂总没众篇之名，但以甲乙为次。自尔因循，无所变革。其后中朝遗书，稍流江左。宋元嘉八年，秘书监谢灵运造《四部目录》，大凡六万四千五百八十二卷。元徽元年，秘书丞王俭又造《目录》，大凡一万五千七百四卷。俭又别撰《七志》：一曰《经典志》，纪六艺、小学、史记、杂传；二曰《诸子志》，纪今古诸子；三曰《文翰志》，纪诗赋；四曰《军书志》，纪兵书；五曰《阴阳志》，纪阴阳图纬；六曰《术艺志》，纪方技；七曰《图谱志》，纪地域及图书。其道、佛附见，合九条。然亦不述作者之意，但于书名之下，每立一传，而又作九篇条例，编乎首卷之中。文义浅近，未为典则。齐永明中，秘书丞王亮、监谢朏，又造《四部书目》，大凡一万八千一十卷。齐末兵火，延烧秘阁，经籍遗散。梁初，秘书监任昉，躬加部集，又于文德殿内列藏众书，华林园中总集释典，大凡二万三千一百六卷，而释氏不豫焉。梁有秘书监任昉、殷钧《四部目录》，又《文德殿目录》。其术数之书，更为一部，使奉朝请祖暅撰其名。故梁有《五部目录》。普通中，有处士阮孝绪，沉静寡欲，笃好坟史，博采宋、齐已来，王公之家凡有书记，参校官簿，更为《七录》：一曰《经典录》，纪六艺；二曰《记传录》，纪史传；三曰《子兵录》，纪子书、兵书；四曰《文集录》，纪诗赋；五曰《技术录》，纪数术;六曰《佛录》;七曰《道录》。其分部题目,颇有次序,割析辞义,浅薄不经。梁武敦悦诗书,下化其上,四境之内,家有文史。元帝克平侯景,收文德之书及公私经籍,归于江陵,大凡七万余卷。周师入郢,咸自焚之。陈天嘉中,又更鸠集,考其篇目,遗阙尚多。

其中原则战争相寻,干戈是务,文教之盛,苻、姚而已。宋武入关,收其图籍,府藏所有,才四千卷。赤轴青纸,文字古拙。后魏始都燕、代,南略中原,粗收经史,未能全具。孝文徙都洛邑,借书于齐,秘府之中,稍以充实。暨于尔朱之乱,散落人间。后齐迁邺,颇更搜聚,迄于天统、武平,校写不辍。后周始基关右,外逼强邻,戎马生郊,日不暇给。保定之始,书止八千,后稍加增,方盈万卷。周武平齐,先封书府,所加旧本,才至五千。

隋开皇三年,秘书监牛弘,表请分遣使人,搜访异本。每书一卷,赏绢一匹,校写既定,本即归主。于是民间异书,往往间出。及平陈已后,经籍渐备。检其所得,多太建时书,纸墨不精,书亦拙恶。于是总集编次,存为古本,召天下工书之士,京兆韦霈、南阳杜頵等,于秘书内补续残缺,为正副二本,藏于宫中,其余以实秘书内、外之阁,凡三万余卷。炀帝即位,秘阁之书,限写五十副本,分为三品:上品红琉璃轴,中品绀琉璃轴,下品漆轴。于东都观文殿东西厢构屋以贮之,东屋藏甲乙,西屋藏丙丁。又聚魏已来古迹名画,于殿后起二台,东曰妙楷台,藏古迹;西曰宝迹台,藏古画。又于内道场集道、佛经,别撰目录。

大唐武德五年,克平伪郑,尽收其图书及古迹焉。命司农少卿宋遵贵载之以船,溯河西上,将致京师。行经底柱,多被漂没,其所存者,十不一二。其《目录》亦为所渐濡,时有残缺。今考见存,分为四部,合条为一万四千四百六十六部,有八万九千六百六十六卷。共旧录所取,文义浅俗、无益教理者,并删去之。其旧录所遗,辞义可采,有所弘益者,咸附入之。远览马史、班书,近观王、阮志、录,挹其风流体制,削其浮杂鄙俚,离其疏远,合其近密,约文绪义,凡五十五篇,各列本条之下,以备《经籍志》。虽未能研几探赜,穷极幽隐,庶乎弘道设教,可以无遗阙焉。夫仁义礼智,所以治国也,方技数术,所以治身也;诸子为经籍之鼓吹,文章乃政化之黼黻,皆为治之具也。故列之于此志云。

《隋书》卷三二《经籍志》,中华书局一九七三年版

第二编 唐代

陆德明

陆德明(约 550—635)　名元朗,字德明,以字行,苏州吴(今江苏苏州)人。唐代经学家、训诂学家。早年从学玄学家周弘正,故善言玄理。陈太建中,与国子祭酒徐孝克公开辩难,屡挫其说,后受任为国子助教。隋大业时,为秘书学士,迁为国子助教。越王侗称帝时,署为国子司业。王世充据东都,欲召用,陆称病,拒为效力。唐初,秦王李世民召为文学馆学士,补太学博士。贞观初,迁国子博士。他论述经学传授源流,广采汉、魏、六朝二百三十余家音切,搜集诸儒训诂,考证各本异同,撰《经典释文》三十卷,成为后世研究古代文字、音韵及各家解释异同的重要参考书。又著有《老子疏》十五卷、《易疏》二十卷,并行于世。

经典释文序

夫书音之作,作者多矣。前儒撰著,光乎篇籍。其来既久,诚无间然。但降圣已还,不免偏尚,质文详略,互有不同。汉魏迄今,遗文可见,或专出己意,或祖述旧音,各师成心,制作如面。加以楚夏声异,南北语殊,是非信其所闻,轻重因其所习,后学钻仰，罕逢指要。夫筌蹄所寄，唯在文言。差若毫厘，谬便千里。夫子有言，必也正名乎！名不正，则言不顺；言不顺，则事不成。故君子名之必可言也，言之必可行也。斯富哉言乎，大矣盛矣，无得而称矣！然人禀二仪之淳和，含五行之秀气，虽复挺生天纵，必资学以知道。故唐尧师于许由，周文学于虢叔。上圣且犹有学，而况其余乎？至于处鲍居兰，玩所先入；染丝斫梓，功在初变。器成采定，难复改移；一薰一莸，十年有臭，岂可易哉！岂可易哉！余少爱坟典，留意艺文，虽志怀物外，而情存著述。粤以癸卯之岁，承乏上庠，循省旧音，苦其太简，况微言久绝，大义愈乖，攻乎异端，竞生穿凿。不在其位，不谋其政，既职司其忧，宁可视成而已。遂因暇景，救其不逮，研精六籍，采摭九流，搜访异同，校之《苍》《雅》，辄撰集《五典》《孝经》《论语》及《老》《庄》《尔雅》等音，合为三秩三十卷，号曰《经典释文》。古今并录，括其枢要，经注毕详，训义兼辩，质而不野，繁而非芜，示传一家之学，用贻后嗣。今奉以周旋，不敢坠失，与我同志，亦无隐焉。但代匠指南，固取诮于博识，既述而不作，言其所用，复何伤乎云尔。

条例

先儒旧音，多不音注。然注既释经，经由注显，若读注不晓，则经义难明。混而音之，寻讨未易。今以墨书经本，朱字辩注，用相分别，使较然可求。旧音皆录经文全句，徒烦翰墨，今则各标篇章于上，摘字为音，虑有相乱，方复其录。唯《孝经》童蒙始学，《老子》众本多乖，是以二书特纪全句。五经人所常习，理有大宗，义行于世，无烦视缕。至于《庄》《老》，读学者稀，故于此书微为详悉。又《尔雅》之作，本释五经，既解者不同，故亦略存其异。文字音训，今古不同。前儒作音，多不依注，注者自读，亦未兼通。今之所撰，微加斟酌，若典籍常用，会理合时，便即遵承，标之于首。其音堪互用，义可并行，或字有多音，众家别读，苟有所取，靡不毕书，各题氏姓，以相甄识；义乖于经，亦不悉记。其"或音""一音"者，盖出于浅近，示传闻见，览者察其衷焉。然古人音书，止为譬况之说。孙炎始为反语，魏朝以降渐繁，世变人移，音讹字替。如徐仙民反"易"为"神石"，郭景纯反"馠"为"羽盐"，刘昌宗用"承"音"乘"，许叔重读"皿"为"猛"，若斯之俦，今亦存之音内，既不敢遗旧，且欲俟之来哲。书音之用，本示童蒙，前儒或用假借字为音，更令学者疑昧。余今所撰，务从易识，援引众训，读者但取其意义，亦不全写旧文。典籍之文，虽夫子删定，子思读《诗》，师资已别，而况其余乎？郑康成云："其始书之也，仓卒无其字，或以音类比方，假借为之，趣于近之而已。受之者非一邦之人，人用其乡，同言异字，同字异言，于兹遂生矣。"战国交争，儒术用息。秦皇灭学，加以坑焚，先圣之风，埽地尽矣。汉兴，改秦之弊，广收篇籍，孝武之后，经术大隆，然承秦焚书，口相传授，一经之学，数家竞爽，章句既异，踳驳非一。后汉党人既诛，儒者多坐流废，后遂私行金货，定兰台漆书经字，以合其私文。灵帝乃诏诸儒，正定五经于石碑之上，为古文、篆、隶三体书法，以相参检，树之学门，使天下取则。未盈一纪，寻复废焉。班固云："后世经传，既已乖离，传学者又不思多闻阙疑之义，而务碎义逃难，便词巧说，安其所习，毁所不见，终以自弊，此学者之大患也。"诚哉是言！余既撰音，须定纰谬。若两本俱用，二理兼通，今并出之，以明同异。其

陆德明

51

泾谓相乱,朱紫可分,亦悉书之,随加刊正。复有他经别本,词反义乖,而又存之者,示传异闻耳。经籍文字,相承已久,至如"悦"字作"说","闲"字为"间","智"但作"知","汝"止为"女",若此之类,今并依旧音之。然音书之体,本在假借,或经中过多,或寻文易了,则翻音正字,以辩借音,各于经内求之,自然可见。其两音之者,恐人惑故也。《尚书》之字本为隶古,既是隶写古文,则不全为古字。今宋、齐旧本及徐、李等音,所有古字,盖亦无几。穿凿之徒,务欲立异,依傍字部,改变经文,疑惑后生,不可承用。今皆依旧为音,其字有别体,则见之音内,然亦兼采《说文》《字诂》,以示同异者也。春秋人名字氏族及地名,或前后互出,或经传更见,如此之类,不可具举。若国异名同,及假借之字,兼相去辽远,不容疏略,皆斟酌折中,务使得宜。《尔雅》本释坟典,字读须逐五经,而近代学徒好生异见,改音易字,皆采杂书,唯止信其所闻,不复考其本末。且六文八体各有其义,形声会意宁拘一揆?岂必飞禽即须安鸟,水族便应著鱼,虫属要作虫旁,草类皆从两中,如此之类,实不可依。今并校量,不从流俗。方言差别,固自不同,河北、江南,最为巨异,或失在浮清,或滞于沉浊。今之去取,冀袪兹弊,亦恐还是觳音,更成无辩。夫质有精粗,谓之好恶;心有爱憎,称为好恶。当体即云名誉,论情则曰毁誉。及夫自败、败他之殊,自坏、坏撤之异。此等或近代始分,或古已为别,相仍积习,有自来矣。余承师说,皆辩析之。比人言者多为一例,如、而靡异,邪、也弗殊,莫辩复、复,宁论过、过。又以登、升共为一韵,攻、公分作两音。如此之俦,恐非为得,将来君子,幸留心焉。五经字体,乖替者多,至如黿、鼍从龟,乱、辞从舌,席下为带,恶上安西,析旁著片,离边作禹,直是字讹,不乱余读。如宠字为竉,锡字为錫,用支代文,将无混无,其斯之流,便成两失。又来旁作力,俗以为约敕字,《说文》以为劳倈之字。水旁作曷,俗以为饥渴字,字书以为水竭之字。如此之类,改便惊俗,止不可不知耳。

《经典释文》卷一,商务印书馆《四部丛刊初编》本

陆德明

李渊（唐高祖）

李渊（566—635） 即唐高祖。字叔德，祖籍陇西成纪（今甘肃静宁西南），徙居长安（今陕西西安）。出身贵族，七岁袭封唐公。隋时历官谯州刺史、陇州刺史、岐州刺史、荥阳太守、楼烦太守、殿内少监、卫尉少卿、右骁卫将军、太原留守等。大业十三年（617年），乘隋代在农民起义冲击下土崩瓦解之机，于晋阳（今山西太原西南）起兵反隋，攻取长安。次年，迫杨侑让位，即皇帝位，建立唐代，年号武德。在位九年，在文教方面实行崇儒兴学的政策，并采实际措施恢复和发展学校，为唐代教育事业的发展建立基础。武德九年（626年），传位于次子李世民。

令国子学立周公孔子庙诏

盛德必祀，义存方策。达人命世，流庆后昆。建国君临，宏风阐教，崇贤章善，莫尚于兹。自八卦初陈，九畴攸叙，徽章既革，节文不备。爰始姬旦，主翊周邦，创设礼经，大明典宪。启生人之耳目，穷法度之本原，化起二南，业隆八百，丰功茂德，独冠终古。暨乎王道既衰，颂声不作，诸侯力争，礼乐陵迟。粤若宣尼，天资睿哲,经过齐、鲁之际,揖让洙、泗之间,综理遗文,宏宣旧制,四科之教,历代不刊,三千之徒,风流无歇。惟兹二圣,道著生民,宗祀不修,孰明褒尚?朕君临区宇,兴化崇儒,永言先达,情深绍嗣。宜令有司于国子学立周公、孔子庙各一所,四时致祭。仍博求其后,具以名闻,详考所宜,当加爵土。(武德二年六月戊戌)

《册府元龟》卷五〇《帝王部》,中华书局一九六〇年版

令诸州贡士敕

诸州学士及早有明经及秀才、俊士、进士,明于理体,为乡里所称者,委本县考试,州长重覆,取其合格,每年十月随物入贡。(武德四年四月一日)

《唐摭言》卷一《统序科第》,上海古籍出版社一九七八年版

京官及总管刺史举人诏

择善任能,救民之要术。推贤进士,奉上之良规。自古哲王,弘风阐化,设官分职,唯才是与。然而岩穴幽居,草莱僻陋,被褐怀珠,无因自达。实资选众之举,固藉左右之容,义在搜扬,理归精确。是以贡士有道,爰致加锡之隆;无益于时,必贻贬黜之咎。末叶浇伪,名实相乖,举非其人,滥居班秩,流品所以未穆,庶职于是隳废。朕膺图驭宇,宁济兆民,思得贤能,用清治本。招选之道,宜革前弊;惩劝之方,式加恒典。苟有才艺,所贵适时,洁己登朝,无嫌自进。宜令京官五品以上及诸州总管刺史,各举一人。其有志行可录,才用未申,亦听自举,具陈艺能,当加显擢,授以不

次。赏罚之科，并依别格。所司颁下，详加援引，务在奖纳，称朕意焉。（武德五年三月）

《唐大诏令集》卷一〇二，商务印书馆一九五九年版

置学官备释奠礼诏

六经茂典，百王仰则。四学崇教，千载垂范。是以西胶东序，春诵夏弦，悦《礼》敦《诗》，本仁祖义，建邦立极，咸必由之。自叔世浇讹，雅道沦缺，悬历岁纪，儒风莫扇。隋季已来，丧乱滋甚，眷言篇籍，皆为煨烬。周孔之教，阙而不修；庠塾之仪，泯焉将堕。非所以阐扬徽烈，敦尚风范，训民调俗，垂裕后昆。朕受命膺期，握图驭宇，思弘至道，翼宣德化，永言坟索，深存讲习。所以捃摭遗逸，招集散亡，诸生胄子，特加奖劝。而凋弊之余，埋替日久，学徒尚少，经术未隆，《子衿》之叹，无忘兴寝。方今函夏既清，干戈渐戢，搢绅之业，此则可兴。宜下四方诸州，有明一经已上，未被升擢者，本属举送，具以名闻。有司试策，加阶叙用。其吏民子弟，有识性开敏，志希学艺，亦具名状申送入京，量其差品，并即配学。明设考课，各使励精，琢玉成器，庶其非远。州县及乡里，并令置学，官僚牧宰，或不存意，普更颁下，早遣立修。夫安上治民，莫善于礼，出忠入孝，自家刑国，揖让俯仰，登降折旋，皆有节文，咸资端肃。未业疏惰，随时将废。凡厥生民，各宜勉励。又释奠之礼，致敬先师；鼓箧之义，以明逊志。比多阙略，更宜详备。仲春释奠，朕将亲览，所司具为条式，以时宣下。（武德七年二月）

《唐大诏令集》卷一〇五，商务印书馆一九五九年版

《册府元龟》卷五〇《帝王部》，中华书局一九六〇年版

兴学敕

自古为政,莫不以学为先。学则仁、义、礼、智、信五者俱备,故能为利深博。朕今欲敦本息末,崇尚儒宗,开后生之耳目,行先王之典训。而三教虽异,善归一揆,岂有沙门事佛,灵宇相望,朝贤宗儒,辟雍顿废,公王已下,宁得不惭。朕今亲自观讲,仍征集四方胄子,冀日就月将,并得成业。礼让既行,风教渐改,使期门介士,比屋可封,横经庠序,皆遵雅俗。诸公王子弟,并宜率先,自相劝励。赐学官、胄子及五品已上各有差。(武德七年二月)

《唐大诏令集》卷一〇五,商务印书馆一九五九年版

幼童通经赏以不次诏

自隋以来,离乱永久,雅道沦缺,儒风莫扇。朕膺期御宇,静难齐民,钦若典谟,以资政术,思宏德教,光振遐轨。是以广设庠序,益召学徒,旁求俊异,务从奖擢。宁州罗川县前兵曹史孝谦,守约丘园,伏膺道素,爰有二子,年并幼童,讲习《孝经》,咸畅厥旨。义方之训,实堪励俗,故从优秩,赏以不次。宜普颁示,咸使智闻,如此之徒,并即申上,朕加亲览,特将褒异。

《册府元龟》卷九七《帝王部》,中华书局一九六〇年版

王孝通

王孝通(生卒年未详) 唐代数学家。武德时为算历博士,官至太史丞。武德九年(626年),奉命校勘傅仁钧《戊寅元历》。自称长自闾阎,少小学算,镌磨愚钝,迄将皓首,钻寻秘奥,曲尽无遗。著《缉古算术》一卷,汇集当时比较艰深的二十个问题,大部分问题运用高次方程来解决。后列入《算经十书》,被称为《缉古算经》,作为国子监中算学的基本教材,属于高级课程,规定学习三年。清李潢有《缉古算经考注》二卷。

上缉古算经表

臣孝通言:臣闻九畴载叙,纪法著于彝伦;六艺成功,数术参于造化。夫为君上者,司牧黔首,布神道而设教,采能事而经纶,尽性穷源,莫重于算。昔周公制礼,有九数之名,窃寻九数,即《九章》是也。其理幽而微,其形秘而约,重勾聊用测海,寸木可以量天,非宇宙之至精,其孰能与于此者?汉代张苍,删补残缺,校其条目,颇与古术不同。魏朝刘徽,笃好斯言,博综纤隐,更为之注。徽思极毫芒,触类增长,乃造重差之法,列于终篇,虽未即为司南,然亦一时独步。自兹厥后,不继前踪,贺循、徐岳之徒,王彪、甄鸾之辈,会通之数,无闻焉耳。但旧经残驳,尚有缺漏,自刘已下,更不足言。其祖暅之《缀术》,时人称之精妙,曾不觉方邑进行之术,全错不通,刍亭方亭之问,于理未尽。臣今更作新术,于此附伸。臣长自闾阎,少小学算,镌磨愚钝,迄将皓首,钻寻秘奥,曲尽无遗。代乏知音,终成寡和。伏蒙圣朝收拾,用臣为太史丞。比年已来,奉敕校勘傅仁均历,凡驳正术错三十余道,即付太史施行。伏寻《九章·商功篇》,有平地役功受袤之术。至于上宽下狭,前高后卑,正经之内,阙而不论,致使今代之人,不达深理。就平正之间,同欹邪之用,斯乃圆孔方枘,如何可安。臣昼思夜想,临书浩叹,恐一旦瞑目,将来莫睹。遂于平地之余,续狭斜之法,凡二十术,名曰《缉古》。请访能算之人,考论得失,如有排其一字,臣欲谢以千金。轻用陈闻,伏深战悚。谨言。

《全唐文》卷一三四,中华书局一九八三年版

王孝通

欧阳询

欧阳询（557—641）　字信本，潭州临湘（今湖南长沙）人。唐代书法家。聪颖绝伦，博览经史，尤精《史记》《汉书》《后汉书》。在隋为太常博士。唐武德时为给事中，贞观初为太子率更令、弘文馆学士，以楷法教授弘文生。其书法初学王羲之，后渐变其体，笔力险劲，为一时之绝，人称"欧体"，得其文字，皆视以为楷范。与虞世南、褚遂良、薛稷并称"唐初四大书家"。奉命主编《艺文类聚》一百卷。

艺文类聚序

夫九流百氏，为说不同，延阁石渠，架藏繁积。周流极源，颇难寻究，披条索贯，日用弘多。卒欲摘其菁华，采其指要，事同游海，义等观天。皇帝命代膺期，抚兹宝运，移浇风于季俗，反淳化于区中，戡乱靖人，无思不服。偃武修文，兴开庠序。欲使家富隋珠，人怀荆玉，以为前辈缀集，各杼其意。《流别》《文选》，专取其文；《皇览》《遍略》，直书其事。文义既殊，寻检难一。爰诏撰其事，且文弃其浮杂，删其冗长，金箱玉印，比类相从，号曰《艺文类聚》，凡一百卷。其有事出于文者，便不破之为事，故事居其前，文列于后，俾夫览者易为功，作者资其用，可以折中今古，宪章坟典云尔。太子率更令弘文馆学士渤海男欧阳询序。

《艺文类聚》，上海古籍出版社一九八二年版

用笔论

有翰林善书大夫言于寮故无名公子曰："自书契之兴，篆、隶兹起。百家千体，纷杂不同。至于书妙穷神，作范垂代，腾芳飞誉，冠绝古今，惟右军王逸少一人而已。然去之数百年内，无人拟者，盖与天挺之性，功力尚少，用笔运神，未通其趣，可不然欤。"公子从容袙袏而言曰："仆庸琐愚昧，禀命轻微，无禄代耕，留心笔砚。至如天挺功力，诚如大夫之说，用笔之趣，请闻其说。"大夫欣然而笑曰："此难能也。子欲闻乎？"公子曰："余自少及长，凝精翰墨，每览异体奇迹，未尝不循环吟玩，抽其妙思，终日临仿，至于皓首而无退倦也。夫用笔之法，急捉短搦，迅牵疾掣，悬针垂露，蠖屈蛇伸，洒落萧条，点缀闲雅，行行眩目，字字惊心，若上苑之春花，无处不发，抑亦可观，是余用笔之妙也。"公子曰："幸甚！幸甚！仰承余论，善无所加。仆见闻异于是，辄以闻见，便耽玩之，奉对大贤座，未敢抄说。"大夫曰："与子同寮，索居日久，既有异同，焉得不叙？"公子曰："向之造次，滥有斯言，今切再思，恐不足取。"大夫曰："妙善异述，达者共传，请不秘之，粗陈梗概。"公子安退位逡巡，缓颊而言曰："夫用笔之体会，须钩黏才把，缓绁徐收，梯不虚发，研必有由，徘徊俯仰，容与风流，刚则铁画，媚若银钩，壮则嗢吻而崛嵂，丽则绮靡而清遒。若枯松之卧高岭，类巨石之偃鸿沟，同鸾凤之鼓舞，等鸳鹭之沉浮。仿佛兮若神仙来往，宛转

兮似兽伏龙游。其墨或洒或淡，或浸或燥，遂其形势，随其变巧，藏锋靡露，压尾难讨，忽正忽斜，半真半草。唯截纸棱，撇捩窈绍，务在矜实，无令怯少。隐隐轸轸，譬河汉之出众星，昆冈之出珍宝。既错落而灿烂，复趑连而埽擽。方圆上下而相副，终始盘桓而围绕。观寥廓兮似察，始登岸而逾好。用笔之趣，信然可珍，窃谓合乎古道。"大夫应声而起，行吟而叹曰："夫游畎浍者讵测溟海之深，升培塿者宁知泰山之峻。今属公子吐论，通幽洞微，过钟、张之门，入羲、献之室，重光前哲，垂裕后昆，中心藏之，盖棺乃止。"公子谢曰："鄙说疏浅，未足可珍，忽枉话言，不胜惭惧。"

《全唐文》卷一四六，中华书局一九八三年版

传授诀

每秉笔，必在圆正气力，纵横重轻。凝神静虑，当审字势。四面停匀，八边俱备。长短合度，粗细折中。心眼准程，疏密攲正。最不可忙，忙则失势。次不可缓，缓则骨痴。又不可瘦，瘦则形枯。复不可肥，肥则质浊。详细缓临，自然备体。此字学要妙处。贞观六年七月十二日，询书付善奴。

《全唐文》卷二四六，中华书局一九八三年版

虞世南

虞世南(558—638)　字伯施,越州余姚鸣鹤(今属浙江慈溪)人。唐代学者与书法家。少年时从学于吴郡顾野王,又私淑徐陵,奠定其学问基础。后从同郡释智永习王羲之书法,得其精妙。在隋为起居舍人。唐初为秦王府参军、记室参军、弘文馆学士,曾为入馆的权贵子弟教授楷法。贞观时为著作郎、弘文馆学士、秘书监,时被咨询。李世民称赞他有五项绝优,即德行、忠直、博学、文辞、书翰,颇加尊重,常召入议论书艺。编《北堂书钞》一百六十卷,著《帝王略论》五卷,文集三十卷,今存有《虞秘监集》四卷。

劝学篇

自古贤哲,勤乎学而立其名,若不学,即没世而无闻矣。且会稽之竹箭,湛卢之断割,不括而羽之,不淬而砺之,终不见利用之材耳。羲之云:"耽玩之功,积如邱山。"张芝学书,池水尽墨。当其雅趣,求彼真意,无图其形容而滞于体质,此贵乎志意专精,必有诚应也。余中宵之间,遂梦吞笔,既觉之后,若在胸臆。又因假寐,见张芝指一"道"字用笔体法,斯源也。足明至诚感神,信有征矣。故羲之于山阴写《黄庭经》，感三台神降。其子献之于会稽山见一异人披云而下，左手持纸，右手持笔，以遗献之。献之受而问之曰："君何姓字，复何游处？笔法奚施？"答曰："吾象外为宅，不变为姓，常定为字，其笔迹岂殊吾体耶？"献之佩服斯言，退而临写，向逾三岁，竟味其微，况及不学乎！羲之云："自非通灵感物，不可与谈斯道。"夫道者，学以致之，饱食终日而无所用心，则去之逾远矣。不得其门而入，虽勤苦而难成矣。今立以君臣之体，类以攻战之势，将以近而喻远，必因筌而得兔。务欲成其体要，启其户牖，庶将来君子思而勉之。

《虞秘监集》卷一，《四明丛书》本

书旨述

客有通玄先生，好求古迹，为余知书启之发源，审以臧否。曰：予不敏，何足以知之？今率以闻见，随纪年代，考究兴亡，其可为元龟者，举而述之。

古者画卦立象，造字设教，爰置形象，肇乎仓史，仰观俯察，鸟迹垂文。至于唐、虞，焕乎文章；畅于夏、殷，备乎秦、汉。洎周宣王史史籀，循科斗之书，采仓颉古文，综其遗美，别署新意，号曰籀文，或谓大篆。秦丞相李斯改省籀文，适时简要，号曰小篆，善而行之。其仓颉象形，传诸典策，世绝其迹，无得而称。其籀文、小篆，自周、秦以来，犹或参用，未之废黜。或刻于符玺，或铭于鼎钟，或书之旌钺，往往人间时有见者。夫言篆者，传也。书者，如也，述事契誓者也。字者，孳也，孳乳寝多者也。而根之所由，其来远矣。先生曰：古文、籀篆，曲尽而知之，愧无隐也。隶草攸止，今则未闻，愿以发明，用祛昏惑。曰：至若程邈隶体，因之罪隶以名其书，朴略微奥，而历祀增损，迄以湮沦。而淳善之流，亦称传习，首变其法，巧拙相沿，未之超绝。史游制于《急就》，创立草稿，而不之能。崔、杜析理，虽则丰妍，润色之中，失于简约。伯英重以省繁，饰之铦利，加之奋逸，时言草圣，首出常伦。钟太傅师资德升，驰骛曹、蔡，仿学而致一体，真楷独得精妍。而前辈数贤，递相矛盾，事则恭守无舍，仪则尚有瑕疵，失之断割。逮乎王廙、王洽、逸少、子敬，剖析前古，无所不工，八体六文，必揆其理，俯拾众美，会兹简易，制成今体，乃穷奥旨。先生曰：於戏！三才审位，日月烛明，固资异人，一敷而化。不然者，何以臻妙？无相夺伦，父子联镳，轨范后昆。先生曰：书法玄微，其难品绘，今之优劣，神用无方，小学疑迷，惕然将寤，而旨述之义，其可闻乎？曰：无让繁词，敢以终序。

《虞秘监集》卷一，《四明丛书》本

笔髓论

虞世南

原古

文字，经艺之本，王政之始也。仓颉象山川江海之状，虫蛇鸟兽之迹，而立六书。战国政异俗殊，书文各别，秦患多门，定为八体，后复讹谬，凡五易焉，然并不述用笔之妙。及乎蔡邕、张、索之辈，钟繇、王、卫之流，皆造意精微，自悟其旨也。

辨应

心为君，妙用无穷，故为君也。手为辅，承命竭股肱之用，故

65

为臣也。力为任使，纤毫不挠，尺寸有余故也。管为将帅，处运动之事，执生死之权，虚心纳物，守节藏锋故也。毫为士卒，随管任使，迹不拘滞故也。字为城池，大不虚，小不孤故也。

指意

用笔须手腕轻虚。虞安吉云："夫未解书意者，一点一画，皆求象本，乃转自取拙，岂成书耶？"太缓而无筋，太急而无骨；侧管则钝慢而多肉，竖管则干苦而露骨。及其悟也，粗而不钝，细而能壮；长而不为有余，短而不为不足。

释真

笔长不过六寸，捉管不过三寸，真一，行二，草三，指实掌虚。右军云：书弱纸强笔，强纸弱笔，强者弱之，弱者强之也。迟速虚实，若轮扁斫轮，不徐不疾，得之于心，而应之于手，口所不能言也。拂掠轻重，若浮云蔽于晴天；波撇勾截，如微风摇于碧海。气如奔马，亦如朵钩。变化出乎心，而妙用应乎手。然则体约八分，势同章草，而各有趣，无问巨细，皆有虚散。其锋圆豪蓝，按转易也。岂真书一体，篆草、章行、八分等，当覆腕上抢，掠豪下开，牵撇拨趯，锋转行草，稍助指端钩距转腕之状矣。

释行

行书之体，略同于真，至于顿挫磅礴，若猛兽之搏噬；进退钩距,若秋鹰之迅击。故覆笔抢豪,乃按锋而直引其腕,则内旋外拓,而环转纾结也。旋豪不绝,内转锋也。加以掉笔联豪,若石璺玉瑕,自然之理;亦如长空游丝,容曳而来往;又似虫纲络壁,劲实而复虚。右军云:游丝断而能续,皆契以天真,同于轮扁。又云:每作点画,皆悬管掉之,令其锋开,自然劲健矣。

释草

草则纵心奔放,覆腕转蹙,悬管聚锋,柔毫外拓。左为外,右为内,起伏连卷,收揽吐纳。内转藏锋,既如舞袖,挥拂而萦纤;又若垂藤,樛盘而缭绕。蹙旋转锋,亦如腾猿过树,逸蚪得水,一作"跃鲤透泉"。轻兵追虏,烈火燎原。或气雄而不可抑,或势逸而不可止,纵狂逸放,不违笔意也。右军云:透嵩、华兮不高,逾悬壑兮能越,或连或绝,如花乱飞,若强逸意而不相副,亦何益矣。但先缓引兴,心逸自急也。仍接锋而取兴,兴尽则已。又生掀锋,仍毫端之奇,象兔丝之萦结,转剔刓角,多钩篆体,或如蛇形,或如兵阵。故兵无常阵,字无常体矣。谓如水火,势多不定,故云"字无常定"也。

契妙

欲书之时,当收视返听,绝虑凝神,心正气和,则契于妙。心神不正,书则欹斜;志气不和,书则颠仆。其道同鲁庙之器,虚则欹,满则覆,中则正。正者,冲和之谓也。然字虽有质,迹本无为,禀阴阳而动静,体万物以成形,达性通变,其常不主。故知书道玄妙,必资于神遇,不可以力求也。机巧必须以心悟,不可以目取也。字形者,如目之视也。为目有止限,由执字体也。既有质滞,为目所视,远近不同,如水在方圆,岂由乎水?且笔妙喻水,方圆喻字,所视则同,远近则异,故明执字体也。字有态度,心之辅也。心悟非心,合于妙也。借如铸铜为镜,非匠者之明;假笔传心,非毫端之妙,必在澄心运思,至微至妙之间,神应思彻。又同鼓琴轮指,妙响随意而生;握管使锋,逸态逐毫而应。学者心悟于至妙,书契于无为,苟涉浮华,终懵于斯理也。

《虞秘监集》卷一,《四明丛书》本

李百药

李百药(565—648)　字重规,定州安平(今属河北)人。唐代史学家。隋内史令李德林之子,学有渊源,才行出众。在隋为东宫学士。贞观时为太子右庶子、中书舍人、礼部侍郎、宗正卿。好引进后生,提奖不倦。曾作《封建论》,反对分封诸侯。奉诏撰《齐书》,据其父李德林《齐史》旧稿,并采他书,经十年,成五十卷,今称《北齐书》。又参与撰《五礼》,定律令。著有文集三十卷。

赞道赋

贞观五年,李百药为太子右庶子。时太子承乾颇留意典坟,然闲宴之后,嬉戏过度。百药作《赞道赋》以讽焉,其词曰:

下臣侧闻先圣之格言,尝览载籍之遗则。伊天地之玄造,洎皇王之建国。曰人纪与人纲,资立言与立德。履之则率性成道,违之则罔念作忒。望兴废如从钧,视吉凶如纠缠。至乃受图膺箓,握镜君临:因万物之思化,以百姓而为心;体大仪之潜运,阅往古于来今;尽为善于乙夜,惜勤劳于寸阴。故能释层冰于瀚海,变寒谷于蹛林。总人灵以胥悦,极穹壤而怀音。

赫矣圣唐，大哉灵命；时维大始，运钟上圣。天纵皇储，固本居正；机悟宏远，神姿凝映。顾三善而必弘，祗四德而为行。每趋庭而闻礼，常问寝而资敬。奉圣训以周旋，诞天文之明命。迈观乔而望梓，即元龟与明镜。自大道云革，礼教斯起。以正君臣，以笃父子。君臣之礼，父子之亲，尽情义以兼极，谅弘道之在人。岂夏启与周诵，亦丹朱与商均。既雕且琢，温故知新。惟忠与敬，曰孝与仁。则可以下光四海，上烛三辰。昔三王之教子，兼四时以齿学；将交发于中外，乃先之以礼乐。乐以移风易俗，礼以安上化人。非有悦于钟鼓，将宣志以和神。宁有怀于玉帛，将克己而庇身。生于深宫之中，处于群后之上；未深思于王业，不自珍于匕鬯。谓富贵之自然，恃崇高以矜尚。必恣骄狠，动愆礼让。轻师傅而慢礼仪，狎奸谄而纵淫放。前星之耀遽隐，少阳之道斯谅。虽天下之为家，蹈夷俭之非一。或以才而见升，或见谗而受黜。足可以省厥休咎，观其得失。请粗略而陈之，觊披文而相质。

在宗周之积德，乃执契而膺期；赖昌、发而作贰，启七百之鸿基。逮扶苏之副秦，非有亏于闻望；以长嫡之隆重，监偏师于亭障。始祸则金以寒离，厥妖则火不炎上；既树置之违道，见宗祀之遄丧。伊汉氏之长世，固明两之递作。高惑戚而宠赵，以天下而为谑。惠结皓而因良，致羽翼于寥廓。景有惭于邓子，成从理之淫虐；终生患于强吴，由发怒于争博。彻居储两，时犹幼冲，防衰年之绝议，识亚夫之矜功，故能恢弘祖业，绍三代之遗风。据开博望，其名未融。哀时命之奇舛，遇谗贼于江充；虽备兵以诛乱，竟背义而凶终。宣嗣好儒，大猷行阐，嗟被尤于德教，美发言于忠謇。始闻道于匡、韦，终获戾于恭、显。太孙杂艺，虽异定陶，驰道不绝，抑惟小善。犹见重于通人，当传芳于前典。中兴上嗣，明、章济济，俱达时政，咸通经礼。极至情于敬爱，惇友于于兄弟。是以固东海之遗堂，因西周之继体。五官在魏，无闻德音。或受讥于妲己，且自悦于从禽。虽才高而学富，竟取累于荒淫。暨贻厥于明皇，构崇基于三世。得秦帝之奢侈，亚汉武之才艺。遂驱役于群臣，亦无救于凋弊。中抚宽爱，相表多奇。重桃符而致惑，纳巨鹿之明规。竞能扫江表之氛秽，举要荒而见羁。惠处东朝，察其遗迹。在圣德其如初，实御床之可惜。悼愍怀之云废，遇烈风之吹沙。尽性灵之狎艺，亦自败于凶邪。安能奉其粢盛，承此邦家。

惟圣上之慈爱，训义方于至道。同论政于汉幄，修致戒于京郜。鄙《韩子》之所赐，重经术以为宝。咨政理之美恶，亦文身之黼藻。庶有择于愚夫，惭乞言于遗老。致庶绩于咸宁，先得人而为盛。帝尧以则哲垂谟，文王以多士兴咏。取之于正人，鉴之于灵镜。量其器能，审其检行。必宜度机而分职，不可违方以从政。若其惑于听受，暗于知人，则有道者咸屈，无用者必伸。谗谀竞进以求媚，玩好不召而自臻。直言正谏，以忠信而获罪；卖官鬻狱，以货贿而见亲。于是亏我王度，致我彝伦。九鼎遇奸回而远逝，万姓望抚我而归仁。盖造化之至育，惟人灵之为贵。狱讼不理，有生死之异涂；冤结不伸，乖阴阳之和气。士之通塞，属之以深文；命之修短，悬之于酷吏。是故，帝尧画像，陈恤隐之言；夏禹泣辜，尽哀矜之志。因取象于《大壮》，乃峻宇而雕墙。将瑶台以琼室，岂画栋以虹梁。或凌云以遐观，惑通天而纳凉。极醉饱而刑人力，命痿躄而受身殃。是以言惜十家之产，汉帝以昭俭而垂裕；虽成百里之囿，周文以子来而克昌。彼嘉会而礼通，重旨酒之为德。至忘归而受祉，在齐圣而温克。若其酗誉以致昏，酖湎而成忒痛殷受与灌夫，亦亡身而丧国。是以伊尹以酗歌而作戒，周公以乱邦而贻则。咨幽闲之令淑，实好逑于君子。辞玉辇而割爱，固班姬之所耻；脱簪珥而思愆，亦宣姜之为美。乃有祸晋之骊姬，丧周之褒姒。尽妖妍于图画，极凶悖于人理。倾城倾国，思昭示于后王；丽质冶容，宜永鉴于前史。复有搜狩之礼，驰射之场，不节之以正义，必自致于禽荒。匪外形之疲极，亦中心而发狂。夫高深不惧，胥靡之徒；構缳为娱，小竖之事。以宗社之崇重，持先王之名器，与鹰犬而并驱，凌艰险而逸辔。马有御橛之理，兽骇不存之地，犹有觊于获多，独无情而内愧。

以小臣之愚鄙，忝不赀之恩荣。擢无庸于草泽，齿陋质于簪缨。遇大道行而两仪泰，喜元良会而万国贞。以监抚之多暇，每讲论而肃成。仰惟神之敏速，叹将圣之聪明。自礼贤于秋实，足归道于春卿。芳年淑景，时和气清。华殿邃兮帘帏静，灌木森兮风云轻，花飘香兮动笑日，娇莺啭兮相哀鸣。以物华之繁靡，尚绝思于将迎。犹允蹈而不倦，极耽玩以研精。命庸才以载笔，谢摛藻于天庭。异洞箫之娱侍，殊飞盖之缘情。阙雅言以赞德，恩报恩以轻生。敢下拜而稽首，愿永树于风声。奉皇灵之遐寿，冠振古之鸿名。

《贞观政要》卷四《规谏太子第十二》，上海古籍出版社一九七八年版

孔颖达

孔颖达(574—648)　字沖远,冀州衡水(今属河北)人。唐代经学家、教育家。通服氏《春秋传》、郑氏《尚书》《诗》《礼记》、王氏《易》等五经,兼通天文历算,善于文词。居家以教授为务。隋大业初,以明经高第,授河内郡博士。炀帝召儒官集于东都论议,颖达博辩,为儒官之冠,任为太学助教。唐武德时为文学馆学士,迁国子博士。贞观初,为国子司业,与魏徵等共修《隋书》。贞观十二年(638年),任国子祭酒兼东宫侍讲,受命与颜师古、司马才章、王恭、王琰等撰《五经义训》。书成,一百八十卷,名曰《五经正义》。后经修订,成为国家规定的教材,科举取士亦以此为依据。这是儒学内部消除宗派,实现统一的重要标志。著有《孔颖达集》五卷,另有《孝经章句》。

周易正义序

夫易者,象也;爻者,效也。圣人有以仰观俯察,象天地而育群品,云行雨施,效四时以生万物。若用之以顺,则两仪序而百物和;若行之以逆,则六位倾而五行乱。故王者动必则天地之道,不使一物失其性,行必协阴阳之宜,不使一物受其害,故能弥纶宇宙,酬酢神明,宗社所以无穷,风声所以不朽,非夫道极玄妙,孰能与于此乎?斯乃乾坤之大造,生灵之所益也。若夫龙出于河,则八卦宣其象;麟伤于泽,则十翼彰其用。业资凡圣,时历三古。及秦亡金镜,未坠斯文;汉理珠囊,重兴儒雅。其传《易》者,西都则有丁、孟、京田,东都则有荀、刘、马、郑,大体更相祖述,非有绝伦。唯魏世王辅嗣之注,独冠古今,所以江左诸儒并传其学,河北学者罕能及之。其江南义疏,十有余家,皆辞尚虚玄,义多浮诞。原夫易理难穷,虽复玄之又玄,至于垂范作则,便是有而教有。若论住内住外之空,就能就所之说,斯乃义涉于释氏,非为教于孔门也。既背其本,又违于注,至若复卦云"七日来复",并解云"七日"当为"七月",谓阳气从五月建午而消,至十一月建子始复,所历七辰,故云七月。今案辅嗣注云:"阳气始剥尽至来复,时凡七日。"则是阳气剥尽之后,凡经七日始复。但阳气虽建午始消,至建戌之月阳气犹在,何得称七月来复?故郑康成引《易纬》之说,建戌之月,以阳气既尽,建亥之月,纯阴用事,至建子之月,阳气始生,隔此纯阴一卦,卦主六日七分,举其成数言之,而云"七日来复"。仲尼之《纬》分明,辅嗣之注若此,康成之说遗迹可寻。辅嗣注之于前,诸儒背之于后,考其义理,其可通乎?又《蛊卦》云:"先甲三日,后甲三日。"辅嗣注云:"甲者,创制之令。"又若汉世之时,甲令、乙令也。辅嗣又云:"令滂乃诛,故后之三日。"又《巽卦》云:"先庚三日,后庚三日。"辅嗣注云:"申命令谓之庚。"辅嗣又云:"甲、庚皆申命之谓也。"诸儒同于郑氏之说,以为甲者宣令之日,先之三日而用辛也,欲取改新之义;后之三日而用丁也,取其丁宁之义。王氏注意本不如此,而又不顾其注,妄作异端。

今既奉敕删定，考察其事，必以仲尼为宗；义理可诠，先以辅嗣为本。去其华而取其实，欲使信而有征，其文简，其理约，寡而制众，变而能通。仍恐鄙才短见，意未周尽，谨与朝散大夫行太学博士臣马嘉运、守太学助教臣赵乾叶等，对共参议，详其可否。至十六年，又奉敕与前修疏入及给事郎守四门博士上骑都尉臣苏德融等，对敕使赵弘智覆更详审，为之正义，凡十有四卷。庶望上裨圣道，下益将来，故序其大略，附之卷首尔。

尚书正义序

夫《书》者，人君辞诰之典，右史记言之策。古之正者，事总万机，发号出令，义非一揆，或设教以驭下，或展礼以事上，或宣威以肃震曜，或敷和而散风雨。得之则百度惟贞，失之则千里斯谬。枢机之发，荣辱之生，丝纶之动，不可不慎。所以辞不苟出，君举必书，欲其昭法诫，慎言行也。其泉源所渐，基于出震之君；黼藻斯彰，郁乎如云之后。勋华揖让而典谟起，汤武革命而誓诰兴。先君宣父，生于周末，有至德而无至位，修圣道以显圣人，芟烦乱而翦浮辞，举宏纲而撮机要，上断唐虞，下终秦鲁，时经五代，书总百篇。采翡翠之羽毛，拔犀象之牙角，馨荆山之石，所得者连城；穷汉水之滨，所求者照乘。巍巍荡荡，无得而称。郁郁纷纷，于斯为盛。斯乃前言往行，足以垂法将来者也。暨乎七雄已战，五精未聚，儒雅与深阱同埋，经典共积薪俱燎。汉氏大济区宇，广求遗逸，采古文于金石，得今《书》于齐鲁，其文则欧阳、夏侯二家之所说，蔡邕碑石刻之古文，则两汉亦所不行。安国注之，实遭巫蛊，遂寝而不用。历及魏晋，方始稍兴，故马、郑诸儒，莫睹其学，所注经传,时或异同。晋世皇甫谧独得其书,载于帝纪,其后传授乃可详焉。但古文经虽然早出,晚始得行,其辞富而备,其义弘而雅,故复而不厌,久而愈亮。江左学者,咸悉祖焉。近至隋初,始流河朔,其为正义者,蔡大宝、巢猗、费甝、顾彪、刘焯、刘炫等,其诸公旨趣,多或因循,怙释注文,义皆浅略,惟刘焯、刘炫最为详雅。然焯乃织综经文,穿凿孔穴,诡其新见,异彼前儒,非险而更为险,无义而更生义。窃以古人言诰,惟在达情,虽复时或取象,不必辞皆有意。若其言必托数,经悉对文,斯乃鼓怒浪于平流,震惊飙于静树,使教者烦而多惑,学者劳而少功,过犹不及,良为此也。炫嫌焯之烦杂,就而删焉,虽复微稍省要,又好改张前义。义更太略,辞又过华,虽为文笔之善,乃非开奖之路。义既无义,文又非文,欲使后生若为领袖,此乃炫之所失,未为得也。今奉明敕,考定是非,谨罄庸愚,竭所闻见,览古人之传记,质近代之异同,存其是而去其非,削其烦而增其简。此亦非敢臆说,必据旧闻。谨与朝散大夫行太学博士臣王德韶、前四门助教臣李子云等,谨共铨叙。至十六年,又奉敕与前修疏人及通直郎行四门博士骁骑尉臣朱长才、给事郎守四门博士上骑都尉臣苏德融、登仕郎守太学助教云骑尉臣随德素、儒林郎守四门助教云骑尉臣王士雄等,对敕使赵弘智覆更详审,为之正义,凡二十卷。庶对扬于圣范,冀有益于童稚,略陈其事,叙之云尔。

毛诗正义序

　　夫《诗》者,论功颂德之歌,止僻防邪之训。虽无为而自发,乃有益于生灵。六情静于中,百物荡于外,情缘物动,物感情迁。若政遇醇和，则欢娱被于朝野；时当惨黩，亦怨刺形于咏歌。作之者所以畅怀舒愤，闻之者足以塞违从正，发诸情性，谐于律吕。故曰："感天地，动鬼神，莫近于《诗》。"此乃《诗》之为用，其利大矣。若夫哀乐之起，冥于自然；喜怒之端，非由人事。故燕雀表啁噍之感，鸾凤有歌舞之容，然则《诗》理之先，同夫开辟，《诗》迹所用，随运而移。上皇道质，故讽谕之情寡，中古政繁，亦讴歌之理切，唐虞乃见其初，牺轩莫测其始。于后，时经五代，篇有三千。成康没而颂声寝，陈灵兴而变风息。先君宣父，厘正遗文，缉其精华，褫其烦重，上从周始，下暨鲁僖，四百年间，六诗备矣。卜商阐其业，《雅》《颂》与金石同和。秦正燎其书，简牍与烟尘共尽。汉氏之初，《诗》分为四，申公腾芳于鄢郢，毛氏光价于河间，贯长卿传之于前，郑康成笺之于后。晋宋二萧之世，其道大行。齐魏两河之间，兹风不坠。其近代为义疏者，有全缓、何胤、舒瑗、刘轨思、刘丑、刘焯、刘炫等。然焯、炫并聪颖特达，文而又儒，擢秀干于一时，骋绝辔于千里，固诸儒之所揖让，日下之无双，于其所作疏内，特为殊绝。今奉敕删定，故据以为本。然焯、炫等负恃才气，轻鄙先达，同其所异，异其所同，或应略而反详，或宜详而更略，准其绳墨，差忒未免，勘其会同，时有颠踬。今则削其所烦，增其所简，唯意存于曲直，非有心于爱憎。谨与朝散大夫行太学博士臣王德韶、征事郎守四门博士臣齐威等，对共讨论，辨详得失。至十六年，又奉敕与前修疏人及给事郎守太学助教云骑尉臣赵乾叶、登仕郎守四门助教云骑尉臣贾普曜等，对敕使赵弘智覆更详正，凡为四十卷。庶以对扬圣范，垂训幼蒙，故序其所见，载之于卷首云尔。

礼记正义序

夫礼者，经天纬地，本之则大一之初；原始要终，体之乃人情之欲。夫人上资六气，下乘四序，赋清浊以醇醨，感阴阳而迁变。故曰：人生而静，天之性也；感物而动，性之欲也。喜怒哀乐之志于是乎生，动静爱恶之心于是乎在，精粹者虽复凝然不动，浮躁者实亦无所不为。是以古先圣王鉴其若此，欲保之以正直，纳之于德义，犹襄陵之浸，修堤防以制之，要方用切驾之马，设衔策以驱之。故乃上法圆象，下参方载，道之以德，齐之以礼。然飞走之伦，皆有怀于嗜欲，则鸿荒之世，非无心于性情，燔黍则大享之滥觞，土鼓乃云门之拳石，冠冕饰于轩初，玉帛朝于虞始，夏商革命，损益可知，文武重光，典章斯备，泊乎姬旦负扆临朝，述曲礼以节威仪，制周礼面经邦国。礼者，体也，履也，郁郁乎文哉，三百三千，于斯为盛。纲纪万事，雕琢六情，非彼日月，照大明于寰宇，类此松筠，负贞心于霜雪。顺之则宗祐固，社稷宁，君臣序，朝廷正；逆之则纪纲废，政教烦，阴阳错于上，人神怨于下。故曰：人之所生，礼为大也。非礼无以事天地之神，辩君臣长幼之位，是礼之时义大矣哉！暨周昭王南征之后，彝伦渐坏；彗星东出之际，宪章遂泯。夫子虽定《礼》正《乐》，颓纲暂理，而国异家殊，异端并作，画蛇之说文，擅于纵横，非马之谈辨，离于坚白。暨乎道丧两楹，义乖四术，上自游夏之初，下终秦汉之际，其间歧涂诡说，虽纷然竞起，而余风暴烈，亦时或独存。于是博物通人，知今温古，考前代之宪章，参当时之得失，俱以所见，各记旧闻，错总鸠聚，以类相附。《礼记》之目，于是乎在，去圣逾远，异端渐扇，故大小二戴，共氏而分门；王、郑两家，同经而异注。爰从晋宋，逮于周隋，其传《礼》业者，江左尤盛。其为义疏者，南人有贺循、贺玚、庾蔚、崔灵恩、沈重、范宣、皇甫侃等，北人有徐道明、李业兴、李宝鼎、侯聪、熊安等。其见于世者，唯皇、熊二家而已，熊则违背本经，多引外义，犹之楚而北行，马虽疾而去逾远矣。又欲释经文，唯聚难义，犹治丝而棼之，手虽繁而丝益乱也。皇氏虽章句详正，微稍繁广，又既遵郑氏，乃时乖郑义。此是木落不归其本，狐死不首其丘。此皆二家之弊，未为得也。然以熊比皇，皇氏胜矣！虽体例既别，不可因循。今奉敕删理，仍据皇氏以为本，其有不备，以熊氏补焉。必取文证详悉，义理精审，翦其繁芜，撮其机要。恐独见肤浅，不敢自专，谨与中散大夫守国子司业臣朱子奢、国子助教臣李善信、守太学博士臣贾公彦、行太常博士臣柳士宣、魏王东阁祭酒臣范义颁、魏王参军事臣张权等，对共量定。至十六年，又奉敕与前修疏人及儒林郎守太学助教云骑尉臣周玄达、儒林郎守四门助教云骑尉臣赵君赞、儒林郎守四门助教云骑尉臣王士雄等，对敕使赵弘智覆更详审，为之正义，凡成七十卷。庶能光赞大猷，垂法后进，故叙其意义，列之云尔。

春秋正义序

夫《春秋》者，纪人君动作之务，是左史所职之书。王者统三才而宅九有，顺四时而治万物，四时序则玉烛调于上，三才协则宝命昌于下，故可以享国永年，令闻长世。然则有为之务，可不慎与！国之大事，在祀与戎，祀则必尽其敬，戎则不加无罪。盟会协于礼，兴动顺其节，失则贬其恶，得则褒其善，此《春秋》之大旨，为皇王之明鉴也。若夫五始之目，章于帝轩；六经之道，光于《礼记》。然则此书之发，其来尚矣。但年祀绵邈，无得而言。暨乎周室东迁，王纲不振，楚子北伐，神器将移。郑伯败王于前，晋侯请隧于后，窃僭名号者，何国不然！专行征伐者，诸侯皆是。下陵上替，内叛外侵，九域骚然，三纲遂绝。夫子内韫大圣，逢时若此，欲垂之以法则无位，正之以武则无兵，赏之以利则无财，说之以道则不用。虚叹衔书之凤，乃似丧家之狗，既不救于已往，冀垂训于后昆。因鲁史之有得失，据周经以正褒贬，一字所嘉，有同华衮之赠；一言所黜，无异萧斧之诛。所谓不怒而人威，不赏而人劝，实永世而作则，历百王而不朽者也。

至于秦灭典籍，鸿猷遂寝。汉德既兴，儒风不泯，其前汉传《左氏》者，有张苍、贾谊、尹咸、刘歆，后汉有郑众、贾逵、服虔、许惠卿之等，各为诂训。然杂取《公羊》《穀梁》以释《左氏》，此乃以冠双屦，将丝综麻，方凿圆枘，其可入乎？

晋世杜元凯，又为《左氏集解》，专取丘明之传，以释孔氏之经，所谓子应乎母，以胶投漆，虽欲勿合，其可离乎？今校先儒优劣，杜为甲矣。故晋、宋传授，以至于今，其为义疏者，则有沈文何、苏宽、刘炫。然沈氏于义例粗可，于经传极疏；苏氏则全不体本文，唯旁攻贾、服，使后之学者钻仰无成。刘炫于数君之内，实为翘楚，然聪惠辩博，固亦罕俦，而探赜钩深，未能致远。其经注易者，必具饰以文辞；其理致难者，乃不入其根节。又意在矜伐，性好非毁，规杜氏之失，凡一百五十余条，习杜义而攻杜氏，犹蠹生于木而还食其木，非其理也。虽规杜过，义又浅近，所谓捕鸣蝉于前，不知黄雀在其后。案僖公三十三年《经》云："晋人败狄于箕。"杜注云："'却缺称'人者，未为卿。"刘炫规云："'晋侯称'人，与殽战同。"案殽战在葬晋文公之前，可得云：背丧用兵，以贱者告；箕战在葬晋文公之后，非是背丧用兵，何得云"与殽战同"？此则一年之经，数行而已，曾不勘省上下，妄规得失。又，襄公二十一年《传》云："邾庶其以漆闾丘来奔，以公姑姊妻之。"杜注云："盖寡者二人。"刘炫规云："是襄公之姑，成公之姊，只一人而已。"案成公二年，成公之子公衡为质，及宋逃归。案《家语·本命》云："男子十六而化生。"公衡已能逃归，则十六七矣。公衡之年如此，则于时成公三十三四矣。计至襄二十一年，成公七十余矣，何得有姊而妻庶其？此等皆其事历然，犹尚妄说，况其余错乱，良可悲矣！然比诸义疏，犹有可观。今奉敕删定，据以为本，其有疏漏，以沈氏补焉。若两义俱违，则特申短见。虽课率庸鄙，仍不敢自专，谨与朝请大夫国子博士臣谷那律、故四门博士臣杨士勋、四门博士臣朱长才等，对共参定。至十六年，又奉敕与前修疏人及朝散大夫行太学博士上骑都尉臣马嘉运、朝散大夫行太学博士上骑都尉臣王德韶、给事郎守四门博士上骑都尉臣苏德融、登仕郎守太学助教云骑尉臣随德素等，对敕使赵弘智覆更详审，为之正义，凡三十六卷。冀贻诸学者，以裨万一焉。

《十三经注疏》，中华书局二〇〇九年版

对论语问

时太宗初即位，留心庶政，颖达数进忠言，益见亲待。太宗尝问曰："《论语》云：'以能问于不能，以多问于寡，有若无，实若虚。'何谓也？"颖达对曰："圣人设教，欲人谦光。己虽有能，不自矜大，仍就不能之人求访能事。己之才艺虽多，犹以为少，仍就寡少之人更求所益。己之虽有，其状若无。己之虽实，其容若虚。非唯匹庶，帝王之德，亦当如此。夫帝王内蕴神明，外须玄默，使深不可测，度不可知。《易》称'以蒙养正，以明夷莅众'，若其位居尊极，炫耀聪明，以才凌人，饰非拒谏，则上下情隔，君臣道乖，自古灭亡，莫不由此也。"太宗深善其对。

《旧唐书》卷七三《孔颖达传》，中华书局一九七五年版

高　俭

高俭(576—647)　字士廉,渤海蓨县(今河北景县)人。隋大业中为治礼郎、交阯司法书佐等。唐武德时为雍州治中。支持李世民的夺位斗争。贞观时历官侍中、安州都督、益州大都督府长史、吏部尚书、尚书右仆射、开府仪同三司平章事等,摄太子太傅。在成都时,曾招集词人,以为文会,又命儒生讲论经史,推动蜀中学校复兴。奉诏与岑文本、令狐德棻等撰《氏族志》一百卷。

文思博要序

大矣哉! 文籍之盛也,范围天地,幽赞神明。用之邦国,则百官以乂;用之乡人,则万姓以察。非松乔而对振古,墐户牖而觌遐方。故先王以之建极,圣人以之设教,师范百代,弥纶四海。是以刊之金石,与天壤而相弊,书之竹素,与日月而俱悬者,莫尚于此。爰自卦起龙图,文成鸟策,坟典开其绪,丘①索导其流。虞夏之书,犹旭日之始旦;殷商之诰,若覆篑之为山。及曲阜佐周,摄政践

---

① "丘",原本作"邱"。

祚,而又阙里自卫,将圣多能。损益礼乐,极乎天而蟠乎地;祖述尧舜,系星辰而振河海。郁郁焉鼓王风于九合,闿闿焉辟儒门于百代。既而雅道虽废,学者未衰。挟册如林,遂偶纵横之运,怀经成市,俄属坑焚之灾。下土怨咨,上天回眷。咸、洛基命,悬赏而崇儒术;曹、马御纪,疏爵而启胶庠。人拾青紫,家握铅素。求古文于孔壁,专门者重阐;收《竹书》于汲冢,异说者无遗。逮乎有隋失御,群凶竞逐,辟雍蔓于荆棘,延阁殚于煨烬。孟坚九流,与川渎而俱竭;宏度四部,随岳牧而分崩。淹中许下,博古洽闻之生,尽殄散矣。兰台藏室,金简玉匮之文,咸残逸矣。

皇帝仰膺灵命,俯叶萌心,知周乾坤之表,道济宇宙之外。操参伐而清天步,横昆海而纽地维。囊弓矢于灵台,执贽者万国;张礼乐于太室,受职者百神。苍旻降祥,黔黎褆福。置成均之职,刘、董与马、郑风驰;开崇文之馆,扬、班与潘、江雾集。搢绅先生聚蠹简于内,轺轩使者采遗篆于外。刊正分其朱紫,缮写坏于邱山。外史所未录,既盈太常之藏。中经所不载,盛积秘室之府。比夫轩皇宛委,穆满羽陵,炎汉之广内,有晋之秘阁,何异乎牛宫之水,争浮天于谷王;蚁垤之林,竞拂日于若木也。

帝听朝之暇,属意斯文,精义穷神,微言探赜。纤楼船于学海,获十城之珍;驻羽盖于翰林,搴三珠之宝。以为观书贵要,则十家并驰;观要贵博,则《七略》殊致。自非总质文而分其流,混古今而共其辙,则万物虽众,可以同类;千里虽遥,可以同声。然则魏之《皇览》,登巨川之滥觞;梁之《遍略》,标崇山之增构。岁月滋多,论次逾广,类苑耕录,齐玉轪而并驰;要略御览,扬金镳而继路。虽草创之指,义在兼包,而编录之内,犹多遗阙。并未能绝云而负苍天,杜鹬罗之用;激水而纵溟海,息钩饵之心。帝乃亲萦圣情,曲留元览,垂权衡以正其失,定准绳以矫其违。顿天纲于蓬莱,纲目自举;驰云车于策府,辙迹可寻。述作之义坦然,笔削之规大备。特进尚书右仆射申国公士廉、特进郑国公魏徵、中书令驸马都尉德安郡公杨师道、兼中书侍郎江陵县子岑文本、中散大夫守尚书礼部侍郎颜相时、中散大夫守国子司业朱子奢、给事中许敬宗、朝散大夫守国子博士刘伯庄、朝散大夫行太常博士吕才、秘书丞房玄龄、朝散大夫行太学博士马嘉运、朝散大夫行起居舍人褚遂良、朝议郎守晋王友姚思聪、太子舍人司马宅相、秘书郎宋正玙,笼缃素则一字必包,举残缺则片言靡弃,繁而有检,简而不失,同兹万顷,塍垺自分。譬彼百川,派流无壅。讨论历载,琢磨云毕,勒成一家,名《文思博要》,一百二十帙一千二百卷,并目录一十二卷。义出六经,事兼百氏,究帝王之则,极圣贤之训,天地之道备矣,人神之际在焉。昭昭若日月,代明于下土;离离若星辰,错行于躔次。斯固坟素之苑囿,文章之江海也。是为国者尚其道德,为家者尚其变通,纬文者尚其溥博。谅足以仰观千古,同羲文之爻象;俯观百王,轶姬孔之礼乐。岂止刻石汉京,悬金秦市,比丘明之作传,侔子长之著书而已哉!

《全唐文》卷一三四,中华书局一九八三年版

房玄龄

房玄龄(579—648)　字乔,齐州临淄(今山东淄博)人。唐初大臣。博览经史,能书善文。隋末举进士,任隰城尉。唐初,任秦王府记室,兼陕东道大行台考功郎中,加文学馆学士。贞观时历官中书令、礼部尚书、尚书左仆射、司空、太子太傅、京都留守等。与高士廉同撰《文思博要》。又与褚遂良等撰《晋书》,成一百三十卷。

请尊孔子为先圣议

武德中,诏释奠于太学,以周公为先圣,孔子配享。臣以周公、尼父,俱称圣人,庠序置奠,本缘夫子。故晋、宋、梁、陈及隋大业故事,皆以孔某为先圣,颜回为先师,历代所行,古今通允。伏请停祭周公,升夫子为先圣,以颜回配享。

《全唐文》卷一三七,中华书局一九八三年版

魏　徵

魏徵（580—643）　字玄成，魏郡馆陶（今属河北）人，后迁居相州内黄（今河南内黄西北）。唐代政治家。武德时为太子洗马。贞观时历官谏议大夫、尚书右丞、秘书监、侍中，参预朝政。贞观初，朝臣论政，他主张"偃革兴文，布德施惠，中国既安，远人自服"。李世民接受他的主张，终至天下安定。后数被召见，访问得失，徵尽诚献智，知无不言，其言论多载于《贞观政要》。诏修周、隋、齐、梁、陈五代史事，各史有专人负责，令魏徵总加撰定，多所损益，务存简正，时称良史。以丧乱后，典籍纷杂，建议集学者校定四部书，数年之间，秘府图籍渐备；以《礼记》庞杂无序，建议重加改编，数年成《类礼》二十篇，录置内府。又主编《群书治要》。所著今存有《魏郑公谏录》五卷、《魏郑公文集》三卷、《魏郑公诗集》一卷。

对大乱之后大可致化

太宗论自古政化得失，因曰："当今大乱之后，造次不可致化。"公对曰："不然。人居安乐则骄逸，骄逸则思乱，思乱则难化。在危困则忧死亡，忧死亡则思化，思化则易教。然则乱后易教，犹饥人易食也。"太宗曰："善人为邦百年,然后胜残去杀。大乱之后,将求致化,宁可造次而望乎?"公对曰："此指常人,不在圣哲。圣哲施化,上下同心,人应如响,不疾而速,期月而可,信不为过,三年成功,犹谓其晚。"太宗深纳其言。右仆射封德彝等,咸共非之,曰："三代已后,人渐浇讹。故秦任法律,汉杂霸道,皆欲化而不能,岂能化而不欲。魏徵书生,不识时务。若信其虚论,必败乱国家。"公曰："五帝三王,不易人而化,行帝道则帝,行王道则王,在于当时所化之而已。考之载籍,可得而知。昔黄帝与蚩尤七十余战,其乱甚矣,既胜之后,复致太平。九黎乱德,颛顼征之,既克之后,不失其化。桀为乱虐,而汤放之,在汤之日,则得太平。纣为无道,武王伐之,成王之日,亦致太平。若言人渐浇讹,不返纯朴,至今应悉为鬼魅,宁可复得而教化耶?"德彝等无以难之,然咸以为不可。太宗力行不倦,三数年间,契丹靺鞨内附,突厥破灭,部落列为编户。太宗每谓侍臣曰："贞观之初,人皆异论,云当今必不可行帝王道,唯魏徵劝我而已。我从其言,不过数载,遂得华夏安宁,远夷宾服。突厥,万代以来,常为勍敌,今头首并带刀宿卫,部落皆袭衣冠,使我不动干戈。数年之间,遂至于此,皆魏徵之力也。"又复谓公曰："玉虽有美质,在石间不值良工琢磨,与瓦砾不别,若遇良工,既为万代之宝。朕虽无美质,为公所切磋,约我以仁义,弘我以道德,使朕功业至此,公亦足为良匠,唯惜不得使封德彝见之。"公再拜谢曰："匈奴破灭,海内康宁,自是陛下威德所致,实非群下之力,但喜逢明圣,不敢贪天之功。"太宗曰："朕能任公,公称所委,其功独在朕乎?何敢饰让也。"

　　　　　《魏郑公谏录》卷三,商务印书馆《丛书集成初编》本

群书治要序

　　窃惟载籍之兴,其来尚矣。左史右史,记事记言,皆所以昭德塞违,劝善惩恶。故作而可纪,薰风扬乎百代,动而不法,炯戒垂乎千祀。是以历观前圣,抚运膺期,莫不懔乎御朽,自强不息,乾乾夕惕,义在兹乎。近古皇王,时有撰述,并皆包括天地,牢笼群有,竞采浮艳之词,争驰迂诞之说,骋末学之博闻,饰雕虫之小技,流宕忘反,殊途同致。虽辩周万物,愈失司契之源,术总百端,乖得一之旨。皇上以天纵之多才,运生知之睿思,性与道合,动妙几神。玄德潜通,化前王之所未化;损己利物,行列圣之所不能行。翰海龙庭之野,并为郡国,扶桑若木之域,咸袭缨冕。天地成平,外内禔福,犹且为而不恃。虽休勿休,俯协尧、舜,式遵稽古,不察貌乎止水,将取鉴乎哲人。以为六籍纷纶,百家踳骏,穷理尽性,则劳而少功;周览泛观,则博而寡要。故爰命臣等,采摭群书,翦截淫放,光昭训典,圣思所存,务乎政术,缀叙大略,咸发神衷,雅致钩深,规摹宏远,纲罗治体,事非一目。若乃钦明之后,屈己以救时;无道之君,乐身以亡国。或临难而知惧,在危而获安,或得志而骄居,业成以致败者,莫不备其得失,以著为君之难。其委质策名,立功树惠,贞心直道,忘躯殉国,身殒百年之中,声驰千载之外。或大奸巨滑,转日回天,社鼠城狐,反白仰黑,忠良由其放逐,邦国因以危亡者,咸亦述其终始,以显为臣不易。其立德立言,作训垂范,为纲为纪,经天纬地,金声玉振,腾实飞英,雅论徽猷,嘉言美事;可以弘奖名教,崇太平之基者,固亦片善不遗,将以丕显皇极。至于母仪嫔则,懿后良妃,参徽猷于十乱,著深诫于辞辇。

或倾城哲妇，亡国艳妻，候晨鸡以先鸣，待举烽而后笑者，时有所存，以备劝戒。爰自六经，讫乎诸子，上始五帝，下尽晋年，凡为五帙，合五十卷，本求治要，故以《治要》为名。但《皇览》《遍略》，随方类聚，名目互显，首尾淆乱，文义断绝，寻究为难。今之所撰，异乎先作，总立新名，各全旧体。欲令见本知末，原始要终，并弃彼春华，采兹秋实。一书之内，牙角无遗；一事之中，羽毛咸尽。用之当今，足以鉴览前古；传之来叶，可以贻厥孙谋。引而申之，触类而长，盖亦言之者无罪，闻之者足以自戒。庶弘兹九德，简而易从。观彼百王，不疾而速。崇巍巍之盛业，开荡荡之王道。可久可大之功，并天地之贞观；日用日新之德，将金镜以长悬。其目录次第，编之如左。

《群书治要》卷首，商务印书馆《丛书集成初编》本

谏太宗十思疏

　　臣闻求木之长者，必固其本；欲流之远者，必浚其泉源；思国之安者，必积其德义。源不深而望流之远，根不固而求木之长，德不厚而思国之理，臣虽下愚，知其不可，而况于明哲乎！人君当神器之重，居域中之大，将崇极天之峻，永保无疆之休。不念居安思危，戒奢以俭，德不处其厚，情不胜其欲，斯亦伐根以求木茂，塞源而欲流长者也。

　　凡百元首，承天景命，莫不殷忧而道著，功成而德衰。有善始者实繁，能克终者盖寡，岂取之易而守之难乎？昔取之而有余，今守之而不足，何也？夫在殷忧，必竭诚以待下；既得志，则纵情以傲物。竭诚则胡越为一体，傲物则骨肉为行路。虽董之以严刑，

震之以威怒，终苟免而不怀仁，貌恭而不心服。怨不在大，可畏惟人，载舟覆舟，所宜深慎，奔车朽索，其可忽乎！

君人者，诚能见可欲则思知足以自戒，将有作则思知止以安人，念高危则思谦冲而自牧，惧满溢则思江海下百川，乐盘游则思三驱以为度，忧懈怠则思慎始而敬终，虑壅蔽则思虚心以纳下，想谗邪则思正身以黜恶，恩所加则思无因喜以谬赏，罚所及则思无因怒而滥刑。总此十思，弘兹九德，简能而任之，择善而从之。则智者尽其谋，勇者竭其力，仁者播其惠，信者效其忠。文武争驰，君臣无事，可以尽豫游之乐，可以养松、乔之寿，鸣琴垂拱，不言而化。何必劳神苦思，代下司职，役聪明之耳目，亏无为之大道哉！

《贞观政要》卷一《君道第一》，上海古籍出版社一九七八年版

诸王善恶录序

观夫膺期受命，握图御宇，咸建懿亲，藩屏王室，布在方策，可得而言。自轩分二十五子，舜举一十六族，爰历周、汉，以逮陈、隋，分裂山河，大启磐石者众矣。或保乂王家，与时升降；或失其土宇，不祀忽诸。然考其隆替，察其兴灭，功成名立，咸资始封之君；国丧身亡，多因继体之后。其故何哉？始封之君，时逢草昧，见王业之艰阻，知父兄之忧勤。是以在上不骄，夙夜匪懈，或设醴以求贤，或吐飧而接士。故甘忠言之逆耳，得百姓之欢心。树至德于生前，流遗爱于身后。暨夫子孙继体，多属隆平，生自深宫之中，长居妇人之手，不以高危为忧惧，岂知稼穑之艰难？昵近小人，疏远君子，绸缪哲妇，傲狠明德。犯义悖礼，淫荒无度，不遵典宪，僭差越等。恃一顾之权宠，便怀匹嫡之心；矜一事之微劳，遂

有无厌之望。弃忠贞之正路，蹈奸宄之迷涂。愎谏违卜，往而不返。虽梁孝、齐冏之勋庸，淮南、东阿之才俊，摧摩霄之逸翮，成穷辙之涸鳞，弃桓、文之大功，就梁、董显戮。垂为炯戒，可不惜乎？

皇帝以圣哲之资，拯倾危之运，耀七德以清六合，总万国而朝百灵，怀柔四荒，亲睦九族。念华萼于《棠棣》，寄维城于宗子。心乎爱矣，靡日不思，爰命下臣，考览载籍，博求鉴镜，贻厥孙谋。

臣辄竭愚诚，稽诸前训。凡为藩为翰，有国有家者，其兴也必由于积善，其亡也皆在于积恶。故知"善不积不足以成名，恶不积不足以灭身"。然则祸福无门，吉凶由己，惟人所召，岂徒言哉！今录自古诸王行事得失，分其善恶各为一篇，名曰：《诸王善恶录》。欲使见善思齐，足以扬名不朽；闻恶能改，庶得免乎大过。从善则有誉，改过则无咎。兴亡是系，可不勉欤？

《贞观政要》卷四《教戒太子诸王第十一》，

上海古籍出版社一九七八年版

颜师古

颜师古（581—645）　字籀，京兆万年（今陕西西安）人。唐代经学家、文字学家。少传家学，博览群书，善于文学。居家贫困，以教授为生。武德时为中书舍人，诏令多出其手。贞观初为中书侍郎，因故免职。后受诏于秘书省考定五经文字，事成，诸儒异议，皆非之。师古引据晋宋旧文，随加解答，人人叹服。于是颁五经定本于天下，令学者习之。出任秘书少监，专事刊正，迁秘书监、弘文馆学士。所注《汉书》，解释详明，为学者所重；注《急就章》，大行于时。撰《匡谬正俗》八篇。诗文汇成《颜师古集》六十卷。

急就篇注叙

《急就篇》者，其源出于小学家。昔在周室，粤有史籀，演畅古文，初著大篆。秦兼天下，罢黜异书，丞相李斯又撰《苍颉》，中车府令赵高继造《爰历》，太史令胡母敬作《博学篇》，皆所以启导青衿，垂法锦带也。逮至炎汉，司马相如作《凡将篇》，俾效书写，多所载述，务适时要。史游景慕，拟而广之。元成之间，列于秘府。虽复文非清靡，义阙经纶，至于包括品类，错综古今，详其意趣，实有可观者焉。然而时代迁革，亟经丧乱，传写湮讹，避讳改易，渐就芜舛，莫能厘正。少者阙而不备，多者妄有增益，人用己私，流宕忘反。至如蓬门野贱，穷乡幼学，递相承禀，犹竞习之。既无良师，只增僻谬。若夫缙绅秀彦、膏粱子弟，谓之鄙俚，耻于窥涉，遂使博闻之说，废而弗明；备物之方，于兹寝滞。师古家传《苍》《雅》，广综流略，尤精训故，待问质疑，事非稽考，不妄谈说，必则古昔，信而有征。先君常欲注释《急就》，以贻后学，雅志未申，昊天不吊，奉遵遗范，永怀罔极。旧得皇象、钟繇、卫夫人、王羲之等所书篇本，备加详核，足以审定，凡三十二章，究其真实。又见崔浩及刘芳所注，人心不同，未云善也。遂因暇日，为之解训，皆据经籍遗文，先达旧旨，非率愚管，斐然妄作。字有难识，随而音之，别理兼通，亦即并载。可以祛发未寤，矫正前失，振幽翳之学，摅制述之意，庶将来君子，裁其衷焉。

《急就篇》，商务印书馆《丛书集成初编》本

上汉书注序

储君体上哲之姿，膺守器之重，俯降三善，博综九流。观炎汉之余风，究其终始；懿孟坚之述作，嘉其宏赡。以为服膺襄说，疏紊尚多。苏晋众家，剖断盖鲜。蔡氏纂集，尤为牴牾。自兹以降，蔑足有云。怅前代之末周，愍将来之多惑。顾召幽仄，俾竭刍荛，匡正睽违，激扬郁滞。将以博喻胄齿，远覃邦国，宏敷锦带，启导青衿。曲禀宏规，备蒙嘉惠，增荣改观，重价流声。斗筲之材，徒思罄力；驽蹇之足，终惭远致。岁在重光，律中大吕，是谓涂月，其书始就。不耻狂简，辄用上闻，粗

陈指例，式存扬榷。

《全唐文》卷一四八，中华书局一九八三年版

策贤良问五道

第一道

问：天生蒸庶，树之司牧，立化成俗，阐教宏风。譬玺印之抑涂，若盘盂之置水，污隆各随所齿，方圆在其所制。夏后尚忠之政，固以率服万邦；殷人先敬之道，亦足仪型百姓。亟从革变，靡定沿袭，所贵虽殊，同归于义。先圣设法，将不徒然。厥意如何？伫问诠释。

第二道

问：夫杂用霸道，不纯德教，是非稽古，何以称强？权宜一切，宁可垂训，其理隐微，其说安取？且设官分职，非贤不任，知人则哲，惟帝难之。良由言行相违，名实乖舛，情态难睹，兰艾莫分。藻镜铨衡，若其混糅，如何审综，察兹优劣？八观之术，往彦所陈，七缪之邮，非无前说，澄汰糠粃，其可必陈。何谓七缪？宜具条录，勿致阙遗。又西京课吏，其法何以？邺洛考功，众议孰得？且公卿已下，员禄素定，量其间剧，职务才举。而散官一色，多乏器干，纵非鄙弱，则有疵瑕。至于衔命诸方，承旨出使，按察抚劳，络绎相趋。若差职事之人，则于官曹阙废。如其专遣冗散，又致前涂亏失，彼此难周，未能通允，欲施何法，使得兼济？又二代寮案，

大数几何？用官详备，遣人可观，准望圣朝，繁省何若？自秦及汉，掌外使者何人？当涂典午，出邦畿者何职？书传所说，可得而言？职达化方，久应商略，既无碍滞，悉俟敷陈。

第三道

问：洁己以进，陈诸往册；平康正直，彰乎前训。修身励操，俱曰可称。摄职当官，何者尤切？必能兼善，其利溥哉！互有所长，宜甄先后。今既举兹二事，欲委共康，广扇清风，大矫流俗，施行条教，可用率下。使人怀冰玉之心，家有素丝之节，轨物昭范，伫观表仪。若在姬周，号称多士，嬴氏居位，亦有贤人。谁修廉洁之道？孰当正直之举？爰及两汉魏晋已来，历载遐长，廉直众矣，其间尤异，凡有几人？必须具列姓名，分条事迹，无或非当，意状殊违。先古有言，惟德作乂。既充廉洁之选，又应正直之科，诚宜追踪曩人，尚想同志。并驱前烈，诚可比肩。仰企高山，谁者弗逮？当仁不让，宁假执谦，近取诸身，岂或涯分。无而为有，是则非廉；虚美雷同，又乖正直。兼兹学植，理必该通，原始要终，当尽宏博。

第四道

问：学以从政，昔贤令则；博文强识，君子所尚。结发升朝，敷衽受职，开物成务，率由兹道。是以登高能赋，可列大夫；试讽籀篇，乃得为史。然而算祀悠邈，载籍实繁，钻仰虽多，罕能择练。今将少论古昔，庶异见闻，勿用浮辞，当陈指要。九流《七略》，题目何施？八体六书，名义焉在？三皇五帝，诸说不同，列次分区，谁者为允？翠妫元扈，临之而安得？绿纯黄玉，所表其奚事？阴康骊畜，行序孰当？封巨大填，胡宁游处？彤鱼昌仆，出何典诰？穷蝉声望，厥类惟何？管仲文锦，既丑何贵？子产深链，实厚何俾？周鼎所存，识者几物？齐钟所衅，卒用何牲？罢绌诸侯，何名三十六都？褒贬将相，何谓三十二人？至如象叶之精乎弃日，木鸡之巧乎异端，著于简牒，何所沮劝？学综古今，想宜究悉，一二显析，无惮米盐。

第五道

问：八政所先，食货居首；万商之业，市井为利。菽粟稻粱，饥馑足以充口；布帛丝纩，寒暑足以蔽形。生灵所资，莫此为急。爰及室宇器械，同出五材，皆禀造化之功，取者得供其用。而龟贝之属，何故为宝？竞取而多，谁所创意？钱币之作，本以何施？亿兆赖其何功？政教得其何助？若夫九府之法，于何贸迁？三官所统，又何典掌？未知乘时趋利，济益深浅，起伪生奸，有何亏败？九府之名，欲知其九，三官之号，何等为三？宜各指陈，务令可晓。子绀称贵，文饰何如？赤仄殊形，以何间错？又卖谷极贱，则农夫劬劳而不给；籴价翔踊，则工商窭乏而难振。为政之道，患在不均，设法筹算，去其太甚。使夫荷锸拥耒，阡陌之用获饶，作工通财，仓廪之储不匮。又籴三舍一，起自何人？以母权子，云谁所建？各申何法，厥利焉如？今欲修之，孰可孰不可？亦宜辨说，不可暧昧。佐时经国，此亦一隅。既膺斯举，何所兴让？聊动翰墨，岂申余勇？

颜师古

刘　洎

刘洎（？—645）　字思道，荆州江陵（今湖北江陵）人。隋末任为萧铣政权的黄门侍郎。唐武德时，授南康州都督府长史。贞观时，历官给事中、治书侍御史、尚书右丞、黄门侍郎、散骑常侍、侍中。著有《刘洎集》十卷。

论太子初立请尊贤讲学表

臣闻郊迎四方，孟侯所以成德；齿学三让，元良由是作贞。斯皆屈主祀之尊，申下交之义。故得刍言咸荐，睿问旁通，不出轩庭，坐知天壤，率由兹道，永固鸿基者焉。至若生乎深宫之中，长乎妇人之手，未曾识忧惧，无由晓风雅。虽复神机不测，天纵生知，而开物成务，终由外奖。匪夫崇彼干籥，听兹谣颂，何以辨章庶类，甄核彝伦？历考圣贤，咸资琢玉。是故周储上哲，师望、奭而加裕；汉嗣深仁，引园、绮而昭德。原夫太子，宗祧是系，善恶之际，兴亡斯在，不勤于始，将悔于终。是以晁错上书，令通政术；贾谊献策，务知礼教。窃惟皇太子玉裕挺生，金声凤振，明允笃诚之美，孝友仁义之方，皆挺自天姿，非劳审谕。固以华夷仰德，翔泳希风矣。然则寝门视膳，已表于三朝；艺宫论道，宜弘于四术。虽富于春秋，饬躬有渐，实恐岁月易往，堕业兴讥，取适晏安，言从此始。臣以愚短，幸参侍从，思广储明，暂愿闻彻，不敢曲陈故事，切请以圣德言之。

伏陛陛下诞睿膺图，登庸历试。多才多艺，道著于匡时，允文允武，功成于纂祀。万方即叙，九围清晏。尚且虽休勿休，日慎一日，求异闻于振古，劳睿思于当年。乙夜观书，事高汉帝；马上披卷，勤过魏王。陛下自励如此，而令太子优游弃日，不习图书，臣所以未谕一也。加以暂屏机务，即寓雕虫。纡宝思于天文，则长河韬映；摛玉华于仙札，则流霞成彩。固以锱铢万代，冠冕百王，屈、宋不足以升堂，钟、张何阶于入室。陛下自好如此，而太子悠然静处，不寻篇翰，臣所未谕二也。陛下备该众妙，独秀寰中，犹晦天聪，俯询凡识。听朝之隙，引见群官，降以温颜，访以今古。故得朝廷是非，闾里好恶，凡有巨细，必关闻听。陛下自行如此，而令太子久趋入侍，不接正人，臣所未谕三也。陛下若谓无益，则何事劳神；若谓有成，则宜申贻厥。蔑而不急，未见其可。伏愿俯推睿范，训及储君，授以良书，娱之嘉客。朝披经史，观成败于前踪；晚接宾游，访得失于当代。间以书札，继以篇章，则日闻所未闻，日见所未见。副德愈光，群生之福也。

窃以良娣之选，遍于中国。仰惟圣旨，本求典内，冀防微，慎远虑，臣下所知。暨乎征简人物，则与聘纳相违，监抚二周，未近一士。愚谓内既如彼，外亦宜然者。恐招物议，谓陛下重内而轻外也。古之太子，问安而退，所以广敬于君父；异宫而处，所以分别于嫌疑。今太子一侍天闱，动移旬朔，师傅已下，无由接见。假令供奉有隙，暂还东朝，拜谒既疏，且事俯印，规谏之道，固所未暇。陛下不可以亲教，宫寀无因以进言，虽有具寮，竟将何补？

伏愿俯循前躅，稍抑下流，弘远大之规，展师友之义。则离徽克茂，帝图斯广，凡在黎元，孰不庆赖。太子温良恭俭，聪明睿哲，含灵所悉，臣岂不知。而浅识勤勤，思效愚忠者，愿沧溟益润，日月增华也。

《贞观政要》卷四《尊敬师傅第十》，

上海古籍出版社一九七八年版

孙伏伽

孙伏伽(？—658) 贝州武城(今山东武城)人。隋时，任万年县法曹。唐武德时，为治书侍御史。贞观时，历官大理少卿、刑部郎中、大理寺卿、陕州刺史。

妙选贤才为皇太子僚友疏

臣闻"性相近而习相远"，以其所好相染也。故《书》云："与治同道罔弗兴，与乱同事罔弗亡。"以此言之，兴乱斯在所与！皇太子及诸王等左右群僚，不可不择而任之也。如臣愚见，但是无义之人，及先来无赖，家门不能邕睦，及好奢华驰猎驱射，专作慢游狗马声色歌舞之人，不得使亲而近之也。此等止可悦耳目、备驱驰，至于拾遗补阙，决不能为也。臣历窥往古，下观近代，至于子孙不孝，兄弟离间，莫不为左右乱之也。愿陛下妙选贤才，以为皇太子僚友。如此，即克隆磐石，永固维城矣。

《全唐文》卷一三五，中华书局一九八三年版

长孙无忌

长孙无忌(? —659) 字辅机,河南洛阳人。唐初大臣,早年从李世民征讨。李世民登位后,历官左武侯大将军、吏部尚书、尚书右仆射、司空、司徒、太子太师、侍中。永徽年间,奉命主持修定《唐律》。贞观二十三年(649年),受命辅立李治。李治即位后,任太尉,知尚书、门下二省事。显庆四年(659年),被许敬宗诬告谋反,流放黔州(治今重庆彭水),迫令自缢死。上元元年(674年),平其冤案。

先圣先师议(节选)

按新礼,孔子为先圣,颜回为先师。又准贞观二十一年诏,亦以孔子为先圣,更以左丘明等二十二人,与颜回俱配尼父于太学,并为先师。今据永徽令文,改用周公为先圣,遂黜孔子为先师,颜回、丘明并为从祀。谨按《礼记》云:"凡学,春官释奠于其先师。"郑玄注云:官谓诗书礼乐之官也。先师者,若汉《礼》有高堂生,《乐》有制氏,《诗》有毛公,《书》有伏生,可以为师者。又《礼记》云:"始立学,释奠于先圣。"郑玄注云:若周公孔子也。据礼为定,昭然自别,圣则因天合德,师则偏善一经。汉魏已来,取舍各异,颜回、夫子，互作先师；宣父、周公，迭为先圣。求其节文，递有得失。所以贞观之末，亲降纶言，依《礼记》之明文，酌康成之奥说，正夫子为先圣，加众儒为先师，永垂制于后昆，革往代之纰谬。而今新令不详制旨，辄事刊改，遂违明诏。……

仲尼生衰周之末，拯文丧之弊，祖述尧舜，宪章文武，宏圣教于六经，阐儒风于千代。故孟轲称生灵已来，一人而已。自汉已来，奕叶封侯，崇奉其圣，迄于今日，胡可降兹上哲，俯入先师？又且丘明之徒，见行其学，贬为从祀，亦无故事。今请改令从诏，于义为允，其周公仍依别礼，配享武王。谨议。

《全唐文》卷一三六，中华书局一九八三年版

律疏议序

夫三才肇位，万象斯分，禀气含灵，人为称首，莫不凭黎元而树司宰，因政教而施刑法。其有情恣庸愚，识沉愆戾，大则乱其区宇，小则睽其品式，不立制度，则未之前闻。故曰：以刑止刑，以杀止杀，刑罚不可弛于国，笞棰不得废于家。时遇浇淳，用有众寡，于是结绳启路，盈坎疏源，轻刑明威，大礼崇敬。《易》曰："天垂象，圣人则之。"观雷电而制威刑，睹秋霜而有肃杀，惩其已犯，而防其未然，平其徽纆，而存乎博爱，盖圣王不获已而用之。古者大刑用甲兵，其次用斧钺；中刑用刀锯，其次用钻笮；薄刑用鞭扑。其所由来，亦已尚矣。昔白龙、白云，则伏羲、轩辕之代；西火、西水，则炎帝、共工之年。鹈鸠篮宾于少皞，金正策名于颛顼。咸有天秩，典司刑宪。大道之化，击壤无违。迨乎唐虞，化行事简，议刑以定其罪，画象以愧其心。所有条贯，良多简略，年代浸远，不

长孙无忌

可得而详焉。尧、舜时理官则谓之为士，而皋陶为之；其法略存，而往往概见，则《风俗通》所云"皋陶谟：虞造律"是也。律者，训铨训法也。《易》曰："理财正辞，禁人为非曰义。"故铨量轻重，依义制律。《尚书大传》曰："丕天之大律。"注云："奉天之大法。"法亦律也，故谓之为律。昔日圣人制作，谓之为经；传师所说，则谓之为传。此则丘明、子夏于《春秋》《礼经》作传是也。近代已来，兼经注而明之，则谓之为义疏。疏之为字，本以疏阔疏远立名。又《广雅》云："疏者，识也。"案疏训识，则书疏记识之道存焉。《史记》云："后主所是疏为令，前主所是著为律。"《汉书》云："削牍为疏，故云疏也。"昔者三王始用肉刑，赭衣难嗣，皇风更远，朴散淳离，伤肌犯骨。《尚书大传》曰："夏刑三千条。"周礼，司刑掌五刑，其属二千五百。穆王度时制法，五刑之属三千。周衰刑重，战国异制。魏文侯师于李悝，集诸国刑典，造《法经》六篇：一《盗法》，二《贼法》，三《囚法》，四《捕法》，五《杂法》，六《具法》。商鞅传授，改法为律。汉相萧何，更加悝所造《户》《兴》《厩》三篇，谓九章之律。魏因汉律，为一十八篇，改汉具律为刑名第一。晋命贾充等增损汉、魏律为二十篇，于魏刑名律中分为法例律。宋、齐、梁及后魏，因而不改。爰至北齐，并刑名、法例为名例。后周复为刑名。隋因北齐，更为名例。唐由于隋，相承不改。名者，五刑之罪名；例者，五刑之体例。名训为命，例训为比。命诸篇之刑名，比诸篇之法例。但名因罪立，事由犯生，命名即刑应，比例即事表，故以《名例》为首篇。第者训居训次，则次第之义，可得言矣。一者太极之气，函三为一，黄钟之一，数所生焉。《名例》冠十二篇之首，故云《名例》第一。大唐皇帝以上圣凝图，英声嗣武，润春云于品物，缓秋官于黎庶。今之宪典，前圣规模，章程靡失，鸿纤备举，而刑宪之司，报行殊异：大理当其死坐，刑部处以流刑；一州断以徒年，一县将为杖罚。不有解释，触涂睽误。皇帝彝宪在怀，纳隍兴轸，德礼为政教之本，刑罚为政教之用，犹昏晓阳秋，相须而成者也。是以降纶言于台铉，挥折简于髦彦，爰造律疏，大明典式。远则皇王妙旨，近则萧、贾遗文，沿波讨源，自枝穷叶，甄表宽大，裁成简久。譬权衡之知轻重，若规矩之得方圆，迈彼三章，同符画一者矣。

《全唐文》卷一三六，中华书局一九八三年版

长孙无忌

张玄素

张玄素(？—664) 蒲州虞乡(今山西虞乡)人。隋末，为景城县户曹。被窦建德召为黄门侍郎。唐灭窦建德后，归唐，任景城都督府录事参军。李世民即位后，历官侍御史、给事中、太子少詹事、右庶子。其时太子承乾游畋废学，玄素上书累谏，不被采纳。承乾被废，玄素也随例被除名。后又获召任潮州刺史，转邓州刺史。

谏太子承乾书

臣闻皇天无亲，惟道是辅，苟违天道，人神同弃。然古三驱之礼，非欲教杀，将为百姓除害，故汤罗一面，天下归仁。今苑内娱猎，虽名异游畋，若行之无恒，终亏雅度。且傅说曰："学不师古，匪说攸闻。"然则弘道在于学古，学古必资师训。既奉恩诏，令孔颖达侍讲，望数存顾问，以补万一。仍博选有名行学士，兼朝夕侍奉。览圣人之遗教，察既往之行事，日知其所不足，月无忘其所能。此则尽善尽美，夏启、周诵焉足言哉！夫为人上者，未有不求其善，但以性不胜情，耽惑成乱。耽惑既甚，忠言尽塞，所以臣下苟顺，君道渐亏。古人有言："勿以小恶而不去，小善而不为。"故知祸福之来，皆起于渐。殿下地居储贰，当须广树嘉猷。既有好畋之淫，何以主斯匕鬯？慎终如始，犹恐渐衰，始尚不慎，终将安保！

《贞观政要》卷四《规谏太子第十二》，

上海古籍出版社一九七八年版

重谏太子承乾书

臣闻周公以大圣之材，犹握发吐哺，引纳白屋，而况后之圣贤，敢轻斯道。是以礼制，皇太子入学而行齿胄，欲使太子知君臣、父子、尊卑、长幼之道。然君臣之义，父子之亲，尊卑之序，长幼之节，用之方寸之内，宏之四海之外者，皆因行以远闻，岂假言以光被。伏惟殿下，睿质固已崇高，尚须学文以饰其表。窃见孔颖达、赵弘智等，非惟宿德鸿儒，亦兼练达政要。望令数得侍讲，开释物理，鉴古谕今，增辉睿德。而雕虫小技之流，只可时命追随，以代博奕耳。若其骑射畋游，酣歌伎玩，苟悦耳目，终秽心神。渐染既久，必移情性。古人有言："心为万物主，动而无节则乱。"臣恐殿下败德之源，在于斯矣。

《全唐文》卷一四八，中华书局一九八三年版

张玄素

孙思邈

孙思邈(581—682)　京兆华原(今陕西铜川市耀州区)人。善谈老、庄及百家之说,精通医药,隐居太白山。隋文帝召其为国子博士,不受。唐太宗召其至京师,欲任以官,又不受。唐高宗又召见,欲授官,仍固辞。知名之士宋令文、孟诜、卢照邻等师事之,从学医药。有《千金要方》《千金翼方》流传于世。

千金要方序

夫清浊剖判,上下攸分,三才肇基,五行俶落,万物淳朴,无得而称。燧人氏出观斗极,以定方名,始有火化。伏羲氏作,因之而画八卦,立庖厨。滋味既兴,疴瘵萌起,大圣神农氏愍黎元之多疾,遂尝百药以救疗之,犹未尽善。帝受命创制九针,与方士岐伯、雷公之伦,备论经脉,旁通问难,详究义理,以为经纶,故后世可得依而畅焉。春秋之际,良医和缓;六国之时,则有扁鹊;汉有仲景、仓公;魏有华佗。并皆探赜索隐,穷幽洞微,用药不过二三,灸炷不逾七八,而疾无不愈者。晋、宋以来,虽复名医间出,然治十不能愈五六。良由今人嗜欲太甚,立心不常,淫放纵逸,有阙摄养所致耳。余缅寻圣人设教，欲使家家自学，人人自晓。君亲有疾，不能疗之者，非忠孝也。末俗小人，多行诡诈，倚傍圣教，而为欺绐。遂令朝野士庶，咸耻医术之名，多教子弟诵短文，构小策，以求出身之道，医治之术，阙而弗论，吁可怪也。嗟乎！深乖圣贤之本意。吾幼遭风冷，屡造医门，汤药之资，罄尽家产，所以青衿之岁，高尚兹典，白首之年，未尝释卷。至于切脉诊候，采药合和，服饵节度，将息避慎，一事长于己者，不远千里，服膺取决，至于弱冠，颇觉有悟。是以亲邻中外，有疾厄者，多所济益。在身之患，断绝医门。故知方药本草，不可不学。吾见诸方，部帙浩博，忽遇仓卒，求检至难，比得方讫，疾厄不救矣。呜呼！痛夭枉之幽厄，惜堕学之昏愚，乃博采群经，删裁繁重，务在简易，以为《备急千金要方》一部，凡三十卷。虽不能究尽病源，但使留意于斯者，亦思过半矣。以为人命至重，有贵千金，一方济之，德逾于此，故以为名也。未可传于士族，庶以贻厥私门。张仲景曰：当今居世之士，曾不留神医药，精究方术，上以疗君亲之疾，下以救贫贱之厄，中以保身长年，以养其生，而但竞逐荣势，企踵权豪，孜孜汲汲，惟名利是务。崇饰其末，而忽弃其本，欲华其表，而悴其内，皮之不存，毛将安傅？进不能爱人知物，退不能爱躬知己。卒遇风邪之气，婴非常之疾患，及祸至而后震慄，身居死地，蒙蒙昧昧，蠢若游魂。降志屈节，钦望巫祝。告穷归天，束手受败。齐百年之寿命，将至贵之重器，委付庸医，恣其所措，咄嗟暗悔，叹身已毙。神明消灭，变为异物，幽潜重泉，徒为一悲。痛夫！举世昏迷，莫能觉悟，自育若是，夫何荣艺之云哉！此之谓也。

卫生歌

天地之间人为贵，头象天兮足象地，父母遗体宜保之，箕裘五福寿为最。卫生切要知三戒，大怒大欲并大醉。三者若还有一焉，须防损失真元气。欲求长生先戒性，火不出兮神自定，木还去火不成灰，人能戒性还延命。贪欲无穷亡却精，用心不已失元神，劳形散尽中和气，更仗何能保此身。心若太费费则竭，形若太劳劳则怯，神若太伤伤则虚，气若太损损则绝。世人欲识卫生道，喜乐有常嗔怒少，心诚意正思虑除，顺理修身去烦恼。春嘘明目夏呵心，秋呬冬吹肺肾宁，四季长呼脾化食，三焦嘻却热难停。发宜多梳气宜炼，齿宜数叩津宜咽。子欲不死修昆仑，双手揩摩常在面。春月少酸宜食甘，冬月宜苦不宜咸，夏月增辛聊减苦，秋辛可省但教酸。季月少咸甘略戒，自然五脏保平安。若能全减身康健，滋味偏多无病难。春寒莫放绵衣薄，夏月多汗须换着，秋冬衣冷渐加添，莫待病生才服药。惟有夏月难调理，伏阴在内忌冰水，瓜桃生冷宜少餐，免至秋来成疟痢。心旺肾衰宜切记，君子之人能节制，常令充实勿空虚，日食须当去油腻。太饱伤神饥伤胃，太渴伤血多伤气，饥餐渴饮莫太过，免致膨脝损心肺。醉后强饮饱强食，未有此身不生疾。人资饮食养生，去其甚者将安适。食后徐行百步多，手搓脐腹食消磨。夜半灵根灌清水，丹田浊气切须呵。饮酒可以陶情性，太饮过多防有病。肺为华盖倘受伤，咳嗽劳神能损命。慎勿将盐去点茶，分明引贼入其家。下焦虚冷令人瘦，伤肾伤脾防病加。坐卧防风来脑后，脑内入风人不寿。更兼醉饱卧风中，风才着体成灾咎。雁有序兮犬有义，黑鲤朝北知臣礼，人无礼义反食之，天地神明终不喜。养体须当节五辛，五辛不节反伤身。莫教引动虚阳发，精竭容枯疾病侵。不问在家并在外，若遇迅雷风雨大，急须端肃畏天威，静室收心宜谨戒。恩爱牵缠不自由，利名索绊几时休？放宽些子自家福，免致中年早白头。顶天立地非容易，饱食暖衣宁不愧，思量无以报洪恩，晨夕焚香频忏悔。身安寿永事如何？胸次平夷积善多。惜命惜身兼惜气，请君熟玩卫生歌。

《夷门广牍》第九册《唐宋卫生歌》，景明刻本

孙思邈

李世民（唐太宗）

　　李世民(599—649)　即唐太宗。祖籍陇西成纪(今甘肃秦安)。唐王朝建立者李渊次子,626—649年在位。隋大业十三年(617年),年当十八的李世民策动其父起兵反隋。唐建国后,封秦王,屡统兵出征,扫平群雄,逐次统一全国。置文学馆,集十八学士,以供咨询。武德九年(626年)发动玄武门之变,获得帝位,次年改年号为贞观。确定"偃武修文"为治国方针,任用房玄龄、杜如晦为相,加强中央集权,精简行政官员,严格实行考核,修订律令,发展科举制度,吸收庶族出身的人参政,巩固政权的社会基础。推行均田制和租庸调法,注意发展经济。对外防止侵扰,促进与四邻之间的经济文化交流。同时,扩大国内各民族间的联系。重视文教,实行崇儒兴学的政策,把儒学作为统治的指导思想,以德行学识为选官的标准,选用儒生担任各级官吏。采取有效行政措施发展学校。贞观年间,封建教育的发展达到新高峰,建立较完整的教育体系,形成较完备的教学制度,都与李世民实行的政策有关。其著作汇为《唐太宗集》。

置文馆学士教

昔楚国尊贤，崇道光于申、穆，梁邦接士，楷德重于邹、枚，咸以著范前修，垂芳后烈。顾惟菲薄，多谢古人，高山仰止，能无景慕！是以芳兰始被，深思冠盖之游；丹桂初业，庶延髦俊之士。既而场苗盖寡，空留皎皎之姿；乔木从迁，终愧嘤嘤之友。所冀通规正训，辅其阙如。故侧席无倦于齐庭，开筵有待于燕馆。属以大行台司勋郎中杜如晦，记室考功郎中房玄龄、于志宁，军谘祭酒苏世长，天策府记室薛收，文学褚亮、姚思廉，太学博士陆德明、孔颖达，主簿李道玄，天策仓曹李守素，王府记室参军虞世南，参军事蔡允恭、薛元敬、颜相时，宋州总管府户曹许敬宗，太学助教盖文达，谘议典签苏勖等，或背淮而至千里，或适赵以欣三见，咸能垂裾邸第，委质藩维；引礼度而成典则，畅文词而咏风雅，优游幕府，是用嘉焉。宜令并以本官兼文馆学士。

《全唐文》卷四，中华书局一九八三年版

崇文篇

夫功成设乐，治定制礼。礼乐之兴，以儒为本。弘风导俗，莫尚于文；敷教训人，莫善于学。因文而隆道，假学以光身。不临深溪，不知地之厚；不游文翰，不识智之源。然则质蕴吴竿，非括羽不美；性怀辨慧，非积学不成。是以建明堂，立辟雍，博览百家，精研六艺。端拱而知天下，无为而鉴古今，飞英声，腾茂实，光于天下不朽者，其唯为学乎！此崇文之术也。

斯二者递为国用。至若长气亘地，成败定于锋端；巨浪滔天，兴亡决于一阵。当此之时，则贵干戈而贱庠序。及乎海岳既晏，波尘已清，偃七德之余威，敷九功之大化。当乎此际，则轻甲胄而重诗书。是知文武二途，舍一不可；与时优劣，各有其宜。武士儒人，焉可废也。

《帝范》卷四《崇文第十二》，商务印书馆《丛书集成初编》本

崇儒学（节选）

贞观十四年诏曰："梁皇侃、褚仲都，周熊安生、沈重，陈沈文阿、周弘正、张讥，隋何妥、刘炫，并前代名儒，经术可纪，加以所在学徒，多行其讲疏，宜加优赏，以劝后生，可访其子孙见在者，录姓名奏闻。"二十一年诏曰："左丘明、卜子夏、公羊高、穀梁赤、伏胜、高堂生、戴圣、毛苌、孔安国、刘向、郑众、杜子春、马融、卢植、郑玄、服虔、何休、王肃、王弼、杜预、范宁等二十有一人，并用其书，垂于国胄，既行其道，理合褒崇，自今有事于太学，可并配享尼父庙堂。"其尊儒重道如此。

贞观二年，太宗谓侍臣曰："为政之要，惟在得人，用非其才，必难致治。今所任用，必须以德行、学识为本。"谏议大夫王珪曰："人臣若无学业，不能识前言往行，岂堪大任。汉昭帝时，有人诈称卫太子，聚观者数万人，众皆致惑。隽不疑断以蒯聩之事。昭帝曰：'公卿大臣，当用经术明于古义者，此则固非刀笔俗吏所可比拟。'"上曰："信如卿言。"

·············

太宗尝谓中书令岑文本曰："夫人虽禀定性，必须博学以成其

道,亦犹蜃性含水,待月光而水垂;木性怀火,待燧动而焰发;人性含灵,待学成而为美。是以苏秦刺股,董生垂帷。不动道艺,则其名不立。"文本对曰:"夫人性相近,情则迁移,必须以学饬情以成其性。《礼》云:'玉不琢不成器,人不学不知道。'所以古人勤于学问,谓之懿德。"

《贞观政要》卷七《崇儒学第二十七》,
上海古籍出版社一九七八年版

尊敬师傅（节选）

贞观六年,诏曰:"朕比寻讨经史,明王圣帝,曷尝无师傅哉?前所进令遂不睹三师之位,意将未可。何以然?黄帝学大颠,颛顼学录图,尧学尹寿,舜学务成昭,禹学西王国,汤学威子伯,文王学子期,武王学虢叔。前代圣王,未遭此师,则功业不著乎天下,名誉不传乎载籍。况朕接百王之末,智不同圣人,其无师傅,安可以临兆民者哉?《诗》不云乎:'不愆不忘,率由旧章。'夫不学,则不明古道,而能政致太平者未之有也!可即著令,置三师之位。"

贞观八年,太宗谓侍臣曰:"上智之人,自无所染,但中智之人无恒,从教而变,况太子师保,古难其选。成王幼小,周、召为保傅。左右皆贤,日闻雅训,足以长仁益德,使为圣君。秦之胡亥,用赵高作傅,教以刑法,及其嗣位,诛功臣,杀亲族,酷暴不已,旋踵而亡。故知人之善恶诚由近习。朕今为太子、诸王精选师傅,令其式瞻礼度,有所裨益。公等可访正直忠信者,各举三两人。"

贞观十一年,以礼部尚书王珪兼为魏王师。太宗谓尚书左仆射房玄龄曰:"古来帝子,生于深宫,及其成人,无不骄逸,是以倾

李世民（唐太宗）

115

覆相踵,少能自济。我今严教子弟,欲皆得安全。王珪我久驱使,甚知刚直,志存忠孝,选为子师。卿宜语泰,每对王珪,如见我面,宜加尊敬,不得懈怠。"珪亦以师道自处,时议善之也。

《贞观政要》卷四《尊敬师傅第十》,上海古籍出版社一九七八年版

教戒太子诸王(节选)

贞观七年,太宗谓太子左庶子于志宁、杜正伦曰:"卿等辅导太子,常须为说百姓间利害事。朕年十八,犹在民间,百姓艰难,无不谙练。及居帝位,每每商量处置,或时有乖疏,得人谏净,方始觉悟。若无忠谏者为说,何由行得好事?况太子生长深宫,百姓艰难,都不闻见乎?且人主安危所系,不可辄为骄纵。但出敕云,有谏者即斩,必知天下士庶无敢更发直言。故克己励精,容纳谏净,卿等常须以此意共其谈说。每见有不是事,宜极言切谏,令有所裨益也。"

贞观十八年,太宗谓侍臣曰:"古月胎教世子,朕则不暇。但近自建立太子,遇物必有诲谕,见其临食将饭,谓曰:'汝知饭乎?'对曰:'不知。'曰:'凡稼穑艰难,皆出人力,不夺其时,常有此饭。'见其乘马,又谓曰:'汝知马乎?'对曰:'不知。'曰:'能代人劳苦者也,以时消息,不尽其力,则可以常有马也。'见其乘舟,又谓曰:'汝知舟乎?'对曰:'不知。'曰:'舟所以比人君,水所以比黎庶,水能载舟,亦能覆舟。尔方为人主,可不畏惧!'见其休于曲木之下,又谓曰:'汝知此树乎?'对曰:'不知。'曰:'此木虽曲,得绳则正,为人君虽无道,受谏则圣。此傅说所言,可以自鉴。'"

贞观十年，太宗谓荆王元景、汉王元昌、吴王恪、魏王泰等曰："自汉已来，帝弟帝子，受茅土、居荣贵者甚众，惟东平及河间王最有令名，得保其禄位。如楚王玮之徒，覆亡非一，并为生长富贵，好自骄逸所致。汝等鉴诫，宜熟思之。拣择贤才，为汝师友，须受其谏诤，勿得自专。我闻以德服物，信非虚说。比尝梦中见一人云虞舜，我不觉竦然敬异，岂不为仰其德也！向若梦见桀、纣，必应斫之。桀、纣虽是天子，今若相唤作桀、纣，人必大怒。颜回、闵子骞、郭林宗、黄叔度，虽是布衣，今若相称赞道类此四贤，必当大喜。故知人之立身，所贵者惟在德行，何必要论荣贵。汝等位列藩王，家食实封，更能克修德行，岂不具美也？且君子小人本无常，行善事则为君子，行恶事则为小人，当须自克励，使善事日闻，勿纵欲肆情，自陷刑戮。"

　　贞观十年，太宗谓房玄龄曰："朕历观前代拨乱创业之主，生长民间，皆识达情伪，罕至于败亡。逮乎继世守文之君，生而富贵，不知疾苦，动至夷灭。朕少小以来，经营多难，备知天下之事，犹恐有所不逮。至于荆王诸弟，生自深宫，识不及远，安能念此哉？朕每一食，便念稼穑之艰难；每一衣，则思纺绩之辛苦。诸弟何能学朕乎？选良佐以为藩弼，庶其习近善人，得免于衍过尔。"

　　《贞观政要》卷四《教戒太子诸王第十一》，上海古籍出版社一九七八年版

帝范后序

　　此十二条者，帝王之纲，安危兴废，咸在兹焉。古人有云："非知之难，惟行之不易。行之可勉，惟终实难。"是以暴乱之君，非独

李世民（唐太宗）

117

明于恶路;圣哲之主,非独见于善途。良由大道远而难遵,邪径近而易践。小人俯从其易,不得力行其难,故祸败及之。君子劳处其难,不肯安居其易,故福庆流之。故知祸福无门,惟人所召。欲悔非于既往,惟慎祸于将来。当择哲主为师,毋以吾前为鉴。取法乎上,仅得乎中;取法乎中,只为其下。自非上德,不可效焉。吾在位已来,所缺多矣。奇丽服玩,锦绣珠玉,不绝于前,此非防欲也。雕楹刻桷,高台深池,每兴其役,此非俭志也。犬马鹰鹘,无远不致,此非节心也。数有行幸,以亟劳人,此非屈己也。斯数者,吾之深过,勿以兹为是而取法焉。但我济育苍生其益多,平定寰宇其功大,益多损少人不怨,功大过微德未亏。然犹之尽美之踪,于焉多愧;尽善之道,顾此怀惭。况女无纤毫之功,直缘机而履庆。若崇美以广德,则业泰身安;若肆情以从非,则业倾身丧。且成迟败速者,国基也;失易得难者,天位也。可不惜哉! 可不慎哉!

《全唐文》卷一○,中华书局一九八三年版

采访孝悌儒术等诏

朕以寡薄,嗣守鸿基,实资多士,共康庶政。虚己侧席,为日已久,投竿舍筑,罕值其人。自亲巡东夏,观省方俗,兴言至治,夕惕兢怀。然则齐、赵、魏、鲁,礼义自出;江、淮、吴、会,英髦斯在。山川所感,古今宁殊,载伫风猷,实劳梦想。宜令河北、淮南诸州长官,于所部之内,精加采访。其有孝悌淳笃,兼闲时务;儒术该通,可为师范;文词秀美,才堪著述;明识治体,可委字民;并志行修立,为乡闾所推者,举送洛阳宫。□给传乘,优礼发遣，当随其器能，擢以不次。若有老病不堪入朝者，具以名闻，庶岩穴靡遗，俊乂可致。务尽搜扬之道，称朕意焉。（贞观十一年四月）

求访贤良限来年二月集泰山诏

朕遐观前载，历选列辟，莫不贵此得人，崇兹多士，犹股肱之佐元首，譬舟楫之济巨川。若夫构大厦者，采众材于山岳。善为国者，求异人于管库。是以陶唐有虞，揖让之圣帝也，非元凯不能成茂功；商汤、姬发，革命之明王也，非伊吕无以定祸乱。况乎齐桓中人之才，器非浚哲；汉武嗣业之主，志在骄奢，犹赖管仲、隰朋之用，平津、博陆之辅，既为五霸之长，亦称万代之宗。是知得士则昌，失人则乱。朕冕旒宵夜，虚心政道。虽天地效祉，宗社降灵，区宇晏如，俊乂咸事，尚恐山林薮泽，藏荆、隋之宝，卜筑屠钓，韫萧、张之奇。是以躬抚黎庶，亲观风俗，临河渭而伫英杰，眺箕颖而怀隐沦。亟移日月，空劳梦寐，而骊熊莫兆，商歌寂寥。岂混迹驽骀，未逢良乐之顾；将毓德岩穴，方追禽向之游。望云路想，增其叹息。可令天下诸州，搜扬所部士庶之内，或识达公方，学综今古，廉洁正直，可以经国佐时；或孝悌淳笃，节义昭显，始终不移，可以敦风励俗；或儒术通明，学堪师范；或文章秀异，才足著述，并宜荐举，具以名闻。限来年二月总集泰山。庶独往之夫，不遗于板筑；藏器之士，方升于廊庙。务得奇伟，称朕意焉。（贞观十五年）

李世民（唐太宗）

搜访才能诏

高明之天，资星辰以丽象。博厚之地，藉川岳而成形。况帝王体元立极，临驭万物，字养生灵者乎！所以致理之君，远谗佞，近忠良，屈己以申人，故能成其化。为乱之主，亲不肖，疏贤臣，虐下以恣情，用能成其乱。明君遵彼而兴国，暗主行此以亡身。是以驭朽临水，铭心自戒，宵兴旰食，侧席思贤，庶欲博访丘园，采搜英俊，弼我王道，臻于大化焉。可令天下诸州，明扬侧陋，所部之内，不限吏人，其有服道栖仁，澄心砺操，出片言而标物范，备百行以综人师，质高视于琳琅，人不间于曾、闵，洁志丘园，扬名里闬；或甄明政术，晓达公方，禀木铎于孔门，受金科于郑相，奇谋间发，明略可以佐时，识鉴清通，伟才堪于干国；或含章杰出，命世挺生，丽藻遒文，驰楚泽而方驾，钩深睹奥，振梁苑以先鸣，业擅专门，词抽载笔；或辩雕春囿，谈莹秋天，发研几于一言，起飞电于三寸，蓄斯奔箭，未遂扬庭。并宜推择，咸同举荐，以礼将送，具状表闻。限以今冬，并与考使同赴。庶拟焚林之举，咸矫翼于岩廊，尺木之阶，方振鳞于游雾，翘心俊乂，称联意焉。（贞观二十一年六月）

《唐大诏令集》卷一〇二，商务印书馆一九五九年版

禁经序

夫工书须从师授，必先识势，乃可加功。功势既明，则务于迟涩。迟涩和矣，无系拘踡。拘踡既亡，求诸变态。变态云者，在乎奋研。奋研之理，资于状异。状异之变，无溺荒僻。荒僻黜矣，藉

于神彩。神彩之至,机于元微。元微则宏逸无方矣。设乃一向规模,随其工拙,势以返覆肥瘦,体以疏密齐平。放则失之于速,留乃至之于迟。畏惧生疑,否臧不决。运用迷于笔前,震动惑于手下。若此,欲造于元微,则未之有也。

《全唐文》卷一〇,中华书局一九八三年版

笔法论

初书之时,收视反听,绝虑怡神。心正气和,则契于元妙。心神不正,字则欹斜;志气不和,字则颠仆,如鲁庙之器也。又云:为点必收,贵紧而重;为画必勒,贵涩而迟;为擎必掠,贵险而劲;为竖必怒,贵战而雄;为戈必润,贵迟凝而右顾;为环必郁,贵蹙锋而总转;为波必磔,贵三折而遣毫。

《全唐文》卷一〇,中华书局一九八三年版

指法论

夫字以神为精魄,神若不和,则字无态度也。以心毫为筋骨,心若不坚,则字无劲健也。以副毛为皮肤,副若不圆,则字无温润也。所资心副相参,用神气冲和为妙。今比重明轻,用指腕不如锋芒,用锋芒不如冲和之气,自然手腕虚,则锋含沉静。夫心合于气,气合于心,神心之用也,心必静而已矣。虞安吉云:"未解书意者,一点一画,皆求象本,乃转自取拙,岂是书哉!纵仿类本,体样夺真,可图其字形,未可称解笔意。"此乃类乎效颦,未入西施之奥室也。故其始学,得其粗,未得其精。太缓者,滞而无筋;太急者,

李世民(唐太宗)

121

病而无骨。横毫侧管，则钝慢而肉多；竖笔直锋，则干枯而露骨。及其悟也，心动而手均，圆者中规，方者中矩；粗而能锐，细而能壮；长者不为有余，短者不为不足。思与神会，同乎自然，不知所以然而然矣。

《全唐文》卷一〇，中华书局一九八三年版

笔意论

夫学书者，先须知有王右军绝妙得意处，真书《乐毅论》，行书《兰亭》，草书《十七帖》，勿令有死点画，书之道也。学书之难，神彩为上，形质次之，兼之者便到古人。以斯言之，岂易多得？必使心忘于笔，手忘于书，心手遗情，书不妄想。要在求之不见，考之即彰。

《全唐文》卷一〇，中华书局一九八三年版

谕崇笃实诏

立人之道，曰仁与义；为国之基，德归于厚。自有隋驭宇，政刻刑烦，上怀猜阻之心，下无和畅之志。遂使朋友游好，庆吊不通；乡土联官，请问斯绝。至有里门相接，致胡越之乖；患难在身，忘救恤之义。风颓俗弊，一至于此，化民以德，岂斯之谓？朕纂历膺期，思宏至道，因兆民之所赖，求万国之欢心。凡厥庶寮，咸使辑睦，君臣之际，期于无隐。永言前失，特宜敦励。自今内外官人，须相存问，勿致疑阻。有遇疢疾，递加询问，为营医疗，知其增损。不幸物故，及遭忧恤，随事慰省，以申情好。务从笃实，各存周厚。朝廷无拘忌之节,交游有久要之欢。遵道而行,率履不越。斯则上下交泰,品物咸亨,惠政所加,达于四表。布告天下,咸知朕意。(武德九年十一月)

颁示礼乐诏

先王之辨方正位,体国经野,象天地以制法,通神明以施化。乐由内作,礼自外成,可以安上治民,可以移风易俗。揖让而天下治者,其惟礼乐乎!固以同节同和,无声无体,非饰玉帛之容,岂崇钟鼓之奏!日往月来,朴散淳离,淫嚚以兴,流湎忘本。鲁昭所习,惟在折旋;魏文所重,止于郑卫。秦氏纵暴,载籍咸亡;汉朝循缉,典章不备。时更战国,多所未遑。雅道沦丧,历兹永久。朕恭承明命,嗣膺宝历,惧深驭朽,情切纳隍。凭宗庙之灵,资股肱之力,上下交泰,遐迩乂安。率士阽危,既拯之于涂炭,群生遂性,思纳之于轨物。兴言正本,夕惕在怀。盖知礼乐之情者能作,识礼乐之文者能述。作者之谓圣,述者之谓明。朕虽德谢前王,而情深好古,伤大道之既隐,惧斯文之将坠。故广命贤才,旁求遗逸。探六经之奥旨,采三代之英华。古典之废于今者,咸择善而修复;新声之乱于雅者,并随违而矫正。莫不本之人心,稽乎物理,正情性而节事宜,穷高深而归简易。用之邦国,彝伦以之攸叙;施之律度,金石于是克谐。今修撰既毕,可颁天下,俾富教之方,有符先圣;人伦之化,贻厥后昆。(贞观十一年正月)

李世民(唐太宗)

令州县行乡饮酒礼诏

比年丰稔，闾里无事，乃有隳业之人，不顾家产，朋游无度，酣宴是耽，危身败德，咸由于此。每览法司所奏，因此致罪，实繁有徒。静言思之，良增轸叹，自非澄源正本，何以革兹弊俗？可先录《乡饮酒礼》一卷，颁示天下，每年令州县长官，亲率长幼，依礼行之，庶乎时识廉耻，人知礼节。（贞观六年）

《全唐文》卷五，中华书局一九八三年版

金镜

朕以万机暇日，游心前史。仰六代之高风，观百王之遗迹，兴亡之运，可得言焉。每至轩昊之无为，唐虞之至治，未尝不留连赞咏，不能已已。及于夏殷末世，秦汉暴君，使人懔懔然兢惧，如履朽薄。然人君在上，皆欲永享其万乘之尊，以垂百王之后。而得失异趣，兴灭不常者，何也？盖短于自见，不闻逆耳之言，故至于灭亡，终身不悟，岂不惧哉？

睹治乱之本源，足为明镜之鉴戒。乱未尝不任不肖，治未尝不任忠贤。任忠贤则享天下之福，用不肖则受天下之祸。临危之主，各师其臣。若使觉悟社稷，安有危亡之覆？特由不留心于任使，翻属意于遨游，岂不哀哉！若以遨游将为任使，以任使将为遨游，岂不善哉！

古人言舜、禹不爱于声，不贪于色，予谓不然，将为爱也。人云桀、纣耽于声色，予将为不好也。何以知之？桀、纣命不终于天年,乐不终于一世,以此为不好也。禹、舜寿命于终,乐毕于世,予谓之爱也。

夫人有强躁宽弱之志,愁乐贪欲之心,思情聪哲之才,此乃天命其性,有善有不善者也。由是观之,尧、舜、禹、汤,躬行仁义,治致隆平,此禀其性善也。幽、厉、桀、纣,乃为炮烙之刑,刳孕妇,剖人心,斫朝涉,脯鬼侯,造酒池糟邱,为长夜之饮,此其受于天不善之性也。

夫立身之道,在乎折中,不在乎偏射。吴起曰:"昔有桑氏之君,修德废武,以灭其国。有扈氏之君,恃众好勇,以丧社稷。"仲尼曰:"宽以济猛,猛以济宽。"仁义之道,犹不得偏,何况于左道乎! 何况于不仁乎! 为君之道,处至极之尊,以亿兆为心,以万邦为意。理人必以文德,防边必以武威。孔子曰:"夫文之所加者深,则武之所服者大;德之所施者博,则威之所制者广。"不可以威武安民,不可以文德备塞。大鲸出水,必废游波之功;鸿鹄沉泥,定无凌空之效。若使各令遂志,不失其能。

古人云:"欲构大厦者,先择匠,然后拣材;为国家者,先择佐,然后定民。"大匠构屋,必以大材为栋梁,以小材为榱橑,所有中尺寸之木无弃,此善治木者也。非独屋有栋梁,国家亦然。大德为宰相,亦国家之栋梁也。

予思三代以来,君好仁,人必从之。在上留心台榭,奇巧之人必至;致精游猎,驰骋之人远臻。存意管弦,郑、卫多进;降怀粉黛,燕、赵斯来。塞切直之路,为忠者必少;开谄谀之道,为佞者必多。古人云:"君犹器也,民犹水也。"方圆在于器,不在于水。以是而言,足为永诫。

夫玉不琢不成器,人不学不知道。仲尼师于郯子,文王学于虢叔。圣人且犹如此，何况于凡人者乎！治主思贤，若农夫之望岁；哲后求才，若旱苗之思雨。乱君疾胜已如仇，视不肖如子，怀之中心，何日暂忘。王莽伪行仁义之道，有始无终；孙皓权施恩惠之风，有初无末。二子犹胶船之泛巨浪，毁在不遥；若驽马之奔千里，困其将至。古人云："升不盛石，小智不可谋大，巧诈不如拙诚。"信非谬矣！

有明主，有暗主。高祖摄衣于郦生，比干剖心于辛纣，殷汤则留情于伊尹，龙逢则被诛于夏桀，楚庄暇隙而怀忧，武侯罢朝而含喜。暗主护短而永愚，明主思短而长善。观高祖、殷汤，仰其德行，譬若阴阳调，四时会，法令均，万民乐，则麒麟呈其祥。汉祖、殷汤，岂非麒麟之类乎？观夏桀、商辛，嗟其悖恶之甚，犹时令不行，寒暄失序，则猛兽肆毒，蠤螟为害。夏桀、商辛，岂非猛兽之俦乎？予以此观之，岂非天道之数也？

虽曰天时，抑亦人事。成汤之世，有七年之旱，翦爪为牺，千里降雨。太戊之时，桑谷生朝，惧而修德，遂使十有六国重译而来。此岂非人事者也？或云为君难，或云为君易。人君处尊高之位，执赏罚之权，用人之才，用人之力，何为不成？何求不得？此言之实易，论之实难。何者？轻陵天地，众精显其妖；忽慢神灵，风雨应其暴。是以帝乙有震雷之祸，殷纣致飞沙之灾。多营池观，远求异宝，民不得耕耘，女不得蚕织，田荒业废，兆庶凋残，见其饥寒，不为之哀，睹其劳苦，不为之感，苦民之君也，非治民之主也。薄赋轻徭，百姓家给，上无暴令之征，下有讴歌之咏，屈一身之欲，乐四海之民，忧国之主也，乐民之君也，此其所以为难也。

且用人之道，尤为未易。己之所谓贤，未必尽善；众之所谓毁，未必全恶。知能不举，则为失材；知恶不黜，则为祸始。又人才有长短，不必兼通。是以公绰优于大国之老，子产善为小邦之相。绛侯木讷，卒安刘氏之宗；啬夫利口，不任上林之令。舍短取长，然后为美。夫人刚柔之情各异，曲直之性不同。古今奔驰，贵贱不等，为上之孝，与下岂均？上则匡国宁家，志存崇礼；下则承颜悦色，止存敬养。虞舜孝也，不为慈亲所安；曾参仁也，不为宣尼所善。孔子曰："子从令者，不得为孝；臣苟顺者，不得为忠。"如斯之类，不可不察也。逆主耳而履道，戮孔怀以安国，周公是也。顺上心而安身，随君情以杀子，易牙是也。弃己之命。安君之身，纪信是也。挟国谋事，以报私仇，袁盎是也。孑身而执节，孤直而自毁，屈原是也。外显和睦之端，内怀汤火之意，宰嚭是也。忠谄之道，以此观之，足为永鉴。白起为秦平赵，乃被昭王所杀；亚夫定七国之乱，卒为景帝所诛；文种设策灭吴，翻遭越王所戮；伍胥竭力为国，终罹赐剑之祸。乃是君之过也，非臣之罪也。至若赵高、韩信、黥布、陈豨之俦，此则自贻厥衅，非君之滥刑也。高祖失于存功之能，光武获于置将之妙，臣安君社稷之固，君处臣危亡之地，岂是相酬之道也！为天下之君，处万民之上，安可易乎！

背道违礼，非惟损己，乃为贤人之所笑；卑身励行，实为君子，又为庸夫之所讥。越品进官，其类必为深怨；偏与人语，众望以为曲私。任使贤良，则谓偶得；委仗庸夫，则言愚暗。言数则谓太繁，辞寡则讲道薄。恣情忿怒，则朝野战栗；留心宽恕，则法令不行。民乐则官苦，官乐则民劳。四海之内，莫非王土，要荒为枝叶，畿内乃根本。古人云："皮之不存，毛将安傅？"当使本固根深，委之内相，而伊尹、傅说，人所希逢。至如镇积冰之塞，守飞雪之边，而魏尚、李牧，当今罕遇。遣人远抚，则眷恋而不忍；愍而不遣，则枝叶落而不存。二宜之间，致心何所？是用晨兴夕惕，无忘斯事。为上犹然，何况臣下？

《易》云："书不尽言，言不尽意。"今略陈梗概，以示心之所存耳。古语云："劳者必歌其事。"朕非故烦翰墨，以见文藻，但学以为己，聊书所怀。想远见群贤，不以为嗤也。

《全唐文》卷一〇，中华书局一九八三年版

刘祥道

刘祥道（596—666）　字同寿，魏州观城（今山东西部）人。少袭父爵。永徽初，历官史书舍人、御史中丞、吏部侍郎。显庆时，任黄门侍郎、刑部尚书。龙朔时，历检校蒲州刺史、检校雍州长史、右相、司礼太常伯。乾封元年（666年），请求退休。

陈铨选事疏

其一曰：

吏部比来取人，伤多且滥：每年入流数过千四百人，是伤多；不简杂色人即注官，是伤滥。经学时务等比杂色，三分不居其一。经明行修之士犹罕有正人，多取胥徒之流，岂可皆求德行。即知天下共厘百姓之务者，善人少而恶人多。为国以来，四十余载，尚未刑措，岂不由此！且官人非材者，本因用人之源滥；滥源之所起，复由入流人失于简择。今行署等劳满，唯曹司试判，不简善恶，雷同注官。但服膺先王之道者，奏第然始付选；趋走几案之间者，不简便加禄秩。稽古之业虽信难成，斗筲之材伤于易进。其杂色应入流人，请令曹司试判讫，简为四等奏闻。第一等付吏部，

第二等付兵部,第三等付主爵,第四等付司勋,并准例处分。其行署等私犯下第,公坐下下,虽经赦降,情状可责者,亦量配三司;不经赦降者,放还本贯。冀入流不滥,官皆得人,非材不取,不至冗杂。且令胥徒之辈知有铨选,虽复素非廉谨,必将渐自饬励。

其二曰:

古之选者,为官择人,不闻择人多而官员少。今之选者亦择人,但择之无准约,官员有数,入流无限,以有数供无限,人随岁积,岂得不剩。谨准约所须人,量支年别入流数:今内外文武官,一品以下、九品以上,一万三千四百六十五员,略举大数,当一万四千人。人之赋命,自有修促,弱冠而从政,悬车而致仕,五十年食禄者,罕见其人。壮室而仕,耳顺而退,取其中数,不过支三十年。此则一万四千人,三十年而略尽。若年别入流者五百人,经三十年,便得一万五千人,定须者一万三千四百六十五人,足充所须之数。况三十年之外,在官者犹多,此便足有剩人,不虑其少。今每年入流者,遂至一千四百余人,应须五百数外,常剩一倍以上。又比来放还者,见停亦千余人,更复年别新加,实非搜扬之法。

其三曰:

杂色人请与明经、进士通充入流之数,以三分论,每二分取明经、进士,一分取杂色人。

其四曰:

儒为教化之本,学者之宗,儒教不兴,风俗将替。今庠序遍于四海,儒生溢于三学,劝诱之方,理实为备,而奖进之道,事或未周。但永徽以来,于今八载,在官者以善政粗闻,论事者以一言可采,莫不光纶旨,超升不次。而儒生未问恩及,臣故以为奖进之道末周。

其五曰：

国家富有四海，于今已四十年，百姓官寮，未有秀才之举。未知今人之不如昔，将荐贤之道未至？岂使方称多士，遂阙斯人。请六品以下，爰及山谷，侍降纶言，更审搜访，仍量为条例，稍加优奖。不然，赫赫之辰，斯举遂绝，一代盛事，实为朝廷惜之。

其六曰：

唐虞三载考绩，三考黜陟幽明。两汉用人，亦久居其职，所以因官命氏，有仓、庾之姓。魏晋以来，事无可纪。今之在任，四考即迁，官人知将秩满，岂无去就；百姓见官人迁代，必怀苟且。以去就之人，临苟且百姓，责其移风易俗，必无得理。请四考，依选法就任所加阶，至八考满，然后听选。还淳反朴，虽未敢期；送故迎新，实减其劳扰。

其七曰：

尚书省二十四司及门下、中书主事等，比来选补，皆取旧任流外有刀笔之人。欲参用经学时务之流，皆以俦类为耻。前后相承，遂成故事。但禁省崇峻，王言秘密，尚书政本，人物攸归，而多用胥徒之人，恐未尽铨衡之理。请降进止，稍清其选。

《通典》卷一七《选举五·杂议论中》，中华书局一九八四年版

魏玄同

魏玄同（617—689）　字和初，定州鼓城（今河北晋州）人。举进士，历官司列大夫、岐州长史、吏部尚书、文昌左丞兼地官尚书、同中书门下三品、太中大夫、鸾台侍郎、检校纳言等。曾以选举之法未善，上疏言之，不纳。永昌初，为酷吏周兴诬陷，武则天怒，赐死于家。

论选事疏

臣闻制器者必择匠以简材，为国者必求贤以莅官。匠之不良，无以成其工；官之非贤，无以致于理。君者，所以牧人也；臣者，所以佐君也。君不养人，失君道矣；臣不辅君，失臣任矣。任人者，诚国家之基本，百姓之安危也。方今人不加富，盗贼不衰，狱讼未清，礼义犹阙者，何也？下吏不称职，庶官非其才也。官之不得其才者，取人之道，有所未尽也。

臣又闻傅说曰："明王奉若天道，建邦设都，树后王君公，承以大夫师长，不惟逸豫，惟以理人。"昔之邦国，今之州县，土有常君，人有定主，自求臣佐，各选英贤，其大臣乃命于王朝耳。秦并天下，罢侯置守，汉氏因之，有沿有革。诸侯得自置吏四百石以下，其傅相大官，则汉为置之。州郡掾吏、督邮、从事，悉任之于牧守。爰自魏、晋，始归吏部，递相祖袭，以迄于今。用刀笔以量才，案簿书而察行，法令之弊，其来自久。

盖君子重因循而惮改作，有不得已者，亦当运独见之明，定卓然之议。如今选司所行者，非上皇之令典，乃近代之权道，所宜迁革，实为至要。何以言之？夫尺丈之量，所及者盖短；钟庾之器，所积者宁多。非其所及，焉能度之？非其所受，何以容之？况天下之大，士人之众，而可委之数人之手乎？假使平如权衡，明如水镜，力有所极，照有所穷，铨综既多，紊失斯广。又以比居此任，时有非人。岂直愧彼清通，昧于甄察；亦将竭其庸妄，糅彼棼丝。情故既行，何所不至，赃私一启，以及万端。至乃为人择官，为身择利，顾亲疏而下笔，看势要而措情。悠悠风尘，此焉奔竞；扰扰游宦，同乎市井。加以厚貌深衷，险如溪壑，择言观行，犹惧不周。今使百行九能，折之于一面，具僚庶品，专断于一司，不亦难矣！

且魏人应运，所据者乃三分；晋氏播迁，所临者非一统。逮乎齐、宋，以及周、隋，战争之日多，安泰之时少，瓜分瓦裂，各在一方。隋氏平陈，十余年耳，接以兵祸，继以饥馑，既德业之不逮，或时事所未遑，非谓是今而非古也。武德、贞观，与今亦异，皇运之初，庶事草创，岂唯日不暇给，亦乃人物常稀。天祚大圣，享国永年，比屋可封，异人间出。咸以为有道耻贱，得时无怠，诸色入流，岁以千计。群司列位，无复新加，官有常员，人无定限。选集之始，雾积云屯，擢叙于终，十不收一。淄渑杂混，玉石难分，用舍去留，得失相半。抚即事之为弊，知及后之滋失。

夏、殷已前，制度多阙，周监二代，焕乎可睹。盖诸侯之臣，不皆命于天子，王朝庶官，亦不专一职。故周穆王以伯冏为太仆正，命之曰："慎简乃僚，无以巧言令色便僻侧媚，唯吉士。"此则令其自择下吏之文也。太仆正，中大夫耳，尚以僚属委之，则三公九卿，亦必然矣。《周礼》：太宰、内史，并掌爵禄废置；司徒、司马，别掌兴贤诏事。当是分任于群司，而统之以数职，各自求其小者，而王命其大者焉。夫委任责成，君之体也，所委者当，所用者精，故能得济济之多士，盛芃芃之械朴。

裴子野有言曰："官人之难，先王言之尚矣。居家视其孝友，乡党服其诚信，出入观其志义，忧难取其智谋。烦之以事，以观其能；临之以利，以察其廉。《周礼》始于学校，论之州里，告诸六事，而后贡之王庭。其在汉家，尚犹然矣。州郡积其功能，然后为五府所辟，五府举其掾属而升于朝，三公参得除署，尚书奏之天子。一人之身，所关者众；一士之进，其谋也详。故官得其人，鲜有败事。魏、晋反是，所失弘多。"子野所论，盖区区之宋朝耳，犹谓不胜其弊，而况于当今乎！

又夫从政莅官，不可以无学。故《书》曰："学古入官，议事以制。"《传》曰："我闻学以从政，不闻以政入学。"今贵戚子弟，例早求官，鬌齓之年，已腰银艾，或童丱之岁，已袭朱紫。弘文崇贤之生，千牛辇脚之类，课试既浅，艺能亦薄，而门阀有素，资望自高。夫象贤继父，古之道也。所谓胄子，必裁诸学，修六礼以节其性，明七教以兴其德，齐八政以防其淫，举上贤以崇德，简不肖以黜恶。少则受业，长而出仕，并由德进，必以才升，然后可以利用宾王，移家事国。少仕则废学，轻试则无才，于此一流，良足惜也。又勋官三卫流外之徒，不待州县之举，直取之于书判，恐非先德而后言才之义也。

臣又以为国之用人，有似人之用财。贫者厌糟糠，思短褐；富者余粮肉，衣轻裘。然则当衰弊乏贤之时，则可磨策朽钝而乘驭之；在太平多士之日，亦宜妙选髦俊而任使之。《诗》云："翘翘错薪，言刈其楚。"楚，荆也，在薪之翘翘者。方之用才，理亦当尔，选人幸多，尤宜简练。臣窃见制书，每令三品、五品荐士，下至九品，亦令举人，此圣朝侧席旁求之意也。但以褒贬不甚明，得失无大隔，故人上不忧黜责，下不尽搜扬，苟以应命，莫慎所举。且惟贤知贤，圣人笃论，伊、皋既举，不仁咸远。复患阶秩虽同，人才异等，身且滥进，鉴岂知人？今欲务得实才，兼宜择其举主。流清以源洁，影端由表正，不详举主之行能，而责举人之庸滥，不可得已。

《汉书》云："张耳、陈余之宾客、厮役，皆天下俊杰。"彼之蕞尔，犹能若斯，况以神皇之圣明，国家之德业，而不建久长之策，为无穷之基，尽得贤取士之术，而但顾望魏、晋之遗风，留意周、隋之末事，臣窃惑之。伏愿稍回圣虑，时采刍言，略依周、汉之规，以分吏部之选。即望所用精详，鲜于差失。

　　　　《旧唐书》卷八七《魏玄同传》，中华书局一九七五年版

李治（唐高宗）

李治（628—683）　即唐高宗。李世民第九子，贞观十七年（643年）被立为皇太子，二十三年即皇帝位，在位三十四年，年号有永徽、显庆、龙朔、麟德、乾封、总章、咸亨、上元、仪凤、调露、永隆、开耀、永淳、弘道。显庆五年（660年）以后，逐渐由皇后武则天当政。初时继承贞观时期的文教政策，教育事业继续发展，后在武则天影响下，逐渐发生转折。

令京司长官上都督府诸州举人诏

殷宗迈德，化致升平；周王显仁，政称刑措。太宗文皇帝神明配德，灵武兼资，扫欃枪而王区夏，混阴阳而作天地。以此大业，留属微躬。虽复琯变星霜，而心婴荼毒。州郡之长，能修厥职，礼义兴行，奸回自屏，刑宪不苛，孤惸是赖。有司询访，宜以名闻。有一于此，当超不次。其有经明行修，谈讲精熟，具此严才，堪膺教胄者；志节高妙，识用清通，博闻强正，终堪卿辅者；游情文藻，下笔成章，援心处事，端平可纪者；疾恶扬善，依忠履义，执持典宪，终然不移者：京司长官上都督府及上州各举二人，中下州刺史各举一人。前代忠鲠，身死王门，子孙才堪任官，而留滞停移者，

既想遗风,尤宜旌举。(贞观二十三年九月)

《全唐文》卷一一,中华书局一九八三年版

补授儒官诏

昔勋、华肇政,仁义居先;殷、周创基,教学成本。朕嗣立鸿基,裁成丕绪,如临于海,罔知攸济,思得学徒,用康庶绩。而顷岁所敦,先绪圣教,青襟方领,未达至怀。惟欲思辕固以加班,想高堂以授秩。斯文寥落,去之弥远,深加发虑,称朕意焉。儒官员阙,即宜补授。其馆博士、助教,节级赐物。三馆学士,有业科高第,景行淳良者,所司简试,俱以名闻。

《全唐文》卷一一,中华书局一九八三年版

访习礼乐诏

礼乐之用,其来尚矣。朕诞膺明命,克光丕历,思隆颂声,以康至道。而曲台阐训,犹乖揖让之容;太乐登歌,徒纪铿锵之韵。良以教亏绵蕝,学阙瞽宗,兴言盛业,寤叹盈怀。然则幽诚所著,纵九皋而必闻;忠信具存,在十室而无弃。但虑习俎之彦,隐迹于闾阎;辨铎之英,韬声于林薮。夫良玉无胫,求之斯来;真龙难睹,好之而至。其四方士庶,及丘园栖隐,有能明习《礼经》,详究音律,于行无违,在艺可录者,并宜州县搜扬博访,具以名闻。

《唐大诏令集》卷八一,商务印书馆一九五九年版

李治(唐高宗)

令雒州举人诏

令雒州,明扬仄陋。或孝悌纯至,感于神明;或文武兼资,才堪将相;或学艺该博,业标儒首;或藻思宏瞻,思擅文宗;或洞晓音律,识均牙旷;或深明历数,妙同京管者:咸令荐举。

《全唐文》卷一三,中华书局一九八三年版

条流明经进士诏

学者立身之本,文者经国之资,岂可假以虚名,必须征其实效。如闻明经射策,不读正经,抄撮义条,才有数卷。进士不寻史传,唯读旧策,共相模拟,本无实才。所司考试之日,曾不拣练,因循旧例,以分数为限。至于不辨章句,未涉文词者,以人数未充,皆听及第。其中亦有明经学业该深者,唯许通六经;进士文理华赡者,竟无甲科。铨综艺能,遂无优劣。试官又加颜面,或容假手,更相属请,莫惮纠绳。由是侥幸路开,文儒渐废。兴廉举孝,因此失人;简贤任能,无方可致。自今已后,考功试人,明经每经帖试,录十帖得六已上者;进士试杂文两首,识文律者,然后并令试策,日仍严加捉搦。必材艺灼然,合升高第者,并即依令。其明法并书算贡举人,亦量准此例,即为恒式。(永隆二年八月)

《唐大诏令集》卷一〇六,商务印书馆一九五九年版

营造孔子庙堂及学馆诏

　　宣尼有纵自天,体膂上哲,合两仪之简易,为亿载之师表。顾唯寝庙,义在钦崇。如闻诸州县孔子庙堂及学馆,有破坏并向来未造,生徒无肄业之所,先师阙奠祭之仪,久致飘零,深非敬本。宜令诸州县官司,速加营葺。(咸亨元年五月丙戌)

《文苑英华》卷八四五,中华书局一九六六年版

李治(唐高宗)

武则天

武则天（624—705）　名曌，并州文水（今山西文水东）人。永徽六年（655年）被唐高宗李治立为皇后。弘道元年（683年）临朝称制。天授元年（690年）改国号为周，称圣神皇帝。690—705年在位，史称武周。她是中国历史上唯一的女皇帝。在位时，国家大局尚好，社会经济继续发展，人口有所增加。为显示政象更新，将东都洛阳改称神都，政权机构及百官皆更改名称，年号亦时常改换。为保持既得权位，她牢牢掌握刑赏大权，放手招官，效忠者用，使用酷吏，镇压政敌。提倡佛教，为女皇当权造舆论，压制儒学，鄙视宣扬三纲的经典。科举上，偏重进士科，以文词为取士的主要依据，文士受重用，经生遭冷落。轻视学官选择，令不学无术的诸王驸马主管国子监，令学校停止诗书礼乐的教学活动。有识之士陈子昂、韦嗣立先后上书劝谏恢复学校，拒不采纳。抑儒废学的措施继续实行到她被迫退位为止。《新唐书》卷五七《艺文志一》载"武后《字海》一百卷"，其下注云："凡武后所著书，皆元万顷、范履冰、苗神客、周思茂、胡楚宾、卫业等撰。"

以八科取士诏

鸾台。上之临下，道莫贵于求贤；臣之事君，功岂逾于进善。所以允凝庶绩，式静群方，成大厦之凌云，济巨川之沃日。故周称多士，著美风谣；汉号得人，垂芳竹素。历观前代，罔不由兹。朕虽宵分辍寝，日旰忘食，勉思政术，不惮劬劳。而九域之至广，岂一人之独化？必仁材能，共成羽翼。虽复群龙在位，振鹭充庭，仍恐屠钓或违，薖轴尚隐，未殚岩穴之美，或委丘园之秀。所以屡迥旌帛，频遣搜扬，推荐之道相寻，而虚仁之怀未惬。永言于此，寤寐以之。宜令文武官五品以上，各举所知。其有抱梁栋之才，可以丹青神化；蕴韬钤之略，可以振耀天威；资道德之方，可以奖训风俗；践孝友之行，可以劝率生灵；抱儒素之业，可以师范国胄；蓄文藻之思，可以方驾词人；守贞亮之节，可以直言无隐；履清白之操，可以守职不渝。凡此八科，实该三道。取人以器，求才务适。所司仍具为限程，副朕意焉。主者施行。（永昌元年六月）

《文苑英华》卷四六二，中华书局一九六六年版

改元载初赦（节选）

自卦演龙图，文开鸟迹，万人以察，百工以乂。所以宏敷政道，宣明礼乐，指事会意，改易异涂，转注象形，屈伸殊制。周宣博雅，史籀兴古篆之文；尼父温良，丘明述《春秋》之传。自诸侯力争，姬室浸微，离为二周，分成七国。法律异令，田畴异亩，言语异声，衣冠异制。秦兼天下，刬灭古文。隶卒屡兴，兵车岁动，官狱

繁骜，爰创隶书。自著秦文，肇兴八体，刻符兼于大篆，摹印逮于
殳书。两汉因之，九千余字。张敞、杜邺，讲学于前；扬雄、甄丰，
校理于后。魏、晋以降，代乏名儒，穿凿多门，形声转缪。结造新
字，附会其情，古今讹舛，稍益繁□。布画无端平之体，鱼鸟增奔
放之容，转相仿效，日滋日甚。遂使后生学徒，罔知所据，先王载
籍，从此湮沉。言念浇漓，情深悯悼，思返上皇之化，伫移季叶之
风。但习俗多时，良难顿改。特创制一十二字，率先百辟。上有
依于诂体，下有改于新文。庶保可久之基，方表还淳之意。

《唐大诏令集》卷四，商务印书馆一九五九年版

停试糊名考判敕

品藻人物，铨综士流，委之选曹，责成斯在。且人无求备，用非一
途，理宜才地并升，轮辕兼采。或收其履历，或取其学行。糊名考判，
合格注官，既乖委任之方，颇异铨衡之术。朕励精思化，仄席求贤，必
使草泽无遗，方圆曲尽。改弦易调，革故鼎新，载想缉熙之崇，式伫清
通之效。其常选人，自今已后，宜委所司依常例铨注。其糊名入试及
令学士考判宜停。

《全唐文》卷九六，中华书局一九八三年版

臣轨

序

盖闻惟天著象，庶品同于照临；惟地含章，群生等于亭育。朕

以庸昧，忝位坤元。思齐厚载之仁，式馨普覃之惠。乃中乃外，思养之志靡殊；惟子惟臣，慈诱之情无隔。常愿甫殚微恳，上翊紫机；爰须众僚，聿匡玄化。

伏以天皇明逾则哲，志切旁求。簪裾总川岳之灵，珩佩聚星辰之秀。群英莅职，众彦分司，足以广扇淳风，长隆宝祚。但母之于子，慈爱特深。虽复已积忠良，犹且思垂劝励。昔文伯既达，仍加喻轴之言；孟轲已贤，更益断机之诲。良以情隆抚字，心欲助成。比者，太子及王，已撰修身之训，群公列辟，未敷忠告之规。

近以暇辰，游心策府。聊因炜管，用写虚襟。故缀叙所闻，以为《臣轨》一部。想周朝之十乱，爰著十章；思殷室之两臣，分为两卷。所以发挥言行，镕范身心，为事上之轨模，作臣下之绳准。若乃遐想绵载，眇鉴前修，莫不元首居尊，股肱宣力。资栋梁而成大厦，凭舟楫而济巨川。唱和相依，同功共体。然则君亲既立，忠孝形焉。奉国奉家，率由之道宁二；事君事父，资敬之途斯一。臣主之义，其至矣乎！休戚是均，可不深鉴！

夫丽容虽丽，犹待镜以端形；明德虽明，终假言而荣行。今故以兹所撰，普锡具僚。诚非笔削之工，贵申裨导之益。何则？正言斯重，玄珠比而尚轻；巽语为珍，苍璧喻而非宝。是知赠人以财者，唯申即目之欢；赠人以言者，能致终身之福。若使佩兹箴戒，同彼韦弦。修己必顾其规，立行每观其则。自然荣随岁积，庆与时新。家将国而共安，下与上而俱泰。察微之士，所宜三思！庶照鄙诚，敬终高德。凡诸章目，列于后云。

臣轨上（五章）

同体章

夫人臣之于君也，犹四支之载元首，耳目之为心使也。相须而后成体，相得而后成用。故臣之事君，犹子之事父。父子虽至亲，犹未若君臣之同体也。故《虞书》云："臣作朕股肱耳目。余欲左右有人，汝翼；余欲宣力四方，汝为。"故知臣以君为心，君以臣为体。心安则体安，君泰则臣泰。未有心瘁于中而体悦于外，君忧于上而臣乐于下。古人所谓共其安危，同其休戚者，岂不信欤！

夫欲构大厦者，必藉众材，虽楹柱栋梁，栱栌榱桷，长短方圆，所用各异。自非众材同体，则不能成其构。为国者亦犹是焉。虽人之材能，天性殊禀，或仁或智，或武或文，然非群臣同体，则不能兴其业。故《周书》称，殷纣有亿兆夷人，离心离德，此其所以亡也；周武有乱臣十人，同心同德，此其所以兴也。《尚书》曰："明四目，达四聪。"谓舜求贤，使代己视听于四方也。昔屠蒯亦云："汝为君目，将司明也；汝为君耳，将司听也。"轩辕氏有四臣以察四方，故《尸子》云："黄帝四目。"是知君位尊高，九重奥绝，万方之事，不可独临。故置群官，以备爪牙耳目，各尽其能，则天下自化。故冕旒垂拱，无为于上者，人君之任也；忧国恤人，竭力于下者，人臣之职也。

汉名臣奏曰："夫体有痛者，手不能无存；心有惧者，口不能勿言。忠臣之献直于君者，非愿触鳞犯上也。良由与君同体，忧患者深，志欲君之安也。"陆景《典语》曰："国之所以有臣，臣之所以事上，非但欲备员而已。天下至广，庶事至繁，非一人之身所能周也。故分官列职，各守其位。处其任者，必荷其忧。臣之与主，同体合用。"主之任臣，既如身之信手；臣之事主，亦如手之系身。上下协心，以理国事，不俟命而自勤，不求容而自亲，则君臣之道著也。

至忠章

盖闻古之忠臣事其君也，尽心焉，尽力焉，称材居位，称能受禄。不面誉以求亲，不愉悦以苟合。公家之利，知无不为。上足以尊主安国，下足以丰财阜人。内匡君之过，外扬君之美。不以邪损正，不为私害公。见善，行之如不及；见贤，举之如不逮。竭力尽劳，而不望其报；程功积事，而不求其赏。务有益于国，务有济于人。

夫事君者，以忠正为基。忠正者，以慈惠为本。故为臣不能慈惠于百姓，而曰忠正于其君者，斯非至忠也。所以大臣必怀养人之德，而有恤下之心。利不可并，忠不可兼。不去小利，则大利不得；不去小忠，则大忠不至。故小利，大利之残也；小忠，大忠之贼也。

昔孔子曰："为人下者，其犹土乎！种之，则五谷生焉；掘之，则甘泉出焉，草木殖焉，禽兽育焉。多其功而不言，此忠臣之道也。"

《尚书》曰："成王谓君陈曰：'尔有嘉谋嘉猷，则入告尔后于内，尔乃顺之于外，曰斯谋斯猷，惟我后之德。臣人咸若，时惟良显哉！'"《礼记》曰："善则称君，过则称己，则人作忠；善则称亲，过则称己,则人作孝。"

《昌言》曰:"人之事亲也,不去乎父母之侧,不倦乎劳辱之事。见父母体之不安,则不能寝;见父母食之不饱,则不能食。见父母之有善,则欣喜而戴之;见父母之有过,则泣涕而谏之。孜孜为此,以事其亲,焉有为人父母而憎之者也!人之事君也,使无难易,无所惮也;事无劳逸,无所避也。其见委任也,则不恃恩宠而加敬;其见遗忘也,则不敢怨恨而加勤。险易不革其心,安危不变其志。见君之一善,则竭力以显誉,唯恐四海之不闻;见君之微过,则尽心而潜谏,唯虑一德之有失。孜孜为此,以事其君,焉有为人君主而憎之者也!故事亲而不为亲所知,是孝未至也;事君而不为君所知,是忠未至也。"

古语云:"欲求忠臣,出于孝子之门。"非夫纯孝者,则不能立大忠。夫纯孝者,则能以大义修身,知立行之本。欲尊其亲,必先尊于君;欲安其家,必先安于国。故古之忠臣,先其君而后其亲,先其国而后其家。何则?君者,亲之本也,亲非君而不存;国者,家之基也,家非国而不立。

昔楚恭王召令尹而谓之曰:"常侍管苏,与我处,常劝我以道,正我以义。吾与处不安也,不见不思也。虽然,吾有得也。其功不细,必厚禄之。"乃拜管苏为上卿。若管苏者,可谓至忠至正,能以道济其君者也。

守道章

夫道者,覆天载地,高不可际,深不可测。苞裹万物,禀性无形。舒之覆于六合,卷之不盈一握。小而能大,昧而能明,弱而能强,柔而能刚。

夫知道者,必达于理;达于理者,必明于权;明于权者,不以物害己。言察于安危,宁于祸福,谨于去就,莫之能害也。以此退居而闲游,江海山林之士服;以此佐时而匡主,忠立名显而身荣。退则巢、许之流,进则伊、望之伦也。故道之所在,圣人尊之。

《老子》曰:"道常无为而无不为。侯王若能守之,万物将自化。""以道佐人主者,不以兵强于天下。""夫唯兵者,不祥之器,故有道者不处。"又曰:"上士闻道,勤而行之;中士闻道,若存若亡;下士闻道,大笑之。不笑不足以为道!"

《庄子》曰:"夫体道者,无天怨,无人非,无物累,无鬼责,一心定而万事得。"

《文子》曰:"夫道者,无为无形。内以修身,外以理人。故君臣有道即忠惠,父子有道即慈孝,士庶有道即相亲。故有道即和同,无道即离贰。由是观之,无道不宜也。"

《管子》曰:"道者,一人用之,不闻有余;天下行之,不闻不足。所谓道者,小取焉,则小得福;大取焉,则大得福。道者,所以正其身而清其心者也。故道在身则言自顺,行自正,事君自忠,事父自孝。"

《淮南子》曰:"大道之行犹日月,江南河北不能易其所,驰骛千里不能移其处,其趋舍礼俗,无所不通。是以容成得之而为轩辅,傅说得之而为殷相。故欲致鱼者先通水,欲致鸟者先树木,欲立忠者先知道。"又曰:"古之立德者,乐道而忘贱,故名不动心;乐道而忘贫,故利不动志。职繁而身逾逸,官大而事逾少,静而无欲,澹而能闲。以此修身,乃可谓知道矣。不知道者,释其所以有,求其所未得。神劳于谋,知烦于事。福至则喜,祸至则忧。祸福萌生,终身不悟。此由于不知道也。"

《说苑》曰:"山致其高,而云雨起焉;水致其深,而蛟龙生焉;君子致其道,而福禄归矣。万物得其本,则生焉;百事得其道,则成焉。"

公正章

天无私覆,地无私载,日月无私烛,四时无私为。忍所私而行大义,可谓公矣。智而用私,不若愚而用公。人臣之公者,理官事则不营私家,在公门则不言货利,当公法则不阿亲戚,奉公举贤则不避仇雠。忠于事君,仁于利下,推之以恕道,行之以不党,伊、吕是也。故显名存于今,是之谓公也。

理人之道万端,所以行之在一。一者何? 公而已矣。唯公心可以奉国,唯公心可以理家。公道行,则神明不劳而邪自息;私道行,则刑罚繁而邪不禁。故公之为道也,言甚少而用甚博。

夫心者,神明之主,万理之统也。动不失正,天地可感,而况于人乎! 故古之君子,先正其心。夫不正于昧金而照于莹镜者,以莹能明也;不鉴于流波而鉴于静水者,以静能清也。镜水以明清之性,故能形物之形,见其善恶,而物无怨者,以镜水至公而无私也。镜水至公,犹免于怨,而况于人乎!

孔子曰:"苟正其身,于从政乎何有? 不能正其身,如正人何?"又曰:"其身正,不令而行;其身不正,虽令不从。"

《说苑》曰:"人臣之行,有六正六邪。行六正则荣,犯六邪则辱。夫荣辱者,祸福之门也。何谓六正六邪? 六正:一曰萌芽未动,形兆未见,照然独见存亡之机,得失之要,预禁乎未然之前,使主超然立乎显荣之处，天下称孝焉。如此者，圣臣也。二曰虚心白意，进善通道，勉主以礼义，谕主以长策，将顺其美，匡救其恶。功成事立，归善于君，不敢独伐其劳。如此者，大臣也。三曰卑身贱体，夙兴夜寐，进贤不懈，数称于往古行事，以励主意。庶几有益，以安国家。如此者，忠臣也。四曰察见成败，早防而救之，引而复之，塞其间，绝其源，转祸以为福，令君终以无忧。如此者，智臣也。五曰守文奉法，任官职事，辞禄让赐，不受赠遗，衣服端齐，食饮节素。如此者，贞臣也。六曰国家昏乱，所为不谀，然而敢犯主之严颜，面言主之过失，不辞其诛，身死国安，不悔所行。如此者，直臣也。是谓六正也。六邪：一曰安官贪禄，营于私家，不务公事，怀其智，藏其能。主饥于论，渴于策，犹不肯尽节，容容乎与代沉浮上下，左右观望。如此者，具臣也。二曰主所言皆曰善，主所为皆曰可，隐而求主之所好而进之，以快主之耳目，偷合苟容，与主为乐，不顾其后害。如此者，谀臣也。三曰中实诐险，外貌小谨，巧言令色，又心疾贤。所欲进，则明其美而隐其恶；所欲退，则明其过而匿其美。使主妄行过任，赏罚不当，号令不行。如此者，奸臣也。四曰智足以饰非，辩足以行说，反言易辞而成文章，内离骨肉之亲，外妒乱朝廷。如此者，谗臣也。五曰专权擅威，持操国事以为轻重，于私门成党，以富其家，又复增加威权，擅矫主命，以自贵显。如此者，贼臣也。六曰谄主以邪，坠主不义，朋党比周，以蔽主明。入则辩言好辞，出则更复异其言语，使白黑无别，是非无间。候伺可不推因而附然，使主恶布于境内，闻于四邻。如此者，亡国之臣也。是谓六邪。贤臣处六正之道，不行六邪之术，故上安而下理，生则见乐，死则见思，此人臣之术也。"

匡谏章

夫谏者，所以匡君于正也。《易》曰："王臣蹇蹇，匪躬之故。"人臣之所以謇謇为难，而谏其君者，非为身也，将欲以除君之过，矫君之失也。君有过失而不谏者，忠臣不忍为也。

《春秋传》曰：齐景公坐于遄台，梁丘据驰而造焉。公曰："唯据与我和夫。"晏子曰："据亦同也，焉得为和？"公曰："和与同异乎？"对曰："异。和如羹焉，水、火、醯、醢、盐、梅，以享鱼肉，宰夫和之，齐之以味，济其不及。君臣亦然。君所谓可，而有否焉，臣献其否，以成其可；君所谓否，而有可焉，臣献其可，以去其否。是以政平而人无争心。故《诗》曰：'亦有和羹，既戒既平。'今据不然。君所谓可，据亦曰可；君所谓否，据亦曰否。若以水济水，谁能食之？同之不可也如是。"

《家语》曰：哀公问于孔子曰："子从父命，孝乎？臣从君命，忠乎？"孔子不对。又问三，皆不对。趋而出，告于子贡曰："公问如此，尔以为何如？"子贡曰："子从父命，孝矣；臣从君命，忠矣。夫子奚疑焉？"孔子曰："鄙哉！尔不知也。昔万乘之主，有诤臣七人，则主无过举；千乘之国，有诤臣五人，则社稷不危；百乘之家，有诤臣三人，则禄位不替。父有诤子，不陷无礼；士有诤友，不行不义。子从父命，奚讵为孝？臣从君命，奚讵为忠？"

《新序》曰："主暴不谏，非忠臣也；畏死不言，非勇士也。见过则谏，不用即死，忠之至也。"晋平公问叔向曰："国家之患，孰为大？"对曰："大臣重禄而不极谏，近臣畏罪而不敢言，下情不得上通，此患之大者也。"公曰："善。"乃令曰："臣有欲进善言，而谒者不通，罪至死。"

《说苑》曰："从命利君谓之顺，从命病君谓之谀，逆命利君谓之忠，逆命病君谓之乱。君有过失而不谏诤，将危国家，殒社稷也。有能尽言于君，用则留，不用则去，谓之谏。用则可，不用则死，谓之诤。有能率群下以谏君，君不能不听，遂解国之大患，除国之大害，竟能尊主安国者，谓之辅。有能抗君之命，反君之事，以安国之危，除主之辱，而成国之大利者，谓之弼。故谏诤辅弼者，所谓社稷之臣，明君之所贵也。"又曰："夫登高栋，临危檐，而目不眴，心不惧者，此工匠之勇也。入深泉，刺蛟龙，抱鼋鼍而出者，此渔父之勇也。入深山，刺猛兽，抱熊罴而出者，此猎夫之勇也。临战先登，暴骨流血而不辞者，此武士之勇也。居于广廷，作色端辩，以犯君之严颜，前虽有乘轩之赏，未为之动，后虽有斧钻之诛，未为之惧者，此忠臣之勇也。君子于此五者，以忠臣之勇为贵也。"

《代要论》曰："夫谏诤者，所以纳君于道，矫枉正非，救上之谬也。上苟有谬而无救焉，则害于事，害于事则危。故《论语》曰：'危而不持，颠而不扶，则将焉用彼相矣？'然则扶危之道，莫过于谏。是以国之将兴，贵在谏臣；家之将兴，贵在谏子。若君父有非，臣子不谏，欲求国泰家荣，不可得也。"

臣轨下（五章）

诚信章

凡人之情，莫不爱于诚信。诚信者，即其心易知。故孔子曰：

"为上易事，为下易知。"非诚信无以取爱于其君，非诚信无以取亲于百姓。故上下通诚者，则暗相信而不疑；其诚不通者，则近怀疑而不信。孔子曰："人而无信，不知其可。大车无𫐐，小车无𫐄，其何以行之哉？"

《吕氏春秋》曰："信之为功大矣！天行不信，则不能成岁；地行不信，则草木不大。春之德风，风不信则其花不成；夏之德暑，暑不信则其物不长；秋之德雨，雨不信则其谷不坚；冬之德寒，寒不信则其地不刚。夫以天地之大，四时之化，犹不能以不信成物，况于人乎！故君臣不信，则国政不安；父子不信，则家道不睦；兄弟不信，则其情不亲；朋友不信，则其交易绝。夫可与为始，可与为终者，其唯信乎！信而又信，重袭于身，则可以畅于神明，通于天地矣。"

昔鲁哀公问于孔子曰："请问取人之道？"孔子对曰："弓调而后求劲焉，马服而后求良焉，士必悫信而后求智焉。若士不悫信而有智能，譬之豺狼，不可近也。"

昔子贡问政，子曰："足食足兵，民信之矣。"子贡曰："必不得已而去，于斯三者，何先？"曰："去兵。"子贡曰："必不得已而去，于斯二者，何先？"曰："去食。自古皆有死，民无信不立。"

《体论》曰："君子修身，莫善于诚信。夫诚信者，君子所以事君上，怀下人也。天不言而人推高焉，地不言而人推厚焉，四时不言而人与期焉，此以诚信为本者也。故诚信者，天地之所守，而君子之所贵也。"

博子曰："言出于口，结于心，守以不移，以立其身，此君子之信也。故为臣不信，不足以奉君；为子不信，不足以事父。故臣以信忠其君，则君臣之道逾睦；子以信孝其父，则父子之情益隆。"

夫仁者不妄为，知者不妄动，择是而为之，计义而行之。故事立而功足恃也，身没而名足称也。虽有仁智，必以诚信为本。故以诚信为本者，谓之君子；以诈伪为本者，谓之小人。君子虽殒，善名不减；小人虽贵，恶名不除。

慎密章

夫修身正行，不可以不慎；谋虑机权，不可以不密。忧患生于所忽，祸害兴于细微。人臣不慎密者，多有终身之悔。故言易泄者，召祸之媒也；事不慎者，取败之道也。明者视于无形，聪者听于无声，谋者谋于未兆，慎者慎于未成。不困在于早虑，不穷在于早豫。非所言勿言，以避其患；非所为勿为，以避其危。孔子曰："终日言，不遗己之忧；终日行，不遗己之患。唯智者能之。"故恐惧战兢，所以除患也；恭敬静密，所以远难也。终身为善，一言败之，可不慎乎！

夫口者关也，舌者机也，出言不当，驷马不能追也。口者关也，舌者兵也，出言不当，反自伤。言出于己，不可止于人；行发于迩，不可止于远。夫言行者，君子之枢机，枢机之发，荣辱之主。夫君子戒慎乎其所不睹，恐惧乎其所不闻。莫见乎隐，莫显乎微。是故君子慎其独。在独犹慎，况于事君乎！况于处众乎！

昔关尹谓列子曰："言美则响美，言恶则响恶；身长则影长，身短则影短。言者所以召响也，身者所以致影也。是故慎而言，将有和之；慎而身，将有随之。"

昔贤臣之事君也，入则造膝而言，出则诡词而对。其进人也，唯畏人之知，不欲思从己出。其图事也，必推明于君，不欲谋自己造。畏权而恶宠，晦智而韬名。不觉事之在身，不觉荣之在己。人闭其口，我闭其心；人密其外，我密其里。不慎而慎，不恭而恭，斯大慎之人也。故大慎者，心知不欲口知；其次慎者，口知不欲人知。故大慎者闭心，次慎者闭口，下慎者闭门。

昔孔光禀性周密，凡典枢机十有余年，时有所言，辄削草稿。沐日归休，兄弟妻子宴语，终不及朝省政事。或问光，温室省中树，皆何木也？光默而不应，更答以他语。若孔光者，可谓至慎矣，故能终身无过，享其荣禄。

廉洁章

清静无为，则天与之时；恭廉守节，则地与之财。君子虽富贵，不以养伤身；虽贫贱，不以利毁廉。知为吏者，奉法以利人；不知为吏者，枉法以侵人。理官莫如平，临财莫如廉。廉平之德，吏之宝也。非其路而行之，虽劳不至；非其有而求之，虽强不得。知者不为非其事，廉者不求非其有，是以远害而名彰也。故君子行廉以全其真，守清以保其身。富财不如义多，高位不如德尊。

季文子相鲁，妾不衣帛，马不食粟。仲孙它谏曰："子为鲁上卿，妾不衣帛，马不食粟，人其以子为恪，且不显国也。"文子曰："然。吾观国人之父母，衣粗食蔬，吾是以不敢。且吾闻君子以德显国，不闻以妾与马者。夫德者得之于我，又得于彼，故可行也。若独贪于奢侈，好于文章，是不德也，何以相国？"仲孙惭而退。

韩宣子忧贫，叔向贺之。宣子问其故。对曰："昔栾武子贵而能贫，故能垂德于后。今吾子之贫，是武子之德。能守廉静者，致福之道也，吾所以贺。"宣子再拜，受其言。

宋人或得玉，献诸司城子罕，子罕不受。献玉者曰："以示玉人，玉人以为宝，故敢献之。"子罕曰："我以不贪为宝，尔以玉为宝，若以与我，皆丧宝也，不若人有其宝。"

公仪休为鲁相，使食公禄者不得与下人争利，受大者不得取小。客有遗相鱼者，相不受。客曰："闻君嗜鱼，故遗君鱼，何故不受？"公仪休曰："以嗜鱼，故不受也。今为相，能自给鱼。今受鱼而免相，谁复给我鱼者？吾故不受也。"

良将章

夫将者，君之所恃也；兵者，将之所恃也。故君欲立功者，必推心于将；将之求胜者，先致爱于兵。夫爱兵之道，务逸乐之，务丰厚之。不役力以为己，不贪财以殉私。内守廉平，外存忧恤。昔窦婴为将，置金于廊下，任士卒取之。私金且犹散施，岂有侵之者乎！吴起为将，卒有病痈者，吴起亲自吮之。其爱人也如此，岂有苦之者乎！

夫将者心也，兵体者也。心不专一，则体不安；将不诚信，则卒不勇。古之善将者，必以其身先之。暑不张盖，寒不被裘。军井未达，将不言渴；军幕未辨，将不言倦。当其合战，必立矢石之间。所以齐劳逸，共安危也。夫人之所乐者生也，所恶者死也，然而矢石若雨，白刃交挥，而士卒争先者，非轻死而乐伤也。夫将视兵如子，则兵事将如父；将视兵如弟，则兵事将如兄。故语曰："父子兄弟之军，不可与斗。"由其一心而相亲也。是以古之将者，贵得众心，以情亲之，则木石知感，况以爱率下，而不得其死力乎！

《孙子兵法》曰："兵形象水。水之行，避高而就下；兵之形，避实而击虚。故水因地而制形,兵因敌而制胜。兵无常道,水无常形。"兵能随敌变化而取胜者,谓之良将也。所谓虚者,上下有隙,将吏相疑者也。所谓实者,上下同心,意气俱起者也。善将者,能实兵之气,以待人之虚。不善将者,乃虚兵之气,以待人之实。虚实之气,不可不察。

昔魏武侯问吴起曰:"兵以何为胜?"吴子曰:"兵以整为胜。"武侯曰:"不在众乎?"对曰:"若法令不明,赏罚不信,金之不止,鼓之不进,虽有百万之师,何益于用?所谓整者,居则有礼,动则有威;进不可当,退不可追;前却如节,左右应麾。与之安,与之危,其众可合而不可离,可用而不可疲。"是之谓礼将也。

吴起临战,左右进剑。吴子曰:"夫提鼓挥枹,临难决疑,此将军也。一剑之任,非将军也。"

夫将有五材四义:知不可乱,明不可蔽,信不可欺,廉不可货,直不可曲。此五材也。受命之日,忘家;出门之日,忘亲;张军鼓宿,忘主;援枹合战,忘身。此四义也。将有五材四义,百胜之术也。

夫攻守之法,无恃其不来,恃吾有以待之;无恃其不攻,恃吾之不可攻也。

夫将若能先事虑事,先防求防,如此者,守则不可攻,攻则不可守。若骄贪而轻于敌者,必为人所擒。

昔子发为楚将,攻秦,军绝馈饷,使人请于王。因归问其母。其母问使者曰:"士卒得无恙乎?"使者曰:"士卒升分菽粒而食之。"又问曰:"将军得无恙乎?"对曰:"将军朝夕刍豢黍粱。"后子发破秦而归,母闭门而不纳,使人数之曰:"子不闻越王勾践之伐吴欤?客有献醇酒一器者,王使人注江上流,使士卒饮其下流。

味不足加美,而士卒如有醉容。怀其德也,战自五焉。异日又有献一囊糗糒者,王又以赐军士,军士分而食之。甘不足逾嗌,士卒如有饫容。怀其恩也,战自十焉。今子为将,士卒升分菽粒而食之,子独朝夕刍豢黍粱,何也？夫使人入于死地,而康乐于其上,虽复得胜,非其术也。子非吾子,无入吾门。"子发谢,然后得入。及后为将,乃与士卒同其甘苦,人怀恩德,争先矢石,遂功名日远。若子发之母者,可谓知为将之道矣。

昔赵孝成王时,秦攻赵。赵王使赵括代廉颇为将。括母上书曰:"括不可使将也。始妾事其父,父时为将,身所奉饭而进食者,以十数;所交者,以百数。大王所赐金币者,尽以与军吏士大夫共之。受命之日,不问家事。今括一旦为将,东向而朝,军吏无敢仰视之者。王所赐金帛,归悉藏之。乃曰:'视便利田宅可买者。'父子不同,执心各异。愿王勿遣。"王曰:"吾计已决矣。"括母曰:"王终遣之,即有不称,妾得无随坐乎？"王曰:"不也。"括遂行,代廉颇为将。四十余日,赵兵果败,括死军覆。王以括母先言,不加诛也。若赵括母者,可谓豫识成败之机也。

利人章

夫黔首苍生,天之所甚爱也,为其不能自理,故立君以理之。为君不能独化,故为臣以佐之。夫臣者,受君之重位,牧天之甚爱,焉可不安而利之,养而济之哉！是以君子任职则思利人,事主则思安俗,故居上而下不重,处前而后不怨。

夫衣食者,人之本也。人者,国之本。人恃衣食,犹鱼之待水;国之恃人,如人之倚足。鱼无水则不可以生,人无足则不可以

157

步。故夏禹称："人无食，则我不能使也；功成而不利于人，则我不能劝也。"是以为臣之忠者，先利于人。

《管子》曰："佐国之道，必先富人，人富则易化。"是以七十九代之君，法制不一。然俱王天下者，必国富而粟多。粟生于农，故先王贵之。劝农之急，必先禁末作。末作禁，则人无游食。人无游食则务农，务农则田垦，田垦则粟多，粟多则人富。是以古之禁末作者，所以利农事也。至如绮绣纂组，雕文刻镂，或破金为碎，或以易就难，皆非久固之资，徒艳凡庸之目。如此之类，为害实深。故好农功者，虽利迟而后富；好末作者，虽利速而后贫。但常人之情，罕能远计，弃本逐末，十室而九。才逢水旱，储蓄皆虚，良为此也。故善为臣者，必先为君除害兴利。所谓除害者，末作也。所谓兴利者，农功也。

夫足寒伤心，人劳伤国，自然之理也。养心者不寒其足，为国者不劳其人。臣之与主，共养黎元，必当省徭轻赋，以广人财；不夺人时，以足人用。夫人之于君，犹子于父母，未有子贫而父母富，子富而父母贫。故人足者，非独人之足，国之足也；人匮者，非独人之匮，国之匮也。是以《论语》云："百姓不足，君孰与足？"故助君而恤人者，至忠之远谋也；损下而益上者，人臣之浅虑也。

贾子曰："上古之代，务在劝农，故三年耕而余一年之蓄，九年耕而余三年之蓄，三十年耕而人余十年之蓄。故尧水九年，汤旱七载，野无青草，而人无饥色者，诚有此备也。"故建国之本，必在于农。忠臣之思利人者，务在劝导，家给人足，则国自定焉。

论曰：夫君臣之道，上下相资，喻涉水之舟航，比翔空之羽翼。故至神攸契，则星象降于穹苍；妙感潜通，则风云彰于瘴寐。其同体也，则股肱耳目不足以匹其同；其益政也，则曲糵盐梅未可以方其益。谅直之操，由此而兴；节义之风，因斯以著。是知家与国而不异，君与亲而一归。显己扬名，惟忠惟孝。每以宫闱暇景，博览琼编，观往哲之弼谐，睹前言之龟镜，未尝不临文嗟尚，抚卷循环。庶令匡翊之贤，更越夔、龙之美，爰申翰墨，载列缣缃。何则？荣辱无门，惟人所召。若使心归大道，情切至忠，务守公平，贵敦诚信，抱廉洁而为行，怀慎密以修身，奉上崇匡谏之规，恤下思利人之术，自然名实兼茂，禄位俱延，荣不召而自来，辱不遣而斯去。然则忠正者致福之本，戒慎者集庆之源，若影随形，犹声逐响。凡百群彦，可不勖欤！

垂拱元年撰。

《臣轨》，商务印书馆《丛书集成初编》本

李　善

李善(? —689)　扬州江都(今江苏扬州)人。唐代文选学家。师从曹宪,精于《文选》。显庆中历官太子内率府录事参军、崇贤馆直学士兼沛王侍读、潞王府记室参军、秘书郎。乾封中为泾城令,获罪流配姚州,遇赦还家,居汴、郑间,以教授《文选》为业,诸生自远而至。注解《文选》六十卷,又著有《汉书辨惑》三十卷。

进文选表

臣善言:窃以道光九野,缛景纬以照临;德载八埏,丽山川以错峙。垂象之文斯著,含章之义聿宣。协人灵以取则,基化成而自远。故羲绳之前,飞葛天之浩唱;娲簧之后,掞丛云之奥词。步骤分途,星躔殊建;球钟愈畅,舞咏方滋。楚国词人,御兰芬于绝代;汉朝才子,综鞶帨于遥年。虚元流正始之音,气质驰建安之体。长离北度,腾雅咏于圭阴;化龙东骛,煽风流于江右。爰逮有梁,宏材弥劭。昭明太子业膺守器,誉贞问寝,居肃成而讲艺,开博望以招贤。摛中叶之词林,酌前修之笔海。周巡绵峤,品盈尺之珍;楚望长澜,比径寸之宝。故撰斯一集,名曰《文选》。后进英髦,咸资准的。

伏惟陛下,经纬成德,文思垂风。则大居尊,耀三辰之珠璧;希声应物,宣六代之云英。孰可撮壤崇山,导涓宗海。臣蓬衡蓑品,樗散陋姿。汾河委筴,夙非成诵;崇山坠简,未议澄心。握玩斯文,载移凉燠;有欣永日,实昧通津。故勉十舍之劳,寄三余之暇,弋钓书部,愿言注辑,合成六十卷。杀青甫就,轻用上闻。享帚自珍,缄石知谬。敢有尘于广内,庶无遗于小说。谨诣阙奉进,伏愿鸿慈,曲垂照览。谨言。

《全唐文》卷一八七,中华书局一九八三年版

李善

刘　峣

刘峣（生卒年未详）　唐高宗上元元年（674年），上疏言选举之事。

取士先德行而后才艺疏

国家以礼部为考秀之门，考文章于甲乙，故天下响应，驱驰于才艺，不务于德行。夫德行者，可以化人成俗；才艺者，可以约法立名。故有朝登甲科而夕陷刑辟，制法守度使之然也。陛下焉得不改而张之！至如日诵万言，何关理体；文成七步，未足化人。昔子张学干禄，仲尼曰："言寡尤，行寡悔，禄在其中矣。"又曰："行有余力，则以学文。"今舍其本而循其末。况古之作文，必谐风雅，今之末学，不近典谟，劳心于卉木之间，极笔于烟云之际，以此成俗，斯大谬也。昔之采诗，以观风俗，咏《卷耳》则忠臣喜，诵《蓼莪》而孝子悲，温良敦厚，《诗》教也，岂主于淫文哉？夫人之爱名，如水之务下，上有所好，下必甚焉。陛下若以德行为先，才艺为末，必敦德励行，以仁甲科，丰舒俊才，没而不齿，陈寔长者，拔而用之，则多士雷奔，四方风动。风动于下，圣理于上，岂有不变者欤！

《通典》卷一七《选举五·杂议论中》，中华书局一九八四年版

李嗣真

李嗣真（？—696）　字承胄，赵州柏（今河北柏乡）人，一说滑州匡城（今河南长垣）人。唐代书法家。博学经史，通晓音律，兼善阴阳推算之术。弱冠举明经，历官许州司功、直弘文馆、义乌令、始平令、司礼丞、潞州刺史、右御史中丞等。被酷吏来俊臣诬以谋反，流放藤州，征还，至桂阳而卒。著有《明堂新礼》十卷，《孝经指要》《诗品》《书品》《画品》各一卷。

书品序

昔苍颉造书，天雨粟，鬼夜哭，亦有感矣。盖德成而上，谓仁义礼智信也；艺成而下，谓礼乐射御书数也。吾作《诗品》，犹希闻偶合神交自然冥契者，是才难也。及其作《书评》，而登逸品数者四人，故知艺之为末信也。虽然，若超吾逸品之才者，亦当复绝终古，无复继作也。故斐然有感而作《书评》。虽不足以对杨王休，宏阐神化，亦名流之美事耳。与夫饱食终日，博奕犹贤，不其远乎！项籍云："书足以记姓名。"此狂夫之言也。嗟尔后生，既乏经国之才，又无干城之略，庶几勉夫斯道。近代虞秘监，欧阳银青，房、褚二仆射，陆学士，王家令，高司卫等，亦并由此术，无所间然。

其中亦有更无他技，而俯拾朱绂，如此，则虽惭君子之盛烈，苟非莘野之器、箕山之英，亦何能作诚凌云之台，拂衣碑石之际耶！今之驰骛，去圣愈远，徒识方圆而迷点画，亦犹庄生之叹盲者，《易》象之谈日中，终不见矣。太宗与汉王元昌、褚仆射遂良等，皆授之于史陵。褚首师虞，后又学史，乃谓陵曰：此法更不可教人，是其妙处也。陆学士柬之受于虞秘监，虞秘监受于永禅师，皆有体法。今人都不闻师范，又自无鉴局，虽古迹昭然，永不觉悟，而执燕缇以为宝，玩楚凤而称珍，不亦谬哉！其议论品藻，自王愔以下，王僧虔、袁、庾诸公，皆已言之矣，而或理有未周。今采诸家之善，聊指同异，以贻诸好事。其前品已定，则不复铨列。素未曾入，有可措者，亦复云尔。太宗、高宗，皆称神札，吾所伏事，何敢寓言。今始于秦氏，终于唐世，凡八十一人，分为十等。

《全唐文》卷一六四，中华书局一九八三年版

姚 珽

姚珽（641—714） 京兆万年（今陕西长安）人。举明经，历官定州刺史、汴州刺史、沧州刺史、虢州刺史、鄜州刺史、秦州刺史、太子詹事、右散骑常侍、秘书监、户部尚书。著有《汉书绍训》四十卷。

四上节愍太子书

臣闻圣人不专其德，贤智必有所师。故曰：与善人言，如入芝兰之室，久自芬芳；与不善人言，如火销膏，不觉而尽。今司经见无学士，供奉未有侍读，伏望时因视膳，奏请置人。所冀讲席谈筵，务尽忠规之道；披文摘句，方资审谕之勤。臣又闻臣之事主，必尽乃诚；君之进贤，务求忠说。伏惟殿下养德储闱，以端静为务；恭膺守器，以学业为先。经所以立行修身，史所以谙识成败。雅诰既习，忠孝乃成；传记方通，安危斯辨。知父子君臣之道，识古今鉴戒之规，经史为先，斯乃急务。至于工巧造作，寮吏直司，实为末事，无足劳虑。臣以庸浅，献替是司，臣而不言，负谴圣日，言而获罪，是所甘心。伏愿留意经书，简略细事，一蒙采纳，万殒无辞。尤降储明，俯矜狂瞽。

薛 登

薛登(647—719)　本名谦光,因与太子同名,避讳而改,常州义兴(今江苏宜兴)人。博涉文史,与刘知幾、徐坚齐名。历官阆中主簿、左补阙、水部员外郎、给事中、常州刺史、刑部侍郎、尚书左丞、御史大夫、岐州刺史、太子宾客、东都留守等。天授中任左补阙时,以选举太滥,上疏请改革。著有《四时记》二十卷。

论选举疏

臣闻国以得贤为宝,臣以举士为忠。是以子皮之让国侨,鲍叔之推管仲,燕昭委兵于乐毅,苻坚托政于王猛。及子产受国人之谤,夷吾贪共贾之财,昭王赐辂马以止谗,永固戮樊世以除潜,处猜嫌而益信,行间毁而无疑,此由识之至而察之深也。至若宰我见愚于宣尼,逄萌被知于文叔,韩信无闻于项氏,毛遂不齿于平原,此失士之故也。是以人主受不肖之士则政乖,得贤良之佐则时泰。故尧资八元而庶绩其理,周任十乱则天下和平。由是言之,则知士不可不察,而官不可妄授也。何者?比来举荐,多不以才,假誉驰声,互相推奖。希润身之小计,忘臣子之大猷,非所以报国求贤,副陛下翘翘之望者也。

臣窃窥古之取士,实异于今。先观名行之源,考其乡邑之誉,崇礼让以励己,明节义以标信,以敦朴为先最,以雕虫为后科。故人崇劝让之风,士去轻浮之行。希仕者必修贞确不拔之操,行难进易退之规,众议以定其高下,郡将难诬于曲直。故计贡之贤愚,即州将之荣辱,秽行之彰露,亦乡人之厚颜。是以李陵降而陇西惭,干木隐而西河美。名胜于利,故小人之道消;利胜于名,则贪暴之风扇。是知化俗之本,须摈轻浮。昔冀缺以蹈礼升朝,则晋人知礼;文翁以儒术化俗,则蜀士崇儒。燕昭好马,则骏马来庭;叶公好龙,则真龙入室。由是言之,未有上之所好而下不从其化者也。

自七国之季,虽杂纵横,而汉代求才,犹征百行。是以礼节之士,敏德自修,闾里推高,然后为府寺所辟。魏氏取人,尤爱放达。晋宋之后,只重门资,奖为人求官之风,乖授职惟贤之义。有梁荐士,雅好属词。陈氏简贤,特珍赋咏。故其俗以诗酒为重,不以修身为务。逮至隋室,余风尚存。开皇中,李谔论之于文帝曰:"魏之三祖,更好文词,忽君人之大道,好雕虫之小艺。连篇累牍,不出月露之形;积案盈箱,惟是风云之状。代俗以此相高,朝廷以兹择士,故文笔日繁,其政日乱。"帝纳李谔之策,由是下制,禁断文笔浮词。其年泗州刺史司马幼之以表不典实得罪,于是风俗改励,政化大行。炀帝嗣兴,又变前法,置进士等科。于是后生之徒,复相仿效,因陋就寡,赴速邀时。缉缀小文,名之策学,不以指实为本,而以浮虚为贵。

有唐纂历,虽渐革于前非;陛下君临,思察才于共理。树本崇化,惟在旌贤。今之举人,有乖事实。乡议决小人之笔,行修无长者之论，策第喧竞于州府，祈恩不胜于拜伏。或明制才出，试遣搜扬，则驱驰府寺之门，出入王公之第。上启陈诗，惟希咳唾之泽；摩顶至足，冀荷提携之恩。故俗号举人，皆称觅举，觅为自求之意，未是人知之辞。察其行而度其材，则人品于此见矣。徇己之心切，则至公之理乖；贪仕之性彰，则廉洁之风薄。是知府命虽高，异叔度勤勤之让；黄门已贵，无秦嘉耿耿之辞。纵不能抑己推贤，亦不肯待于三命。岂与夫白驹皎皎，不杂风尘，束帛戋戋，荣高物表，校量其广狭也！是以耿介之士，羞自拔而致其辞；循常之人，舍其疏而取其附。故选司补授，喧然于礼闱；州贡宾王，争讼于阶闼。谤议纷合，浸以成风。夫竞荣者必有竞利之心，谦逊者亦无贪贿之累。自非上智，焉能不移？在于中人，理由习俗。若重谨厚之士，则怀禄者必崇德以洁己。若开趋竞之门，则邀仕者皆戚施而附会。附会则百姓罹其弊，洁己则兆庶蒙其福。故风化之渐，靡不由兹。今访乡闾之谈，惟只归于里正。纵使名亏礼则，罪挂刑章，或冒籍以偷资，或邀勋而窃级，假其不义之赂，即是无犯乡闾。岂得比郭有道之铨量，茅容望重，裴逸人之奖拔，夏统名高，语其优劣也！只如才应经邦之流，惟令试策；武能制敌之例，只验弯弧。若其文擅清奇，便充甲第，藻思微减，便即告归。以此取人，恐乖事实。何者？乐广假笔于潘岳，灵运词高于穆之，平津文劣于长卿，子建笔丽于荀彧。若以射策为最，则潘、谢、曹、马必居孙、乐之右。若使协赞机猷，则安仁、灵运亦无裨附之益。由此言之，不可一慨而取也。至如武艺，则赵云虽勇，资诸葛之指挥；周勃虽雄，乏陈平之计略。若使樊哙居萧何之任，必失指纵之机。使萧何入戏下之军，亦无免主之效。斗将长于摧锋，谋将审于料事。是以文泉聚米，知隗嚣之可图；陈汤屈指，识乌孙之自解。八难之谋设,高祖追惭于郦生;九拒之计穷,公输息心于伐宋。谋将不长于弓矢,良相宁资于射策。岂与夫元长自表,妄饰词锋,曹植题章,虚飞丽藻,校量其可否也。

伏愿陛下降明制,颁峻科,千里一贤,尚不为少,侥幸冒进,须立堤防。断浮虚之饰词,收实用之良策,不取无稽之说,必求忠说之言。文则试以效官,武则令其守御。始既察言观行,终亦循名责实,自然侥幸滥吹之伍,无所藏其妄庸。故晏婴云:"举之以语,考之以事,寡其言而多其行,拙于文而工于事。"此取人得贤之道也。其有武艺超绝,文锋挺秀,有效伎之偏用,无经国之大才,为军锋之爪牙,作词赋之标准,自可试凌云之策,练穿札之工,承上命而赋《甘泉》,禀中军而令赴敌。既有随材之任,必无负乘之忧。

臣谨按:吴起临战,左右进剑。吴子曰:"夫提鼓挥桴,临难决疑,此将事也。一剑之任,非将事也。"谨按:诸葛亮临戎,不亲戎服,领蜀兵于渭南,宣王持劲卒不敢当。此岂弓矢之用也?谨按:杨得意诵长卿之文,武帝曰:"恨不与此人同时。"及相如至,终于文园令。不以公卿之位处之者,盖非其所任故也。谨按:汉法,所举之主,终身保任。扬雄之坐田仪,责其冒荐;成子之居魏相,酬于得贤。赏罚之令行,则请谒之心绝;退让之义著,则贪竞之路销。自然朝廷无争禄之人,选司有执谦之士。仍请宽立年限,容其采访简汰。堪用者,试令职守,以观能否;参验行事,以别是非。不实免王丹之官,得人如翟璜之赏,自然见贤不隐,食禄不专。苟或进钟繇、郭嘉,刘陶荐李膺、朱穆,势不云远。有称职者受荐贤之赏,滥举者抵欺罔之罪,自然举得才行,则君子之道长矣。

薛登

司马承祯

司马承祯（647/655—735） 字子微，河内温县（今属河南）人。少好学，不乐为吏，遂为道士。师事潘师正，受其符箓、辟谷、导引、服饵之术。遍游名山，择居于天台山。武则天、睿宗、玄宗闻其名，数召入都，优礼待之。著有《修真秘旨》《天隐子》《坐忘论》等，均收入《道藏》。

收心

夫心者，一身之主，百神之师。静则生慧，动则成昏。欣迷幻境之中，唯言实是；甘宴有为之内，谁悟虚非？心识颠痴，良由所托之地。且卜邻而居，犹从改操；择交而友，尚能致益。况身离生死之境，心居至道之中，安不舍彼乎！能不得此乎！所以学道之初，要须安坐，收心离境。住无所有，不著一物，自入虚无，心乃合道。故《经》云："至道故之，中寂所有，神用无方，心体亦然。"

源其心体，以道为本。但为心神被染，蒙蔽渐深，流浪日久，遂与道隔。今若能净除心垢，开释神本，名曰修道。无复流浪，与道冥合，安在道中，名曰归根。守根不离，名曰静定。静定日久，病消命复。复而又续，自得知常。知则无所不明，常则永无变灭。

出离生死，实由于此。是故法道安心，贵无所著。故《经》云："夫物芸芸，各归其根，归根曰静，静曰复命，复命曰常，知常曰明。"若执心住空，还是有所，非谓无所。凡住有所，则自令人心劳气发，既不合理，又反成疾。

但心不著物，又得不动，此是真定，正基用此为定。心气调和，久益轻爽，以此为验，则邪正可知。若心起皆灭，不简是非，永断知觉，入于盲定。若任心所起，一无收制，则与凡人元来不别。若唯断善恶，心无指归，肆意浮游。待自定者，徒自误耳。若遍行诸事，言心无染者，于言甚美，于行甚非。真学之流，特宜戒此。

今则息乱而不灭照，守静而不著空，行之有常，自得真见。如有时事或法有要疑者，且任思量。今事得济，所疑复悟，此亦生慧正根。事讫则止，实莫多思。多思则以知害恬，为子伤本。虽骋一时之俊，终亏万代之业。若烦邪乱想，随觉则除。若闻毁誉之名，善恶等事，皆即拨去，莫将心受。若心受之即心满，心满则道无所居。所有闻见，如不闻见，则是非美恶，不入于心。心不受外，名曰虚心。心不逐外，名曰安心。心安而虚，则道自来止。故《经》云："人能虚心无为，非欲于道，道自归之。"内心既无所著，外行亦无所为。非静非秽，故毁誉无从生；非智非愚，故利害无由至。实则顺中为常，权可与时消息。苟免诸累，是其智也。若非时非事，役思强为者，自云不著，终非真觉。何邪？心法如眼也。纤毫入眼，眼则不安。小事关心，心必动乱。既有动病，难入定门。是故修道之要，急在除病。病若不除，终不得定。又如良田，荆棘未诛，虽下种子，嘉苗不成。爱见思虑，是心荆棘，若不除翦，定慧不生。或身居富贵，或学备经史，言则慈俭，行乃贪残，辩足以饰非，势足以威物，得则名己，过必尤人。此病最深，虽学无益。

所以然者，为自是故。

然此心由来依境，未惯独立。乍无所托，难以自安。纵得暂安，还复散乱。随起随制，务令不动，久久调熟，自得安闲。无问昼夜，行止坐卧，及应事之时，常须作意安之。若心得定，但须安养，莫有恼触。少得定分，则堪自乐，渐渐驯狎，唯觉清远。平生所重，已嫌弊漏，况因定生慧，深达真假乎！牛马、家畜也，放纵不收，犹自生鲠，不受驾御。鹰鹯、野鸟也，被人系绊，终日在手，自然调熟。况心之放逸，纵任不收，唯益粗疏，何能观妙？故《经》云："虽有拱璧，以先驷马，不如坐进此道。"

夫法之妙者，其在能行，不在能言。行之则此言为当，不行则此言为妄。又时人所学，贵难贱易。若深论法惟，广说虚无，思虑所不达，行用所无阶者，则叹不可思议。而下风尽礼，如其信言不美，指事陈情，闻则心解，言则可行者，此实不可思议，而人不信。故《经》云："吾言甚易知，甚易行。天下莫能知，莫能行。""夫唯不知，是以不吾知也。"或有言火不热，灯不照暗，称为妙义。夫火以热为用，灯以照为功。今则盛言火不热，未赏一时废火；空言灯不照暗，必须终夜然灯。言行相违，理实无取。此只破相之言，而人反以为深元之妙。虽则惠子之宏辩，庄生以为不堪。肤受之流，谁能科简？至学之士，庶不留心。

或曰："夫为大道者，在物而心不染，处动而神不乱，无事而不为，无时而不寂。今犹避事而取静，离动而之定。劳于控制，乃有动静二心；滞于住守，是成取舍两病。不觉其所执，仍自谓道之阶要，何其谬耶！"

述曰："总物而称大道，物之谓道。在物而不染，处事而不乱，真为大矣！实为妙矣！然则吾子之鉴，有所未明。何则？徒见贝锦之辉焕，未晓始抽于素丝；才闻鸣鹤之冲天，讵识先资于彀食？蔽日之干，起于毫末；神凝之圣，积习而成。今徒学语其圣德，而不知圣之所以德。可谓'见卵而求时夜，见弹而求鸮炙'，何其造次哉！故《经》云：'元德深矣远矣，与物反矣，然后乃至大顺。'"

《全唐文》卷九二四，中华书局一九八三年版

真观

夫观者，智士之先鉴，能人之善察。究倪来之祸福，详动静之吉凶。得见机前，因之造适。深祈卫定，功务全生。自始之末，行无遗累，理不违此，故谓之真观。然则一餐一寝，居为损益之源；一言一行，堪成祸福之本。虽则巧持其末，不如拙戒其本。观本知末，又非躁竞之情。是故收心简事，日损有为，体静心闲，方能观见真理。故《经》云："常无欲，以观其妙。"

然于修道之身，必资衣食。事有不可废，物有不可弃者，当须虚襟而受之，明目而当之，勿以为妨，心生烦躁。若见事为事而烦燥者，心病已动，何名安心？夫人事衣食者，我之船舫。我欲渡海，事资船舫。渡海若讫，理自不留。何因未渡，先欲废船？衣食虚幻，实不足营。为欲出离尘幻，故求衣食。虽有营求之事，莫生得失之心。则有事无事，心常安泰。与物同求，而不同贪；与物同得，而不同积。不贪故无忧，不积故无失。迹每同人，心常异俗。此实行之宗要，可力为之。

前虽断简，病有难除者，且依法观之。若色病重者当观染，色都由想耳。想若不生，终无色事。若知色想外空，色心内妄，妄心空想，谁为色主？《经》云："色者，全是想耳。"想悉是空，何有

司马承祯

173

色耶？

又思祅妍美色，甚于狐魅。狐魅惑人，令人厌患。身虽致死，不入恶道，为厌患故，永离邪婬。祅艳惑人，令人爱著。乃至身死，留恋弥深。为邪念故，死堕地狱。永失人道，福路长乖。故《经》云："今世发心为夫妻，死后不得俱生人道。"所以者何？为邪念故。

又观色若定是美，何故鱼见深入，鸟见高飞，仙人以为秽浊，贤士喻之刀斧？一生之命，七日不食，便至于死。百年无色，翻免夭伤。故知色者，非身心之切要，适为性命之仇贼。何乃系恋，自取销毁？

若见他人为恶，心生嫌恶者，犹如见人自杀，己身引项，承取他刃，以自害命。他自为恶，不遣代当，何故引取他恶，以为己病？又见为恶者若可嫌，见为善者亦须恶，夫何故？同障道故。

若苦贫者，则审观之，谁与我贫？天地平等，覆载无私，我今贫苦，非天地也。父母生子，欲令富贵，我今贫贱，非由父母。人及鬼神，自救无暇，何能有力，将贫与我？进退寻察，无所从来，乃知我业也，乃知天命也。业由我造，命由天赋。业命之有，犹影响之逐形声，既不可逃，又不可怨。唯有智者，因而善之，乐天知命，不觉贫之可苦。故庄子云："业入而不可舍，为自业。"故贫病来入，不可舍止。《经》云："天地不能改其操，阴阳不能回其业。"由此言之，故知真命非假物也。有何怨焉？

又如勇士逢贼，无所畏惧，挥剑当前，群寇皆溃。功勋一立，荣禄终身。今有贫病恼害我者，则寇贼也；我有正心，则勇士也。用智观察，则挥剑也。恼累消除，则战胜也。湛然常乐，则荣禄也。凡有苦事，来迫我心，不作此观，而生忧恼者，如人逢贼，不立功勋,弃甲背军,以受逃亡之罪。去乐就苦,何可愍焉!

若病者,当观此病,由有我身,我若无身,患无所托。故《经》云:"及吾无身,吾有何患?"次观于心,亦无真宰,内外求觅,无能受者。所有计念,从妄心生。若枯体灰心,则万病俱泯。

若恶死者,应念我身,是神之舍。身今老病,气力衰微。如屋朽坏,不堪居止,自须舍离,别处求安。身死神逝,亦复如是。若恋生恶死,拒违变化,则神识错乱,自失正业。以此托生,受气之际,不感清秀,多逢浊辱。盖下愚贪鄙,实此之由。是故当生不悦,顺死无恶者,一为生死理齐,二为后身成业。若贪爱万境,一爱一病,一肢有疾,犹令举体不安。而向一心万疾,身欲长生,岂可得乎?

凡有爱恶,皆是妄生,积妄不除,何以见道?是故心舍诸欲,住无所有,除情正信,然后返观旧所痴爱,自生厌薄。若以合境之心观境,终身不觉有恶;如将离境之心观境,方能了见是非。譬如醒人,能知醉者为恶。如其自醉,不觉他非。故《经》云:"吾本弃俗,厌离人间。"又云:"耳目声色,为予留愆。鼻口所喜,香味是怨。"老君厌世弃俗,犹见香味为怨。嗜欲之流,焉知鲍肆为臭哉!

《全唐文》卷九二四,中华书局一九八三年版

王 勃

王勃(649/650—676) 字子安,绛州龙门(今山西河津)人。唐代文学家。麟德初,应幽素举,对策高第。历官朝散郎、沛王府修撰、虢州参军。著有《王子安集》。

送劼弟赴太学序

今之游太学者多矣,咸一切欲速,百端进取。故夫肤受末学者,因利乘便;经明行修者,华存实爽。至于振骨鲠之风标,报贤圣之言,怀远大之举,盖有之矣,未之见也,可以深慕哉!且吾家以儒辅仁,述作存者八代矣,未有不久于其道,而求苟出者也。故能立经陈训,删书定礼,扬魁梧之风,树清白之业,使吾徒子孙有所取也。《大雅》不云"无念尔祖",《易》不云"干父之蛊",《书》不云"惟孝友于",《诗》不云"不如友生",四者备矣。加之执德弘,信道笃,心则口诵,废食忘寝,焕然有所成,望然有所伏,然后可以托教义,编人伦,彰风声,议出处。若意不感慨,行不卓绝,轻见苟动,见利忘义,虽上一阶履半级,何足恃哉?终见弃于高人,但自溺于下流矣。吾被服家业,沾濡庭训,切嗟琢磨,战兢惕励者,二十余载矣。幸以薄伎,获蠲戎役,尝耻道未成而受禄,恨不得如古君子四十强仕也。而房旅多孤，饘粥不继，逼父兄之命，睹饥寒之切，解巾捧檄，扶老携幼，今既至于斯矣。不蚕而衣，不耕而食，吾何德以当哉？至于竭小人之心，申犹子之道，饮食衣服，晨昏左右，庶几乎令汝无反顾忧也。行矣自爱，游必有方。离别咫尺，未足耿耿。嗟乎！不有居者，谁展色养之心？不有行者，孰就扬名之业？笾豆有践，菽水尽心，盍各赋诗，叙离道意云尔。

《全唐文》卷一八一，中华书局一九八三年版

黄帝八十一难经序

《黄帝八十一难经》，是医经之秘录也。昔者岐伯以授黄帝，黄帝历九师以授伊尹，伊尹以授汤，汤历六师以授太公，太公授文王，文王历九师以授医和，医和历六师以授秦越人，秦越人始定立章句，历九师以授华陀，华陀历六师以授黄公，黄公以授曹夫子。夫子讳元，字真道，自云京兆人也。盖授黄公之术，洞明医道，至能遥望气色，彻视腑脏。洗肠剖胸之术，往往行焉。浮沉人间，莫有知者。勃养于慈父之手，每承过庭之训曰："人子不知医，古人以为不孝。"因窃求良师，阴访其道。以大唐龙朔元年岁次庚申冬至后甲子，予遇夫子于长安。抚勃曰："无欲也。"勃再拜稽首，遂归心焉。虽父伯兄弟，不能知也。盖授《周易》章句及《黄帝素问难经》，乃知三才六甲之事，明堂玉匮之数。十五月而毕，将别，谓勃曰："阴阳之道，不可妄宣也；针石之道，不可妄传。无猖狂以自彰，当阴沉以自深也。"勃受命伏习，五年于兹矣，有升堂睹奥之心焉。近复钻仰太虚，导引元气，觉滓秽都绝，精明相保，方欲坐守神仙，弃置流俗。噫！苍生可以救耶？斯文可以存耶？昔太上

王
勃

177

有立德，其次有立功，其次有立言，非以狗名也，将以济人也。谨录师训，编附圣经，庶将来君子，有以得其用心也。

《全唐文》卷一八〇，中华书局一九八三年版

续书序

序曰：《书》以记言，其来尚矣。越在三代，左史职之。百官以理，万人以察，扬于王庭，用实大焉。苟非可以燮理情性，平章邦国，敷彝伦而叙要道，察时变而经王猷，树皇极之纲维，资生灵之视听，皆可略也。昔者仲尼之述《书》也，将以究事业之通，而正性命之理。故曰：吾欲托之空言，不如附之行事。道德仁义，于是乎明；刑政礼乐，于是乎出。非先王之德行不敢传，非先王之法言不敢道。纪千数百岁，断自唐虞，迄于周汉，风流所存，百篇而已。以此见圣人言约理举，神明不劳，而体时务之撰矣。故能法象天地，同符易简，借前箸于筌蹄，驱后主于轨物，密而显，宏而奥，久而弥新，用而不竭。非古之聪明圣智，玄览博达，孰能为此哉？孔安国曰："帝王之制，坦然明白，可举而行。"嗟乎！其言甚大，可使南面称圣人之后矣。自时以降，史述陵迟，人自为家，摽指失中，陈事乱而无当，制理参而不一。由是大典散而人文乖，是非繁而取舍谬。与夫古先哲人制述之意，不其疏乎？我先君文中子，实秉睿懿，生于隋末，睹后作之违方，忧异端之害正，乃喟然曰："宣尼既没，文不在兹乎？"遂约大义，删旧章，续书为三百六十篇。考伪乱而修《元经》，正礼乐以旌后主之失，述《易赞》以申先师之旨。经始汉魏，迄于有晋，择其典物宜于教者，续书为百二十篇，而广大悉备。嗟乎！贤圣之述，岂多为哉！噫！亦足垂训作则，冒天

下之道，如斯而已矣。当时门人百千数，董、薛之徒，并受其义，遭代丧乱，未行于时。历年永久，稍见残缺。贞观中，太原府君考诸六经之目，则亡其小序，其有录而无篇者，又十六焉。呜呼！兹不可复见矣。家君钦若丕烈，图终休绪，乃例六经，次礼乐，叙《中说》，明《易赞》，永惟保守前训，大克敷遗后人。勃兄弟五六冠者，童子六七，祗祗怡怡，讲问伏渐之日久矣。躬奉成训，家传异闻，犹恐不得门而入，才之不逮至远也。是用厉精激愤，宵吟昼咏，庶几乎学而知之者，其修身慎行，恐辱先也。岂声禄是徇，前人之不继是惧。间者承命为百二十篇作序，而兼当补修其阙。爰考众籍，共参奥旨，泉源浩然，罔识攸济。呜呼！小子何敢以当之也，其尽心力乎？始自总章二年，洎乎咸亨五年，刊写文就，定成百二十篇，勒成二十五卷。昔者文中子曰："汉魏之礼乐未足称，其书不可废也。"尚有近古之对议存焉，制诏册，则几乎典诰矣。后之达晤者，将有得于斯文乎？于时龙集阉茂，勉踵前修，在大唐御天下之五十七祀也。

王
勃

《全唐文》卷一八〇，中华书局一九八三年版

姚　崇

姚崇（650—721）　本名元崇，字元之，陕州硖石（今河南三门峡市陕州区东南）人。唐大臣。仪凤二年（677年），举下笔成章科。历官濮州司仓参军、夏官郎中、夏官侍郎、凤阁侍郎同凤阁鸾台平章事、相王府长史、春官尚书、司仆寺卿、亳州刺史、常州刺史、越州刺史、许州刺史、兵部尚书、同中书门下三品、中书令、申州刺史、扬州长史、淮南按察使、同州刺史、紫微令等。开元初，对唐玄宗奏请十事，提出改革吏治的施政纲领，对稳定政治和发展经济起了重要作用。著有《姚崇集》十卷、《五诫》一卷。

遗令诫子孙文

古人云：富贵者，人之怨也。贵则神忌其满，人恶其上；富则鬼瞰其室，虏利其财。自开辟已来，书籍所载，德薄任重，而能寿考无咎者，未之有也。故范蠡、疏广之辈，知止足之分，前史多之。况吾才不逮古人，而久窃荣宠，位逾高而益惧，恩弥厚而增忧。往在中书，遘疾虚惫，虽终匪懈，而诸务多缺。荐贤自代，屡有诚祈，人欲天从，竟蒙哀允。优游园沼，放浪形骸，人生一代，斯亦足矣。

田巴云："百年之期，未有能至。"王逸少云："俛仰之间，已为陈迹。"诚哉此言。比见诸达官身亡以后，子孙既失覆荫，多至贫寒，斗尺之间，参商是竞。岂唯自玷，乃更辱先，无论曲直，俱受嗤毁。庄田水碾，既众有之，递相推倚，或至荒废。陆贾、石苞，皆古之贤达也。所以预为定分，将以绝其后争。吾每静思，深所叹服。昔孔子至圣，母墓毁而不修；梁鸿至贤，父亡席卷而葬。昔杨震、赵咨、卢植、张奂，皆当代英达，通识今古，咸有遗言，属令薄葬。或濯衣时服，或单帛幅巾，知真魂去身，贵于速朽。子孙皆遵成命，迄今以为美谈。凡厚葬之家，例非明哲。或溺于流俗，不察幽明，咸以奢厚为忠孝，以俭薄为悭惜。至令亡者致戮尸暴骸之酷，存者陷不忠不孝之诮，可为痛哉！可为痛哉！死者无知，自同粪土，何烦厚葬，使伤素业。若也有知，神不在枢，复何用违君父之令，破衣食之资！吾身亡后，可殓以常服，四时之衣，各一副而已。吾性甚不爱冠衣，必不得将入棺墓。紫衣玉带，足便于身。念尔等勿复违之。且神道恶奢，冥途尚质，若违吾处分，使吾受戮于地下，于汝心安乎？念而思之。今之佛经，罗什所译，姚兴执本，与什对翻。姚兴造浮屠于永贵里，倾竭府库，广事庄严，而兴命不得延，国亦随灭。又齐跨山东，周据关右。周则多除佛法，而修缮兵威；齐则广置僧徒，而依凭佛力。及至交战，齐氏灭亡，国既不存，寺复何有？修福之报，何其蔑如！梁武帝以万乘为奴，胡太后以六宫入道，岂特身戮名辱，皆以亡国破家。近日孝和皇帝发使赎生，倾国造寺。太平公主、武三思、悖逆庶人、张夫人等皆度人造寺，竟术弥街，咸不免受戮破家，为天下所笑。经云："求长命，得长命；求富贵，得富贵。""刀刃段段坏，火坑变成池。"比来缘精进得富贵长命者为谁？生前易知，尚觉无应，身后难究，谁见有征？

且五帝之时，父不葬子，兄不哭弟，言其致仁寿无夭横也。三王之代，国祚延长，人用休息，其人臣则彭祖、老聃之类，皆享遐龄。当此之时，未有佛教，岂抄经铸象之力，设斋施佛之功耶？《宋书·西域传》有名僧为《白黑论》，理证明白，足解沈疑，宜观而行之。且佛者觉也，在乎方寸，假有万像之广，不出五蕴之中。但平等慈悲，行善不行恶，则福道备矣。何必溺于小说，惑于凡僧，仍将喻品，用为实录，抄经写像，破业倾家，乃至施身，亦无所吝，可谓大惑也。亦有缘亡人造像，名为追福，方便之教，虽则多端，功德须自发心，旁助宁应获报？递相欺诳，浸成风俗，损耗生人，无益亡者。假有通才达识，亦为俗所拘。如来普慈，意存利万，损众生之不足，厚豪僧之有余，必不然矣。且死者是常，古来不免，所造经像，何所施为？夫释迦之本法，为苍生之大弊，汝等各宜警策，正法在心，勿效儿女子曹终身不悟也。吾亡后，必不得为此弊法。若未能全依正道，须顺俗情，从初七至终七，任设七僧斋。若随斋须布施，宜以吾缘身衣物充，不得辄用余财，为无益之枉事。亦不得妄出私物，徇追福之虚谈。道士者，本以元牝为宗，初无趋竞之教。而无识者慕僧家之有利，约佛教而为业。敬寻老君之说，亦无过斋之文，抑同僧例，失之弥远。汝等勿拘鄙俗，辄屈于家。汝等身殁之后，亦教子孙，依吾此法。

《全唐文》卷二〇六，中华书局一九八三年版

口箴

　　君子欲讷，吉人寡辞。利口作戒，长舌为诗。斯言不善，千里违之。勿谓可复，驷马难追。惟静惟默，澄神之极。去甚去泰，居

物之外。多言多失，多事多害。声繁则淫，音希则大。室本无暗，垣亦有耳。何言者天，成蹊者李。似不能言，为世所尊。言不出口，冠时之首。无掉尔舌，以速尔咎。无易尔言，亦孔之丑。敬之慎之，可大可久。敬之伊何？三命而走。慎之伊何？三缄其口。勖哉夫子，行矣勉旃。书之屋壁，以代韦弦。

《全唐文》卷二〇六，中华书局一九八三年版

姚
崇

杨　玚

杨玚(约 650—735)　字瑶光,华州华阴(今陕西华阴)人。唐代教育家。历官侍御史、御史中丞、户部侍郎、国子祭酒、大理卿等,为官清正。开元十六年(728 年)为国子祭酒时,在选用学官、帖试命题、调整学习各经人数的比例等方面均提出主张。奏请用名儒王迥质、尹子路、白履忠三人为学官;帖试务必帖平文,禁帖年头月尾、孤经绝句;因习《周礼》《仪礼》《公羊》《穀梁》人数稀少,故凡习者,量加优奖。玄宗纳其议。国学生徒敬重之,于太学门外为其立碑颂。

请定帖经奏

今之举明经者,主司不详其述作之意,每至帖试,必取年头月尾、孤经绝句。自今已后,考试者尽帖平文,以存大典。今之明经,习《左氏》者十无一二,恐《左氏》之学废。又《周礼》《仪礼》《公羊》《穀梁》亦请量加优奖。

《全唐文》卷二九八,中华书局一九八三年版

谏限约明经进士疏

太学者,教人务《礼》《乐》,敦《诗》《书》也。古制,卿大夫子弟及诸侯岁贡小学之异者,咸造焉。故曰:十五入太学,学先圣《礼》《乐》,而知朝廷君臣之礼。班以品类,分以师长,三德以训之,四教以睦之。人既知劝,且务通经,学成业著,然后爵命加焉。以之效职,则知礼节;以之莅人,使识廉让,则《棫朴》之咏兴也。伏闻承前之例,监司每年应举者,尝有千数。简试取其尤精上者,不过二三百人。省司重试,但经明行修,即与擢第,不限其数。自数年以来,省司定限,天下明经、进士及第,每年不过百人,两监惟得一二十人。若常以此数而取,臣恐三千学徒,虚废官廪;两监博士,滥縻天禄。臣窃见流外入仕,诸色出身,每岁尚二千余人,方于明经、进士,多十余倍。自然服勤道业之士,不及胥吏浮虚之徒,以其效官,岂识于先王之礼义?国家大启庠序,广置教道,厚之以政始,训之以士先,岂徒然哉!将有以也。陛下设学校,务以劝进之;有司为限约,务以黜退之。臣之微诚,实所未晓。臣伏见承前以来制举,遁迹丘园、孝悌力田者,或试时务策一道,或通一经,粗明文义,即放出身,亦有与官者。此国家恐其遗才。至于明经、进士,服道日久,请益无倦,经策既广,文辞极难。监司课试,十已退其八九;考功及第,十又不收其一二。若长以为限,恐儒风渐坠,小道将兴。若以出身人多,应须诸色都减,岂在独抑明经、进士也!

《册府元龟》卷六〇四《学校部》,中华书局一九六〇年版

韦嗣立

韦嗣立（654—719）　字延构，郑州阳武（今河南原阳）人。举进士，历双流令、莱芜令，授为凤阁舍人。时学校颓废，刑法滥酷，嗣立上疏请求改变，未被武则天采纳。后迁秋官侍郎、凤阁侍郎、同鸾台凤阁平章事，转成均祭酒、饶州长史、太仆少卿。中宗神龙时，任相州刺史、黄门侍郎、太府卿、修文馆学士、兵部尚书、同中书门下三品。睿宗景云时，任中书令。玄宗开元初年，任国子祭酒、太子宾客，因事贬官，出为岳州别驾，转陈州刺史。

请崇学校疏

臣闻古先哲王立学官，掌教国子以六德、六行、六艺，三教备而人道毕矣。《礼记》曰："化人成俗，必由学乎。"学之于人，其用盖博。故立太学以教于国，设庠序以化于邑，王之诸子、卿大夫士之子及国之俊选皆造焉。八岁入小学，十五入太学，春秋教以《礼》《乐》，冬夏教以《诗》《书》。是以教洽而化流，行成而不悖。自天子以至于庶人，未有不须学而成者也。

国家自永淳已来，二十余载，国学废散，胄子衰缺，时轻儒学

孙培青文集　第三卷　隋唐五代教育论著选

之官，莫存章句之选。贵门后进，竞以侥幸升班；寒族常流，复因凌替弛业。考试之际，秀茂罕登，驱之临人，何以从政？又垂拱之后，文明在辰，盛典鸿休，日书月至，因藉际会，入仕尤多。加以谗邪凶党来俊臣之属，妄执威权，恣行枉陷，正直之伍，死亡为忧，道路以目，人无固志，罕有执不挠之怀，殉至公之节，偷安苟免，聊以卒岁。遂使纲领不振，请托公行，选举之曹，弥长渝滥。随班少经术之士，摄职多庸琐之才，徒以猛暴相夸，罕能清惠自勖。使海内黔首，骚然不安，州县官僚，贪鄙未息，而望事必循理，俗致康宁，不可得也。

陛下诚能下明制，发德音，广开庠序，大敦学校，三馆生徒，即令追集。王公已下子弟，不容别求仕进，皆入国学，服膺训典。崇饰馆庙，尊尚儒师，盛陈奠菜之仪，宏敷讲说之会，使士庶观听，有所发扬，弘奖道德，于是乎在。则四海之内，靡然向风，延颈举足，咸知所向。然后审持衡镜，妙择良能，以之临人，寄之调俗；则官无侵暴之政，人有安乐之心，居人则相与乐业，百姓则皆恋桑梓，岂复忧其逃散而贫窭哉！今天下户口，亡逃过半，租调既减，国用不足。理人之急，尤切于兹。故知务学之源，岂唯润身进德而已，将以海人利国，可不务之哉！

《旧唐书》卷八八《韦嗣立传》，中华书局一九七五年版

韦嗣立

李显（唐中宗）

李显（656—710）　即唐中宗。李治第七子，680年被立为皇太子，683年即皇帝位。武则天临朝称制，684年被废为庐陵王。705年复位，年号神龙、景龙。在位期间，恢复被武则天改变的制度，官学受到一定重视。

令宗室子弟蕃王及可汗子孙愿入学者附学习业诏

宗室三等以下、五等以上，未出身，愿宿卫及任国子生，听之。其家居业成而堪贡者，宗正寺试，送监举如常法。三卫蕃下日，愿入学者，听附国子学、太学及律馆习业。蕃王及可汗子孙愿入学者，附国子学读书。（神龙元年九月）

《新唐书》卷四四《选举志上》，中华书局一九七五年版

令入学行束脩礼敕

学生在学，各以长幼为序。初入学，皆行束脩之礼。礼于师，国子、太学各绢三匹，四门学绢二匹，俊士及律、书、算学，州县各

绢一匹。皆有酒脯。其束脩三分入博士，二分助教。又每年国子监所管学生，国子监试；州县学生，当州县并选艺业优长者为试官监试。

《全唐文》卷一七，中华书局一九八三年版

集学生制

门下：朕闻古之教者，家有塾，党有庠，术有序，国有学，盖立训之基也。故上务之则敦本，下由之则成俗。岂可使颛门殆绝，或乖其义，入室将废，莫知其道乎？朕承百王之末，接千岁之统，虚心问政，早朝晏罢，励精求古，忘寝与食。思所以奉前圣之典谟，矫兹深弊，致后生于轨物，遵我大猷。去岁京畿不稔，仓廪未实，爰命乐群，暂停课艺。遂令子音罔嗣，吾道空归，居无济济之业，行有憧憧之叹。虽日月以冀，而岁时迭往。今者甫迫尝麦，且周于黎献，永言释菜，宁缺于生徒。每用惕然，良非所谓。其国子监学生等，麦熟后，并宜追集，务尽师资。诸州牧宰，亦倍加导诱，先勤学教，必使俊造无滥，名实有归。庶博士弟子，京邑由斯日就；鸿生巨儒，海内为之风化。有司可即详下，称朕意焉。主者施行。（景龙四年四月二十八日）

《唐大诏令集》卷一〇五，商务印书馆一九五九年版

李显（唐中宗）

陈子昂

陈子昂(659—700)　字伯玉,梓州射洪(今属四川)人。勤苦读书,尤善为文。开耀二年(682年)举进士,上书受到武则天重视。任麟台正字、右拾遗,数次上疏陈事。圣历初,辞官归家。被贪官诬陷,入狱而死。作为唐代著名文学家,开始改变骈体,文词宏丽,为当时所重。著有《陈伯玉文集》十卷。

谏政理书（节选）

然臣窃独有私恨,陛下方欲兴崇大化,而不知国家太学之废,积岁月矣! 堂宇芜秽,殆无人踪,诗书礼乐,罕闻习者。陛下明诏尚未及之,愚臣所以有私恨也。臣闻天子立太学,可以聚天下英贤,为政教之首。故君臣上下之礼于是兴焉,揖让樽俎之师于此生焉。是以天子得贤臣,由此道也。今则荒废,委而不论,而欲睦人伦,兴礼让,失之于本而求之于末,岂可得哉! 况君子三年不为礼,礼必坏;三年不为乐,乐必崩。奈何天子之政,而轻礼乐哉! 臣所以独窃有私恨者也。陛下何不诏天下胄子,使归太学而习业乎? 斯亦国家之大务也!

《全唐文》卷二一三,中华书局一九八三年版

刘　宪

刘宪(？—711)　宋州宁陵(今河南宁陵)人。举进士，历官冬官员外郎、邻水令、司仆丞、给事中、凤阁舍人、吏部侍郎、渝州刺史、太仆少卿、修文馆学士、太子少詹事等。有《刘宪集》三十卷。

上东宫劝学启

臣以今月二十二日侍从外参，亲奉令旨。令臣勾当所进书，随了随进，并语臣云："当今闲暇，正好读书。"臣自承殿下之好尚，私心欢喜，不能自胜。伏惟天纵神武，生知睿哲，诚时与理会，固无待勤求。然自古及今，皆重于学。至于光辉盛德，发扬令闻，安静身心，保宁家国，除此之外，更无以加。常人读书，拟干爵禄，事须精熟，乃堪试练。殿下居副君之位，有绝世之才，岂假寻章摘句哉！盖应略知大意而已，用功甚少，为利极多。伏愿克成美志，无弃暇日，上以慰至尊之心，下以答庶寮之望，幸甚！幸甚！侍读褚无量，经明行修，在朝罕匹。是以皇帝简择，令侍殿下，谓宜时蒙召问，而察其言。臣以愚劣，忝迹士端，区区之诚，莫不罄竭。谨启。

刘知幾

刘知幾(661—721) 字子玄,彭城(今江苏徐州)人。唐代史学家。以词学知名,举进士。历官获嘉主簿、左史、凤阁舍人、太子中允、太子左庶子、崇文馆学士、左散骑常侍、安州都督府别驾。任官时兼修国史二十多年,所撰述甚为当时所称。著《史通》,认为史学家应具备史才、史学、史识三项条件,强调著史应当直笔,反对曲笔,表现了进步的史学思想,是当时进步史学流派的中心人物。

答郑惟忠史才论

史才须有三长,世无其人,故史才少也。三长谓才也、学也、识也。夫有学而无才,亦犹有良田百顷,黄金满籯,而使愚者营生,终不能致于货殖者矣。如有才而无学,亦犹思兼匠石,巧若公输,而家无楩楠斧斤,终不果成其宫室者矣。犹须好是正直,善恶必书,使骄主贼臣,所以知惧,此则为虎傅翼,善无可加,所向无敌者矣。脱苟非其才,不可叨居史任。自敻古以来,能应斯目者,罕见其人。

载言

古者言为《尚书》，事为《春秋》，左右二史，分尸其职。盖桓、文作霸，纠合同盟，春秋之时，事之大者也，而《尚书》阙纪。秦师败绩，缪公诚誓，《尚书》之中，言之大者也，而《春秋》靡录。此则言、事有别，断可知矣。

逮左氏为书，不遵古法，言之与事，同在传中。然而言事相兼，烦省合理，故使读者寻绎不倦，览讽忘疲。

至于《史》《汉》则不然，凡所包举，务存恢博，文辞入记，繁富为多。是以《贾谊》《晁错》《董仲舒》《东方朔》等传，唯上录言，罕逢载事。夫方述一事，得其纪纲，而隔以大篇，分其次序。遂令披阅之者，有所懵然。后史相承，不改其辙，交错分扰，古今是同。

案迁、固列君臣于纪传，统遗逸于表志，虽篇名甚广而言无独录。愚谓凡为史者，宜于表志之外，更立一书。若人主之制册、诰令，群臣之章表、移檄，收之。纪传，悉入书部，题为"制册""章表书"，以类区别。他皆放此。亦犹志之有"礼乐志""刑法志"者也。又诗人之什，自成一家。故风、雅、比、兴，非三传所取。自六义不作，文章生焉。若韦孟讽谏之诗，扬雄出师之颂，马卿之书封禅，贾谊之论过秦，诸如此文，皆施纪传。窃谓宜从古诗例，断入书中。亦犹《舜典》列《元首之歌》，《夏书》包《五子之咏》者也。夫能使史体如是，庶几《春秋》《尚书》之道备矣。

昔干宝议撰晋史，以为宜准丘明，其臣下委曲，仍为谱注。于时议者，莫不宗之。故前史之所未安，后史之所宜革。是用敢同有识，爰立兹篇，庶世之作者，睹其利害。如谓不然，请俟来哲。

《史通通释》卷二《载言第三》，上海古籍出版社一九七八年版

载文（节选）

夫观乎人文，以化成天下；观乎国风，以察兴亡。是知文之为用，远矣大矣。若乃宣、僖善政，其美载于周诗；怀、襄不道，其恶存乎楚赋。读者不以吉甫、奚斯为谄，屈平、宋玉为谤者，何也？盖不虚美，不隐恶故也。是则文之将史，其流一焉，固可以方驾南、董，俱称良直者矣。

爰洎中叶，文体大变，树理者多以诡妄为本，饰辞者务以淫丽为宗。譬如女工之有绮縠，音乐之有郑、卫。盖语曰：不作无益害有益。至如史氏所书，固当以正为主。是以虞帝思理，夏后失御，《尚书》载其元首、禽荒之歌；郑庄至孝，晋献不明，《春秋》录其大隧、狐裘之什。其理说而切，其文简而要，足以惩恶劝善，观风察俗者矣。若马卿之《子虚》《上林》，扬雄之《甘泉》《羽猎》，班固《两都》，马融《广成》，喻过其体，词没其义，繁华而失实，流宕而忘返，无裨劝奖，有长奸诈，而前后《史》《汉》皆书诸列传，不其谬乎！

且汉代词赋，虽云虚矫，自余它文，大抵犹实。至于魏、晋已下，则讹谬雷同。权而论之，其失有五：一曰虚设，二曰厚颜，三曰假手，四曰自戾，五曰一概。

∙∙∙∙∙∙∙∙∙∙∙∙

于是考兹五失，以寻文义，虽事皆形似，而言必凭虚。夫镂冰为璧，不可得而用也；画地为饼，不可得而食也。是以行之于世，则上下相蒙；传之于后，则示人不信。而世之作者，恒不之察，聚

彼虚说，编而次之，创自起居，成于国史，连章疏录，一字无废，非复史书，更成文集。

若乃历选众作，求其秽累，王沈、鱼豢，是其甚焉；裴子野、何之元，抑其次也。陈寿、干宝，颇从简约，犹时载浮讹，罔尽机要。唯王劭撰《齐》《隋》二史，其所取也，文皆诣实，理多可信，至于悠悠饰词，皆不之取。此实得去邪从正之理，捐华摭实之义也。

盖山有木，工则度之。况举世文章，岂无其选，但苦作者书之不读耳。至如诗有韦孟《讽谏》，赋有赵壹《嫉邪》，篇则贾谊《过秦》，论则班彪《王命》，张华述箴于女史，张载题铭于剑阁，诸葛表主以出师，王昶书字以诫子，刘向、谷永之上疏，晁错、李固之对策，荀伯子之弹文，山巨源之启事，此皆言成轨则，为世龟镜。求诸历代，往往而有。苟书之竹帛，持以不刊，则其文可与三代同风，其事可与五经齐列。古犹今也，何远近之有哉？

昔夫子修《春秋》，别是非，申黜陟，而贼臣逆子惧。凡今之为史而载文也，苟能拨浮华，采贞实，亦可使夫雕虫小技者，闻义而知徒矣。此乃禁淫之堤防，持雅之管辖，凡为载削者，可不务乎？

《史通通释》卷五《载文第十六》，上海古籍出版社一九七八年版

直书

夫人禀五常，士兼百行，邪正有别，曲直不同。若邪曲者，人之所贱，而小人之道也；正直者，人之所贵，而君子之德也。然世多趋邪而弃正，不践君子之迹，而行由小人者，何哉？语曰："直如弦，死道边；曲如钩，反封侯。"故宁顺从以保吉，不违忤以受害也。况史之为务，申以劝诫，树之风声。其有贼臣逆子，淫君乱主，苟

直书其事，不掩其瑕，则秽迹彰于一朝，恶名被于千载。言之若是，吁可畏乎！

夫为于可为之时则从，为于不可为之时则凶。如董狐之书法不隐，赵盾之为法受屈，彼我无忤，行之不疑，然后能成其良直，擅名今古。至若齐史之书崔弑，马迁之述汉非，韦昭仗正于吴朝，崔浩犯讳于魏国，或身膏斧钺，取笑当时；或书填坑窖，无闻后代。夫世事如此，而责史臣不能申其强项之风，励其匪躬之节，盖亦难矣。是以张俨发愤，私存《嘿记》之文；孙盛不平，窃撰辽东之本。以兹避祸，幸获两全。足以验世途之多隘，知实录之难遇耳。

然则历考前史，征诸直词，虽古人糟粕，真伪相乱，而披沙捡金，有时获宝。案金行在历，史氏尤多。当宣、景开基之始，曹、马构纷之际，或列营渭曲，见屈武侯；或发仗云台，取伤成济。陈寿、王隐咸杜口而无言，陆机、虞预各栖毫而靡述。至习凿齿，乃申以死葛走达之说，抽戈犯跸之言。历代厚诬，一朝如雪。考斯人之书事，盖近古之遗直欤？次有宋孝王《风俗传》、王劭《齐志》，其叙述当时，亦务在审实。案于时河朔王公，箕裘未陨；邺城将相，薪构仍存。而二子书其所讳，曾无惮色。刚亦不吐，其斯人欤？

盖烈士徇名，壮夫重气，宁为兰摧玉折，不作瓦砾长存。若南、董之仗气直书，不避强御；韦、崔之肆情奋笔，无所阿容。虽周身之防有所不足，而遗芳余烈，人到于今称之。与夫王沈《魏书》，假回邪以窃位，董统《燕史》，持诌媚以偷荣，贯三光而洞九泉，曾未足喻其高下也。

曲笔

　　肇有人伦，是称家国。父父子子，君君臣臣，亲疏既辨，等差有别。盖"子为父隐，直在其中"，《论语》之顺也；略外别内，掩恶扬善，《春秋》之义也。自兹已降，率由旧章。史氏有事涉君亲，必言多隐讳，虽直道不足，而名教存焉。其有舞词弄札，饰非文过，若王隐、虞预毁辱相凌，子野、休文释纷相谢。用舍由乎臆说，威福行乎笔端，斯乃作者之丑行，人伦所同疾也。亦有事每凭虚，词多乌有：或假人之美，藉为私惠；或诬人之恶，持报己仇。若王沈《魏录》滥述贬甄之诏，陆机《晋史》虚张拒葛之锋，班固受金而始书，陈寿借米而方传。此又记言之奸贼，载笔之凶人，虽肆诸市朝，投畀豺虎可也。

　　然则史之不直，代有其书，苟其事已彰，则今无所取。其有往贤之所未察，来者之所不知，今略广异闻，用标先觉。案：《后汉书·更始传》称其懦弱也，其初即位，南面立，朝群臣，羞愧流汗，刮席不敢视。夫以圣公身在微贱，已能结客报仇，避难绿林，名为豪杰。安有贵为人主，而反至于斯者乎？将作者曲笔阿时，独成光武之美；谀言媚主，用雪伯升之怨也。且中兴之史，出自东观，或明皇所定，或马后攷刊，而炎祚灵长，简书莫改，遂使他姓追撰，空传伪录者矣。陈氏《国志·刘后主传》云："蜀无史职，故灾祥靡闻。"案黄气见于秭归，群乌堕于江水，成都言有景星出，益州言无宰相气，若史官不置，此事从何而书？盖由父辱受髡，故加兹谤议者也。

　　古者诸侯并争，胜负无恒，而他善必称，己恶不讳。逮乎近古，无闻至公，国自称为我长，家相谓为彼短。而魏收以元氏出于边裔，见侮诸华，遂高自标举，比桑干于姬、汉之国；曲加排抑，同建邺于蛮貊之邦。夫以敌国相仇，交兵结怨，载诸移檄，用可致诬，列诸缃素，难为妄说。苟未达此义，安可言于史邪？夫史之曲笔诬书，不过一二，语其罪负，为失已多。而魏收杂以寓言，殆将过半，固以仓颉已降，罕见其流，而李氏《齐书》称为实录者，何也？盖以重规亡考未达，伯起以公辅相加，字出大名，事同元叹，既无德不报，故虚美相酬。然必谓昭公知礼，吾不信也。语曰："明其为贼，敌乃可服。"如王劭之抗词不挠，可以方驾古人。而魏收持论激扬，称其有惭正直。夫不彰其罪，而轻肆其诛，此所谓兵起无名，难为制胜者。寻此论之作，盖由君懋书法不隐，取咎当时。或有假手史臣，以复私门之耻，不然，何恶直丑正，盗憎主人之甚乎！

盖霜雪交下，始见贞松之操；国家丧乱，方验忠臣之节。若汉末之董承、耿纪，晋初之诸葛、毋丘，齐兴而有刘秉、袁粲，周灭而有王谦、尉迥，斯皆破家殉国，视死犹生。而历代诸史，皆书之曰逆，将何以激扬名教，以劝事君者乎！古之书事也，今贼臣逆子惧；今之书事也，使忠臣义士羞。若使南、董有灵，必切齿于九泉之下矣。

自梁、陈已降，隋、周而往，诸史皆贞观年中群公所撰，近古易悉，情伪可求。至如朝廷贵臣，必父祖有传，考其行事，皆子孙所为，而访彼流俗，询诸故老，事有不同，言多爽实。昔秦人不死，验苻生之厚诬；蜀老犹存，知葛亮之多枉。斯则自古所叹，岂独于今哉！

盖史之为用也，记功司过，彰善瘅恶，得失一朝，荣辱千载。苟违斯法，岂曰能官。但古来唯闻以直笔见诛，不闻以曲词获罪。

是以隐侯《宋书》多妄，萧武知而勿尤；伯起《魏史》不平，齐宣览而无谴。故今史臣得爱憎由己，高下在心，进不惮于公宪，退无愧于私室，欲求实录，不亦难乎？呜呼！此亦有国家者所宜惩革也。

《史通通释》卷七《曲笔第二十五》，上海古籍出版社一九七八年版

自叙（节选）

子幼奉庭训，早游文学。年在纨绮，便受《古文尚书》。每苦其辞艰琐，难为讽读。虽屡逢捶挞，而其业不成。尝闻家君为诸兄讲《春秋左氏传》，每废《书》而听。逮讲毕，即为诸兄说之。因窃叹曰："若使书皆如此，吾不复怠矣。"先君奇其意，于是始授以《左氏》，期年而讲诵都毕。于时年甫十有二矣。所讲虽未能深解，而大义略举。父兄欲令博观义疏，精此一经。辞以获麟已后，未见其事，乞且观余部，以广异闻。次又读《史》《汉》《三国志》。既欲知古今沿革，历数相承，于是触类而观，不假师训。自汉中兴以降，迄乎皇家实录，年十有七，而窥览略周。其所读书，多因假赁，虽部帙残缺，篇第有遗，至于叙事之纪纲，立言之梗概，亦粗知之矣。

但于时将求仕进，兼习揣摩，至于专心诸史，我则未暇。洎年登弱冠，射策登朝，于是思有余闲，获遂本愿。旅游京洛，颇积岁年，公私借书，恣情披阅。至如一代之史，分为数家，其间杂记小书，又竞为异说，莫不钻研穿凿，尽其利害。加以自小观书，喜谈名理，其所悟者，皆得之襟腑，非由染习。故始在总角，读班、谢两《汉》，便怪前书不应有《古今人表》，后书宜为更始立纪。当时闻者，共责以为童子何知，而敢轻议前哲。于是赧然自失，无辞以

对。其后见《张衡》《范晔集》，果以二史为非。其有暗合于古人者，盖不可胜纪。始知流俗之士，难与之言。凡有异同，蓄诸方寸。

及年已过立，言悟日多，常恨时无同好，可与言者。维东海徐坚，晚与之遇，相得甚欢，虽古者伯牙之识锺期，管仲之知鲍叔，不是过也。复有永城朱敬则、沛国刘允济、义兴薛谦光、河南元行冲、陈留吴兢、寿春裴怀古，亦以言议见许，道术相知。所有榷扬，得尽怀抱。每云："德不孤，必有邻，四海之内，知我者不过数子而已矣。"

昔仲尼以睿圣明哲，天纵多能，睹史籍之繁文，惧览之者不一，删《诗》为三百篇，约史记以修《春秋》，赞《易》道以黜八索，述《职方》以除九丘，讨论坟典，断自唐虞，以迄于周。其文不刊，为后王法。自兹厥后，史籍逾多，苟非命世大才，孰能刊正其失？嗟予小子，敢当此任！其于史传也，尝欲自班、马以降，迄于姚、李、令狐、颜、孔诸书，莫不因其旧义，普加厘革。但以无夫子之名，而辄行夫子之事，将恐致惊末俗，取咎时人，徒有其劳，而莫之见赏。所以每握管叹息，迟回者久之。非欲之而不能，实能之而不敢也。

既朝廷有知意者，遂以载笔见推。由是三为史臣，再入东观。每惟皇家受命，多历年所，史官所编，粗为纪录。至于纪传及志，则皆未有其书。长安中，会奉诏预修唐史。及今上即位，又敕撰《则天大圣皇后实录》。凡所著述，尝欲行其旧议。而当时同作诸士及监修贵臣，每与其凿枘相违，龃龉难入。故其所载削，皆与俗浮沉。虽自谓依违苟从，然犹大为史官所嫉。嗟乎！虽任当其职，而吾道不行，见用于时，而美志不遂。郁怏孤愤，无以寄怀。必寝而不言，嘿而无述，又恐没世之后，谁知予者。故退而私撰《史通》，以见其志。

昔汉世刘安著书，号曰《淮南子》。其书牢笼天地，博及古今，上自太公，下至商鞅。其错综经纬，自谓兼于数家，无遗力矣。然自《淮南》已后，作者无绝。必商榷而言，则其流又众。盖仲尼既殁，微言不行；史公著书，是非多谬。由是百家诸子，诡说异辞，务为小辨，破彼大道，故扬雄《法言》生焉。儒者之书，博而寡要，得其糟粕，失其菁华。而流俗鄙夫，贵远贱近，传兹牴牾，自相欺惑，故王充《论衡》生焉。民者，冥也，冥然罔知，率彼愚蒙，墙面而视。或讹音鄙句，莫究本源，或守株胶柱，动多拘忌，故应邵《风俗通》生焉。五常异禀，百行殊执，能有兼偏，知有长短。苟随才而任使，则片善不遗，必求备而后用，则举世莫可，故刘邵《人物志》生焉。夫开国承家，立身立事，一文一武，或出或处，虽贤愚壤隔，善恶区分，苟时无品藻，则理难铨综，故陆景《典语》生焉。词人属文，其体非一，譬甘辛殊味，丹素异彩，后来祖述，识昧圆通，家有诋诃，人相掎摭，故刘勰《文心》生焉。

若《史通》之为书也，盖伤当时载笔之士，其义不纯。思欲辨其指归，殚其体统。夫其书虽以史为主，而余波所及，上穷王道，下掞人伦，总括万殊，包吞千有。自《法言》以降，迄于《文心》而往，固以纳诸胸中，曾不蒂芥者矣。夫其为义也，有与夺焉，有褒贬焉，有鉴诫焉，有讽刺焉。其为贯穿者深矣，其为纲罗者密矣，其所商略者远矣，其所发明者多矣。盖谈经者恶闻服、杜之嗤，论史者憎言班、马之失。而此书多讥往哲，喜述前非。获罪于时，固其宜矣。犹冀知音君子，时有观焉。尼父有云："罪我者《春秋》，知我者《春秋》。"抑斯之谓也。

《史通通释》卷一〇《自叙第三十六》，上海古籍出版社一九七八年版

刘知幾

李旦（唐睿宗）

李旦(662—716)　即唐睿宗。李治第八子。684年被立为皇帝，皇太后武则天临朝称制。旋即被降为皇嗣，武则天称帝，改国号为周。景龙四年(710年)，李旦之子李隆基率兵诛韦后、武三思党，拥李旦再即皇帝位。在位三年，延和元年(712年)传位于李隆基。

申劝礼俗敕

门下：朕克缵丕业，诞膺景命，宪章昔典，钦若前王，克己励精，缅思至道。宵衣旰食，勤修庶政，夙夜寅畏，匪遑底宁，若涉泉水，罔知攸济。顷属殷忧启运，多难兴邦，礼义载复，品物咸义。思欲致万姓于仁寿，归六合于升平，永言政途，庶几沿革。犹恐学校多阙，贤俊罕登。牧宰不存政理，农桑未加劝导，樽俎之仪不习，冠婚之礼莫修。朕所以当宁兴叹，载怀兢惕者矣。庠序者，风化之本，人伦之先，仰州县劝导，知礼节。每年贡明经、进士，不须限数，贵在得人。先贤庙及州县学，即令修理，春秋释菜，使敦讲诵之风。天下有奇才异行，沉伏不能自达，及官人百姓，有能极言时政得失者，并令本州责状封进。乡饮礼废，为日已久，尊德尚齿，弘益极深。宜令诸州，每年遵行乡饮之礼，令有劝慕，王公卿士，务存训奖，子弟成立，则有冠婚，婚礼糟粕或存，冠礼久为废阙，自今以后，并行冠义，责以成人之道，使知负荷之难。食为人天，农为邦本，绥抚萌庶，劝课农桑，牧宰之政，莫过乎此。刺史县令，有课最尤异，委廉察使名闻，当别加甄擢。县令字人之本，明经为政之先，不稍优异，无以劝奖，县令考满，考词使状有清，字无负犯。明经及第，每至选时，量加优赏。若属停选，并听赴集。真如设教，理归清净，黄老垂范，道在希微。僧尼道士女冠之流，并令修习真寂，严持戒行，不得假托功德，扰乱闾阎，令州县严加检察。私度之色，即宜禁断。诸州县官，有不因选序，别犯赃贿，非时除授官等，皆依倚形势，恣行侵剥。如有此色，仰州长官录事参军，速勘责奏闻讫。宜停务待进止，仍委吏部、兵部速勘责处分。诸州百姓，多有逃亡，良由州县长官，抚字失所，或住居侧近，虚作破除；或逃在他州，横征邻保，逃人田宅，因被贼卖，宜令州县，招携复业。其逃人田宅，不得辄容卖买，其地任依乡原例租纳州县仓，不得令租地人代出租课。寺观广占田地，及水碾硙，侵损百姓，宜令本州长官检括，依令式以外，及官人百姓，将庄田宅舍布施者，在京并令司农卿即收，外州给贫下课户。凡此数事，咸宜区分，系乎风俗，义存奖劝。刺史、县令等，各申明旧章，勉思抚辑，罢凋弊之务，归淳厚之源，训导黎蒸，宣我朝化。《书》不云乎，德惟善政，政在养民？布告天下，咸知朕意。（唐隆元年七月十九日）

李旦（唐睿宗）

皇太子国子监释奠诏

庠序之兴，教自元子。礼经之最，奠始先师。中古迄今，斯道无替。皇太子隆基、天资圣敬，日就文明，弦诵之业已高，元良之德斯茂。自升储博望，主器承华，执经之问虽勤，用币之仪未展。今仲丁献吉，有事两塾，备礼三尊。宜遵旧章，俾缉徽典。（景云二年八月）

《唐大诏令集》卷二九，商务印书馆一九五九年版

马怀素

马怀素(？—718) 字惟白,润州丹徒(今江苏镇江)人。唐代学者。寓居江都,师事李善,博通经史。咸亨四年(673年)举孝廉,上元三年(676年)又举文学优赡科。武后时为左台监察御史,坚持依法办案。任考功员外郎,取人以实才而不以门第。任修文馆直学士,老而好学,手不释卷。开元初为户部侍郎、秘书监,兼昭文馆学士。受召为侍读,召集学者续王俭《七志》,撰《书志》。任秘书监,主持其事,未成而病逝,后由元行冲继成其事。

请编录典籍疏

南齐已前坟籍,旧编王俭《七志》。已后著述,其数盈多。《隋志》所书,亦未详悉。或古书近出,前志阙而未编;或近人相传,浮词鄙而犹记。若无编录,难辨淄渑。望括检近书篇目,并前志所遗者,续王俭《七志》,藏之秘府。

《全唐文》卷二九六,中华书局一九八三年版

张 鷟

张鷟(？—约726)　字文成，深州陆泽(今河北深县)人。聪颖绝伦，擅长文词。上元二年(675年)举进士，八次应举，皆登甲科；四次参选，皆居前列。历官岐王府参军、长安尉、鸿胪寺丞、御史、司门员外郎。海内知名，传诵其文。新罗、日本尤加重视，每遣使入唐，必出重金购其文。

望生徒进益①

大学小学，尊师而敬道；上庠下庠，钦贤而贵德。稽山之竹，资括羽以宣功；昆岫之珍，待琢磨而为器。东序西序，离经辨志之原；小成大成，温故知新之学。积川为海，蛟龙鱼鳖处其中；积土为山，鸾鷟鹓雏翔其上。学而从政，罔不由兹。学古入官，其来尚矣。只如每年贡举，先有成规，登上科者高步于龙门，落下第者退飞于鹢路。蹩足之马，尚想造途；失晨之鸡，犹思改旦。庶使鸿飞海浦，仍怀渐陆之期；鹤唳霜皋，尚有闻天之望。岂得一回试落，便弃前功？善诱生徒，却将未可。昔苏秦十上，岂曰无才？主父

---

① 原判文题为"监尹勤奏，学生多无经业，举送至省落第，并请退还本色，以激励庶望生徒进益"。

八条,何妨有用? 尹勤西塘教首,北海儒宗,应知三绝之劳,颇识百篇之训。随蓝改质,实藉招携。题竹书名,良资教授。宁有弃古人之糟粕,顿被疏遗;受新生之束脩,频为改换? 所请无理,状涉有情。未可举科,且宜从记。

《全唐文》卷一七三,中华书局一九八三年版

省试落第者不应重试①

刘仁范青衿胄子,黄卷书生,非应奉之五行,异王充之一览。天下第一,希闻胡广之才;日下无双,罕见黄童之誉。春秋一月,徒弃光阴;文史三冬,虚淹岁月。有司试策,无晁错之中科;主者铨量,落公孙之下第。理合逡巡敛分,退坐受铨,岂得俯仰自强,肆情挝鼓? 伏称问头付晚,策自难周,铨退者即恨独迟,简得者不应偏早。诉人之口,皆有爱憎;试官之情,终无向背。傲不可长,骄不可盈,若引窥觇之门,恐开侥幸之路。豸冠奏劾,自合甘从,马喙无冤,何烦苦诉。宜从明典,勿信游辞。

张鷟

《全唐文》卷一七三,中华书局一九八三年版

---

① 原判文题为"太学生刘仁范等,省试落第,挝鼓申诉。准式:卯时付问头,酉时收策试。日晚付问头,不尽经业,更请重试。台付法,不伏"。

张　说

张说（667—731）　字道济，一字说之，洛阳（今属河南）人。弱冠应诏对策及第。历官太子校书郎、左补阙、右史、内供奉、凤阁舍人、兵部员外郎、工部侍郎、兵部侍郎、修文馆学士、中书侍郎、尚书左丞、中书令、相州刺史、岳州刺史、右羽林将军、兵部尚书、同中书门下三品、朔方节度大使、中书令、尚书左丞相、集贤院学士等。擅长文辞，当时朝廷的重要文件多出其手。有《张说之文集》三十卷。

上东宫请讲学启

臣某等启：臣闻安国家，定社稷者，武功也；经天地，纬礼俗者，文教也。社稷定矣，固宁辑于人和；礼俗兴焉，在刊正于儒范。顺考古道，率由旧章。故周文王之为太子也，崇礼不倦；魏文帝之在青宫也，好古无怠，博览史籍，激扬令闻，取高前代，垂名不朽。伏惟皇太子殿下，英睿天纵，圣敬日跻，神算密发，雄威立断，廓清氛祲，用宁家国。兆人由是归德，六合所以推功。主鬯青宫，固本也；分务紫极，观政也。副群生之望，作累圣之储，殿下之于天下，可谓不轻矣；监国理人，可谓至重矣。莫不拭目而视，清耳而听，冀闻异政,以神圣道。臣愚,伏愿崇太学,简明师,重道尊儒,以养天下之士。今《礼经》残缺,学校陵迟,历代经史,率多纰缪,实殿下阐扬之日,刊定之秋。伏愿博采文士,精求硕学,表正九经,刊考三史,则圣贤遗范,粲然可观。况殿下至性神聪,留情国体,幸以问安之暇,应务之余,引进文儒,详观文典,商略前载,讨论得失,降温颜,开说议,则政途理体,日以增益,继业承祧,永垂德美。臣等行业素轻,艺能寡薄,顾惭端士,叨侍宫闱。日夜祇惧,无以匡辅,区区微诚,愿效尘露。轻进刍荛,庶垂采择。临启如失,伏用兢惶。谨启。

《张燕公集》卷一三,商务印书馆《丛书集成初编》本

四门助教尹先生墓志铭（节选）

先生讳守贞,天水冀人,盖好学博古者也。……先生积德余庆,天锡纯嘏,愿而克恭,情与礼合。七岁诵《尔雅》,能通书契训诂之义,识草木鸟兽之名。十五诵三礼,能明君臣父子之道,定郊庙吉凶之制。二十诵《春秋》《尚书》,能精五行、九畴之数,断褒贬会盟之节。二十五诵《诗》及《易》,能辩政教《雅》《颂》之始,极变化生生之至。又能诵古史百家之书,善文章草隶之则。耻夫流俗,背实向声,饰华褰末。故每外和内厉,元元本本,学者如斯,不舍昼夜。垂拱四年,以明经高第,遂授大成。自延载之后,条限宾荐。长安之初,大开贡举,考功是岁千五百余人,召先生课核淑慝,时称无滞学矣。天子闻其进通经术,乃下制曰:"成均大成尹守贞,业隆时习,功宣日就,既有励于分阴,俾参荣于杖席,可四门助教。"诜诜青襟,有所仰矣。长安二年六月十日昼

寝，忽梦麟台两局，争召修文，觉而叹曰：十二日稷，吾当往矣，因命亲族序诀。至日，安枕俟期，俄然而卒，春秋四十，可谓古之达化知命者也。

《全唐文》卷二三一，中华书局一九八三年版

颜元孙

颜元孙（？—732）　字聿修，京兆长安（今陕西西安）人。少孤，依于舅家受教养，工词赋，尤善草隶。垂拱元年（684年）举进士。曾任鼓城主簿、登封尉、长安尉、洛阳丞、著作佐郎、太子舍人、润州长史、滁州刺史、濠州刺史等。著有文集三十卷、《干禄字书》一卷。

干禄字书序

《史籀》之兴，备存往制；笔削所误，抑有前闻。岂惟豕上加三，盖亦马中阙五。追斯以降，舛谬实繁，积习生常，为弊滋甚。元孙伯祖故秘书监，贞观中刊正经籍，因录字体数纸，以示雠校楷书，当代共传，号为"颜氏字样"。怀铅是赖，汗简攸资，时讹顿迁，岁久还变。后有《群书新定字样》，是学士杜延业续修，虽稍增加，然无条贯，或应出而靡载，或诡众而难依。且字书源流，起于上古，自改篆行隶，渐失本真。若总据《说文》，便下笔多碍，当去泰去甚，使轻重合宜。不揆庸虚，久思编辑，顷因闲暇，方契宿心。遂参校是非，较量同异，其有义理全僻，罔弗毕该，点画小亏，亦无所隐，勒成一卷，名曰《干禄字书》。以平、上、去、入四声为次，且言俗、通、正三体。偏旁同者，不复广出。字有相乱，因而附焉。所谓俗者，例皆浅近，唯籍帐文案，券契药方，非涉雅言，用亦无爽，倘能改革，善不可加。所谓通者，相承久远，可以施表奏、笺启、尺牍、判状，因免诋诃。所谓正者，并无凭据，可以施著述文章、对策、牌碣，将为允当。有此区别，其故何哉？夫筮仕观光，惟人所急，循名责实，有国恒规。既考文辞，兼详翰墨，升沉是系，安可忽诸？用舍之间，尤须折中。目以干禄，义在兹乎！绠短汲深，诚未达于涯涘；歧多路惑，庶有归于适从。如曰不然，请俟来哲。

《全唐文》卷二〇三，中华书局一九八三年版

吴　兢

　　吴兢(669/670—749)　汴州浚仪(今河南开封)人。唐代史学家。励志勤学,博通经史。武周时,入史馆,编修国史。中宗时,任右补阙、起居郎、水部郎中。玄宗时,任谏议大夫兼修文馆学士、卫尉少卿、太子左庶子,继续参与国史的编撰工作。主张史书要如实记载,叙事简要。认为太宗时法良政善,古来未有,玄宗即位前后的政治情况已大不如前,因此编《贞观政要》,用作施政的鉴戒,约在开元八年(720年)进呈。参撰《武后实录》,又自撰《梁史》《齐史》《周史》各十卷,《陈史》五卷,《隋史》二十卷,《唐史》八十余卷。

上贞观政要表

　　臣兢言:臣愚,比尝见朝野士庶,有论及国家政教者,咸云:"若陛下之圣明,克遵太宗之故事,则不假远求上古之术,必致太宗之业。"故知天下苍生所望于陛下者,诚亦厚矣。《易》曰:"圣人感人心而天下和平。"今圣德所感,可谓深矣。窃惟太宗文武皇帝之政化,自旷古而来,未有如此之盛者也。虽唐尧、虞舜、夏禹、殷汤,周之文、武,汉之文、景,皆所不逮也。至如用贤纳谏之美,垂代立教之规，可以宏阐大猷，增崇至道者，并焕乎国籍，作鉴来叶。微臣以早居史职，莫不成诵在心，其有委质策名，立功树德，正词鲠义，志在匡君者，并随事载录，用备劝戒，撰成一帙十卷，合四十篇，仍以《贞观政要》为目，谨随表奉进。望纡天鉴，择善而行，引而伸之，触类而长之。《易》不云乎："圣人久于其道，而天下化成。"伏愿行之而有恒，思之而不倦，则贞观巍巍之化，可得而致矣。昔殷汤不如尧、舜，伊尹耻之。陛下傥不修祖业，微臣亦耻之。《诗》云："念我皇祖，陟降庭止。"又云："无忝尔祖，聿修厥德。"此诚钦奉祖先之义也。惟陛下念之哉，则万方幸甚！不胜诚恳之至，谨奉表以闻。谨言。

《全唐文》卷二九八，中华书局一九八三年版

贞观政要序

有唐良相，曰侍中安阳公、中书令河东公，以时逢圣明，位居宰辅，寅亮帝道，弼谐王政，恐一物之乖所，虑四维之不张，每克己励精，缅怀故实，未尝有乏。太宗时，政化良足可观，振古而来，未之有也。至于垂代立教之美，典谟谏奏之词，可以宏阐大猷，增崇至道者，爰命不才，备加甄录，体制大略，咸发成规。于是缀集所闻，参详旧史，撮其指要，举其宏纲，词兼质文，义在惩劝，人伦之纪备矣，军国之政存焉。凡一帙一十卷，合四十篇，名曰《贞观政要》。庶乎有国有家者克遵前轨，择善而从，则可久之业益彰矣，可大之功尤著矣，岂必祖述尧、舜，宪章文、武而已哉！其篇目次第，列之于左。

《全唐文》卷二九八，中华书局一九八三年版

谏十铨试人表

臣闻,《易》称君子思不出其位,言各止其所,不侵官也。此实百王准的。伏见敕旨,令韦抗等十人分掌吏部铨选。及试判将毕,递召入禁中决定,虽有吏部尚书及侍郎,皆不得参其事。议者皆以陛下曲受谗言,不信于有司也。然则居上临人之道,经邦纬俗之规,必在推诚,方能感物。抑又闻,用天下之智力者,莫若使天下信之。故汉光、武置赤心于人腹,良有旨哉!昔魏明帝尝卒至尚书省,尚书令陈矫跪问曰:"陛下欲何之?"帝曰:"欲按行省司文簿。"矫曰:"此是臣之职分,陛下非所宜临。若臣不称职,则就黜退。陛下宜即还宫。"帝惭而返。又陈平、丙吉者,汉家之宰相也,尚不对钱谷之数,不问路死之人。故上自天子,至于卿士,守其职分,而不可辄有侵越也。况我大唐万乘之君,卓绝千古之上,岂得下行选事,顿取怪于朝野乎?凡是选人书判,并请委之有司,仍停此十铨分选,复以三铨还有司。

《全唐文》卷二九八,中华书局一九八三年版

吴兢

王　焘

王焘(约 670—755)　郿(今陕西眉县)人。唐代医学家。幼年多病,长好医术,从学高医,尽得其术。历官长安县尉、劝农判官、殿中侍御史内供奉、给事中、户部员外郎、房陵太守、大宁太守、邺郡太守等。著有《外台秘要》四十卷、《外台要略》十卷,除介绍药物处方外,还论述疗救方法,保存了古代医药文献史料,对医学发展有重要贡献。

外台秘要方序

昔者农皇之治天下也,尝百药,立九候,以正阴阳之变沴,以救性命之昏札,俾厥土宇,用能康宁,广矣哉!泊周之王,亦有家卿,格于医道,掌其政令,聚毒药以供其事焉。岁终稽考,以制其食,十全为上,失四下之。我国家率由兹典,动取厥中,置医学,颁良方,亦所以极元气之和也。夫圣人之德,又何以加于此乎?故三代常道,百王不易,其所从来者远矣。自雷岐、仓缓之作,彭扁、华张之起,迨兹厥后,仁贤间出,岁且数千,方逾万卷,专车之不受,广厦之不容。然而载祀绵远,简编亏替,所详者虽广,所略者或深。讨检则功倍力烦,取舍则论甘忘苦,永言笔削,未暇尸之。

余幼多疾病，长好医术，遭逢有道，遂蹑亨衢。七登南宫，两拜东掖，出入台阁，二十余载，久知宏文馆图籍方书等，繇是睹奥升堂，皆探其秘要。以婚姻之故，贬守房陵，量移大宁郡。提携江上，冒犯蒸暑，自南徂北，既僻且陋，染瘴婴痾，十有六七，死生契阔，不可问天。赖有经方，仅得存者，神功妙用，固难称述。遂发愤刊削，庶几一隅。凡古方纂得五六十家，新选者向数千百卷，皆研其总领，核其指归。近代释僧深、崔尚书、孙处士、张文仲、孟同州、许仁则、吴升等十数家，皆有编录，并行于代。美则美矣，而未尽善。何者？各擅风流，递相矛盾，或篇目重杂，或商较繁芜。今并采精英，铨其要妙，俾夜作昼，经之营之，捐众贤之砂砾，掇群材之翠羽，皆出入再三，伏念旬岁。上自炎昊，迄于圣唐，括囊遗阙，稽考隐秘，不愧尽心焉。

客有见余此方曰：嘻博哉！学乃至于此耶！余答之曰：吾所好者寿也，岂进于学哉？至于遁天倍情，悬解先觉，吾尝闻之矣。投药治疾，庶几有瘳乎！又谓余曰：禀生受形，咸有定分，药石其如命何？吾甚非之，请论其目。夫喜怒不节，饥饱失常，嗜欲攻中，寒温伤外，如此之患，岂由天乎？夫为人臣为人子，自家刑国，由近兼远，何谈之容易哉？则圣人不合启金縢，贤者曷为条玉版，斯言之玷，窃为吾子羞之。客曰：唯唯。呜呼！齐、梁之间，不明医术者，不得为孝子。曾、闵之行，宜其用心。若不能精究病源，深探方论，虽百医守疾，众药聚门，适多疑而不能一愈之也。

主上尊贤重道，养寿祈年，故张、王、李等数先生继入，皆钦承请益，贵而尊之。故鸿宝金匮，青囊绿帙，往往而有，则知日月所照者远，圣人所感者深。至于啬神养和，休老补病者，可得闻见也。余敢采而录之，则古所未有，今并缮缉，而能事毕矣。若乃分

王焘

天地至数,别阴阳至候,气有余,则和其经渠以安之;志不足,则补其复溜以养之。溶溶波波,调上调下,吾闻其语矣,未遇其人也。不诬方将,请俟来哲,其方凡四十卷,名曰《外台秘要方》。非敢传之都邑,且欲施于后贤,如或询谋,亦所不隐。

《全唐文》卷三九七,中华书局一九八三年版

明堂序

夫《明堂》者,黄帝之正经,圣人之遗教,所注孔穴,靡不指的。又皇甫士安,晋朝高秀,洞明医术,撰次《甲乙》,并取三部为定。如此,则《明堂》《甲乙》,是医人之至宝。后之学者,宜遵用之,不可苟从异说,致乖正理。又手足十二经,亦皆有俞。手足者,阴阳之交会,血气之流通,外劳肢节,内连脏腑。是以原《明堂》之经,非自古之神解,孰能与于此哉? 故立经以言疾之所繇,图形以表孔穴之名处。比来有经而无图,则不能明脉俞之会合;有图而无经,则不能论百疾之要也。繇是观之,书之与图不可无也。又人形不同,长短异状,图象参差,差之毫厘,则孔穴乖处,不可详也。今依准《甲乙》正经,人长七尺五寸之身,《千金方》云七尺六寸四分。今半之以为图,人长三尺七寸五分。《千金方》云三尺八寸二分。其孔穴相去亦半之,五分为寸,其尺用古尺,其十二经脉皆以五色作之,奇经八脉并以绿色标记。诸家并以三人为图,今因十二经而画,图人十二身也。经脉阴阳,各随其类。故汤药攻其内,以炙攻其外,则疾病无所逃,知火艾之功,过半于汤药矣。其针法古来以为深奥,今人卒不可解。经云:针能杀生人,不能起死人。若欲录之,恐伤性命。今并不录针经,惟取炙法。其穴墨点者,禁之不宜

炙,朱点者炙病为良,具注于《明堂图》,人并可览之。《黄帝素
问》:"撷孔穴,原经脉,穷万病之所始。"《九卷》《甲乙》及《千金
方》,甄权、杨操等诸家炙法,虽未能远穷其理,且列流注及旁通,
终疾病之状尔。

《全唐文》卷三九七,中华书局一九八三年版

王

焘

张九龄

张九龄（673/678—740）　字子寿，一名博物，韶州曲江（今广东韶关西南）人。唐大臣，诗人。幼聪敏，善文章。举进士，后又举材堪经邦科与道侔伊吕科。历官校书郎、右拾遗、司勋员外郎、中书舍人、太常少卿、冀州刺史、洪州都督、桂州都督、岭南道按察使、秘书少监、集贤院学士、中书侍郎、同中书门下平章事、中书令、尚书右丞相、荆州大都督府长史等。任右拾遗时，曾数度参与吏部选举，所评等第，每称平允。著有《曲江集》。

论教皇太子状

右：臣伏以皇太子是天下之本，为国之贰。今则睿质渐长，犹在深宫，所与近习者，未必皆正人端士，安于逸乐，久则性成。是以古者明王，恐其若此，虽在赤子，先之以教，必使耆儒硕德为之师保。故《大戴礼》云：周成王在襁褓之中，太公为之太师，教之顺也；周公为之太傅，傅其德义；召公为之太保，保其身体。是故成王能圣，周道用康。秦始皇使赵高傅其太子胡亥，因教之以狱，所习者非斩劓人，则夷人之三族也。胡亥即位，秦氏以亡。则明人之性情，莫不由习。若近正人，闻正事，虽欲为恶，固已不忍；若亲近细人，不闻教谕，纵欲行善，犹未知所适，此必然也。胡越之少，生则声同，长则语异。盖声者天然，语者所习，习于胡则胡，习于越则越。故知成于所习，不可不慎。臣伏愿详择典故，征用名贤，执经劝学，朝夕从事，俾皇太子得于所习，天下幸甚！谨奉状以闻。谨状。

《全唐文》卷二八八，中华书局一九八三年版

张九龄

裴光庭

裴光庭（675—732） 字连城，绛州闻喜（今山西闻喜东北）人。神龙初举明经，历官右率府中郎将、司门郎中、兵部郎中、鸿胪少卿、兵部侍郎。开元十七年（729年），任中书侍郎、同中书门下平章事。后升为侍中，兼吏部尚书，又加弘文馆学士。主张让文化典籍向外传播。

金城公主请赐书籍议

西戎不识《礼经》，心昧德义，频负盟约，孤背国恩。今则计穷，求哀稽颡，圣慈含育，许其降和。所请书随事给与，庶使渐陶声教，混一车书，文轨大同，斯可致也。休烈虽见情伪变诈，于是乎生，而不知忠信节义，于是乎在。

《全唐文》卷二九九，中华书局一九八三年版

裴耀卿

裴耀卿(681—743)　字焕之,绛州稷山(今属山西)人。少聪敏,八岁中童子举。历官秘书正字、相王府典签、国子主簿、长安令、济州刺史、宣州刺史、冀州刺史、户部侍郎、京兆尹、黄门侍郎、同中书门下平章事、转运使、侍中、尚书左丞相、尚书左仆射、尚书右仆射等。

请行礼乐化导三事表

三者,礼乐化道也。州牧县宰,所守者宣扬礼乐,典书经籍,所教者返古还朴,上奉君亲,下安乡族。若皆气和浃洽,自然化理清平,由此言之,不在刑法。圣朝制礼作乐,虽行之自久,而外州远郡,俗习未知,徒闻礼乐之名,不知礼乐之实。窃见乡饮酒礼颁于天下,比来惟有贡举之日,略用其仪,间里之间,未通其事。臣在州日,率当州所管县贰与百姓劝导行礼,奏乐歌至《白华》《华黍》《由庚》等章,言孝子养亲及群物遂性之义,或有泣者,则知人心有感,不可尽诬。但臣州久绝雅声,不识古乐。伏计太常具有乐器,大乐久备和声,伏望令天下三五十大州,简有性识,于太常调习雅声。仍请笙竽琴瑟之类,各三两事,令比州转次造习,每年各备礼仪,准令式行礼,稍加劝奖,以示风俗。又以州县之学,本以劝人,禄在其中,闻于学也。今计天下州县所置学生,不减五六万人,及诸色并国子每年荐举擢第,过百人已上。虽有司明试,务生择才,而学校衰微,居然可验。州县补学生之日,皆不愿为远郡,送乡贡之时,多有不愿来集。恐成颓弊,不可因循。伏望详择其宜,微加劝革。

《全唐文》卷二九七,中华书局一九八三年版

王　琚

王琚(? —746)　怀州河内(今河南沁阳)人。为人有谋略,与太子李隆基结交,授詹事府司直、内供奉,兼崇文学士。在李隆基即位后,历任中书侍郎、户部尚书等,参与大政。开元二年(714年),调任外州,历任泽、衡、郴、滑、虢、沔、夔、许、润、嶲、同、蒲、通、邓、蔡、恭、相等州刺史。天宝五载(746年),右相李林甫构成其罪,遣人严究,缢杀之。

教射经上篇

凡射,必中席而坐,一膝正当垛,一膝横顺席。执弓必中,在把之中,且欲当其弦心也。以弓当左膝,前竖接席,稍吐下弰向前,微令上倾向右,然后取箭。覆其手微拳,令指第二节齐平,以三指捻箭三分之一,加于弓亦三分之一,以左手头指受之,则转弓,令弦稍离身就箭,即以右手寻箭羽,下至阔,以头指第二指节当阔约弦,徐徐送之。令众差池如凤翮,使当于心。又令当阔羽向上。弓弦既离身,即易见箭之高下,取其平直。然后抬弓离席,目睨其的,接手颐下引之令满,其持弓手与控指及右膊肘平如水准,令其射可措杯水。故曰:端身如干,直臂如枝。直臂者,非初直也。架弦毕，便引之，比及满，使臂直是也。引弓不得急，急则失威仪而不主皮；不得缓，缓则力难为而箭去迟。惟善者能之。箭与弓把齐为满，地平之中为盈，贯信美而术难成。要令大指知镞至，然后发箭。故曰：镞不上指，必无中矢；指不知镞，同于无目。试之至也，或以目视镞，马上与暗中则乖，此为无术矣。故矢在弓右，视在弓左，箭发则靡其弰，压其肘，仰其腕，目以注之，手以驻之，心以趣之，其不中何为也！

《全唐文》卷二八〇，中华书局一九八三年版

教射经下篇

矢量其弓，弓量其力，无动容，无作色。和其支体，调其气息，一其心志，谓之楷式。如此五者为上德。故曰：莫患弓软，服当自远；莫患力赢，恒当引之。但力胜其弓，则容貌和，发无不中。故始学者，先学持满，须能制其弓，定其体，后乃射之。然其的必始于一丈，百发百中，寸以加之，渐至于百步，亦百发百中，乃为之术成。或升其的于高山，或致其的于深谷，或曳之，或掷之，使其的纵横前却，所以射禽兽与敌也。凡弓恶右倾，箭恶其襦，颐恶傍引，颈恶却垂，胸恶前亚，背恶后偃，皆射之体髓疾也。故身前竦为猛武方腾，额前临为封兕欲斗，出弓弰为怀中吐月，平箭阔为弦上县衡，此皆有威容之称也。又曰：凡控弦有二法，无名指叠小指，中指压大指，头指当弦直竖，中国法也。屈大指，以头指压勾指，此胡法也。此外皆不入术。胡法力少，利马上；汉法力多，利步用。然其持妙在头指间，世人皆以其指末龊弦，则致箭曲又伤羽。但令指面随弦直竖，即脆而易中，其致远乃过常数十步。古

人以为神而秘之。胡法不使大指过头指，亦为妙尔。其执弓欲使把前入扼，把后当四指本节平，其大指承镞，却其头指，使不得□则和美有声而俊快也。射之道备矣。

《全唐文》卷二八〇，中华书局一九八三年版

王琚

李元瓘

李元瓘（生卒年未详）　开元八年（720 年）为国子司业，奏请令明经习《周礼》《仪礼》《公羊》《穀梁》等四经。

请令贡举人习周礼等经疏

三礼、三传及《毛诗》《尚书》《周易》等，并圣贤微旨，生人教业，必事资经远，则斯道不坠。今明经所习，务在出身，咸以《礼记》文少，人皆谙读。《周礼》经邦之轨则，《仪礼》庄敬之楷模，《公羊》《穀梁》，历代宗习。今两监及州县，以独学无友，四经殆绝。既事资训诱，不可因循。其学生望请各量配作业，并贡人预试之日，习《周礼》《仪礼》《公羊》《穀梁》，并请帖十通五，许其入策。以此开劝，即望四海均习，九经该备。

《册府元龟》卷六〇四《学校部》，中华书局一九六〇年版

吕延祚

吕延祚（生卒年未详） 开元时，任中书舍人、工部侍郎。

进集注文选表

　　臣延祚言：臣受之于师曰：同文底绩，是将大理。刊书启衷，有用广化。实昭圣代，辄极鄙怀。臣延祚诚惶诚恐，顿首顿首！臣尝览古集，至梁昭明太子所撰《文选》三十卷，阅玩未已，吟读无斁。风雅其来，不之能尚。则有遗词激切，揆度其事，宅心隐微，晦灭其兆，饰物反讽，假时维情。非夫幽识，莫能洞究。往有李善，时谓宿儒，推而传之，成六十卷。忽发章句，是征载籍，述作之由，何尝措翰？使复精核注引，则陷于末学；质访指趣，则岿然旧文。只谓搅心，胡为析理？臣惩其若是，志为训释。乃求得衢州常山县尉臣吕延济、都水使者刘承祖男臣良、处士臣张铣、臣吕向、臣李同翰等，或艺术精远，尘游不杂，或词论颖曜，严居自修。相与三复乃词，周知秘旨，一贯于理，杳测澄怀，目无全文，心无留义。作者为志，森乎可观，记其所善，名曰《集注》，并具字音，复三十卷。其言约，其利博，后事元龟，为学之师，豁若彻蒙，烂然见景，载谓激俗，诚惟便人。伏惟陛下浚德乃文，嘉言必史，特发英藻,允光洪猷。有彰天心,是效臣节,敢有所隐,斯与同进。谨于朝堂拜表以闻。轻渎冕旒,精爽震越。臣诚惶诚恐,顿首死罪!谨告。

《全唐文》卷三〇〇,中华书局一九八三年版

毋　煚

毋煚（生卒年未详）　开元时，任鄠县尉、右率府胄曹参军、集贤学士，受命参与校录四部书，编撰《群书四录》，又参撰《六典》。

撰集四部经籍序略

窃以经坟浩广，史图纷博，寻览者莫之能遍，司总者常苦不多，何暇重屋复床，更繁其说？若先王有阙典，上圣有遗事，邦政所急，儒训是先，宜垂教以作程，当阐规而开典。则不遑启处，何获宴宁。曩之所修，诚惟此义。然体有未惬，追怨良深。于时秘书省经书实多亡阙，诸司坟籍，不暇讨论。此则事有未周，一也。其后周览人闲，颇睹阙文，新集记贞观之前，永徽已来不取；近书采长安之上，神龙已来未录。此则理有未宏，二也。书阅不遍，事复未周，或不详名氏，或未知部伍。此则体有未通，三也。书多阙目，空张第数，既无篇题，实乖标榜。此则例有所亏，四也。所用书序，咸取魏文贞；所分书类，皆据隋《经籍志》。理有未允，体有不通。此则事实未安，五也。昔马谈作《史记》，班彪作《汉书》，皆两叶而仅成。刘歆作《七略》，王俭作《七志》，逾二纪而方就。孰有四万卷目，二千部书，名目首尾，三年便令终竟，欲求精悉，不其难乎？所以常有遗恨，窃思追雪。乃与类同契，积思潜心，审正旧疑，详开新制。永徽新集，神龙近书，则释而附也；未详名氏，不知部伍，则论而补也。空张之目，则检获便增；未允之序，则详宜别作。纰缪咸正，混杂必刊。改旧传之失者三百余条，加新书之目者六千余卷。凡经录十二家，五百七十五部，六千二百四十一卷。史录十三家，八百四十部，一万七千九百四十六卷。子录十七家，七百五十三部，一万五千六百三十七卷。集录三家，八百九十二部，一万二千二十八卷。凡四部之录，四十五家，都管三千六十部，五万一千八百五十二卷，成《书录》四十卷。其外有释氏经律论疏、道家经戒符箓，凡二千五百余部，九千五百余卷，亦具翻译名氏，序述指归，又勒成《目录》十卷，名曰《开元内外经录》。若夫先王秘传，列代奥文，自古之粹籍灵符，绝域之神经怪牒，尽载于此二书矣。

夫经籍者，开物成务，垂教作程，圣哲之能事，帝王之达典。而去圣已久，开凿遂多。苟不剖判条源，甄明科部，则先贤遗事，有卒代而不闻；大国经书，遂终年而空泯。使学者孤舟泳海，弱羽凭天，衔石填溟，倚杖追日，莫闻名目，岂详家代？不亦劳乎！不亦弊乎！将使书千帙于掌眄，披万函于年祀，览录而知旨，观目而悉词。经坟之精术尽探，圣哲之睿思咸识，不见古人之面，而见古人之心，以传后来，不愈其已！

《全唐文》卷三七三，中华书局一九八三年版

李齐古

李齐古(生卒年未详)　天宝时,任国子祭酒。官终少府监。

进御注孝经表

　　臣闻《孝经》者,天经地义之极,至德要道之源,在六籍之上,为百行之本。自文宣既没,后贤所注,虽事有发挥,而理甚乖舛。伏惟开元天宝圣文神武皇帝陛下敦睦孝理,躬亲笔削。以无方之圣,讨正旧经;以不测之神,改作新注。朗然如日月之照,邈矣合天地之德。使家藏其本,人习斯文,普天之下,罔不欣戴。仍以太学王化所先,《孝经》圣理之本,分命璧沼,特建石台,义展睿词,书题御翰,以垂百代之则,故得万国之欢。今刊勒既终,功绩斯著。天文炳焕,开七曜之光晖;圣札飞腾,夺五云之气色。烟花相照,龙凤沓起,实可配南山之寿,增北极之尊。百寮是瞻,四方取则,岂比《周官》之礼,空悬象魏;孔子之书,但藏屋壁。臣之何幸,躬睹盛事。遇陛下兴其五孝,忝守国庠,率胄子歌其五德,敢扬文教,不胜忭跃之至。谨打《石台孝经》本分为上下两卷,谨于光顺门奉献两本以闻。臣齐古诚惶诚恐,顿首顿首,死罪死罪! 谨言。

阎伯玙

阎伯玙（生卒年未详） 开元二十一年（733年）举进士，历官郑县尉、翰林学士、起居舍人、吏部郎中、袁州刺史、抚州刺史、刑部侍郎等。

射宫试贡士赋

古者先择艺之科，尽得贤之意。以诸侯益禄之选，用男子悬弧之事。礼容斯作，皆专正鹄之能，艺实不同，故有射宫之试。于是英髦毕集，弓矢皆持，望其审固，定以妍媸。验体正心平之方，取其类者，设周旋进退之度，用以观之。苟三侯之不失，在五善而奚疑，当其立德有容，凝神多暇。弦开而满月初生，箭发而飞星共借。推高于众人之上，所谓简能；定准于百中之先，斯为善射。始则干时上国，贡艺泽宫。念登科之有望，冀舍矢而成功。蕴破的之心，每期于度内，致穿杨之用，终在于彀中。是故节以《采繁》之诗，尊于在公之道，谓得失之可验，故否臧而尽考。为仁在我，助祭之事固宜；有庆于君，益地之期可保。今也时在推公，人皆献艺，思呈妍于揖让之表，愿骋志于操张之际。动而有节，君子之争不为；发必循声，长者之容是继。必以蕴才思妙，用古为难。则当追轩后弦木之功,于是取验;法仲由执弓之道,庶或可观。然后以射为规,以仁为则。冀大道必公于取,希有司不慁其职。夫如是,则天下蕴艺之徒,莫不望君门而效德。

《全唐文》卷三九五,中华书局一九八三年版

阎伯玙

张守节

张守节（生卒年未详）　开元时，任诸王侍读、率府长史。广学文史，长于地理，撰《史记正义》三十卷，于郡国城邑，述说详明，征引故实，颇为赅博，六书五音也极详审，对《史记》之学的研究和传授甚有补益。

上史记正义序

《史记》者，汉太史公司马迁作。迁生龙门，耕牧河山之阳，南游江淮，讲学齐鲁之郡。绍太史，继《春秋》，括文《鲁》史而包《左氏》《国语》，采《世本》《战国策》而摭《楚汉春秋》，贯绅经传，旁搜史子，上起轩辕，下暨天汉。作十二本纪，帝王兴废悉详；三十世家，君国存亡毕著；八书，赞阴阳礼乐；十表，定代系年封；七十列传，忠臣孝子之诚备矣。笔削冠于史籍，题目足以经邦。裴骃服其善序事理，辩而不华，质而不俚，其文直，其事核，不虚美，不隐恶，故谓之实录。自刘向、扬雄，皆称良史之才。况坟典湮灭，简册阙遗，比之《春秋》，言辞古质；方之《两汉》，文省理幽。守节涉学三十余年，六籍九流，《地理》《苍》《雅》，锐心观采，评《史》《汉》，诠众训，释而作正义。郡国城邑，委曲申明，古典幽微，窃探其美，索理允惬,次旧书之旨,兼音解注,引致旁通,凡成三十卷,名曰《史记正义》。发挥膏肓之辞,思济沧溟之海,未敢侔诸秘府,冀训诂而齐流。庶贻厥子孙,世畴兹史。于时岁次丙子,开元二十四年八月,杀青斯竟。

《全唐文》卷三九七,中华书局一九八三年版

张守节

李隆基（唐玄宗）

李隆基(685—762)　即唐玄宗。李旦第三子。唐隆元年(710年)被立为皇太子,延和元年(712年)即皇帝位,年号先天、开元、天宝,在位四十五年。开元年间,在政治稳定和经济发展的条件下,文教得到较大发展,颁布了一系列有关教育的法令,建立了体系较完整的教育制度。后期因先后任用李林甫、杨国忠为相,政治腐败,奢侈荒淫,天宝十四载(755年)爆发"安史之乱",次年逃至蜀中,禅位于其子李亨。

将行释奠礼诏

夫谈讲之务,贵于名理,所以解疑辩惑,凿瞽开聋,使听者闻所未闻,视者见所未见。爰自近代,此道渐微。问《礼》言《诗》,惟以篇章为主;浮词广说,多以嘲谑为能。遂使讲座作俳优之场,学堂成调弄之室。啬夫利口,可以骧首先鸣;太元俊才,自当俯首垂翅。舍兹确实,竞彼浮华,取悦无知,见嗤有识。假令曹、张重出,马、郑再生,终亦藏锋匿锐,闭关却扫者矣。寡人今既亲行齿胄,躬诣讲筵,思闻启沃之谈,庶叶温文之德。其侍讲等,有问难释疑,不得别构虚言,用相凌忽。如有违者,所司量事纠弹。(太极

元年二月）

《全唐文》卷二〇，中华书局一九八三年版

诸州举实才诏

致化之道，必于求贤；得人之要，在于征实。顷虽屡存贲帛，无辍翘车，而骏骨空珍，真龙罕觏。岂才之难过，将举或未精？且人匪易知，取不求备，瑰琦失于俗誉，韬晦嗟于时宜，其博询州里，明扬幽仄，使管库无遗，蔄轴咸举。其诸州有抱器怀才，不求闻达者，命所在长官访名奏闻。武勇者具言谋略，文学者指陈艺业，务求实用，以副予怀。（先天二年六月）

《唐大诏令集》卷一〇二，商务印书馆一九五九年版

命张说等两省侍臣讲读敕

敕：先王务本，君子知教，化人成俗，理国齐家，必由于学矣！朕往在储副，旁求儒雅，则张说、褚无量等为朕侍读。《诗》不云乎："如切如磋，如琢如磨。"斯之谓也。咸能发挥启迪，执经尊道，以微言匡菲德者，朕甚休之。自虔奉圣训，祗膺大宝，冀天下学士，靡然向风。实获我心，登于近侍。复欲勉听虚仁，论思献纳。孔子曰："德之不修，学之不讲，是吾忧也。"岂食而不知其旨，耕而不知其耨，将何以因于义，求于善，补朕之阙，诲人罔倦哉？宜令银青光禄大夫守中书令上柱国燕国公张说、银青光禄大夫右常侍崇文馆学士兼国子祭酒上柱国舒国公褚无量等，公务之暇，于中书与两省侍臣讲读，其有昌言至诚，可体要经远者，仍令银青光禄

李隆基（唐玄宗）

大夫行黄门侍郎昭文馆学士上柱国中山郡开国公李乂、银青光禄大夫行中书侍郎兼知制诰上柱国成安县开国男苏颋，与左右起居，随事编禄。三两月进，朕将亲览。庶施乎海内，始自京师，凤沼擅鸿都之游，中书有稷下之事。应须纸笔铺设等，令中书检校供拟。（先天二年十一月八日）

《唐大诏令集》卷一〇五，商务印书馆一九五九年版

令贡举人勉学诏

古之学者，始入小学见小节，大学见大节。知父子长幼之序，君臣上下之位，然后师逸功倍。化人成俗，莫不由之。子不云乎："远而有光者，饰也；近而愈明者，学也。"故道行于上，禄在其中，所期于有成，不唯于迟达。自顷州里所荐，公卿之绪，门人众矣，孰嗣子音？国胄颙然，未臻吾道，至使钻仰之地，寂寥厥化。贵于责实，务于求仕。将去圣滋远，尚沿浇薄，为敦儒未弘，不行劝沮？朕承百王之末，居四海之尊，惟怀永图，思革前弊。何以发后生之智虑，垂先王之法则？朕甚惧之，敢忘于是。天下有业擅专门，学优重席，□堪师授者，所在具以名闻。自今以后，贡举人等宜加勖勉，须获实才。如有义疏未详，习读未遍，辄充举选，以希侥幸，所由官亦置彝宪。有司申明条例，称朕意焉。（开元二年五月）

《唐大诏令集》卷一〇六，商务印书馆一九五九年版

令蕃客国子监观礼教敕

敕：夫国学者，立教之本。故观文字可以知道，可以成化。庠

序爰作,皆粉泽于神灵;车书是同,乃范围于天下。自戎夷纳款,日夕归朝,慕我华风,敦先儒礼。由是执于干羽,常不讨而来宾,事于俎豆,庶既知而往学。彼蓬麻之自直,在桑椹之怀音,则仁岂远哉,习相近也。自今以后,蕃客入朝,并引向国子监,令观礼教。(开元二年十二月二十二日)

《唐大诏令集》卷一二八,商务印书馆一九五九年版

令明经进士就国子监谒先师敕

古有宾献之礼,登于天府,扬于王庭。重学尊儒,兴贤造士,能美风俗,成教化,先王之所繇焉。朕以寡德,钦若前政,思与大夫士复臻于理。每日访道,有时忘食;乙夜观书,分宵不寐。悟专经之义笃,知学史之文繁,永怀覃思,有足尚者。不有褒崇,孰云奖劝! 其诸州乡贡明经、进士,见讫,宜令引就国子监谒先师,学官为之开讲,质问其义,仍令所司优厚设食。两官及监内得举人,亦准此。其清资官五品已上及朝集使,并往观礼,即为常式。《易》曰:"学以聚之,问以辩之。"《诗》云:"如切如磋,如琢如磨。"此朕所望于贤才矣。(开元五年)

《唐大诏令集》卷一○五,商务印书馆一九五九年版

禁策判不切事宜诏

我国家敦古质,断浮艳,礼乐诗书,是弘文德;绮罗珠翠,深革弊风。必使情见于词,不用言浮于行。比来选人试判,举人对策,剖析案牍,敷陈奏议,多不切事宜,广张华饰。何大雅之不足,而

李隆基(唐玄宗)

小能之是衒。自今已后，不得更然。（开元六年二月）

《册府元龟》卷六三九《贡举部》，中华书局一九六〇年版

劝选人勤学业诏

明经进阶，虽著于甲令；儒道敦俗，宜申于旧章。其选人有能，仕优则学，所业不废者，当在甄收，以示劝奖。其能旧经外更业者，准初出身例加阶。（开元六年八月）

《全唐文》卷二八，中华书局一九八三年版

皇太子诣太学诏

儒道为百王之政，元良乃万国之贞，属大学举贤，宾庭贡士，当其谒讲，故行齿奠。所以弘风阐教，尚德尊师，宜有颁锡，以成光宠。陪位官一品，宜赐五十匹；二品、三品，四十匹；四品、五品，三十匹；六品、七品，二十匹；八品、九品，十五匹。缘行礼及别职掌者，各递加一等。六品已下，五匹为等；五品已上，十匹为等。座主加二等，学生赐物三匹。得举者及诸方贡人，各赐五匹。（开元七年十二月）

《唐大诏令集》卷二九，商务印书馆一九五九年版

诸州置医学博士敕

敕：神农鞭草，以疗人疾；岐伯品药，以辅人命。朕铨览古方，永念黎庶。或营卫内拥，或寒暑外攻，因而不救，良可欢息。自今

远路僻州，医术全少，下人疾苦，将何恃赖！宜令天下诸州，各置职事医学博士一员，阶品同于录事。每州写《本草》及《百一集验方》，与经史同贮。其诸州于录事各省一员，中下州先有一员者省讫。仰州补勋散官充。（开元十一年七月）

《唐大诏令集》卷一一四，商务印书馆一九五九年版

求儒学诏

朕闻以道得人者谓之儒，切问近思者谓之学。故以阳礼教让，则下不争；以阴礼教亲，则远无怨。岂无习不利，教所由生者乎！朕所以厚儒林，辟书殿，讨论易象，研核道源，冀淳风大行，华胥非远。而承平日久，趋竞岁积。谓儒官为冗列，视之若遗；谓吏职为要津，求如不及。顷亦开献书之路，观扬己之人，阙下之奏徒盈，席上之珍盖寡。岂弘奖之义，或有未孚，将敦本之人，隐而未见？天下官人百姓，有精于经史，道德可尊，工于著述，文质兼美者，宜令本司、本州长官，指陈艺业，录状送闻。其吏部选人，亦令所由铨择，各以名荐。朕当明试，用观其能。若行业可甄，待以不次；如妄相褒进，必加明罚。（开元十四年六月）

《唐大诏令集》卷一〇五，商务印书馆一九五九年版

岁初处分德音

敕：天地以大德生群有，圣人以大宝守万物。古者受命之君，谓之承天之序，明有所代，夫岂徒然。若道无钦崇，命不永保，帝实临汝，人曷戴君。朕所以每期庶乎合于人道之意也。夫宓牺、

李隆基（唐玄宗）

243

神农，黄帝、尧、舜，或诛而不怒，或教而不诛。彼亦何为，独臻于此！朕自有天下，二纪及兹，虽未能画衣以禁，亦未尝刑人于市。而政犹蹐驳，俗尚浇漓，当是为理之心，未返于本耳。凡人岂不仁于父母兄弟，不欲于饮食衣服乎？而卒被无孝友之名，温饱之实，其故何哉？盖未闻义方，不识善道。或任小智而为诈，或见小利而苟得，致远则穷，继之以暴，已而身受戮辱，家不相保。愚妄之徒，类多自陷。狱讼之弊，恒由此作。吁可悲乎！亦在教之不明也。盖刑罚者，不得已而用之。天下黔黎，皆朕赤子，以诚告示，或知归向。何必用威，然后致理？先务仁恕，宁不怀之？且五常循行，岂须深识？六亲和睦，何待丁宁？自宜勉之，以副所望。刑措不用，道在于兹。今献岁之吉，迎气伊始，敬顺天常，无违月令。所由长吏，可举旧章。诸有妪伏孕育之物，蠢动生灵之类，慎无杀伐，致令夭伤。九土异宜，三农在候，聚众兴役，妨时害功，特宜禁止，以助春事。至若家从征镇，人或孤惸，物向阳和，此独忧悴，良可悯也。亦宜所由，随事优恤。盖不体仁，无以为长人；不知道，无以用其心。故道者，众妙之门；而心者，万事之统。得其要会，远可以兼济于人；识其指归，近亦能自全于己。故我玄元皇帝，著《道德经》五千文，明乎真宗，致于妙用。而有位者未之讲习，不务清静，欲令所为之政，何从而至于太和者耶？百辟卿士，各须详读，勉存进道之诚，更图前席之议。至如计校小利，综缉烦文，邀名失行，去道弥远，违天和气，生人戾心，朕甚厌之，所不取也。各励精一，共兴玄化，俾苍生登于仁寿，天下还于淳朴，岂远乎哉？行之可至，其《老子》乎？宜令士庶家藏一本，仍劝习读，使知指要。每年贡举人，量减《尚书》《论语》一两道策，准数加《老子》策，俾敦崇道本，附益化源。朕推诚与人，有此教诫，必验行事，岂垂

空言？今之此敕，亦宜家置一本，每须三省，以识朕怀。（开元二十一年正月一日）

《唐大诏令集》卷八六，商务印书馆一九五九年版

每年铨量举送四门俊士敕

诸州县学生，年二十五以下，八品、九品子弟，若庶人生年二十一已下，通一经已上，及未通经，精神通悟，有文词史学者，每年铨量举送，所司简试，听入四门学，充俊士。即诸州人省试不第，情愿入学者听。国子监所管学生，尚书省补；州县学生，长官补。诸州县学生，专习本业之外，仍令兼习吉凶礼。公私礼有事处，令示仪式，余皆不得辄使。许百姓任立私学，欲其寄州县学授业者亦听。（开元二十一年五月）

《唐会要》卷三五《学校》，中华书局一九六〇年版

考试博学多才道术医药举人诏

博学、多才、道术、医药举人等，先令所司表荐，兼自闻达，敕限以满，须加考试。博学、多才举人，限今来四月内集。道术、医药举人，限闰三月内集。其博学科试明三经、两史已上，帖试稍通者。多才科试经国商略大策三道，并试杂文三道，取其词气高者。道术、医药举，取艺业优长，试练有效者。宜令所由依节限处分。（开元二十二年三月）

《册府元龟》卷六三九《贡举部》，中华书局一九六〇年版

李隆基（唐玄宗）

245

令两监生徒赴学诏

风化之本，其在庠序。去秋不熟，生徒暂令就舍。讲习之地，安可久闲？其两监生在外者，即宜赴学。（开元二十二年四月）

《册府元龟》卷五〇《帝王部》，中华书局一九六〇年版

令礼部掌贡举敕

敕：每岁举人，求士之本，专典其事，宁不重欤？顷年以来，惟考功郎中所职，位轻务重，名实不伦。欲尽委长官，又铨选猥积。且六官之列，体骨是同，况宗伯掌礼，宜主宾荐。自今已后，每诸色举人及斋郎等简试，并于礼部集，既众务烦杂，仍委侍郎专知。（开元二十四年三月）

《册府元龟》卷六三九《贡举部》，中华书局一九六〇年版

条制考试明经进士诏

致理兴化，必在得贤。强识博闻，可以从政。且今之明经、进士，则古之孝廉、秀才。近日以来，殊乖本意，进士以声韵为学，多昧古今；明经以帖诵为功，罕穷旨趣。安得为敦本复古，经明行修？以此登科，非选士取贤之道也。其明经，自今已后，每经宜帖十，取通五已上，免旧试一帖，仍案问大义十条，取通六已上，免试经策十条，令答时务策三首，取粗有文性者，与及第。其进士，宜停小经，准明经例，帖大经十帖，取通四已上，然后准例试杂文及

策,考通,与及第。其明经中有明五经已上,试无不通者,进士中兼有精通一史,能试策十条得六已上者,委所司奏,听进止。其应试进士等唱第讫,具所试杂文及策,送中书门下详覆。其所问明经大义日,仍须对同举人考试,庶能否共知,取舍无愧,有功者达,可不勉与!(开元二十五年正月)

《册府元龟》卷六三九《贡举部》,中华书局一九六○年版

亲祀东郊德音(节选)

古者乡有序,党有塾,将以弘长儒教,诱进学徒,化人成俗,率由于是。斯道久废,朕用悯焉。宜令天下州县,每一乡之内,别各置学,仍择师资,令其教授。其诸州乡贡进士,每年引见讫,并令就国子监谒见师。所司设食,学官等为之开讲,质问疑义。且公侯之胤,皆禀义方,学《礼》闻《诗》,不应失坠。容其徼幸,是长慢游。如闻近来弘文馆学士,缘是贵胄子孙,多有不专经业,便与及第,深谓不然。自今以后,宜一依式令考试。朕之爵位,唯待贤能。虽选士命官,则有常条,而安卑遁迹,尚虑遗才。其内外八品已上官,及草泽间有学业精博,蔚为儒首,文词雅丽,通于政术,为众所推者,各委本州本司长官,精加搜择,具以闻奏。(开元二十六年正月)

《唐大诏令集》卷七三,商务印书馆一九五九年版

追赠先圣为文宣王诏

弘我王化,在乎儒术。孰能发挥此道,启迪含灵,则生人已来,未有如夫子者也。所谓自天攸纵,将圣多能,德配乾坤,身揭

日月。故能立天下之大本，成天下之大经，美政教，移风俗，君君臣臣，父父子子，人到于今受其赐。不其猗欤！於戏！楚王莫封，鲁公不用，俾夫大圣，才列陪臣，栖迟旅人，固可知矣。年祀浸远，光灵益彰，虽代有褒称，而未为崇峻，不副于实，人其谓何？

朕以薄德，祗膺宝命，思阐文明，广被华夏。时则异于今古，情每重于师资。既行其教，合旌厥德。爰申盛礼，载表徽猷。夫子既称先圣，可追谥为文宣王。宜令三公持节册命，应缘册及祭，所司速择日，并撰仪注进。其文宣陵并旧宅立庙，量加人洒扫，用展诚敬。其后嗣可封文宣公。至如辨方正位，著自礼经，苟非得所，何以示则？昔缘周公南面，夫子西坐，今位既有殊，坐岂如旧，宜补其坠典，永作成式。自今已后，两京国子监，夫子皆南面而坐，十哲等东西列侍。天下诸州亦准此。

且门人三千，见称十哲，包夫众美，实越等夷。畅玄圣之风规，发人伦之耳目，并宜褒赠，以宠贤明。颜子渊既云亚圣，须优其秩，可赠兖公。闵子骞可赠费侯，冉伯牛可赠郓侯，冉仲弓可赠薛侯，冉子有可赠徐侯，仲子路可赠卫侯，宰子我可赠齐侯，端木子贡可赠黎侯，言子游可赠吴侯，卜子夏可赠魏侯。又夫子格言，参也称鲁，虽居七十之数，不载四科之目。顷虽异于十哲，终或殊于等伦，允稽先旨，俾循旧位。庶乎礼得其序，人焉式瞻，宗洙、泗之丕烈，重胶庠之雅范。（开元二十七年八月）

《旧唐书》卷二四《礼仪志四》，中华书局一九七五年版

命两京诸路各置玄元皇帝庙诏

三皇之时，兆庶淳朴，盖由其上，以道化人。自兹厥后，为政

各异。我烈祖玄元皇帝，禀大圣之德，蕴至道之精，著五千文，用矫时弊，可以理国家，超夫象系之表，出彼明言之外。朕有处分，令家习此书，庶乎人用向方，政成不宰。虑兹下士，未达微言，是以重有发明，俾之开悟，期弱丧而知复，宏善贷于无穷。

两京及诸州各置玄元皇帝庙一所，每年依道法斋醮。兼置崇元学，生徒于当州县学生数内，均融量置，令习《道德经》及《庄子》《文子》《列子》。待习业成，每年准明经举送至省。置助教一人，委所由州长官，于诸色人内精加访择补授，仍稍加优奖。（开元二十九年正月丁酉）

《全唐文》卷三一，中华书局一九八三年版

亲试四子举人敕

朕听政之暇，尝读《道德经》《文》《列》《庄子》等书。文约而义精，词高而旨远，可以理国，可以保身。朕敦崇其教以左右人也。子大夫能从事于此，甚用嘉之。夫古今异宜，文质相变，若在宥而不理，外物而不为，行邃古之化，非御今之道。适时之术，陈其所宜。又礼乐刊政，所以经邦国；圣智仁义，所以序人伦。使之废绝，未知其旨。《道德经》曰："绝学无忧"，则乖进德修业之教。《列子·立命》曰："汝奚功于物"，又违惩恶劝善之文。二旨孰非，何优何劣？《文子》曰："金积折廉，壁袭无赢"，且申其义。《庄子》曰："恬与之交相养"，明征其言。使一理混同，二教兼举，成不易之则，副虚伫之怀。（开元二十九年九月）

《唐大诏令集》卷一〇六，商务印书馆一九五九年版

李隆基（唐玄宗）

分道德为上下经诏

化之原者曰道，道之用者为德，其义至大，非圣人孰能章之？昔有周季年，代与道丧。我列祖玄元皇帝乃发明妙本，汲引生灵，遂著《玄经》五千言，用救时弊。义高象系，理贯希夷，非百代之能俦，岂六经之所拟。承前习业人等，以其卷数非多，列在小经之目，微言奥旨，称谓殊乖。自今已后，天下应举，除崇玄学生外，自余所试《道德经》宜并停，仍令所司，更详择一小经代之。其《道经》为上经，《德经》为下经，庶乎道尊德贵，是崇是奉。凡在遐迩，知朕意焉。（天宝元年四月）

《册府元龟》卷六四〇《贡举部》，中华书局一九六〇年版

禁止生徒问难不经诏

古之教人，盖有彝训，必在勤学，使其知方。故每月释菜之时，尝开讲座，用以发明圣旨，启迪生徒。待问者应而不穷，怀疑者质而无惑，宏益之致，不其然欤？或有凡流，矜于小辩，初虽论难，终杂诙谐，出言不经，积习成弊。自今已后，除问难经典之外，不得辄请。宜令本司长官严加禁止，仍委御史纠察。（天宝元年七月）

《册府元龟》卷五〇《帝王部》，中华书局一九六〇年版

孝经注序

朕闻上古，其风朴略，虽因心之孝已萌，而资敬之礼犹简。及

乎仁义既有，亲誉益著。圣人知孝之可以教人也，故因严以教敬，因亲以教爱。于是以顺移忠之道昭矣，立身扬名之义彰矣。子曰："吾志在《春秋》，行在《孝经》。"是知孝者，德之本欤！《经》曰："昔者明王以孝理天下也，不敢遗小国之臣，而况于公侯伯子男乎！"朕尝三复斯言，景行先哲，虽无德教加于百姓，庶几广爱形于四海。嗟乎！夫子没而微言绝，异端起而大义乖。况泯绝于秦，得之者皆煨烬之末；滥觞于汉，传之者皆糟粕之余。故鲁史《春秋》，学开五传；《国风》《雅》《颂》，分为四诗。去圣逾远，源流益别。近观《孝经》旧注，踳驳尤甚。至于迹相祖述，殆且百家；业擅专门，犹将十室。希升堂者，必自开户牖；攀逸驾者，必骋殊轨辙。是以道隐小成，言隐浮伪。且传以通经为义，义以必当为主，至当归一，精义无二，安得不翦其繁芜而撮其枢要也。韦昭、王肃，先儒之领袖；虞翻、刘邵，抑又次焉。刘炫明安国之本，陆澄讥康成之注，在理或当，何必求人？今故特举六家之异同，会五经之旨趣，约文敷畅，义则昭然，分注错经，理亦条贯。写之琬琰，庶有补于将来。且夫子谈经，志取垂训，虽五孝之用则别，而百行之源不殊。是以一章之中，凡有数句；一句之内，意有兼明。具载则文繁，略之又义阙。今存于疏，用广发挥。

《全唐文》卷四一，中华书局一九八三年版

颁重注孝经诏

　　化人成俗，率繇于德本；移忠教敬，实在于《孝经》。朕思畅微言，以理天下，先为注释，寻亦颁行。犹恐至赜难明，群疑未尽。近更探讨，因而笔削，兼为叙述，以究源流，将发明于大顺，庶开悟

于来学。宜付所司,颁示中外。(天宝二年五月)

《册府元龟》卷四〇《帝王部》,中华书局一九六〇年版

亲祭九宫坛大赦天下敕（节选）

自古圣人,皆以孝理,五帝之本,百行莫先。移于国而为忠,长于长而为顺,永言要道,实在人弘。自今已后,令天下家藏《孝经》一本,精勤诵习。乡学之中,倍增教授,郡县官史,明申劝课。百姓间有孝行过人,乡闾钦伏者,所由长官,具有名荐。其有父母见在,别籍异居,亏败名教,莫斯为甚,特宜禁绝,勿使更然。并亲殁之后,亦不得令有分析,郡县切须勒令在籍推行。自今已后,如有不友不恭,伤财破产者,宜配碛面,用清风教。朕惟熙庶绩,博访逸人,岂惟振拔滞淹,以期于大用。亦欲褒崇高上,将敦于薄俗,虚伫之怀,兼在于此。其有高蹈不仕,遁迹丘园,远近知闻,未经荐举者,委所在长官,以礼勘送。(天宝三载十二月)

《唐大诏令集》卷七四,商务印书馆一九五九年版

榜示广济方敕

朕顷者所撰《广济方》,救人疾患,颁行已久,传习亦多。犹虑单贫之家,未能缮写,闾阎之内,或有不知,悕医疗失时,因至夭横,性命之际,宁忘恻隐!宜命郡县长官,就《广济方》中逐要者,于大板上件录,当村坊要路榜示。仍委采访使勾当,无令脱错。(天宝五载八月)

《唐大诏令集》卷一一四,商务印书馆一九五九年版

天宝七载册尊号赦（节选）

古者乡有塾，党有庠，所以明尊卑之仪，正长幼之序，风化之道，义在于兹。先置乡学，务令敦劝。如闻郡县之间不时训诱，闾巷之内多亏礼节，致使言词鄙亵，少长相凌，有玷清猷，何成雅俗？自今已后，宜令郡县长官，申明条式，切加训导。如有礼仪兴行及纲纪不立者，委采访使明为褒贬，具状闻奏。道教之设，风俗之源，必在弘阐，以敦风俗，须列四经之科，冠九流之首。虽及门求进，颇有其人，而睹奥穷微，罕闻达者。岂专精难就，为劝奖未弘？天下诸色人中，有通明《道德经》及《南华》等四经，任于所在自举，各委长官考试申送。其崇玄生出身，自今已后，每至选宜减于常例一选，以为留放。（天宝七载五月）

《唐大诏令集》卷九，商务印书馆一九五九年版

帖经之弊须厘革敕

礼部举人，比来试人，颇非允当。帖经首尾，不出前后，复取者也之乎，颇相类之处下帖。为弊已久，须是厘革。礼部起请每帖前后各出一行，相类之处，并不须帖。（天宝十一载十二月）

《册府元龟》卷六四〇《贡举部》，中华书局一九六〇年版

听国子监诸生还乡习读敕

国子监诸生等，既非举时，又属暑月，在于馆学，恐渐炎蒸。

其有欲归私第及还乡贯习读者，并听。仍委本司长官，具名申牒所由，任至举时赴监。东京监亦准此。（天宝十四载四月）

《册府元龟》卷五〇《帝王部》，中华书局一九六〇年版

王　维

王维(701？—761)　字摩诘，太原祁县(今属山西)人。唐代诗人、画家。九岁能为文，工草隶，闲音律。开元十九年(731年)状元及第。历官右拾遗、监察御史、左补阙、库部郎中、吏部郎中、给事中、太子中允、太子中庶子、中书舍人、尚书右丞等。著有《王右丞集》及《画学秘诀》。

画学秘诀

夫画道之中，水墨最为上。肇自然之性，成造化之功。或咫尺之图，写千里之景。东西南北，宛尔目前；春夏秋冬，生于笔下。初铺水际，忌为浮泛之山；次布路歧，莫作连绵之道。主峰最宜高耸，客山须是奔趋。迥抱处僧舍可安，水陆边人家可置。村庄著数树以成林，枝须抱体；山崖合一水而泻瀑，泉不乱流。渡口只宜寂寂，人行须是疏疏。泛舟楫之桥梁，且宜高耸；著渔人之钓艇，低乃无妨。悬崖险峻之间，好安怪木；峭壁巉岩之处，莫可通途。远岫与云容相接，遥天共水色交光。山钩锁处，沿流最出其中；路接危时，栈道可安于此。平地楼台，偏宜高柳映人家；名山寺观，雅称奇杉衬楼阁。远景烟笼，深崖云锁。酒旗则当路高悬，客帆宜遇水低挂。远山须宜低排，近树惟宜拔进。手亲笔砚之余，有时游戏三昧。岁月遥永，颇探幽微。妙悟者不在多言，善学者还从规矩。

塔顶参天，不须见殿，似有似无，或上或下。茅堆土埠，半露檐廒；草舍庐亭，略呈檐柠。

山分八面，石有三方，闲云切忌芝草样。

人物不过一寸许，松柏上现二尺长。

凡画山水，意在笔先。丈山尺树，寸马分人。远人无目，远树无枝。远山无石，隐隐如眉。远水无波，高与云齐。此是诀也。山腰云塞，石壁泉塞，楼台树塞，道路人塞。石看三面，路看两头。树看顶颖，水看风脚。此是法也。

凡画山水，平夷顶尖者巅，峭峻相连者岭，有穴者岫，峭壁者崖，悬石者岩，形圆者峦，路通者川。两山夹道，名为壑也。两山夹水，名为涧也。似岭而高者，名为陵也。极目而平者，名为坂也。依此者，粗知则山水之仿佛也。观者先看气象，后辨清浊，定宾主之朝揖，列群峰之威仪。多则乱，少则慢，不多不少，要分远近。远山不得连近山，远水不得连近水。山腰掩抱，寺舍可安；断岸坂堤，小桥可置。布路处则林木，岸绝处则古渡，水断处则烟树，水阔处则征帆，林密处则居舍。临岩古木，根断而缠藤；临流石岸，欹奇而水痕。

凡画林木，远者疏平，近者高密，有叶者枝嫩柔，无叶者枝硬劲。松皮如鳞，柏皮缠身。生土上者，根长而茎直；生石上者，拳曲而伶仃。古木节多而半死，寒林扶疏而萧森。有雨不分天地，不辨东西。有风无雨，只看树枝。有雨无风，树头低厌，行人伞笠，渔父衰衣。雨霁则云收天碧，薄雾霏微，山添翠润，日近斜晖。

早景则千山欲晓,雾霭微微,朦胧残月,气色昏迷。晚景则山衔红日,帆卷江渚,路行人急,半掩柴扉。春景则雾锁烟笼,长烟引素,水如蓝染,山色渐青。夏景则古木蔽天,绿水无波,穿云瀑布,近水幽亭。秋景则天如水色,簇簇幽林,雁鸿秋水,芦鸟沙汀。冬景则借地为雪,樵者负薪,渔舟倚岸,水浅沙平。

凡画山水,须按四时,或曰烟笼雾锁,或曰楚岫云归,或曰秋天晓霁,或曰古冢断碑,或曰洞庭春色,或曰路荒人迷。如此之类,谓之画题。山头不得一样,树头不得一般,山藉树而为衣,树藉山而为骨。树不可繁,要见山之秀丽;山不可乱,须显树之精神。能如此者,可谓名手之画山水也。

《王右丞集笺注》卷二八《论画三首》,

上海古籍出版社一九九八年版

王

维

吴　筠

吴筠（？—778）　字贞节，华阴（今属陕西）人。鲁中之儒士。少时通经，善于文词，举进士不第。秉性高洁，不随流俗。入嵩山为道士，师事潘师正，苦心修习，乃尽通"正一"之法。开元中，南游江南，访道茅山、天台。玄宗闻其名，召至京师，令待诏翰林。天宝末，见天下将乱，求还茅山。"安史之乱"后，往来于会稽、天台之间，竟终于越中。著有文集二十卷。

神仙可学论

《洪范》："向用五福，其一曰寿。"延命至于期颐，皇天犹以为景福之最，况神仙度世，永无穷乎！然则长生大法，无等伦以俦拟。当代之人，忽而不尚者，何哉？尝试论之，中智已下，逮乎民甿，与飞走肖翘同，其自生自死，昧识所求，不及闻道，则相与大笑之。中智已上，为名教所检，区区于三纲五常，不暇闻道。而若存若亡，能挺然竦身，不使恒情汩没，专以修炼为切务者，千万中或一人而已。又行之者密，得之者隐，故举俗罕闻其行。悲夫！

昔桑矫问于涓子曰："自古有死，复云有仙，何如？"涓子曰：

"两有耳。夫言两有,则理无不存。理无不存,则神仙可学也。"嵇公言神仙以特受异气,禀之自然,非积学之所能致。此未必尽其端矣。有不因修学而自致者,禀受异气也。有必待学而后成者,功业充也。有学而不得者,初勤而中惰,诚不终也。此三者,各有其旨,不可以一贯推之。

人生天地中,殊于众类明矣。感则应,激则通,所以耿恭援刀,平陆泉涌;李广发矢,伏石饮羽。精诚在于斯须,土石应犹影响。况丹恳久著,真君不为潜运乎?潜运则不死之阶立致矣。

孰为真君?则太上也。为神明宗极,独在于窈冥之先,高居紫微之上,阴骘兆庶。《诗》称上帝临汝,《书》曰天鉴孔明,福善祸淫,不差毫末。而迷误之子,焉则其源?日用不知,背本向末。故远于仙道者有七焉,近于仙道亦有七焉。

当世之士,不能窥妙门,洞幽赜,雷同以泯灭为真实,生成为假幻。但所取者性,所遗者形,甘之死地,乃谓常理。殊不知乾坤为《易》之韫,乾坤毁则无以见《易》;形气为性之府,形气败则性无所存。性无所存,则于我何有?此远于仙道一也。

其次谓仙必有限,竟归沦堕之弊。彼自昏于智察,则信其诬罔。讵知块然之有,起自寥然之无。积虚而生神,神用而孕气,气凝而渐著,累著而成形,形立神居,乃为人矣。故任其流遁则死,返其宗源则仙。所以招真以炼形,形清则合于气;含道以炼气,气清则合于神。体与道冥,谓之得道。道固无极,而仙岂有穷乎!举世大迷,终于不悟,远于仙道二也。

其次强以存亡为一体,谬以道识为悟真。云形体以败散为期,营魄以更生为用,乃厌见有之质,谋将来之身。安知入造化之洪炉,任阴阳之鼓铸?游魂迁革,别守他器,神归异族,识昧先形。

吴筠

259

犹鸟化为鱼，鱼化为鸟，各从所适，两不相通。形变尚莫之知，何况死而再造？诚可哀者而人不哀，远于仙道三也。

其次以轩冕为得意，功名为不朽。悦色耽声，丰衣厚味，自谓封殖为长策，贻后昆为远图。焉知盛必衰，高必危，得必丧，盈必亏。守此用为深固，置清虚于度外，肯以恬智交养中和，率性通真为意乎？此远于仙道四也。

其次强盛之时，为情爱所役；班白之后，有希生之志。虽修学始萌，而伤残未补。靡蠲积习之性，空务皮肤之好。窃慕道之名，乖契真之实。不除死籍，未载元箓。岁月荏苒，大期奄至，及将殂谢，而怨咎神明，远于仙道五也。

其次闻大丹可以羽化，服食可以延年，遂汲汲于炉火，孜孜于草木。财屡空于八石，药难效于三关。不知金液待诀于灵人，芝英必滋于道气。莫究其本，务之于末，竟无所就，谓古人欺我，远于仙道六也。

其次身栖道流，心溺尘境，动违科禁，静无修持。外邀清誉之名，内蓄奸回之计。而人乃可欺，神不可罔，远于仙道七也。

其次性耽元虚，情忘嗜好。不求荣显，每乐清闲。体气至仁，含宏至静。栖真物表，超迹岩峦。想道结襟，以无为为事，近于仙道一也。

其次希高敦古，刻志尚行。知荣华为浮寄，忽之而不顾；知声色能伐性，捐之而不取。蕴阴贼，树阴德，惩忿窒欲。齐毁誉，处林岭，修清真，近于仙道二也。

其次身居禄位之场，心游道德之府。以忠贞而奉上，以仁义而临下。宏施博爱，内莹清澈，外混嚣尘，恶杀好生，近于仙道三也。

其次潇洒华门，乐贫甘贱。抱经济之器，泛然若虚；洞古今之学，旷然若无。爵之不从，禄之不受。确乎以方外为尚，恬乎以摄生为务，此近于仙道四也。

其次禀颖明之姿，怀秀拔之节。奋忘机之旅，当锐巧之师，所攻无敌，一战而胜。然后静以安身，和以保神，精以致真，近于仙道五也。

其次追悔已往，洗心自新。虽失之于壮齿，冀收之于晚节。以功补过，过落而功全；以正易邪，邪亡而正在。轗轲不能移其操，喧哗不能沦其虑。惟精惟微，积以成著，其近于仙道六也。

其次至孝至贞，至义至廉。按真诰之言，不待学修而自得。比干剖心而不死，惠风溺水以复生，伯夷、叔齐，曾参、孝己，人见其没，道使之存。如此之流，咸入仙格，谓之隐景潜化，死而不亡。此例自然，近于仙道七也。

取此七近，放彼七远，谓之拔陷区，出溺途，碎祸车，登福舆，始可与涉神仙之律矣。于是识元命之所在，知正气之所由。虚凝淡漠怡其性，吐纳屈伸和其体。高虚保定之，良药匡辅之，使表里兼济，形神俱超。虽未得升腾，吾必知挥翼丹霄之上矣。

夫道无形无为，有情有性。故曰：人能思道，道亦思人；道不负人，人无负道。渊哉言乎！世情谓道体元虚，则贵无而贱有；人资器质，则取有而遗无。庸讵知有自无而生，无因有而明。有无混同，然后为至。故空寂元寥，大道无象之象也；两仪三辰，大道有象之象也。若但以虚极为妙，不应以吐纳元气，流阴阳，生天地，运日月也。故有以无为用，无以有为资。是以覆载长存，仙圣不灭。故谓生者，天地之大德也。所以见宇宙之广，万物之殷，为吾存也。若烟散灰灭，何异于天倾地沦？彼自昭昭，非我所有。

故曰：死者，天人荼毒之尤也。孰能褒大德，黜荼毒，拂衣绝尘，独与道邻，道岂远乎哉？行斯至矣。

夫至虚韫寂，待感而灵，犹金石含响，待击而鸣。故豁方寸以契虚，虚则静；凭至静以精感，感则通。通则宇宙泰定，天光发明，形性相资，未始有极。且人之禀形，模范天地，五脏六腑，百关四肢，皆神明所居，各有所主守。存之则有，废之则无。有则生，无则死。故去其死，取其生。若乃讽太帝之《金书》，研洞真之《玉章》，集帝一于绛宫，列三光于紫房，噏二曜之华景，登七元之灵纲。道备功全，则不必琅玕大还而高举矣。此皆自凡而为仙，自仙而入真。真与道合，谓之神人。神人能存能亡，能晦能光，出化机之表，入大漠之乡，无心而元鉴，无翼而翱翔，嬉明霞之馆，宴羽景之堂，欢齐浩劫，而福无疆，寿同太虚，而不可量。此道布在金简，安可轻宣其奥密乎！受学之士，宜启玉检，以探其秘焉。

又儒墨所崇，忠孝慈仁，仙家所尚，则庆及王侯，福荐祖考，祚流子孙。其三者孰与为大？呜呼！古初不可得而详之。羲、轩以来，广成、赤松、令威、安期之徒，何代不有？远则载于竹帛，近则接于见闻。古今得之者，皎皎如彼。神仙可学，炳炳如此。凡百君子，胡不勉哉！

《全唐文》卷九二六，中华书局一九八三年版

心目论

人之所生者神，所托者形。方寸之中，实曰灵府。静则神生而形和，躁则神劳而形毙。深根宁极，可以修其性情哉！然动神者心，乱心者目，失真离本，莫甚于兹。故假心目而发论，庶几于

遣滞清神而已。

且曰：心希无为，而目乱之。乃让目曰：予欲忘情而隐逸，率性而希夷，偃乎太和之宇，行乎四达之逵，出乎生死之域，入乎神明之极，乘混沌以遐逝，与汗漫而无际。何为吾方止，若且视；吾方清，若且营？览万象以汩予之正，悦美色以沦予之精。底我邈邈于无见，熙熙于流昒。摇荡于春台，悲凉于秋甸。凝燕壤以情㑒，望吴门而发变。瞻楚国以永怀，俯齐郊而泣恋。縶庶念之为感，皆寸眸之所眩。虽身耽美饰，口欲厚味，耳欢好音，鼻悦芳气。动予之甚，皆尔之谓。故为我之尤，职尔之由。非尔之怼，而谁之仇乎？

目乃忿然而应之曰：子不闻一人御域，九有承式，理由上正，乱非下忒。故尧俗可封，桀众可殛，彼殊方而异类，犹咸顺乎帝则。统形之主，心为灵府，逆则予舍，顺则予取。嘉祥以之招，悔吝以之聚。故君人者制理于未乱，存道者克念于未散。安有四海分崩，而后伐叛；五情播越，而能贞观者乎？曷不息尔之机，全尔之微，而乃辨之以物我，照之以是非，欣其荣，戚其辱，畅于有余，悲于不足。风举云逝，星奔电倏，纷纶鼓舞，以激所欲。既汩其真而混其神，乖天心而悖天均，焉得不溺于造物之景，迷于自然之律哉？故俾予于役，应尔之适，既婴斯垢，反以我为咎。嗟乎！嗟乎！何弊之有？

心乃愀然久焉，复谓目曰：顾予与尔，谁明其旨？何隐见之隔，而元同若此？既庶物之为患，今将择其所履，相与超尘烦之疆，陟清寂之乡。餐颢气，吸晨光，咀瑶华，漱琼浆。斯将期灵化于羽翼，出云霞而翱翔。上升三清，下绝八荒，托松乔以结友，偕天地以为常。何毁誉之能及？何取舍之足忘？谅予图以若兹，其告尔以否臧。

目曰：近之矣，犹未为至。若然者，所谓欲静而躁随，辞埃而淬袭，暗乎反本之用，方邈然而独立。夫希夷之体也，卷之无内，舒之无外。寥廓无涯，杳冥无对。独捐兹而取彼，故得小而遗大。忘息阴以灭影，亦何逃于利害。伊虚室之生白，方道德之所载。绝人谋于未兆，乃天理之自会。故元元挫锐以观妙，文宣废心而用形，轩帝得之于罔象，广成契之于杳冥，颜回坐忘以大通，庄生相天而能精。历众圣以稽德，非智谋之是营。盖水息澜而映澈，尘不止而鉴明，未违世以高举，亦方寸之所宁。故能泊然而常处，感通而斯出。不光而曜，不秘而密。冥始终而谁异，与万物其为一。因而靡得，是以罔失，诚踵武于坦途，可常保于元吉。若弃中而务表，乃微往而不窒。其故何哉？水积而龙蟠，林丰而兽居，神栖于空洞，道集于元虚。苟不刳其所有，焉能契其所无？非夫忘形静寂，瑕淬镜涤，元关自朗，幽键已辟，曷可度于无累焉？不然，安得驾八景，升九霄，睹金阙之煌煌，步紫庭之寥寥，同浩劫之罔极，以万椿为一朝？

予心于是释然于众虑，凝澹于前豫，澄之而徐清，用之而不遽。致谢于目曰：幸我以善道，宏我以至言，觉我以大梦，启我以重元，升我以真阶，纳我于妙门，纵我于广漠之野，游我于无穷之源。既匪群而匪独，亦奚静而奚喧，协至乐之恒适，抱真精而永存。遣之而无遣，深之而又深。通乎造化之祖，达乎乾坤之心。使我空欲视于目盲之外，塞将见于玄黄之林。睹有而如见空寂，闻韶而若听谷音。与自然而作侣，将无欲以为朋。免驱驰于帝主，保后天之所能。窒欲于未兆，解纷于未扰。忘天壤之为大，忽秋毫之为小。处寂寞而闻和，潜混溟而见晓。应物于循环，含光而闭关。飘风震海,迅雷破山,滔天焚泽,而我自闲。彼行止与语默,曾何庸思于其间哉!

《全唐文》卷九二六,中华书局一九八三年版

元纲论

曰:道至无而生天地者也。天动也,而北辰不移,含虚不亏焉。地静也,而东流不辍,兴云不竭焉。故静者,天地之心也;动者,天地之气也。心静气动,所以覆载而不极欤。通乎道者,心宁以同于道,气运以存其形,不为物之所诱,是之谓至静者也。本无神也,虚极而神自生。本无气也,神运而气自化。气本无质,凝委以成形。形本无情,动用以亏性。故生我者,道也;灭我者,情也。情亡则性全,性全则形全,形全则气全,气全则神全,神全则道全,道全则神王,神王则气灵,气灵则神超,神超则性彻,性彻则反覆通流,与道为一,可使有为无,实为虚,与造物者为俦矣。

道不欲有心,有心则真气不集;不欲苦志,苦志则客邪来舍。在于平和恬淡,澄静精微,虚明含元,有感必应,应而勿取,真伪斯分矣。故我心不倾,则物无不正;动念有属,则无物不邪。邪正之来,在我而已。惟炼凡至于仙,炼仙至于真,炼真合于妙,合妙同乎神。神与道合,即道为我身。所以升玉京,游金阙,能有能无,不终不殁矣。

宗元子曰:吾尝谓神仙有可学之理焉。夫有不学而自至者,禀异气也;必学而后成者,功业充也;学而不得者,初勤终怠也。故远于仙者,近于仙者,各有七焉。形气为性之府,形气毁,则性无所存。性无所存,则我何有? 此远于仙者一也。或谓仙必有

吴筠

265

限，归于沦坠。此远于仙者二也。或谓形体以败散为期，营魄以更生为用。安知人造化之洪炉，任阴阳之鼓铸。此远于仙者三也。或谓轩冕为得意，功名为不朽，悦色耽声，丰衣厚味。此远于仙者四也。强盛之时，为情爱所役。及斑白之后，习学始萌，而伤残未补，窃慕道之名，乖契真之实。此远于仙者五也。汲汲于炉火，孜孜于草木。此远于仙者六也。动违科禁，静无修习。此远于仙者七也。若夫耽元虚，寡嗜欲，体含至静，以无为为事。此近于仙者一也。翦阴贼，植阴德，惩忿损欲，齐毁誉，修清真。此近于仙者二也。身居禄位，心游道德，仁慈恭和，宏施博爱。此近于仙者三也。爵之不从，禄之不爱，恬然以摄生为务。此近于仙者四也。静以安身，和以养神，精以致真。此近于仙者五也。失于壮齿，收之晚节，以功补过，以正易邪，惟精惟微，积以成著。此近于仙者六也。忠孝清廉，不待学而自得，谓之隐景潜化，死而不亡。此近于仙者七也。取七近，放七远，是为援陷区出溺涂者也。

《全唐文》卷九二六，中华书局一九八三年版

化时俗章

道德者，天地之祖；天地者，万物之父；帝王者，三才之主。然则道德、天地、帝王一也。而有今古浇淳之异，尧、桀治乱之殊者，何也？夫道德无兴衰，人伦有否泰；古今无变易，性情有推迁。故运将泰也，则至阳真精降而为主，贤良辅而奸邪伏矣；时将否也，则太阴纯精升而为君，奸邪弼而贤良隐矣。天地之道，阴阳之数，故有治乱之殊也。所以古淳而今浇者，亦犹人幼愚而长慧也。婴儿未孩，则上古之含纯粹也。渐有所辨，则中古之尚仁义也。成

童可学,则下古之崇礼智也。壮齿多欲,则季世之竞浮伪也。变化之理,时俗之宜,故有浇淳之异也。核其所以,原其所由,子以习学而性移,人以随时而朴散。虽然,父不可不教于子,君不可不理于人。教子在乎义方,治人在乎道德。义方失则师友不可训,道德丧则礼乐不能理。虽加以刑罚,益以鞭楚,难制于奸臣贼子矣。是以示童蒙以无诳,则保于忠信;化时俗以纯素,则安于天和。故非执道德以抚人者,未闻其至理者也。

《全唐文》卷九二六,中华书局一九八三年版

吴
筠

萧　昕

萧昕(702—791)　字中明,河南(今河南洛阳)人。唐代文学家。开元中举博学宏词科,历官左拾遗、中书舍人、秘书监、国子祭酒、工部尚书、太子少傅、礼部尚书等。永泰二年(766年)为祭酒时,奏言重视整顿太学,以奠定王教的根本。代宗纳其议,即颁《崇太学诏》,令诸道节度、观察、都督、防御使并宰相朝官及神策六军军将子弟补国子生,委中书门下即简择行业堪为师范者充当学官。这一措施对国学的恢复起了重要作用。

乡饮赋

乡饮之制,本于酒食,形于樽俎,和其长幼,洽其宴语,象以阴阳,重以宾旅。此六体者,礼之大序。至如高馆初启,长筵初肆,众宾辟旋而入门,主人稽首而再至,则三揖以成礼,三让以就位,贵贱不共其班,少长各以其次。然后肴栗具设,酒醴毕备,鼙鼓递奏,工歌咸萃,以德自持,终无至醉。夫观其拜迎拜送,则人知其洁敬。察其尊贤尚齿,则我欲其无竞。君若好之,实曰邦家之庆;士能勤之,必著乡曲之行。今国家征孝秀,辟贤良,则必设乡饮之礼,歌《鹿鸣》之章,故其事可得而详。立宾立主,或陛或堂,列豆举爵,鼓瑟吹簧。动而敬,居则庄,百拜乃毕,用宾于王。礼主于敬,乐主于同。明士苟习于礼乐,则可招贲于旌弓。庶其缉熙圣迹,宣畅皇风,岂徒务燕谑而湛乐之是崇?

《全唐文》卷三五五,中华书局一九八三年版

萧昕

孙　愐

孙愐（生卒年未详）　唐音韵学家，曾任陈州司马。于天宝十载（751年）编成《唐韵》五卷，增订隋代陆法言《切韵》的韵部，并增字加注。

唐韵序

盖闻文字聿兴，音韵乃作，《苍颉》《尔雅》为首，《诗颂》次之，则有《字统》《字林》《韵集》《韵略》，述作颇众，得失互分。惟陆生《切韵》，盛行于世。然隋珠尚类，虹玉仍瑕，注有差错，文复漏误。若无刊正，何以讨论？我国家偃武修文，大崇儒术，置集贤之院，召才学之流。自开辟以来，未有如今日之盛。上行下效，比屋可封。辄罄谀闻，敢补遗阙。兼习诸书，具为训解。州县名号，亦据今时。字体从木从才，著彳著亻，施攵施支，安厶安禾，并悉具言，庶无纰缪。其有异闻，奇怪传说，姓氏原由，土地物产，山河草木，鸟兽虫鱼，备载其间，皆引冯据。随韵编纪，添彼数家，勒成一书，名曰《唐韵》，盖取《周易》《周礼》之义也。及案《三苍》、《尔雅》、《字统》、《字林》、《说文》、《玉篇》、《石经》、《声韵》、《声谱》、《九经》、《诸子》、《史》、《汉》、《三国志》、《晋》、《宋》、《后魏》、《周》、

《隋》、《陈》、《宋》、《两齐书》、《本草》、《姓苑》、《风俗通》、《古今注》、贾执《姓氏英贤传》、王僧孺《百家谱》、周何洁《集文选》、诸集《孝子传》、《舆地志》，及武德已来创置迄开元三十年，并列注中。等夫舆诵，流汗交集，愧以上陈天心。又有元青子、吉成子者，则汝阳侯荣之曾孙，卓尔好古，博通内外，遁禄岩岭，吐纳自然。抗志钤键，栖神梵宇，淡泊无事，希夷绝尘。倏忽风云，灵焰怡怪。考穷史籍，广览群书，欲令清浊昭然。学之上，有终日而忘食，有连霄而不寐。案《搜神记》、《精怪图》、《山海经》、《博物志》、《四夷传》、《大荒经》、《南越志》、《西域记》、《西壄传》、汉纂《药论》、《证俗》、《方言》、《御览》、《字府》，及九经、三史诸子中遗漏要字，训义解释，多有不载，必具言之。子细研穷，究其巢穴，澄凝微思，郑重详思，轻重斯分，不令恩糅，缄之金箧，珍之宝之而已哉！宁辞阻险，敢不躬谈？一诉愚心，克谐雅况。依次编记，而不别番。其一字数训，则执优而尸之，劣而副之。其有或假不失元本，以四声寻绎，冀览者去疑，宿滞者豁如也。又纽其唇齿喉舌牙部件而次之，有可纽不可行之，及古体有依约之，并采以为证，庶无壅而昭其冯。起终五年，精成一部，前后总加四万二千三百八十三言，仍篆隶石经，勒存正体，幸不讥繁。于时岁次辛卯天宝十载也。

《全唐文》卷三六五，中华书局一九八三年版

孙愐

郑　氏

郑氏（生卒年未详）　系朝散郎侯莫陈邈（侯莫陈乃三字复姓）之妻。因侄女被册为永王妃，恐其妇德有亏，故作《女孝经》以训诫。其书仿《孝经》，分十八章，章首皆托曹大家以立言。

进女孝经表

妾闻天地之性，贵刚柔焉；夫妇之道，重礼义焉。仁义礼智信者，是谓五常。五常之教，其来远矣。总而为主，实在孝乎？夫孝者，感鬼神，动天地，精神至贯，无所不达。盖以夫妇之道，人伦之始，考其得失，非细务也。《易》著乾坤，则阴阳之制有别；礼标羔雁，则伉俪之事实陈。妾每览先圣垂言，观前贤行事，未尝不抚躬三复，叹息久之，欲缅想余芳，遗踪可躅。妾侄女特蒙天恩，策为永王妃，以少长闺闱，未娴《诗》《礼》，至于经诰，触事面墙，夙夜忧惶，战惧交集。今戒以为妇之道，申以执经之礼，并述经史正义，无复载乎浮词，总一十八章，各为篇目，名曰《女孝经》。上至皇后，下及庶人，不行孝而成名者，未之闻也。妾不敢自专，因以曹大家为主。虽不足藏诸岩石，亦可以少补闺庭。辄不揆量，敢兹闻达。轻触屏戾，伏待罪戾。妾郑氏诚惶诚恐，死罪死罪！谨言。

《全唐文》卷九四五，中华书局一九八三年版

女孝经

开宗明义章第一

曹大家闲居，诸女侍坐。大家曰："昔者，圣帝二女，有孝道，降于妫汭，卑让恭俭，思尽妇道，贤明多智，免人之难，汝闻之乎？"诸女退位而辞曰："女子愚昧，未尝接大人余论，曷得以闻之？"大家曰："夫学以聚之，问以辩之，多闻阙疑，可以为人之宗矣！汝能听其言，行其事，吾为汝陈之。夫孝者，广天地，厚人伦，动鬼神，感禽兽。恭近于礼，三思后行，无施其劳，不伐其善。和柔贞顺，仁明孝慈，德行有成，可以无咎。《书》云：'孝乎惟孝，友于兄弟。'此之谓也。"

郑氏

后妃章第二

大家曰："关雎麟趾，后妃之德，忧在进贤，不淫其色，朝夕思念，至于忧勤，而德教加于百姓，刑于四海，盖后妃之孝也。《诗》云：'鼓钟于宫，声闻于外。'"

夫人章第三

居尊能约，守位无私，审其勤劳，明其视听。《诗》《书》之府，可以习之；礼乐之道，可以行之。故无贤而名昌，是谓积殃；德小

273

而位大,是谓婴害。岂不诫欤！静专动直,不失其仪,然后能和。其子孙保其宗庙,盖夫人之孝也。《易》曰:"闲邪！存其诚,德博而化。"

邦君章第四

非礼教之法服,不敢服;非《诗》《书》之法言,不敢道;非信义之德行,不敢行。欲人不闻,勿若勿言;欲人不知,勿若勿为;欲人勿传,勿若勿行。三者备矣,然后能守其祭祀,盖邦君之孝也。《诗》云:"于以采蘩,于沼于沚。于以用之,公侯之事。"

庶人章第五

为妇之道,分义之利,先人后己,以事舅姑,纺绩裳衣,社赋蒸献,此庶人妻之孝也。《诗》云:"妇无公事,休其蚕织。"

事舅姑章第六

女子之事舅姑也,敬与父同,爱与母同。守之者义也,执之者礼也。鸡初鸣,咸盥漱衣服以朝焉。冬温夏青,昏定晨省,敬以直内,义以方外,礼信立而后行。《诗》云:"女子有行,远兄弟父母。"

三才章第七

诸女曰:"甚哉！夫之大也。"大家曰:"夫者,天也。可不务乎！古者，女子出嫁曰归，移天事夫，其义远矣。天之经也，地之义也，人之行也。天地之性，而人是则之。则天之明，因地之利，防闲执礼，可以成家。然后先之以泛爱，君子不忘其孝慈；陈之以德义，君子兴行；先之以敬让，君子不争；导之以礼乐，君子和睦；示之以好恶，君子知禁。《诗》云：'既明且哲，以保其身。'"

孝治章第八

大家曰："古者，淑女之以孝治九族也，不敢遗卑幼之妾，而况于娣侄乎！故得六亲之欢心，以事其舅姑。治家者，不敢侮于鸡犬，而况于小人乎！故得上下之欢心，以事其夫。理闺者，不敢失于左右，而况于君子乎！故得人之欢心，以事其亲。夫然，故生则亲安之，祭则鬼享之，是以九族和平，萋菲不生，祸乱不作。故淑女之以孝治上下也如此。《诗》云：'不愆不忘，率由旧章。'"

贤明章第九

诸女曰："敢问妇人之德，无以加于智乎？"大家曰："人肖天地，负阴抱阳，有聪明贤哲之性，习之无不利，而况于用心乎！昔楚庄王晏朝，樊女进曰：'何罢朝之晚也，得无倦乎？'王曰：'今与贤者言乐，不觉日之晚也。'樊女曰：'敢问贤者谁欤？'曰：'虞丘子。'樊女掩口而笑。王怪问之。对曰：'虞丘子贤则贤矣，然未忠也。妾幸得充后宫，尚汤沐，执巾栉，备扫除，十有一年矣。妾乃进九女，今贤于妾者二人，与妾同列者七人。妾知妨妾之爱，夺妾之宠，然不敢以私蔽公，欲王多见博闻也。今虞丘子居相十年，所荐者非其子孙,则宗族昆弟未尝闻进贤而退不肖,可谓贤哉?"王以告之。虞丘子不知所为,乃避舍露寝,使人迎孙叔敖而进之,遂立为相。夫以一言之智,诸侯不敢窥兵,终霸其国,樊女之力也。《诗》云:"'得人者昌,失人者亡。'又曰:'辞之辑矣,人之洽矣。'"

纪德行章第十

大家曰:"女子之事夫也,缅笄而朝,则有君臣之严;沃盥馈食,则有父子之敬;报反而行,则有兄弟之道;受期必诚,则有朋友之信;言行无玷,则有理家之度。五者备矣,然后能事夫。居上不骄,为下不乱,在丑不争。居上而骄则殆,为下而乱则辱,在丑而争则乖。三者不除,虽和如琴瑟,犹为不妇也。"

五刑章第十一

大家曰:"五刑之属三千,而罪莫大于妒忌。故七出之状,标其首焉。贞顺正直,和柔无妒,理于幽闺,不通于外,目不狗色,耳不留声,耳目之欲,不越其事,盖圣人之教也。汝其行之。《诗》云:'令仪令色,小心翼翼。古训是式,威仪是力。'"

广要道章第十二

大家曰:"女子之事舅姑也,竭力而尽礼。奉娣姒也,倾心而馨义。抚诸孤以仁,佐君子以智。与娣姒之言信,对宾侣之容敬。临财廉取与让,不为苟得,动必有方,贞顺勤劳,勉其荒怠,然后慎言语,省嗜欲。出门,必掩蔽其面。夜行以烛,无烛则止。送兄弟不逾于阈。此妇人之要道,汝其念之。"

广守信章第十三

立天之道,曰阴与阳。立地之道,曰柔与刚。阴阳刚柔,天地之始。男女夫妇,人伦之始。故乾坤交泰,谁能间之?妇地夫天,废一不可。然则丈夫百行,妇人一志。男有重婚之义,女无再醮之文。是以《苤苢》兴歌,蔡人作诫。匪石为叹,卫主知惭。昔楚昭王出游,留姜氏于渐台,江水暴至,王约迎夫人必以符合,使者仓卒,遂不请行。姜氏曰:"妾闻贞女义不犯约,勇士不畏其死。妾知不去必死,然无符不敢犯约。虽行之必生,无信而生,不如守义而死。"会使者还取符,则水高台没矣。其守信也如此,汝其勉之。《易》曰:"鹤鸣在阴,其子和之。"

广扬名章第十四

大家曰:"女子之事父母也孝,故忠可移于舅姑。事姊妹也义,故顺可移于娣姒。居家理也和,故理可闻于六亲。是以行成于内,而名立于后世矣。"

谏诤章第十五

诸女曰:"若夫廉贞、孝义、事姑、敬夫,扬名则闻命矣。敢问妇从夫之令,可谓贤乎?"大家曰:"是何言欤!是何言欤!昔者周宣王晚朝，姜后脱簪珥，待罪于永巷。宣王为之夙兴。汉成帝命班婕妤同辇，婕妤辞曰：'妾闻三代明王皆有贤臣在侧，不闻与嬖女同乘。'成帝为之改容。楚庄王耽于游畋，樊女乃不食野味，庄王感焉，为之罢猎。由是观之，天子有诤臣，虽无道，不失其天下。诸侯有诤臣，虽无道，不失其国。大夫有诤臣，虽无道，不失其家。士有诤友，则身不离于令名。父有诤子，则身不陷于不义。夫有诤妻，则身不入于非道。是以卫女矫齐桓公不听淫乐，齐姜遣晋文公而成霸业。故夫非道则谏之，从夫之令，又焉得为贤乎！《诗》云：'猷之未远，是用大谏。'"

胎教章第十六

大家曰："人受五常之理，生而有性习也，感善则善，感恶则恶，虽在胎养，岂无教乎？古者，妇人妊子也，寝不侧，坐不边，立不跛；不食邪味，不履左道；割不正不食，席不正不坐；目不视恶色，耳不听靡声；口不出傲言，手不执邪器；夜则诵经书，朝则讲礼乐。其生子也，形容端正，才德过人，其胎教如此。"

母仪章第十七

大家曰："夫为人母者，明其礼也，和之以恩爱，示之以严毅，动而合礼，言必有经。男子六岁，教之数与方名。七岁，男女不同席，不共食。八岁，习之以小学。十岁，从以师焉。出必告，反必面，所游必有常，所习必有业。居不主奥，坐不中席，行不中道，立不中门。不登高，不临深，不苟訾，不苟笑，不有私财。立必正方，耳不倾听,使男女有别,远嫌避疑,不同巾栉。女子七岁,教之以四德,其母仪之道如此。皇甫士安叔母有言,曰:'孟母三徙,以教成人,买肉以教存信,居不卜邻,令汝鲁钝之甚。'《诗》云:'教诲尔子,式穀似之。'"

举恶章第十八

诸女曰:"妇道之善,敬闻命矣。小子不敏,愿终身以行之。敢问古者亦有不令之妇乎?"大家曰:"夏之兴也以涂山,其灭也以妹喜。殷之兴也以有莘氏,其灭也以妲己。周之兴也以太任,其灭也以褒姒。此三代之王,皆以妇人失天下,身死国亡,而况于诸侯乎!况于卿大夫乎!况于庶人乎!故申生之亡,祸由骊女;愍怀之废,衅起南风。由是观之,妇人起家者有之,祸于家者亦有之。至于陈御叔之妻夏氏,杀三夫,戮一子,弑一君,走两卿,丧一国,盖恶之极也。夫以一女子之身,破六家之产,吁,可畏哉!若行善道,则不及于此矣。"

《说郛》卷七〇,清顺治四年刻本

郑氏

蔡希综

蔡希综(生卒年未详)　曲阿(今江苏丹阳)人。与其兄蔡希逸、蔡希寂并工书法,皆为当时所重。

法书论

　　夫书匪独不调端周正,先藉其笔力。始其作也,须急回疾下,鹰视鹏游,信之自然,犹鳞之得水,羽之乘风,高下恣情,流转无碍。每字皆须骨气雄强,爽爽然有飞动之态。屈折之状,始铜铁为钩;牵掣之踪,若劲直针下。主客胜负,皆须姑息,先作者主也,后为者客也。既构筋力,然后装束。必须举措合则,起发相承,轻浓似云雾往来,舒卷如林花间吐。每书一纸,或有重字,亦须字字意殊。予顷尝为一体书赋,亦略陈梗概,今复论之,用臻其理。夫始下笔须藏锋,转腕前缓后急,字体形势,状如虫蛇相钩连,意莫令断。仍须简略为尚,不贵繁冗。至如棱侧起伏,随势所立,大抵之意,员规最妙。其有误发,不可再摹,恐失其笔势。若字有点处,须空中遥掷下,其势如高峰坠石,又下笔势如放箭,箭不欲迟,迟则中物不入。然则施于草迹,亦须时时象其篆势,八分、章草、古隶等体,要相合杂,发人意思。若直取俗字，则不能光发于笺豪；若非静思闲雅，发于中虑，则失其妙用也。

《全唐文》卷三六五，中华书局一九八三年版

法书论

余家历世皆传儒素，尤尚书法。十九代祖东汉左中郎邕，有篆籀八体之妙；六世祖陈侍中景历，五世伯祖隋蜀王府记室君知，咸能楷隶，俱为时所重；从叔父右卫率府兵曹参军有邻，继于八体之迹；第四兄缑氏主簿希逸、第七兄洛阳尉希寂，并深工草隶，颇为当代所称也。周宣王《史籀》作大篆，秦始皇程邈改为隶书，东汉上谷王次仲以隶书改为楷法，仲又以楷法变为八分。其后继迹者，伯喈得之极，元常或其亚。草圣始自楚屈原，章草兴于汉宣帝，楷法则曹喜、师宜官、梁鹄、皇象、罗景、赵嗣、邯郸淳、胡昭、杜度；草法则崔瑗、崔寔、张芝、张昶、索靖、卫瓘、卫恒、羲、献。宋齐之间王僧虔、羊欣、李镇东、萧子云、萧思话、陶隐居、永禅师，唐房乔、杜如晦、杨师道、裴行俭、高士廉、欧阳询、虞世南及陆柬之、褚遂良、薛稷，其次有琅玡王绍宗、颍川钟绍京、范阳张庭珪，亦深有意焉。父兄子弟相继其能者，东汉崔瑗及寔，宏农张芝与弟昶，河东卫瓘及子恒，颍川钟繇及子会，琅玡王羲之及子献之，西河宋令文及子之逊，东海徐峤之及子浩，兰陵萧诚及弟谅。如是数公等，并遭盛明之世，得从容于笔砚。始其学也，则师资一同，及尔成功，乃菁华各擅。亦犹绿叶红花，长松翠柏，虽占雨露，孕育于阴阳，而盘错森梢，芊茸艳逸，各入门自媚，讵闻相下，咸自我而作古，或因奇而立度，若盛传于代，

蔡希综

281

以为贻家之宝。则八体之极，是归乎钟、蔡；草隶之雄，是归乎张、王。此四贤者，自数百载来，未之逮也。

《全唐文》卷三六五，中华书局一九八三年版

徐　浩

徐浩(703—782)　字季海,越州(今浙江绍兴)人。唐书法家。年十五,举明经。历官鲁山主簿、丽正殿校理、右拾遗、监察御史、河阳令、太子司议郎、宪部郎中、襄阳太守、中书舍人、尚书右丞、国子祭酒、庐州长史、集贤殿学士、工部侍郎、岭南节度观察使、吏部侍郎、明州别驾、彭王傅等。著有《书谱》一卷、《广孝经》十卷。

书法论

《周官》内史教国子六书,书之源流,其来尚矣。程邈变隶体,邯郸传楷法,事则朴略,未有能工。厥后钟善正书,张称草圣。右军行法,大令破体,皆一时之妙。近古以来,萧、永、欧、虞,颇得笔势。褚、薛以降,自谓不讥矣。人谓虞得其筋,褚得其肉,欧得其骨,当矣。夫鹰隼乏彩,而翰飞戾天,骨劲而气猛也。翚翟备色,而翱翔于百步,肉丰而力沉也。若藻曜而高翔,书之凤凰矣。欧、虞为鹰隼,褚、薛为翚翟焉。欧阳率更云:"萧书出于章草",颇为知言。然欧阳飞白,旷古无比。

余年在龆龀,便工翰墨,忘寝与食,胼胝笔砚,而性不能逾,力不可强，勤而逾拙，劳而无功。区区碑石之间，矻矻几案之上，亦古人所耻，吾岂忘情耶？"德成而上，艺成而下"，殷鉴不远，何学书为？必以一时风流，千里面目，斯亦愈于博弈，亚于文章矣。发挥圣贤事业，其由斯乎？

初学之际，宜先筋骨；筋骨不立，肉何所附？用笔之势，特须藏锋；锋若不藏，字则有病；病且未去，能何有焉？字不欲疏，亦不欲密，亦不欲长，亦不欲短。小展令大，大蹙令小，疏肥令密，密瘦令疏，斯亦大经矣。笔不欲捷，亦不欲徐，亦不欲平，亦不欲侧。侧竖令平，平峻使侧，捷则须安，徐则须利，如此则其大较矣。

张伯英临池学书，池水尽黑；永师登楼不下，四十余年。张公精熟，号为草圣；永师拘滞，终著能名。以此而言，非一朝一夕所能尽美。俗云："书无百日工。"盖悠悠之谈也。宜白首工之，岂可百日乎？

汝曹年未弱冠，但当研精覃思，心□目想，时复临本，验其短长，可致佳境耳。钟太傅坐则画地数步，卧则书被穿表里，由是乃为翰墨之龟鉴耳。

《全唐文》卷四四〇，中华书局一九八三年版

颜真卿

颜真卿（709—784）　字清臣，京兆万年（今陕西西安）人。唐代书法家。勤学经史，善于文词，尤精书法。开元二十二年（734年），举进士。任殿中侍御史，出为平原太守。安禄山叛乱，他首倡联兵抗贼，被推为盟主。后历官御史大夫、刺史、节度使、刑部尚书、尚书左丞、太子太师。德宗时，李希烈叛乱，受命前往劝谕，被杀。曾向张旭请教笔法，所书之字肥而健壮，方严正大，融篆隶之法入行楷，破二王书体，是新书体的创造者，世称"颜体"。北宋书家多学颜，颜书风行于世，评书亦用新标准。著有《韵海镜源》三百六十卷，《礼乐集》十卷。遗文被后人编成《颜鲁公文集》十五卷。

张长史十二意笔法意记

予罢秩醴泉，特诣京洛，访金吾长史张公，请师笔法。长史于时在裴儆宅憩止，有群众师张公求笔法，或有得者，皆曰神妙。仆顷在长安二年，师事张公，皆大笑而已。即对以草书，或三纸五纸，皆乘兴而散，不复有得其言者。仆自再于洛下相见，眷然不替。仆因问裴儆："足下师张长史，有何所得？"曰："但书得绢屏素数十轴。亦尝论诸笔法，唯言倍加功学临写，书法当自悟耳。"

仆自停裴家月余，日因与裴儆从长史言话散却。回京师前请曰："既承九丈奖谕，日夜滋深，夙夜工勤，溺于翰墨。傥得闻笔法要诀，终为师学，以冀至于能妙，岂任感戴之诚也。"长史良久不言，乃左右盼视，拂然而起。仆乃从行，归东竹林院小堂。张公乃当堂踞床而坐，命仆居于小榻而曰："笔法玄微，难妄传授。非志士高人，讵可与言要妙也？ 书之求能且攻真草，今以授之，可须思妙。"

乃曰："夫平谓横，子知之乎？"仆思以对之，曰："常闻长史示令每为一平画，皆须令纵横有象，此岂非其谓乎？"长史乃笑曰："然。"

而又问曰："直谓纵，子知之乎？"曰："岂不谓直者，从不令邪曲之谓乎？"

曰："均谓间，子知之乎？"曰："尝蒙示以间不容光之谓乎？"

曰："密谓际，子知之乎？"曰："岂不为筑锋下笔皆令宛成，不令其疏之谓乎？"

曰："锋为末，子知之乎？""岂不谓以末成画，使其锋健之谓乎？"

曰："力谓骨体，子知之乎？"曰："岂不谓趯笔则点画皆有筋骨，字体自然雄媚之谓乎？"

曰："转轻谓屈折，子知之乎？"曰："岂不谓钩笔转角折锋轻过，亦谓转角为暗阔过之谓乎？"

曰："决谓牵制，子知之乎？"曰："岂不谓为牵为制，决意挫锋，使不怯滞，令险峻而成以谓之决乎？"

曰："补谓之不足，子知之乎？"曰："岂不谓结点画或有失趣者,则以别点画旁救之谓乎?"

曰:"损谓有余,子知之乎?"曰:"岂不谓趣长笔短,常使意势有余,点画若不足之谓乎?"

曰:"巧谓布置,子知之乎?"曰:"岂不谓欲书先预想字形布置,令其平稳;或意外字体,令有异势,是谓之巧乎?"

曰:"称谓大小,子知之乎?"曰:"岂不谓大字蹙之令小,小字展之为大,兼令茂密,所以为称乎?"

长史曰:"子言颇皆近之矣。夫书道之妙焕乎,其有旨焉,字外之奇,言所不能尽。世之书者,宗二王、元常逸迹,曾不睥睨笔法之妙,遂尔雷同。献之谓之古肥,旭谓之今瘦,古今既殊,肥瘦颇反。如自省览,有异众说。芝、钟巧趣,精细殆同,始自机神,肥瘦古今,岂易致意?真迹虽少,可得而推。逸少至于学钟,势巧形容,及其独运,意疏字缓,譬犹楚晋习夏,不能无楚。过言不悒,未为笃论。又子敬之不逮逸少,犹逸少之不逮元常。学子敬者,画虎也。学元常者,画龙也。余虽不习,久得其道,不问之言,必慕之软。傥有巧思,思盈半矣。子其勉之,工精勤悉,自当妙矣。"

真卿前请曰:"幸蒙长史传授笔法,敢问工书之妙,如何得齐于古人?"张公曰:"妙在执笔,令其圆转,勿使拘挛。其次诸法须口传手授之诀,勿使无度,所谓笔法也。其次在于布置,不慢不越,巧使合宜。其次纸笔精佳。其次诸变适怀,纵舍规矩。五者备矣,然后齐于古人矣。"

"敢问执笔之理颇得?"长史曰:"予传授笔法之老舅彦远曰:'吾闻昔日说书,若学有工,而迹不至。'后闻于褚河南曰:'用笔当须如印泥画沙。'思所以不悟。后于江岛遇见沙地平净,令人意悦欲书,乃偶以利锋画其劲险之状,明利媚好,乃悟用笔。而锥画沙,使其藏锋,画乃沉着。当其用锋,常欲使其透过纸背,此功成之极矣。真草用笔,悉如画沙,则其道至矣。是乃其迹可久,自然齐古人矣。但思此理以专想工用,故其点画不得妄动。子其书绅。"

余遂铭谢再拜,逡巡而退。自此得攻书之术,于兹五年,真草自知可成矣。

《颜鲁公文集》卷一四,商务印书馆《四部丛刊初编》本

归崇敬

归崇敬(712—799)　字正礼,苏州吴(今江苏苏州)人。精礼学,举明经,又举博通坟典科。历官四门博士、左拾遗、史馆修撰、集贤殿校理、仓部郎中、国子司业兼集贤学士、翰林学士、左散骑常侍、皇太子侍读、工部尚书、兵部尚书。任国子司业时,作《辟雍议》,建议更改国子监及学官名称,严选经学博士,重订教学及考核制度,科举考试罢去帖经,所试唯经义二十、策三道。代宗令尚书省集百官议,皆以习俗已久,制度难改而罢。著有《归崇敬集》二十卷。

辟雍议

《礼记·王制》曰,天子学曰辟雍。又《五经通义》云,辟雍,养老教学之所也。以形制言之,雍,瓮也,辟,璧也,瓮水环之,圆如璧形。以义理言之,辟,明也,雍,和也,言以礼乐明和天下。《礼记》亦谓之泽宫。《射义》云,天子将祭,必先习射于泽宫。故前代文士,亦呼云璧池,亦曰璧沼,亦谓之学省。后汉光武立明堂、辟雍、灵台,谓之三雍宫。至明帝躬行养老于其中。晋武帝亦作明堂、辟雍、灵台,亲临辟雍,行乡饮酒之礼。又别立国子学,以殊士庶。永嘉南迁，唯有国子学，不立辟雍。北齐立国子寺，隋初亦然。至炀帝大业十三年，改为国子监。今国家富有四海，声明文物之盛，唯辟雍独阙，伏请改国子监为辟雍省。

又以：祭酒之名，非学官所宜。按《周礼》："师氏掌以美诏王，教国子。"请改祭酒为太师氏，位正三品。又司业者，义在《礼记》，云"乐正司业"。正，长也，言乐官之长，司主此业。《尔雅》云："大板谓之业。"按《诗·周颂》："设业设簴，崇牙树羽。"则业是悬钟磬之枸簴也。今太学既不教乐，于义则无所取，请改司业一为左师，一为右师，位正四品上。

又以：五经六籍，古先哲王致理之式也。国家创业，制取贤之法，立明经，发微言于众学，释回增美，选贤与能。自艰难已来，取人颇易，考试不求其文义，及第先取于帖经，遂使专门业废，请益无从，师资礼亏，传受义绝。今请以《礼记》《左传》为大经，《周礼》《仪礼》《毛诗》为中经，《尚书》《周易》为小经，各置博士一员。其《公羊》《穀梁》文疏少，请共准一中经，通置博士一员。所择博士，兼通《孝经》《论语》，依凭章疏，讲解分明，注引旁通，问十得九，兼德行纯洁，文词雅正，仪形规范，可为师表者，令四品以上各举所知。在外者给驿，年七十已上者蒲轮。其国子、太学、四门、三馆，各立五经博士，品秩上下，生徒之数，各有差。其旧博士、助教、直讲、经直及律馆、算馆助教，请皆罢省。

其教授之法，学生至监，谒同业师。其所执贽，脯脩一束、清酒一壶，衫布一段，其色随师所服。师出中门，延入与坐，割脩斟酒，三爵而止。乃发箧出经，抠衣前请。师为依经辨理，略举一隅，然后就室。每朝、晡二时请益，师亦二时居讲堂，说释道义，发明大体，兼教以文行忠信之道，示以孝悌睦友之义。旬省月试，时考岁贡。以生徒及第多少,为博士考课上下。其有不率教者,则楗楚扑之。国子不率教者,则申礼部,移为太学。太学之不变者,移之四门。四门之不变者,归本州之学。州学之不变者,复本役,终身不齿。虽率教九年而学不成者,亦归之州学。

其礼部考试之法,请无帖经,但于所习经中问大义二十,得十八为通,兼《论语》《孝经》各问十得八,兼读所问文注义疏,必令通熟者为一通。又于本经问时务策三道,通二为及第。其中有孝行闻于乡闾者,举解具言于习业之下。省试之日,观其所实,义少两道,亦请兼收。其天下乡贡,亦如之。习业考试,并以明经为名。得第者,授官之资与进士同。若此,则教义日深,而礼让兴;礼让兴,则强不犯弱,众不暴寡。此由太学而来者也。

《旧唐书》卷一四九《归崇敬传》,中华书局一九七五年版

归崇敬

李　华

　　李华(715—766)　字遐叔,赵郡赞皇(今属河北)人。唐代文学家。开元二十三年(735年)举进士,天宝二年(743年)举博学宏词。善为文,与萧颖士友善。天宝中历监察御史、礼部员外郎、吏部员外郎。安禄山陷京师,伪署凤阁舍人。乱平,贬杭州司户参军。后转入江南幕府,擢检校吏部员外郎。去官后,隐居山阳,率子弟力农。清人辑有《李遐叔文集》四卷。

蒙求序

　　安平李翰著《蒙求》一篇,列古人言行美恶,参之声律,以授幼童。随而释之,比其终始,则经史百家之要,十得其四五矣。推而引之,源而流之,易于讽诵,形于章句。不出卷知天下,其《蒙求》哉!《周易》有"童蒙求我"之义,李公子以其文碎,不敢轻传达识者,所务训蒙而已,故以《蒙求》为名,题其首亦每行注两句,人名外传中有别事可记者,亦此附叙之。虽不配上文,所资广博。从《切韵》东字起,每韵四字,凡五百九十六句云尔。

《全唐文》附《唐文拾遗》卷一九,中华书局一九八三年版

李 良

李良（生卒年未详）　曾任饶州刺史、光禄丞。天宝五载（746年），为李瀚《蒙求》一书写《荐蒙求表》。

荐蒙求表

臣良言：臣闻建官择贤，其来有素；抗表荐士，义或可称。爰自宗周，逮兹炎汉，竞征茂异，咸重儒术。窃见臣境内寄住客前信州司马仓参军李瀚，学艺淹通，理识精究，撰古人状迹，编成音韵，属对类事，无非典实，名曰《蒙求》，约三千言。注下转相敷演，向万余事。瀚家儿童三数岁者，皆善讽诵，谈古策事，无减鸿儒，不素谙知，谓疑神遇。司封员外郎李华，当代文宗，名望夙著，与作序云：不出卷而知天下，岂其《蒙求》哉！汉朝王子渊制《洞箫赋》，汉帝美其文，令宫人诵习。近代周兴嗣撰《千字文》，亦颁行天下。岂若《蒙求》者，错综经史，随便训释，童子则固多宏益，老成亦颇觉起予。臣属忝宗枝，职备藩扞，每广听远视，采异访奇，未尝遗一才，蔽片善，有可甄录，不敢不具状闻奏。陛下察臣丹诚，广达四聪之义，令瀚志学，大开奖善之门，伏愿量授一职，微示劝诫。臣良诚惶诚恐，顿首顿首！谨言。

萧颖士

萧颖士（717—759） 字茂挺，南兰陵（今江苏常州西北）人。四岁能作文，七岁能诵数经，十岁补太学生。观书一览即诵，通百家谱系、书籀学。开元二十三年（735年），进士及第。与名士裴耀卿、席豫、贾曾、张垍、韦述等交游，由是名播天下。先后任秘书正字、集贤校理、河南府参军事、山南节度掌书记、扬州功曹参军，皆未久而离去。学者从其授业有尹徵、王恒、卢异、卢士式、贾邕、赵匡、阎士和、柳并、刘太真等，称萧夫子。是时外国亦知颖士之名，新罗使节入朝，言国人愿得萧夫子为师。所著见于《新唐书·艺文志》，有《梁萧史谱》二十卷、《游梁新集》三卷。

送刘太真诗序

《记》有之：尊道成德，严师其难哉！故在三之礼，极乎君亲，而师也参焉。无犯与隐，义斯贯矣。孔圣称颜子，有视予犹父，叹其至欤！今吾于太真也然乎尔。且后进而余师者，自贾邕、卢翼之后，比岁举进士登科，名与实皆相望腾迁，凡十数子，其他自京畿大学逾于淮泗，行束脩以上而未及门者，亦云倍之。余勿敏，曷云当乎而莫之让？盖有来学微往教，蒙匪余求，若之何其拒哉？噫！尔之所以求，我之所以诲，学乎？文乎？学也者，非云征辩说，撼文字，以扇夫谈端，轹厥词意，其于识也，必鄙而近矣。所务乎宪章典法，膏腴德义而已。

文也者，非云尚形似，牵比类，必局夫俪偶放于奇靡，其于言也，必浅而乖矣。所务乎激扬雅训，彰宣事实而已。众之言文学或不然。於戏！彼以我为僻，尔以我为正，同声相求，尔后我先，安得而不问哉！问而教，教而从，从而达，欲辞师得乎？孔门四科，吾是以窃其一矣。然夫德行政事，非学不言，言而无文，行之不远，岂相异哉？四者一夫正而已矣。故曰："《诗》三百，一言以蔽之，曰思无邪。"不正之谓也。

吾尝谓门弟子有尹徵之学，刘太真之文，首其选焉。今兹春连茹甲乙，淑问休阐，为时之冠。浃旬有诏，俾徵典校秘书，且驰传垄首，领元戎书记之事。四牡骓骓，薄言旋归，声动宇下，浃于寰外。而太真元昆，前已科甲，大冲间岁，翙其连举。谓予不信，岂其然乎？夏五月，回棹京洛，告归江表。岵兮屺兮，欢既萃兮；兄矣弟矣，荣斯继矣。缙绅之徒，习《礼》闻《诗》者，佥曰：刘氏二子，可谓立乎身，光乎亲，蹈极致于人伦者矣。上京饯别，庭闱望归，从古以来，未之闻也。余羁宦此邑，睹斯云举，彼吴之丘，曾是昔游。心乎往矣，有怀伊阻；行矣风帆，载飞载扬。尔思不及，黯然以泣。先师孝悌谨信、泛爱亲仁、余力学文之训，尔其志之。南条北固，朱方旧里，昔与太真初会于兹。余之门人，有柳并者，前是一岁，亦尝觏兹地。其请业也，必始乎此焉。并也有尹之敏、刘之工，其少且病，故莫之逮。太真亦尝曰："何敢忘并。"并与真，难乎其相夺也。缅彼江阴，京阜是临；言念二子，从予于此;尔云过之,其可忘诸。同是饯者,赋《江有归舟》,以宠夫嘉庆焉尔。

《古今图书集成·交谊典》卷七《师弟部》,中华书局一九三四年版

贾　至

贾至(718—772)　字幼邻(一作幼几),洛阳(今属河南)人。开元二十三年(735 年),举进士。天宝末为中书舍人。宝应二年(763 年)为尚书左丞,支持改革科举。广德二年(764 年),任礼部侍郎。大历时,任兵部侍郎、京兆尹兼御史大夫、右散骑常侍。

议杨绾条奏贡举疏

谨按:夏之政尚忠,殷之政尚敬,周之政尚文,然则文与忠敬,皆统人之行也。且夫谥号述行,美极人文,人文兴则忠敬存焉。是故前代以文取士,本文行也,由辞以观行,则及辞也。宣父称颜子不迁怒,不贰过,谓之好学。至乎修《春秋》,则游、夏之徒不能措一辞,不亦明乎!间者礼部取人,有乖斯义。《易》曰:"观乎人文以化成天下。"《关雎》之义曰:"先王以是经夫妇,成孝敬,厚人伦,美教化,移风俗,盖王政之所由废兴也。"故延陵听《诗》,知诸侯之存亡。今试学者以帖字为精通,不穷旨义,岂能知迁怒贰过之道乎?考文者以声病为是非,唯择浮艳,岂能知移风易俗化天下之事乎?是以上失其源而下袭其流,波荡不知所止,先王之道,莫能行也。夫先王之道消，则小人之道长；小人之道长，则乱臣贼子生焉。臣弑其君，子弑其父，非一朝一夕之故，其所由来者渐矣。渐者何？谓忠信之凌颓，耻尚之失所，末学之驰骋，儒道之不举，四者皆取士之失也。

夫一国之事，系一人之本谓之风。赞扬其风，系卿大夫也，卿大夫何尝不出于士乎？今取士试之小道，而不以远者大者，使干禄之徒，趋驰末术，是诱导之差也。夫以蜗蚓之饵杂垂沧海，而望吞舟之鱼，不亦难乎！所以食垂饵者皆小鱼，就科目者皆小艺。四人之业，士最关于风化。近代趋仕，靡然向风，致使禄山一呼而四海震荡，思明再乱而十年不复。向使礼让之道弘，仁义之道著，则忠臣孝子比屋可封，逆节不得而萌也，人心不得而摇也。

且夏有天下四百载，禹之道丧而殷始兴焉；殷有天下六百祀，汤之法弃而周始兴焉；周有天下八百年，文、武之政废而秦始并焉。观三代之选士任贤，皆考实行，故能风化淳一，运祚长远。秦坑儒士，二代而亡。汉兴，杂三代之政，弘四科之举，西京始振经术之学，东都终持名节之行。至有近戚窃位，强臣擅权，弱主孤立，母后专政，而社稷不陨，终彼四百，岂非兴学行道、扇化于乡里哉？厥后文章道弊，尚于浮侈，取士术异，苟济一时。自魏至隋，仅四百载，三光分景，九州阻域，窃号僭位，德义不攸，是以子孙速颠，享国咸促。国家革魏、晋、梁、隋之弊，承夏、殷、周、汉之业，四隩既宅，九州攸同，覆焘亭育，合德天地。安有舍皇王举士之道，踪乱代取人之术？此公卿大夫之辱也。杨绾所奏，实为正论。

然自典午覆败，中原版荡，戎狄乱华，衣冠迁徙，南北分裂，人多侨处。圣朝一平区宇，尚复因循，版图则张，闾井未设，士居乡土，百无一二，因缘官族，所在耕筑，地望系之数百年之外，而身皆东西南北之人焉。今欲依古制乡举里选，犹恐取士之未尽也，请兼广学校，以弘训诱。今京有太学，州县有小学，兵革一动，生徒流离，儒臣师氏，禄廪无向。贡士不称行实，胄子何尝讲习，独礼部每岁擢甲乙之第，谓弘奖擢，不其谬欤？只足长浮薄之风，启侥幸之路矣。其国子博士等，望加员数，厚其禄秩，选通儒硕生，间居其职。十道大郡，量置太学馆，令博士出外，兼领郡官，召置生徒。依乎故事，保桑梓者乡里举焉，在流寓者庠序推焉。朝而行之，夕见其利。如此则青青不复兴刺，扰扰由其归本矣。人伦之始，王化之先，不是过也。

《旧唐书》卷一一九《杨绾传》，中华书局一九七五年版

旌儒庙碑

观象考历本乎元，辨方正位稽乎极。体元御极，莫先于教；教之大者，莫大于儒。旌儒有祠，我新典也。昔秦灭羲轩之制，废唐虞之则，大搜学徒，竭索儒党。怀书捧檄者，鳞集蹙至，然后罪九流之异论，尤百氏之殊术。无辜杀身，有道并命，冤骸积于坑谷，流血淬于泉壤，蹈仁义而死者，不可胜纪。开元末，天子在骊山之宫，登集灵之台，考图验纪，周览原隰。见乡名坑儒，颓堑犹在，慨然感亡秦之败德，哀先儒之道丧，强死千载，游魂无依。乃诏有司，是作新庙，牲币有数，以时飨祀，因祠命乡，号曰旌儒。人神和悦，怨气销散。於戏！秦皇帝以神武迈古，并吞六合，扫天下以一箐，芟群雄如众草，建守罢侯，大权在己。自轩辕已降，平一宇宙，未有若斯之盛也。夫戡乱以武，守成以文；文以正崇，武以权胜。秦皇知权之可以取，不知正之可以守。向使天下既定，守正崇儒，

贾至

299

遵六经之谟训，用三代之文质，则黄轩盛美，汤武宏业不若也。观夫坑儒焚书之意，乃欲盖先王之能事，窃作者之鸿名，赵众耳以前闻，逞私欲于当代，此儒之所忌也，秦之所志。悲夫！儒以恭俭为宗，秦则疲弊生人，极力宫室；儒以道德柔远，秦则竭耗中国，劳师四夷；儒以宥过议贤，秦则刻法峭刑，贼虐谏辅；儒以述先好古，秦则师心狥智，燔弃坟典。夫如是，则秦不得不灭，儒不得不坑，事使然也。今天下矫覆车之前轨，崇明祀于后叶，秦之所灭，我之所兴，斯区夏无疆之休，子孙万代之福也。昔武王封比干之墓，则招谏之道劝矣；晋文表绵上之田，则志过之名立矣；汉高护信陵之冢，则尊贤之风著矣。未若激扬大教，庙食众贤，上以兴天地之经，次以存颠覆之鉴，下以绝厉灾之眚，建一祠而三德具焉。鲰臣不敏，敢作颂曰：于维先王，设教崇儒。作训六经，为代典谟。降及夫子，三千其徒。再扬清风，文在兹乎。天丧斯文，道有通塞。实生暴秦，反道败德。窃善攘誉，师愍徇惑。焚书坑儒，万古凄恻。牢落千祀，微茫九原，骊山之北，坎窨犹存。草树无色，愁云昼昏。时闻夜哭，知有冤魂。帝在华清，登高访古。愍默颓堙，悲凉榛莽。上感亡秦，覆车遗武。下哀群哲，飨祀无主。爰降嘉诏，聿修清祠。馈之牲牢，奠酹以时。幽幽庙门，肃肃灵仪。冥漠求食，长无馁而。粤自汉初，迄于隋运。亦有令主，尊儒尚训。阙典冈崇，斯文莫振。昭昭神理，长怀幽愤。我后濬哲，聪明文思。敷宏大教，咸秩神祇。鬼无妖灾，人不疠疵。俾尔苍生，富寿无期。小臣作颂，敢继删诗。

《全唐文》卷三六八，中华书局一九八三年版

刘　秩

　　刘秩(生卒年未详)　字祚卿,彭城(今江苏徐州)人。刘知幾之子。历官左监门卫录事参军事、宪部员外郎、陇西司马、给事中、尚书右丞、国子祭酒、阆州刺史、抚州长史。著有《政典》三十五卷、《止戈记》七卷、《至德新议》十二卷、《指要》三卷。

选举论

　　王者官人,必视国之要。杜诸户,一其门,安平则尊经术之士,有难则贵介胄之臣。夏、殷、周选士必于庠序,非其道者,莫得仕进。是以诱人也无二,其应之者亦一。及周之末,诸侯异政,取人多方,故商鞅患之,说秦孝公曰:"利出一孔者王,利出二孔者强,利出三孔者弱。"于是下令:非战非农,不得爵位。秦卒以是并吞六国。汉室干戈以定祸乱,贵尚淳质。高后举孝悌、力田,文、景守而不变,故下有常业,而朝称多士。及孝武察孝廉,置五经博士弟子,虽门阀二三,而未失道德也。逮至晚岁,务立功名,锐意四夷。故权谲之谋设,荆楚之士进;军旅相继,官用不足。是以聚敛计料之政生,设险兴利之臣起,番系、严熊罴等经营作渠以通漕运，东郭偃、孔仅建盐铁诸利策。富者冒爵射官，免刑除罪。公用弥多，而为官者徇私，上下并求，百姓不堪刊弊。故巧法惨急之臣进，而见知废格之法作，杜周、减宣之属以峻文决理贵，而王温舒之徒以鹰击敢杀彰。而法先王之术，习俎豆之容者，无所任用。由是精通秀颖之士不游于学，游于学者率章句之儒也。是以昭帝之时，霍光问人疾苦，不本之于太常诸生，征天下贤良文学以访之，是常道不足以取人也。至于东汉，光武好学，不能施之于政，乃躬自讲经。肃宗以后，时或祖效，尊重儒术，不达其意而酌其文。三公尚书，虽用经术之士，而不行经术之道。是以元、成以降，迄于东汉，慷慨通方之士寡，廉隅立节之徒众。无何，汉氏失驭，曹魏僭窃，中正取士，权归著姓。虽可以镇伏甿庶，非尚贤之术。盖尊尊之道，于时圣人不出，贤哲无位，诗道大作，怨旷之端也。泊乎晋、宋、齐、梁，递相祖习，其风弥盛。舍学问，尚文章，小仁义，大放诞。谈庄周、老聃之说，诵《楚词》《文选》之言。六经九流，时曾阅目；百家三史，罕闻于耳。撮群抄以为学，总众诗以为资，谓善赋者廊庙之人，雕虫者台鼎之器。下以此自负，上以此选材，上下相蒙，持此为业，虽名重于当时，而不达于从政。故曰："取人之道，可以敦化。"《周书》曰："以言取人，人竭其言；以行取人，人竭其行。"取人之道，不可不慎也。原夫诗赋之意，所以达下情，所以讽君上。上下情通而天下乱者，未之有也。近之作者，先文后理，词冶不雅，既不关于讽刺，又不足以见情，盖失其本，又何为乎！隋氏罢中正，举选不本乡曲，故里闾无豪族，井邑无衣冠。人不土著，萃处京畿；士不饰行，人弱而愚。夫古者以勋赏功，以才莅职。以才莅职，是以职与人宜。近则以职赏功，是以官与人乖。古者计人而贡士，计吏而用人，故士无不官，官无乏吏。近则官倍于古，士十于官，求官者又十于士，故士无官，官乏禄，吏扰人。古者王畿千里，千里之外，封建诸侯，诸侯之吏，自卿以降，各自举任。当乎汉室，除保傅将相，余尽专之，州县佐史，则皆牧守选辟。夫公卿者，主相之所任也；甸外之官吏者，又诸侯牧守之事也。然则主司之所选者，独甸内之吏，公卿府之属耳，岂不寡哉！所选既寡，则焉得不精？近则有封建而无国邑，五服之内，政决王朝，一命免拜，必归吏部。按名授职，犹不能遣，何暇采访贤良，搜核行能耶？时皆共嗤其失，而不知失之所以，故备详之。

又曰：夫官有大小，材有短长，长者任之以大官，短者任之以小职。职与人相宜，而功与事并理，是以孟公绰为赵、魏老则优，不可以为滕、薛大夫。近之任官，其选之也略，其使之也备，一人之身，职无不莅。若委游、夏以政事，责冉、季以文学也，何其谬欤！故人失其长，官失其理。是以三代之制，家有代业，国有代官。孔子曰："医不三世，不服其药。"史墨曰："古之为官，代守其业，朝夕思之。一朝失业，死则及焉。"是知业不代司习，则其事不精。此周之所以得人也。昔羲氏、和氏掌天地，刘氏代扰龙，籍氏代司史，庾氏、库氏代司出纳，制氏代司铸钟，即其事也。后代以代卿执柄，益私门，卑公室，齐夺于田氏，鲁弱于三家。革代卿之失，而不复代业之制。医、工、筮、数，其道浸微，盖为此也。故老子曰："圣人常善救人，故无弃人；常善救物，故无弃物。"不善用人者，譬若使骥捕鼠，令鹰守肉。骥之捕鼠，终不可获，而千里之功废矣；鹰之守肉，死有余罪，而攫撮之效没矣。夫裁径尺之帛，刻方寸之木，不任左右，必求良工者，裁帛、刻木非左右之所能故也。径尺之帛，方寸之木，薄物也，非良工不能裁之。况帝王之佐，经国之任，可不审择其人乎？故构大厦者，先择木，然后拣材；理国家者,先择佐,然后守人。大匠构屋,必以大材为栋梁,小材为榱桷,苟有所中,尺寸之木无弃,此善理木者也。

《全唐文》卷三七二,中华书局一九八三年版

考课论

昔周公使伯禽理鲁,三年而后报政。周公曰:"何迟?"伯禽曰:"变其理,易其俗,难,所以迟。"太公理于齐,三月而后报政。周公曰:"何疾?"曰:"因其俗,简其礼,易,所以速。"故孔子论之曰:"齐一变,至于鲁;鲁一变,至于道。"由是而言,劳不甚者理不极,功不积者泽不深。故尧、舜三年而考,三考而黜陟,所以能尽其智术也。近古人情敦厖,未淳乎尧、舜;礼正乐和,未愈于虞、夏;官贤吏能,未称于殷、周。或一年而考,或四考黜陟,或比年而巡狩,或岁时便迁,或旬月升擢令长。今日既上,明日部内有犯名义者,即坐之,不其速欤!

《全唐文》卷三七二,中华书局一九八三年版

元　结

元结(719—772)　字次山,河南(治今河南洛阳)人。唐代文学家,古文运动的先行者。天宝十三载(754 年)举进士,曾任右金吾兵曹参军、摄监察御史、山南西道节度参谋。以讨史思明立有战功,迁监察御史里行,进水部员外郎。代宗时,任道州刺史,减免徭役,颇著政绩,进容管经略使。著有《元次山集》。

自箴

有时士教元子显身之道曰:"于时不争,无以显荣。与世不佞,终身自病。君欲求权,须曲须圆。君欲求位,须奸须媚。不能此为,穷贱勿辞。"元子对曰:"不能此为,乃吾之心。反君此言,作我自箴。与时仁让,人不汝上。处世清介,人不汝害。汝若全德,必忠必直。汝若全行,必方必正。终身如此,可谓君子。"

《全唐文》卷三八二,中华书局一九八三年版

化虎论

　　都昌县大夫张粲君英将之官，与其友贾德方、元次山别，且曰："吾邑多山泽，可致麋鹿，为二贤羞宾客，何如？"及到官，书与二友曰："待我化行旬月，使虎为鹿，豺为麖，枭为鹔鸪，虾蟆为兔，将以丰江外庖厨，岂独与德方、次山之羞宾客也？"德方对曰："呜呼！兵兴岁久，战争日甚，生人怨痛，何时休息？君英之化，岂及虎豹？将恐虎窟公城，豹游公庭，枭集公楹，群蛙匝公而鸣，敢以不然之论，反化君英。"次山异德方报君英，化虎之论，岂直望化虎哉？次山请商之君英，所谓待吾化虎，然后羞吾属也，其意盖欲待朝廷化小人为君子，化谄媚为公直，化奸邪为忠信，化竞进为退让，化刑法为典礼，化仁义为道德，使天下之人心皆涵纯朴，岂止化虎而羞我哉？德方未量君英欤！次山故编所言，为化虎之论。

《全唐文》卷三八二，中华书局一九八三年版

李 翰

李翰（约 719—约 772） 一作李瀚，字子羽，赵州赞皇（今属河北）人。弱冠举进士，历官卫县尉、侍御史、左补阙、翰林学士。为文精密，闻名于时。著有《李翰前集》三十卷、《张巡姚訚传》二卷。另著有《蒙求》三卷，成为传世的蒙学教材。

通典序

儒家者流，博而寡要，劳而少功，何哉？其患在于习之不精，知之不明，入而不得其门，行而不由其道。何以征之？夫五经群史之书，大不过本天地，设君臣，明十伦五教之义，陈政刑赏罚之柄，述礼乐制度之统，究治乱兴亡之由。立邦之道，尽于此矣。非此典者，谓之无益世教，则圣人不书，学者不览，惧人冗烦而无所从也。先师宣尼，祖述尧、舜，宪章文、武，七十子之徒，宣明大义，三代之道，百世可师。而诸子云云，猥复制作，由其门则其教已备，反其道则其人可诛。而学者以多阅为广见，以异端为博闻，是非纷然，塞胸满腹，颎洞茫昧而无条贯。或举其中而不知其本，原其始而不要其终。高谈有余，待问则泥。虽驱驰百家，日诵万字，学弥广而志弥惑，闻愈多而识愈疑。此所以勤苦而难成，殆非君子进德修业之意也。

今《通典》之作，昭昭乎其警学者之群迷欤！以为君子致用在乎经邦，经邦在乎立事，立事在乎师古，师古在乎随时。必参古今之宜，穷终始之要，始可以度其古，终可以行于今。问而辨之，端如贯珠；举而行之，审如中鹄。夫然，故施于文学，可为通儒；施于政事，可建皇极。故采五经群史，上自黄帝，至于我唐天宝之末，每事以类相从，举其始终，历代沿革废置及当时群士论议得失，靡不条载，附之于事。如人支脉，散缀于体。凡有八门，勒成二百卷，号曰《通典》。非圣人之书，乖圣人微旨，不取焉，恶烦杂也。事非经国礼法程制，亦所不录，弃无益也。若使学者得而观之，不出户知天下，未从政达人情，罕更事知时变，为功易而速，为学精而要。其道甚直而不径，其文甚详而不烦，推而通，放而准，语备而理尽，例明而事中，举而措之，如指诸掌，不假从师聚学，而区以别矣。非聪明独见之士，孰能修之？淮南元戎之佐曰：尚书主客郎京兆杜公君卿，雅有远度，志于邦典，笃学好古，生而知之。以大历之始，实纂斯典，累纪而成。杜公亦自为序引，各冠篇首。或前史有阙，申高见发明，以示劝戒，用存景行。近代学士，多有撰集，其最著者，《御览》《艺文》《玉烛》之类，网罗古今，博则博矣。然率多文章之事，记问之学，至于刊列百度，缉熙王猷，至精至纯，其道不杂，比于《通典》，非其伦也。於戏！今之人贱近而贵远，昧微而睹著，得之者甚鲜，知之者甚稀，可为长太息也。翰尝有斯志，约乎旧史，图之不早，竟为善述者所先，故颇详旨趣，而为之序。庶将来君子，知吾道之不诬。

《通典》之《通典原序》，中华书局一九八四年版

司马贞

司马贞（生卒年未详） 河内（今河南沁阳）人。开元时，曾任国子博士、宏文馆学士、润州刺史。学《史记》于崇文馆学士张嘉会，深感褚少孙补司马迁书多有失错，而裴骃《集解》之旧有音义年远散佚，诸家音义之书亦失传，刘伯庄、许子儒等书又多疏漏。乃因裴骃《集解》撰《史记索隐》三十卷，对《史记》之学的研究与传授颇有助益。

史记索隐后序

夫太史公纪事，上始轩辕，下讫天汉，虽博采古文及传记诸子，其间残缺盖多，或旁搜异闻以成其说，然其人好奇而词省，故事核而文微，是以后之学者多所未究。其班氏之书，成于后汉。彪既后迁而述，所以条流更明，是兼采众贤，群理毕备，故其旨富，其词文，是以近代诸儒共行钻仰。其训诂盖亦多门，蔡谟集解之时已有二十四家之说，所以于文无所滞，于理无所遗。而太史公之书，既上序轩黄，中述战国，或得之于名山坏壁，或取之以旧俗风谣，故其残文断句难究详矣。

然古今为注解者绝省，音义亦希。始后汉延笃乃有《音义》一卷,又别有《章隐》五卷,不记作者何人,近代鲜有二家之本。宋中散大夫徐广作《音义》十三卷,唯记诸家本异同,于义少有解释。又中兵郎裴骃,亦名家之子也。作《集解》注本,合为八十卷,见行于代。仍云亦有《音义》,前代久以散亡。南齐轻车录事邹诞生亦撰《音义》三卷,音则尚奇,义则罕说。隋秘书监柳顾言尤善此史。刘伯庄云,其先人曾从彼公受业,或音解随而记录,凡三十卷。隋季丧乱,遂失此书。伯庄以贞观之初,奉敕于弘文馆讲授,遂采邹、徐二说,兼记忆柳公音旨,遂作《音义》二十卷。音乃周备,义则更略,惜哉!古史微文遂由数贤秘宝,故其学殆绝。

前朝吏部侍郎许子儒亦作《注义》,不睹其书。崇文馆学士张嘉会独善此书,而无注义。贞少从张学,晚更研寻,初以残缺处多,兼鄙褚少孙诬谬,因愤发而补《史记》,遂兼注之,然其功殆半。乃自唯曰:"千载古史,良难闲然。"因退撰《音义》,重作赞述,盖欲以剖盘根之错节,遵北辕于司南也。凡为三十卷,号曰《史记索隐》云。

《史记》,中华书局一九八二年版

崔祐甫

崔祐甫(721—780)　字贻孙,京兆长安(今陕西西安)人。举进士,历官寿安尉、起居舍人、司勋吏部员外郎、永平军行军司马、中书舍人、中书侍郎、同中书门下平章事等。主张对官员的任用不绝对受资历局限,应根据本人实际才能,秉公选取。未及一年,任命八百员,众称允当。

穆氏四子讲艺记

检校秘书少监兼和州刺史、侍御史河南穆宁,字子宁,以正直登朝,以严明作牧。斯历阳之人,弗惟奉承侍御史之符候,持三尺律,期于禁暴惩奸而已。乃能广吾君之德,靖人于教化。教化之兴,始于家庭,延于邦国,事之体大,且非谀闻者之所及也。请言其家之教化焉。

使君有四子,曰赞,曰质,曰赓,曰赏,耸秀之姿,若瑶林植庭,雪羽驯庑,克岐克嶷,突而偕弁,方欲以六经百氏,播礼乐,务忠孝,正名器,导人伦。如兰有芳心,泉有清源,兆德之阶,于是乎始。使君曰:“昔陈亢喜闻《诗》闻《礼》,闻君子之远其子于孔鲤。今兹赞之侪也,其年或成人,或几成人,学《诗》学《礼》,则亦既戒,

311

远子之节，吾事可不务哉！"于是考州之东四十里，因僧居之外，阶庭户牖，芳草拳石。近而幽，远而旷，澶漫平田，觱沸温泉。可以步而适，可以濯而躅，谓尔群子，息焉游焉。赞、质暨赓、赏，拜手稽首，曰："应惟惠施之车，仲舒之帷，苏秦之锥，三物毕具。而郡廷温清所在，今也改晨昏为旬朔。夫岂不怀？家人有严君焉，惟命之受。"曰俾尔斫，俾尔茨，俾尔负，则使君之材，使君之堂，使君之薪，成且美矣，安在其习定省之近仪哉？抑又尝闻乃祖安阳府君，传《洪范九畴》，究天人之际，赞等祇荷严训述修祖德，穆氏之门欲不大，不可得也。

祐甫不腆，幸与使君有郎省之旧，考槃在阿，岁聿云莫，谁谓相远，驾言出游，既觌邦君，又适诸子之馆。使君第三子字绍古，于伯季之间，肄文史，考故实，甚精而成。因见谓曰："丈人吾父之友也，从事于游夏之门久矣，盍以文见诲，如赓也，宜何文也？"祐甫应之曰："仆朴人也，徒有志于文，知文之阡陌，而不知其精粹，请道其所见，而绍古自执焉。欲以文经邦者宜董、贾，欲以文动俗者宜扬、马。言偃之文，郁而不见，卜商有诗序，其体近六经。屈原、宋玉怨刺比兴之词，深而失中，近于子夏，所谓哀以思。刻石铭座者取崔、蔡，论都及政者宗班、张，飞书走檄者征陈琳。曹、刘之气奋以举，潘、陆之词缛而丽。过此以往，未之或知。宋、齐以降，年代未远，有文之士，胄系皆存，议其优劣，其词未易，故阙焉。"绍古曰："盍书之。"因命笔而记之。大历七年十一月十八日。检校尚书吏部郎中博陵崔祐甫之辞也。

《全唐文》卷四〇九，中华书局一九八三年版

张怀瓘

张怀瓘(生卒年未详) 海陵(今江苏泰州)人。唐代书法家。玄宗、肃宗、代宗时曾任升州司马、翰林院供奉、右率府兵曹参军。善正、行、草书、小篆、八分,撰有《书断》《书估》《书议》《评书药石论》《六体书论》《用笔十法》等篇,流传于世。

书断序

昔庖牺氏画卦以立象,轩辕氏造字以设教。至于尧、舜之世,则焕乎有文章。其后盛于商、周,备夫秦、汉,固夫所由远矣。

文章之为用,必假乎书;书之为征,期合乎道。故能发挥文者,莫近乎书。若乃思贤哲于千载,览陈迹于缣简,谋猷在观,作事粲然,言察深衷,使百代无隐,斯可尚也。及夫身处一方,含情万里,标拔志气,黼藻精灵,披封睹迹,欣如会面,又可乐也。

尔其初之微也,盖因象以瞳眬,眇不知其变化。范围无体,应会无方,考冲漠以立形,齐万殊而一贯。合冥契,吸至精,资运动于风神,颐浩然于润色。尔其终之彰也,流芳液于笔端,忽飞腾而光赫。或体殊而势接,若双树之交叶;或区分而气运,似两井之通泉。麻蓬相扶，津泽潜应。离而不绝，曳独茧之丝；卓尔孤标，竦危峰之石。龙腾凤翥，若飞若惊。电烻燋爣，离披烂熳。翕如云布，曳若星流。朱焰绿烟，乍合乍散。飘风骤雨，雷怒霆激，吁可骇也。信足以张皇当世，轨范后人矣。至若磔髦竦骨，裨短截长，有似夫忠臣抗直，补过匡主之节也。矩折规转，却密就疏，有似夫孝子承顺，慎终思远之心也。耀质含章，或柔或刚，有似夫哲人行藏，知进知退之行也。固其发迹多端，触变成态，或分锋各让，或合势交侵。亦犹五常之与五行，虽相克而相生，亦相反而相成。岂物类之能象，实微妙而难名。《诗》云："鼓钟钦钦，鼓瑟鼓琴，笙磬同音。"是之谓也。

使夫观者玩迹探情，循由察变，运思无已，不知其然。环宝盈瞩，坐启东山之府；明珠曜掌，顿倾南海之资。虽彼迹已缄，而遗情未尽，心存目想，欲罢不能。非夫妙之至者，何以及此？

且其学者察彼规模，采其玄妙，技由心付，暗以目成。或笔下始思，困于钝滞；或不思而制，败于脱略。心不能授之于手，手不能受之于心。虽自已而可求，终杳茫而无获，又可怪矣。及乎意与灵通，笔与冥连，神将化合，变出无方。虽龙伯挈鳌之勇，不能量其力；雄图应箓之帝，不能抑其高。幽思入于毫间，逸气弥于宇内，鬼出神入，追虚捕微，则非言象筌蹄所能存亡也。

夫幼童而守一艺，白首而后能言，固不可恃才曜识，以为率尔可知也。且知之不易，得之有难，千有余年，数人而已。昔之评者，或以今不逮古，质殊丑妍。推察疵瑕，妄增羽翼。自我相物，求诸合己。悉为鉴不圆通也。亦由仓黄者唱首，冥昧者继声，风议混然，罕详孰是。及兼论文字始祖，各执异端，臆说蜂飞，竟无稽古，盖眩如也。

怀瓘质被愚蒙，识非通敏，承先人之遗训，或纪录万一，辄欲芟夷浮议，扬榷古今，拔狐疑之根，解纷挐之结。考穷乖谬，敢无隐于昔贤；探索幽微，庶不欺于元匠。爰自黄帝史籀苍颉，迄于皇朝黄门侍郎卢藏用，凡三千二百余年，书有十体源流，学有三品优劣。今叙其源流之异，著十赞一论，较其优劣之差，为神、妙、能三品。人为一传，亦有随事附著，通为一评，究其臧否，分成上、中、下三卷，名曰《书断》。其目录如此，庶儒流君子，知小学亦务焉。

《全唐文》卷四三二，中华书局一九八三年版

六体书论

臣闻：形见曰象。书者，法象也。心不能妙探于物，墨不能曲尽于心，虑以图之，势以生之，气以和之，神以肃之。合而裁成，随变所适。法本无体，贵乎会通。观彼遗踪，悉其微旨，虽寂寥千载，若面奉徽音。其趣之幽深，情之比兴，可以默识，不可言宣。亦犹冥密，鬼神有矣，不可见而以知。启其元关，会其至理，即与大道不殊。夫经是圣文，尚传而不秘；书是妙迹，乃秘而不传。存殁光荣，难以过此，诚不朽之盛事。

大篆者，史籀造也。广乎古文，法于鸟迹，若鸾凤奋翼，虬龙掉尾。或花萼相承，或柯叶敷畅，劲直如矢，宛曲若弓，铦利精微，同乎神化。史籀是其祖，李斯、蔡邕为其嗣。

小篆者，李斯造也。或镂纤屈盘，或悬针状貌，鳞羽参差而互进，珪璧错落以争明，其势飞腾，其形端严。李斯是祖，曹喜、蔡邕为嗣。

八分者，王次仲造也。点画发动，体骨雄异，作威投戟，腾气

扬波,贵逸尚奇,探灵索妙。可谓蔡邕为祖,张昶、皇象为子,钟繇、索靖为孙。

隶书者,程邈造也。字皆真正,曰真书。大率真书如立,行书如行,草书如走,其于学趣,盖有殊焉。夫学草行,分不一二,天下老幼,悉习真书,而罕能至,其最难也。钟繇法于大篆,措思神妙,得其古风,亦有不足,伤于疏瘦。王羲之比钟繇,锋芒峻势,多所不及,于增损则骨肉相称,润色则婉态妍华,是乃过也。王献之远减于父锋芒,往往直笔而已。锋芒者,若犀象之有牙角;婉态者,若蛟龙之恣盘游。夫物负阴而抱阳,书亦外柔而内刚,缓则乍纤,急则若灭,修短相异,岩谷相倾,险不至崩,跌不至失,此其大略也。可谓元常为兄,逸少为弟,子敬为息。

行书者,刘德升造也。不真不草,是曰行书。晨鸡踉蹡而将飞,暮鸦联翩而欲下,贵其家承蹑不绝,气候通流。逸少则动合规仪,调谐金石,天姿神纵,无以寄辞。子敬不能纯一,或行草杂糅,便者则为,神会之间,其锋不可当也。宏逸遒健,过于家尊。可谓子敬为孟,逸少为仲,元常为季。

草书者,张芝造也。草乃文字之末,而伯英创意,庶乎文字之先,其功邻乎篆籀。探于万象,取其元精,至于形似,最为近也。字势生动,宛若天然,实得造化之姿,神变无极。然草法贵在简易,而此公伤于太简也。逸少虽损益合宜,其于风骨精熟,去之尚远。伯英是其祖,逸少是其父,子敬是其子。

若乃无所不通,独质天巧,耀今抗古,百代流行,则逸少居最。所以然者,古质今文,世贱质而贵文,文则易俗,合于情深。识者必考之古,乃先其质而后其文。质者如经,文者如纬。若钟、张为枝干,二王为华叶,美则美矣,如彼桃李。戛兮铿兮,合乎宫徵。

磊落昆山之石，嵯峨碧海之波。奔则激电飞空，顿则悬流注壑。虽贯珠之一一，亦行雁之联联。求之于希微，见之于无物。或俨兮其容，或敦兮若朴，或焕兮若冰之将释，然后为得矣。故学真者不可不兼钟，学草者不可不兼张，此皆书之骨也。如不参二字之法，欲求于妙，不亦难乎？若有能越诸家之法度，草隶之规模，独照灵襟，超然物表，学乎造化，创开规矩。不然，不可不兼于钟、张也。盖无独断之明，则可询于众议，舍短从长，固鲜有败。书亦探诸家之美，况不遵其祖先乎？

臣数对龙颜，承圣旨修书，拟教皇子小学，亦在幼年。又承诸王学书，不习古本。今不遇古，理在不疑。如学文章，只读今人篇什，不涉经籍，岂成伟器？又如不知东都，惟须指示洛阳之道，日行远近，随其筋力。若令蹇者引去，自然不越其前。亦犹跼骥子于枥中，闭鸳雏于笼下，而望其辽远，实谓难乎！若使其出笼去枥，刷劲翮，整兰筋，垂长风，蹑修路，可以摩霄逐日，岂惟千里万里哉？如人面不同，性分各异，书道虽一，各有所便，顺其情则业成，达其衷则功弃，岂得成大名者哉？

夫得射法者，箭则中物而深入，为势有余矣。不得法者，箭乃掉而近，物且不中，入固不深，为势已尽矣。然执笔亦有法，若执笔浅而坚，掣打劲利，掣三寸而一寸着纸，势有余矣。若执笔深而束，牵三寸而一寸着纸，势已尽矣。其故何也？笔在指端则掌虚，运动适意，腾跃顿挫，生气在焉。笔居半则掌实，如枢不转，制岂自由，转能旋回。乃成棱角，笔既死矣，宁望字之生动。献之年甫五岁，羲之奇其把笔，乃潜自后掣之不脱。幼得其法，此盖生而知之。是故学必有成则无体，欲探其奥，先识其门。有知其门，不知其奥，未有不得其法，而得其能。

夫好事之人，广求名书，以教其子。察其所入，便遣习之。亦如商人，以停百货，色目既众，必有善于人者。所贵多本，本立道生，贫者咨嗟，必不能遂。

伏惟陛下有万国之富，而同庶人之贫，天府妙书，宝惜何用？若恐损污真迹，拓本亦可师模，寸有所长，自古大有佳手，各禀异气，亦可参详。伏愿每季之间一两度，悉召诸王，遍示古迹，商榷诸家工拙，必大间悟心灵，习其所便，从此豹变，冰寒于水。昔有诚信，况复天人神纵者哉！岂可许钟、张、二王，独高于往日也。且一食之美，惟饱其日，傥一观而悟，则润于终身。夫主人示书，谓之设宝，纵一听钧天之乐，睹明月之珠，竟何益于人也？若顺其性，得其法，则何攻不克，何业不成？侍书之人，惟宜指陈妙理，亦如侍讲，敷演圣旨。

当今大化滂流，四表无事，士无弃置，官尽材能。臣及弟怀瓘，叨同供奉。臣谨进怀瓘书大小篆及八分，臣书真行草，合成六体。自书契之作，三千余年，子孙支分，优劣悬隔。今考其神妙，舍彼繁芜，当道要书，用此六体，当道要字，行此千文，比而睹之，见其始末。探贤哲之深旨，知变化之所由。臣敢罄庸愚，谨献《书论》。

《全唐文》卷四三二，中华书局一九八三年版

评书药石论（节选）

臣闻率土作贡，任其所有，率身事主，罄其所能，心存口忠，无所避就。况今荡然不讳，忠臣义士，咸肆其辩，可谓开大通之道。陛下亦以臣知于书也。论于书道，是臣之职，知而不说，用臣何

为？臣之所言，不敢不尽。

假如欲学文章，必先览经籍子史。其上才者，深酌古人之意，不录其言。故陆士衡云："或袭故而弥新。"美其语新而意古。其中才者，采连文两字，配言以成章，将为故实，有所典据。其下才者，模拓旧文，回头易尾，或有相呈新制，见模拓之文，为之愧赧。其无才而好上者，但写之而已。书道亦然。

臣虽不工书，颇知其道。圣人不凝滞于物，万法无定，殊途同归，神智无方而妙有，用得其法而不著，至于无法，可谓得矣。何必钟、王、张、索，而是规模？道本自然，谁其限约？亦犹大海，知者随性分而挹之。先哲有云：言相攻失，以崇于德。故上下无所不通。若面是腹非，护左忌右，则匿恶之名，寻声而至。

夫马筋多肉少为上，肉多筋少为下，书亦如之。今之书人，或得肉多筋少之法，薰莸同器，十年不分，宁知不有藏其知能，混其体法，雷同赏遇，或使之然。至如马之群行，骥子不出其外，列施衔策，方知逸足。含识之物，皆欲骨肉相称，神貌洽然。若筋骨不任其脂肉者，在马为驽骀，在人为肉疾，在书为墨猪。推其病状，未即已也，非医缓不能为之。惟题署及八分，则肥密可也。自此之外，皆宜萧散，恣其运动。然能之至难，鉴之不易。精察之者，必若庖丁解牛，目无全形，折枝分理。其有一点一画，意态纵横，偃亚中间，绰有余裕，结字峻秀，类于生动，幽若深远，焕若神明，以不测为量者，书之妙也。是曰无病，勤而行之益佳。其有方阔齐平，支体肥腯，布置逼仄，有所不容，棱角且形。况复无像，神貌昏懵，气候蔑然，以浓墨为华者，书之困也。是曰病甚，稍须毒药以攻之。

古文、篆、籀，书之祖也，都无角节，将古合道，理亦可明，盖欲方而有规，圆不失矩。亦犹人之指腕，促则如指之拳，赊则如腕之屈，理须裹之以皮肉，若露筋骨，是乃病也，岂曰壮哉？书亦须用圆转，顺其天理，若辄成棱角，是乃病也，岂曰力哉？夫良工理材，斤斧无迹；才子叙事，潜刃其间。书能入流，含于和气，宛与理会，曲若天成。刻角耀锋，无利除害。万事拙者易，能者难，童蒙书有棱角，岂谓能也？

共人相知，若始疏而终密者，则大同；始密而终疏者，则大异。故小人甘以坏，君子淡以成。耀俗之书，甘而易入，乍观肥满，则悦心开目，亦犹郑声之在听也。又若臣之事主，献小利，叙小能，则非大材，于理无用。谄谀者必有顺情之说，忠谠者必有逆耳之言。虽知其忠而不亲者，以忤其意也；虽知其谄而不忍疏者，以会于情也。惟明王圣主，则能覆思审察，勉循古言，亲近忠良，增益明圣。是以远大无以浅近取。

棱角者，书之弊薄也；脂肉者，书之滓秽也。婆斯疾弊，须访良医，自非涤荡心胸，除其烦惯。古人妙迹，用思沉郁，自非冥搜，不可而见。固大巧若拙，明道若昧，泛览则混于愚智，研味则骇于心神。百灵俨其如前，万像森其在瞩，雷电兴灭，光阴纠纷。考无说而究情，察无形而得相，随变恍惚，穷深杳冥。金山玉林，殷于其内，何奇不有，何怪不储。无物之象，藏之于密，静而求之或存，躁而索之或失。虽明目谛察而不见，长策审逼而不知。岂徒倒薤悬针，偃波垂露而已哉？是知之也。盖粗以言诠而假于说，若精以心了，则无寄词。心之通微，贯之而已。其得之者，心手相应。如轮扁之斫轮，固言说所不能。是以钟、张、二王，亦无言说。鸡鹤常鸟，知夜知晨，则众禽莫之能及，非蕴他智，所禀性也。臣之愚性，或有近于鸡鹤乎！

昔文武皇帝好书，有诏特赏虞世南。时又有欧阳询、褚遂良、陆柬之等。或逸气遒拔，或雅度温良。柔和则绰约呈姿，刚节则监绳执操，扬声腾气。四子而已。虽人已潜灵，而书方曜迹，考能录异，顿越数朝。是知君臣之间，荣辱相及也。帝者务尊贤贵道，亦有邀虚誉以自饰，声实相半，足称贤君。知道味者，乐在其中矣。如不知者，妨于观赏，百未减一，但不能割其少分耳。厌饫生前之乐，辜负身后之名，使达人君子议之，岂不惑哉？且尧、舜之至德，不被于今时，闻者欣而戴之；桀、纣之君毒，不流于今日，闻者怒而怨之。名固不可不存，德固不可不立。

当今圣化洋溢，四海晏然，俗且还淳，书未返朴。今之书者，背古名迹，岂有同乎？视昔观今，足为龟镜，可以目击。

夫物芸芸，各归其根，复本之谓也。书复于本，上则法于自然，次则归乎篆籀，又其次者，师于钟、王。夫学钟、王，尚不继虞、褚，况冗冗者哉？自草隶之作，《书断》详矣。从宋、齐已后，陵夷至于梁、陈，执纲者失之于上，据耳者惑之于下，肥钝之弊，于斯为甚。贞观之际，崛然又兴，亦至于今，则脂肉棱角，兼有相沿，千载书之，季叶亦谓浇漓之极。物极则返，阴极则阳，必俟圣人，以通其变。穷则变，变则通，通则久。事或可应，庸夫佇贤哲之功；道或可行，明主纳刍荛之议：皆谓得于时也。

∙∙∙∙∙∙∙∙∙∙∙∙

夫简兵则触目而是，择将则万不得一，固与众同者俗物，与众异者奇才，书亦如然。为将之明，必不披图讲法，明在临敌制胜。为书之妙，必不凭文按本，妙在应变无方，皆能遇事从宜，决之于度内者也。且军之兴亡，由将之明暗；人之成败，惟师之贤愚。智不居心，则不知道，不知道，则无以训人。师之与将，人之耳目，耳目不明，其可知也。是以君子慎其所从。白沙在泥，与之同黑；狂者东走，逐者非一。京邑翼翼，四方取则；俗风且行，举国相教敩。迷游忘返，深浪何归？仁覆子育，岂不顾念？伏愿天医降药，醒晤昏沉，导彼迷津，归其正道。弊风一变，古法恒流，神而化之，默而通之，反掌而盛行之。

《全唐文》卷四三二，中华书局一九八三年版

独孤及

独孤及(725—777)　字至之,洛阳(今属河南)人。唐代文学家。少时读儒书,天宝十三载(754年)举洞晓玄经科。曾任华阴尉、江淮都统府掌书记、左拾遗、太常博士、礼部员外郎、吏部员外郎、濠州刺史、舒州刺史、常州刺史。学西汉散文,为文长于议论,是倡导古文运动的前驱,与李华、萧颖士齐名。著有《毗陵集》二十卷。

福州都督府新学碑铭

世与道交相兴丧,宏之者在人。非庚桑楚,不能使嵔垒大壤向化。微文翁,蜀学不崇。闽中无儒家流,成公至而俗易。民赖德施,古今一也。初,成公之始至也,未及下车,礼先圣先师。退而叹堂室湫狭,教学荒坠,惧鼓箧之道寝,《子衿》之诗作。我是以易其地,大其制,新其栋宇,盛其俎豆。俎豆既修,乃以五经训民,考教必精,弦诵必时。于是一年人知敬学,二年学者功倍,三年而生徒祁祁,贤不肖竞劝。家有洙泗,户有邹鲁,儒风济济,被于庶政。大历十年,岁在甲寅秋九月,公薨于位。于是群吏庶民,耆儒诸生,雨泣庙门之外,若有望而不至,号曰:"岂天不欲斯文之渐渍于东瓯之人欤？不然，何锡厥教化而不遐公之年也？吾党瞠然，呜呼曷归！"判官膳部员外郎兼侍御史安定皇甫政、殿中侍御史颍川韩赟、监察御史河南长孙绘，率门人、部从事、州佐、县尹相与议，以公之功绩，明示后世。谓及尝同司谏之列，宜备知盛德善政，见托论撰，以实录刻石，曰："公讳椅，字某，皇帝之诸父，宗室之才子。宽裕恺悌，孝慈忠敬，庄而成式，文而强力。治《王氏易》《左氏春秋》，酌其精义，以辅儒行。故居处执事，著书属词，非周孔轨躅不践也。天宝三载，应选部辩论，为安阳尉。中兴之后，历御史、尚书郎、谏议大夫、给事中。十余年间，周历三台，言中彝伦，动中大本，上交不谄，下交不渎。家贫，不乐清近，求为京兆少尹。无何，出守宏农。宏农人和，移典华阴，兼御史中丞。华阴之近者，安远者来，天子以为才，任四岳、十二牧之职。大历七年冬十有一月，加御史大夫，持节都督福、建、泉、漳、汀五州军事，领观察处置都团练等使。八年夏四月，龙旗六辔，至自京师。闽越旧风，机巧剽轻，资货产利，与巴蜀埒富，犹有无诸余善之遗俗，号为难治。公将治之也，考礼正刑，节用爱人，颁赋遣役，必齐其劳逸，视年丰耗，量入以制用，削去事之烦苛、法之掊克者。吏不奉职，民不帅教，则惩以薄刑，俾浸迁善。由是人知方矣，公将安之也。初，哥舒晃反书至，公履及于门，遽命上将帅戈船下濑之师，西与钟陵军会，先拔循、潮二州，以援番禺。推诚誓众，士皆奋勇。既而大憝就戮，五岭底定，民是以康，繄我师是赖，人无奸宄寇贼之虞矣。公将教之也，考泮宫之制，作为此学而寓政焉。躬率群吏之稍食，与赎刑之余羡，以备经营之费，而不溷于民也。先师寝庙七十子之像在东序，讲堂、书室、函丈之席在西序，齿胄之位，列于廊庑之左右。每岁二月上丁，习舞释菜。先三日，公斋戒肄礼，命博士率胄子，修祝嘏，陈祭典。释菜之日，豐器用币，笾豆在堂，樽罍在阼，公元端赤舄，正词陈信。是日，举士之版，视其艺之上下，审问慎思，使知不足，教之导之，讲论以勖之。八月上丁，如初礼。岁终，博士以逊业之勤惰，覃思之精粗，告于公。敛其才者，进其等而贡之于宗伯。将进，必以乡饮酒礼礼之。宾主三揖，受爵于两壶之间。堂下乐作，歌以发德，《鹿鸣》《南陔》《由庚》《嘉鱼》《南山》《有台》，以将其厚意。由是海滨荣之，人以不学为耻。州县之教，达于乡党；乡党之教，达于众庶矣。"公薨之明年，太常议，按公叔发修卫国之班制以交四邻，故易其名曰文。孔文叔其勤于公家，夙夜不懈，卫人铭其彝鼎。以公尊教而劝学，德洽荒服，乃奏谥曰成。诏赠礼部尚书。而刻金石之礼，则阙而未备，今也敢播德馨，贻之无穷，其铭曰：

公之文，肃恭且仁，宣力事君，润饰经术，底绥斯民。公之武，鳏寡不侮，刚亦不吐，率师勤王，戡厥丑虏。公之移风，经始泮宫，百堵皆兴，孔堂崇崇。四科以班，乃侯乃公，秩秩祀典，锵锵礼容。大昕鼓徵，学士萃止，褒衣方屦，登降以齿。从公于迈，乐我泮水，我廛我里，讲诵资始。比屋为儒，俊选如林，缦胡之缨，化为青衿。公宜难老，为学者司南，板日告凶，实天匪忱。翙翙和鸾兮，不闻遗音。愿言思公兮，如玉如金。镂余烈于此石，以塞罢市者之心。

《毗陵集》卷九，商务印书馆《四部丛刊初编》本

杨 绾

杨绾(？—777) 字公叔,华州华阴(今属陕西)人。唐代学者。博通经史,好谈玄理,尤工文辞。玄宗时,举进士,又举辞藻宏丽科。天宝末,任右拾遗。肃宗时,历官知制诰、职方郎中、中书舍人、礼部侍郎等。后迁吏部侍郎、太常卿、中书侍郎、同中书门下平章事、集贤殿崇文馆大学士。为礼部侍郎时,上疏言贡举之弊,认为选士应以德行为标准,不以文辞定高低,要求停止进士科、明经科,恢复古制,察举孝廉,由县推荐于州,州试通者送名于省,省试而定取舍。朝议以进士、明经难废而罢。又奏停童子科。为官廉洁,自奉俭薄,俸禄散给亲故,以德行称于时。大历中,从学之士,争赴其门。

条奏贡举疏

国之选士,必藉贤良。盖取孝友纯备,言行敦实,居常育德,动不违仁。体忠信之资,履谦恭之操,藏器则未尝自伐,虚心而所应必诚。夫如是,故能率己从政,化人镇俗者也。自叔叶浇诈,兹道浸微,争尚文辞,互相矜衒。马卿浮薄,竟不周于任用;赵壹虚诞,终取摈于乡闾。自时厥后,其道弥盛,不思实行,皆徇空名,败俗伤教,备载前史,古人比文章于郑、卫,盖有由也。

近炀帝始置进士之科,当时犹试策而已。至高宗朝,刘思立为考功员外郎,又奏进士加杂文,明经填帖,从此积弊,浸转成俗。幼能就学,皆诵当代之诗;长而博文,不越诸家之集。递相党与,用致虚声,六经则未尝开卷,三史则皆同挂壁。况复征以孔门之道,责其君子之儒者哉!祖习既深,奔竞为务。矜能者曾无愧色,勇进者但欲凌人,以毁谮为常谈,以向背为己任。投刺干谒,驱驰于要津;露才扬己,喧腾于当代。古之贤良方正,岂有如此者乎!朝之公卿,以此待士;家之长老,以此垂训。欲其返淳朴,怀礼让,守忠信,识廉隅,何可得也!譬之于水,其流已浊,若不澄本,何当复清?方今圣德御天,再宁寰宇,四海之内,颙颙向化,皆延颈举踵,思圣朝之理也。不以此时而理之,则太平之政又乖矣。

凡国之大柄,莫先择士。自古哲后,皆侧席待贤;今之取人,令投牒自举,非经国之体也。望请依古制,县令察孝廉,审知其乡闾有孝友信义廉耻之行,加以经业,才堪策试者,以孝廉为名,荐之于州。刺史当以礼待之,试其所通之学,其通者送名于省。自县至省,不得令举人辄自陈牒。比来有到状保辩识牒等,一切并停。其所习经,取《左传》《公羊》《穀梁》《礼记》《周礼》《仪礼》《尚书》《毛诗》《周易》,任通一经,务取深义奥旨,通诸家之义。试日,差诸司有儒学者对问,每经问义十条,问毕对策三道。其策皆问古今理体及当时要务,取堪行用者。其经义并策全通为上第,望付吏部便与官;其经义通八、策通二为中第,与出身;下第罢归。其明经比试帖经,殊非古义,皆诵帖括,冀图侥幸。并近有道举,亦非理国之体,望请与明经、进士并停。其国子监举人,亦请准此。如有行业不著,所由妄相推荐,请量加贬黜。所冀数年之间,人伦一变,既归实学,当识大猷。居家者必修德业,从政者皆知廉耻,浮竞自止,敦庞自劝,教人之本,实在兹焉。事若施行,即别立条例。

  《旧唐书》卷一一九《杨绾传》,中华书局一九七五年版

李豫（唐代宗）

李豫(727—779)　即唐代宗。李亨长子。758 年被立为皇太子,762 年即皇帝位,年号宝应、广德、永泰、大历,在位十八年。在社会渐趋安定之后,曾采取措施恢复官学。

追集贤学生敕

古者立大学,教胄子,所以延俊造,扬王庭。虽年谷不登,兵甲或动,而俎豆之事,未尝废焉。顷年以来,戎车屡驾,天下转输,公私匮竭。带甲之士,所务赢粮,鼓箧之徒,未能仰给。由是诸生辍讲,弦诵蔑闻。宣父有言:"是吾忧也。"投戈息马,论道尊儒,用弘庠序之风,俾有箪瓢之乐。宜令所司,量追集贤学生,精加选择,使在馆习业,仍委度支准给厨米。敦兹儒术,庶有大成。甲科高悬,好学者中,敷求茂异,称朕意焉。(广德二年七月)

《唐大诏令集》卷一○五,商务印书馆一九五九年版

崇太学诏

理道同归,师氏为上,化人成俗,必务于学。俊造之士,皆从

此途，国之贵游，罔不受业。修文行忠信之教，崇祗庸孝友之德，尽其师道，乃谓成人。然后扬于王庭，考以政事，征之以理，任之以官。置于周行，莫匪邦彦，乐得贤也，其在兹乎！朕志于求理，尤重儒术，先王设教，敢不底行。顷以戎狄多虞，急于经略，太学空设，诸生盖寡。弦诵之地，寂寥无声，函丈之间，殆将不扫。上庠及此，甚用悯焉。今寓县乂宁，文武兼备，方投戈而讲艺，俾释菜以行礼。四科咸进，六艺复兴，神人以和，风化浸美。日用此道，将无间然。其诸道节度、观察、都防御使等，朕之腹心，久镇方面。眷其弟子，为奉义方，修德立身，是资艺业。又恐干戈之后，学校尚微，僻居远方，无所谘禀。山东寡闻，质疑必就于马融；关西盛名，尊儒乃称于杨震。负经来学，当集京师。并宰相朝官及神策六将军子弟，欲得习学者，自今已后，并令补国子学生。欲其业重籯金，器成琢玉，日新厥德，代不乏贤。其中身虽有官，欲附学读书者，亦听。其学官，委中书门下即简择行业堪为师范者充。学生员数多少，所习经业，考试等第，并所供粮料，及缘学馆破坏，要量事修理，各委本司作条件闻奏。务须详悉，称朕意焉。（永泰二年正月）

《唐大诏令集》卷一〇五，商务印书馆一九五九年版

李 竦

李竦(？—788)　字特卿,赵州平棘(今属河北)人。大历二年(767年)举进士。历官司勋员外郎、吏部郎中、中书舍人、京兆少尹、户部侍郎、鄂岳观察使等。

偃武修文论

国有二柄以济人,天有四时以成岁。文武者君之威惠,春秋者天之生成。故人君法天时,顺人望,人归于德,天应以时,莫不奉此而宁灾,由斯而康俗。所谓文者,足以经邦国。所谓武者,足以定祸乱。故武在合变,不可一黩;文贵经久,可守为常。请借前事而明之,庶斯得矣。

夫以尧舜揖让,汤武干戈,干戈在乎止乱,揖让资乎偃武。故得享国日久,多历年所。三王既往,霸者是继。晋文伐原以示信,齐桓勤王以称德,宋殇好战以陨越,徐偃专文以丧亡。王霸陵夷,到于秦汉。始皇威慑六国,建万代业,隳城郭,焚诗书,卒使宗庙为墟,身陨下国,黩武之征也。高皇夷秦、项,诛韩、彭,陆生著书,叔孙制礼,修文之渐也。光武以长者戡难,孟德以应变即戎,故得擒樊崇,破袁绍,虽未悉于至理,道亦存乎息戈。晋文之对何曾,不闻经国。惠皇之溺贾后,竟至破家。吴王石头之都,刘备益州之地,但区区于守险,曾不暇于修文。后魏则多难临朝,后周则经国日浅,孝文舍辫发,服衣冠,未能倒载干戈,休放牛马。武帝降高纬,戮晋公,甲兵未宁,中道而殒,武则不可,文则不如。东晋之仅保江山,宋祖之草创社稷,道成以殷忧启祚,萧衍以裁定兴王,陈主以好内亡,隋皇以征辽丧,皆不明于文武,适足为我驱除。况高祖端拱无为,太宗大功继统,高宗致位于元默,中宗御俗以康宁,睿宗之恭膺大宝,元宗之克清海内,肃宗之收复二都,皇帝之光有六合。方今四夷向化,万姓归心,总七圣之殊勋,正百王之坠典。然干戈未息,疮痍未瘳。修文之期,取则不远;偃武之义,今则时哉。

《全唐文》卷四五八,中华书局一九八三年版

贾　耽

贾耽(730—805)　字敦诗,沧州南皮(今属河北)人。唐代地理学家。天宝十载(751年)举明经。历官临清尉、正平尉、膳部员外郎、太原少尹、礼部郎中、汾州刺史、鸿胪卿、山南西道节度使、山南东道节度使、工部尚书、东都留守、义成军节度使、尚书右仆射、同中书门下平章事、检校司空守左仆射等,居相位达十三年。好地理学,凡出使邻国还京者及四邻至京之使者,皆亲访问调查山川物产风俗,画成《陇右山南图》,兼黄河经界远近,并加说明,共十卷。又撰《海内华夷图》及《古今郡国县道四夷述》四十卷,皆上表呈献。

进海内华夷图及古今郡国县道四夷述表

臣闻地以博厚载物,万国棋布;海以委输环外,百蛮绣错。中夏则五服九州,殊俗则七戎六狄。普天之下,莫非王臣。昔册邱出师,东铭不耐;甘英奉使,西抵条支。奄蔡乃大泽无涯,罽宾则悬度作险,或道里回远,或名号改移。古来通儒,罕遍详究。

臣弱冠之岁,好闻方言,筮仕之辰,注意地理,究观研考,垂三十年。绝域之比邻,异蕃之习俗,梯山献琛之路,乘舶来朝之人,咸究竟其源流，访求其居处。阛阓之行贾，戎貊之遗老，莫不听其言而掇其要。闾阎之琐语，风谣之小说，亦收其是而芟其伪。

然殷、周以降，封略益明，承历数者八家，浑区宇者五姓。声教所及，惟唐为大。秦皇罢侯置守，长城起于临洮；孝武却地开边，障塞限于鸡鹿。东汉则哀牢请吏，西晋则裸离结辙。隋室列四郡于卑和海西，刱三州于扶南江北，辽阳失律，因而弃之。高祖神尧皇帝诞膺天命，奄有四方。太宗继明重熙，柔远能迩，逾大碛通道，北至仙娥，于骨利干置元阙州。高宗嗣守丕绩，克广前烈，遣单车赍诏，西越葱山，于波剌斯立疾陵府。中宗复配天之业，不失旧物。睿宗含先天之量，惟新永图。元宗以大孝清内，以无为理外，大宛骥骒，岁充内厩，与贰师之穷兵黩武，岂同年哉？肃宗扫平氛祲，润泽生人。代宗划除残孽，彝伦攸叙。

伏惟皇帝陛下以上圣之资，当太平之运，敦信明义，履仁包元，惠养黎蒸，怀柔遐裔。故泸南贡丽水之金，漠北献余吾之马。元化洋溢，率土沾濡。

臣幼切磋于师友，长趋侍于轩墀，自揣屡愚，叨荣非据，鸿私莫答，夙夜兢惶。去兴元元年，伏奉进止，令臣修撰国图，旋即充使魏州、汴州，出镇东洛、东郡。间以众务，不遂专门，绩用久亏，忧愧弥切。近乃力衰朽，竭思虑，殚所闻见，蒐于丹青。谨令工人画《海内华夷图》一轴，广三丈，从三丈三尺，率以一寸折成百里。别章甫左衽，奠高山大川，缩四极于纤缟，分百郡于作绘。宇宙虽广，舒之不盈庭；舟车所通，览之咸在目。并撰《古今郡国县道四夷述》四十卷，中国以《禹贡》为首，外夷以《班史》发源，郡县纪其增减，蕃落叙其衰盛。前地理书以黔州属西阳，今则改入巴郡；前西戎志以安国为安息，今则改入康居。凡诸疏舛，悉从厘正。陇西、北地,播弃于永初之中;辽东、乐浪,陷屈于建安之际。曹公弃陉北,晋氏迁江南,缘边累经侵盗,故墟日致堙毁。旧史撰录,十得二三,今书搜补,所获大半。《周礼·职方》,以淄、时为幽州之浸,以华山为荆河之镇。既有乖于《禹贡》,又不出于淹中。多闻阙疑,讵敢编次?其古郡国题以墨,今州县题以朱,今古殊文,执玩简易。臣学谢小成,才非博物。伏波之聚米,开示众军;劓侯之图书,方知阸塞。企慕前哲,尝所寄心。辄罄庸陋,多惭纰略,无任战惕之至。

《全唐文》卷三九四,中华书局一九八三年版

贾
耽

陆　羽

陆羽(733—约804)　字鸿渐，一名疾，又字秀疵，复州竟陵(今湖北天门)人。幼时为僧收养，既长，耻从削发，出逃为优人，后有志于学。上元初，结庐于苕溪，闭门读书，往来者唯名僧高士，自称桑苎翁，又号东冈子。被召为太子文学、太常寺太祝，不就职。嗜茶，撰有《茶经》三卷，言茶之原、之法、之具，被尊为"茶圣"。

僧怀素传

怀素疏放，不拘细行，万缘皆缪，心自得之。于是饮酒以养性，草书以畅志。时酒酣兴发，遇寺壁里墙，衣裳器皿，靡不书之。贫无纸可书，尝于故里种芭蕉万余株，以供挥洒。书不足，乃漆一盘书之。又漆一方板，书至再三，盘板皆□。

怀素伯祖，惠融禅师者也。先时学欧阳询书，世莫能辨，至是乡中呼为大钱师小钱。吏部韦尚书陟见而赏之曰："此沙门札翰，当振宇宙大名。"怀素心悟曰："夫学无师授，如不由户而出。"乃师金□兵曹钱唐邬彤，授其笔法。邬亦刘氏之出，与怀素为群从中表兄弟。至中夕而谓怀素曰："草书古势多矣，惟太宗以献之书如凌冬枯树,寒寂劲硬,不置枝叶。张旭长史又尝私谓彤曰:'孤蓬自振,惊沙坐飞,余师而为书,故得奇怪。'凡草圣尽于此。"怀素不复应对,但连叫数十声曰:"得之矣!"经岁余,辞之去。彤曰:"万里之别,无以为赠,吾有一宝,割而相与。先时人传彤有右军《恶溪》《小王》《骚劳》三帖,拟此书课,以一本相付。及临路,草书竖牵似古钗脚,勉旃!"至晚岁,颜太师真卿以怀素为同学邬兵曹弟子,问之曰:"夫草书于师授之外,须自得之。张长史睹孤蓬、惊沙之外,见公孙大娘剑器舞,始得低昂回翔之状,未知邬兵曹有之乎?"怀素对曰:"似古钗脚,为草书竖牵之极。"颜公于是徜徉而笑,经数月不言其书。怀素又辞之去。颜公曰:"师竖牵学古钗脚,何如屋漏痕?"素抱颜公脚唱贼。久之,颜公徐问之曰:"师亦有自得之乎?"对曰:"贫道观夏云多奇峰,辄尝师之。夏云因风变化,乃无常势,又无壁折之路,一一自然。"颜公曰:"噫!草圣之渊妙,代不绝人,可谓闻所未闻之旨也。"

陆羽

陆羽曰:"徐吏部不授右军笔法,而体裁似右军;颜太保授右军笔法,而点画不似。何也?"有博识君子曰:"盖以徐得右军皮肤眼鼻也,所以似之;颜得右军筋骨心肺也,所以不似也。"

《全唐文》卷四三三,中华书局一九八三年版

柳　冕

柳冕(？—805)　字敬叔，蒲州河东(今山西永济西南)人。唐代文学家。博通文史。历官右补阙、史馆修撰、巴州司户参军、太常博士、婺州刺史、福建观察使等。

与权侍郎书

冕白：昔仲弓问为政，子曰："先有司。"有司之政，在于举士。是以三代尚德，尊其教化，故其人贤。西汉尚儒，明其理乱，故其人智。后汉尚章句，师其传习，故其人守名节。魏晋尚姓，美其氏族，故其人矜伐。隋氏尚吏道，贵其官位，故其人寡廉耻。唐承隋法，不改其理，此天所以待圣主正之。何者？进士以诗赋取人，不先理道；明经以墨义考试，不本儒意；选人以书判殿最，不尊人物。故吏道之理天下，天下奔竞而无廉耻者，以教之者末也。阁下岂不谓然乎？自顷有司试明经，奏请每经问义十道，五道全写疏，五道全写注。其有明圣人之道，尽六经之义，而不能诵疏与注，一切弃之。恐清识之士无由而进，腐儒之生比肩登第，不亦失乎？阁下因从容启明主，稍革其弊，奏为二等。其有明六经之义，合先王之道者，以为第一等；其有精于诵注者，与精于诵疏者，以为次等。

不登此二科者，以为下等，不亦善乎？且明六经之义，合先王之道，君子之儒，教之本也。明六经之注，与六经之疏，小人之儒，教之末也。今者先章句之儒，后君子之儒，以求清识之士，不亦难乎？是以天下至大，任人之众，而人物殄瘁，廉耻不兴者，亦在取士之道，未尽其术也。诚能革其弊，尊其本，举君子之儒先于理行者，俾之入仕，即清识君子也；俾之立朝，即王公大人也。一年得一二十人，十年得一二百人，三十年得五六百人，即海内人物，不以盛乎？昔唐虞之盛也，十六族而已；周之兴也，十乱而已；汉之王也，三杰而已；太宗之圣也，十八学士而已。岂多乎哉？今海内人物，喁然思理。推而广之，以风天下，即天下之士，靡然而至矣。是则由于有司以化天下，天下之士，得无廉耻乎？冕顿首。

《全唐文》卷五二七，中华书局一九八三年版

与徐给事论文书

柳冕

　　文章本于教化，形于治乱，系于国风。故在君子之心为志，形君子之言为文，论君子之道为教。《易》云："观乎人文，以化成天下。"此君子之文也。自屈、宋以降，为文者本于哀艳，务于恢诞，亡于比兴，失古义矣。虽扬、马形似，曹、刘骨气，潘、陆藻丽，文多用寡，则是一技，君子不为也。昔武帝好神仙，而相如为《大人赋》以讽。帝览之，飘然有凌云之气。故扬雄病之曰："讽则讽矣，吾恐不免于劝也。"盖文有余而质不足则流，才有余而雅不足则荡，流荡不返，使人有淫丽之心，此文之病也。雄虽知之，不能行之，行之者惟荀、孟、贾生、董仲舒而已。仆自下车，为外事所感，感而应之，为文不觉成卷。意虽复古而不逮古，则不足以议古人之文。

噫！古人之文，不可及之矣。得见古人之心，在于文乎？苟无文，又不得见古人之心，故未能亡言，亦志之所之也。

《全唐文》卷五二七，中华书局一九八三年版

答荆南裴尚书论文书

猥辱来问，旷然独见，以为齿发渐衰，人情所惜也。亲爱远道，人情不忘也。大哉君子之言，有以见天地之心。夫天生人，人生情，圣与贤，在有情之内久矣。苟忘情于仁义，是殆于学也；忘情于骨肉，是殆于恩也；忘情于朋友，是殆于义也。此圣人尽知于斯，立教于斯。今之儒者，苟持异论，以为圣人无情，误也。故无情者，圣人见天地之心，知性命之本，守穷达之分，故得以忘情。明仁义之道，斯须忘之，斯为过矣；骨肉之恩，斯须忘之，斯为乱矣；朋友之义，斯须忘之，斯为薄矣。此三者，发于情而为礼，由于礼而为教。故夫礼者，教人之情而已。丈人志于道，故来书尽于道，是合于情尽于礼至矣。昔颜回死，夫子曰："天丧予！"子路死，夫子曰："天丧予！"是圣人不忘情也久矣。丈人岂不谓然乎？如冕者，虽不得与君子同道，实与君子同心。相顾老大，重以离别，况在万里，邈无前期，斯得忘情乎？古人云："一日不见，如三秋兮。"况十年乎？前所寄拙文，不为文以言之，盖有谓而为之者。尧舜殁，《雅》《颂》作。《雅》《颂》寝，夫子作。未有不因于教化，为文章以成国风。是以君子之儒，学而为道，言而为经，行而为教，声而为律，和而为音，如日月丽乎天，无不照也；如草木丽乎地，无不章也；如圣人丽乎文，无不明也。故在心为志，发言为诗，谓之文，兼三才而名之曰儒。儒之用，文之谓也。言而不能文，君子耻

之。及王泽竭而诗不作，骚人起而淫丽兴。文与教分而为二，以扬、马之才，则不知教化；以荀、陈之道，则不知文章。以孔门之教评之，非君子之儒也。夫君子之儒，必有其道，有其道必有其文。道不及文则德胜，文不知道则气衰。文多道寡，斯为艺矣。《语》曰："文质彬彬，然后君子。"兼之者斯为美矣。昔游夏之文章，与夫子之道通流，列于四科之末，此艺成而下也。苟言无文，斯不足征。小子志虽复古，力不足也；言虽近道，辞则不文。虽欲拯其将坠，末由也已。丈人儒之君子，曲垂见褒，反以自愧。冕再拜。

《全唐文》卷五二七，中华书局一九八三年版

柳冕

杜　佑

杜佑(735—812)　字君卿,京兆万年(今陕西西安)人。唐代史学家。以父荫出仕,曾任工部郎中、抚州刺史、容管经略使、水陆转运使、户部侍郎、饶州刺史、岭南节度使、尚书右丞、陕州观察使、淮南节度使、刑部尚书、检校司空、同中书门下平章事、检校司徒等。著《通典》,从大历元年(766年)开始,至贞元十七年(801年)完成,历时三十五年,记载上起唐虞、下迄唐代宗时的历代典章制度沿革,分为食货、选举、职官、礼、乐、兵、刑法、州郡、边防九门,对唐代的叙述尤详,共二百卷,为我国第一部记述典章制度的通史。另著有《宾佐记》一卷、《管氏指略》二卷、《理道要诀》十卷。

通典篇第之旨

佑少尝读书,而性且蒙固,不达术数之艺,不好章句之学。所纂《通典》,实采群言,征诸人事,将施有政。夫理道之先在乎行教化,教化之本在乎足衣食。《易》称聚人曰财。《洪范》八政,一曰食,二曰货。《管子》曰:"仓廪实知礼节,衣食足知荣辱。"夫子曰:"既富而教。"斯之谓矣。夫行教化在乎设职官,设职官在乎审官才，审官才在乎精选举，制礼以端其俗，立乐以和其心，此先哲王致治之大方也。故职官设然后兴礼乐焉，教化隳然后用刑罚焉，列州郡俾分领焉，置边防遏戎敌焉。是以食货为之首，选举次之，职官又次之，礼又次之，乐又次之，刑又次之，州郡又次之，边防末之。或览之者庶知篇第之旨也。

《通典》之《通典原序》，中华书局一九八四年版

选举典序

自昔羲后，因以物命官，事简人淳，唯以道化，上无求欲于下，下无干进于上，百姓自足，海内乂安，不是贤而非愚，不沽名而尚行，推择之典，无所闻焉。爰洎唐虞之官人也，俾乂水土，缉熙帝载，敷五教，正五刑，播百谷，典三礼，咨于四岳，明扬侧陋，询事考言，故举无失德。然犹三载考绩，三考黜陟幽明，流四凶族，不仁者远，斯则选贤任能之大略也。三王之代，朴散俗浇，难以道驭，务勤其教，立庠塾于乡闾，建黉学于都邑，训公卿大夫之子弟，设俊、造之目而勖勉成之。自幼年入学，至四十方仕，然后行备业全，事理绩茂。秦汉以降，乃异于斯，其行教也不深，其取材也务速，欲人浸渍于五常之道，皆登仁寿之域，何可及已。夫上材盖寡，中材则多，有可移之性，敦其教方善。若不敦其教，欲求多贤，亦不可及已。非今人多不肖，古人多材能，在施政立本，使之然也。而况以言取士，既已失之，考言唯华，失之愈远。若变兹道，材何远乎？

杜佑

《通典》卷一三《选举一》，中华书局一九八四年版

乐典序

　　夫音生于人心，心惨则音哀，心舒则音和。然人心复因音之哀和，亦感而舒惨，则韩娥曼声哀哭，一里愁悲，曼声长歌，众皆喜忭，斯之谓矣。是故哀、乐、喜、怒、敬、爱六者，随物感动，播于形气，叶律吕，谐五声。舞也者，咏歌不足，故手舞之，足蹈之，动其容，象其事，而谓之为乐。乐也者，圣人之所乐，可以善人心焉。所以古者天子、诸侯、卿大夫无故不彻乐，士无故不去琴瑟，以平其心，以畅其志，则和气不散，邪气不干。此古先哲后立乐之方也。周衰政失，郑、卫是兴。秦、汉以还，古乐沦缺，代之所存，《韶》《武》而已。下不闻振铎，上不达讴谣，但更其名，示不相袭，知音复寡，罕能制作。而况古雅莫尚，胡乐荐臻，其声怨思，其状促遽，方之郑、卫，又何远乎？爰自永嘉，戎羯迭乱，事有先兆，其在于兹。圣唐贞观，初作《破阵乐》，舞有发扬蹈厉之容，歌有粗和啴发之音，表兴王之盛烈，何让周之文、武，岂近古相习所能关思哉？而人间胡戎之乐，久习未革。古者因乐以著教，其感人深，乃移风俗。将欲闲其邪，正其颓，唯乐而已矣。

《通典》卷一四一《乐一》，中华书局一九八四年版

卢　贾

卢贾（生卒生未详）　乾元三年（760 年）为兵部侍郎。

请仿古举士奏

臣读《唐史》，见薛登上疏云："古之取士，实异于今。先观名行之原，考其乡曲之誉，崇礼让以厉己，取名节以标言，以敦朴为先最，以雕文为后科。故人从礼让之风，士去轻浮之行。希进者必修贞确不拔之操，行难进易退之规。"臣因览前书，睹兹旧事，望于圣代，复用此言。则有才者皆务造修，无行者不宜推择。

《全唐文》卷四三三，中华书局一九八三年版

卢
贾

张 参

张参（生卒年未详）　进士及第。大历时，任户部郎中、国子司业。以儒学知名当时，认为读书不如写书，曾手写九经。著有《五经文字》三卷。

五经文字序例

《易·系辞》曰："上古结绳以理，后代圣人易之以书契。百官以理，万人以察，盖取诸夬。"夬，决也。王庭孚号，决之大者，决以书契也。逮《周礼·保氏》，掌养国子以道，教之六书，谓象形、指事、会意、谐声、转注、假借，六者造字之本也。虽虫篆变体，古今异文。离此六者、则为谬惑矣。王者制天下，必使车同轨，书同文。故教人八岁入小学，文有疑者，则必阙而求之。春秋之末，保氏教废，无所取正，各遂其私。故孔子曰："吾犹及史之阙文也，今亡矣。"盖夫子少时，人犹有阙疑之问，后亡斯道，叹其不知而作之也。萧何汉制，亦有著法：太史试学童，讽书九千字，乃得为吏，以六体试之。吏人上书，字或不正，辄有举劾。皆正史遗文，可得焯知者也。刘子政父子校中秘书，自《史籀》以下凡十家，序为小学，次于六艺之末。后汉许叔重收集籀篆古文、诸家之学，就隶为训注,谓之《说文》。时蔡伯喈亦以灭学之后,经义分散,儒者师门,各滞所习,传记交乱,讹伪相蒙,乃请刊定五经,备体刻石,立于太学之门外,谓之石经。学者得以取法焉。遭离变难,仅有存者。后有吕忱,又集《说文》之所漏略,著《字林》五篇以补之。今制国子监置书学博士,立《说文》《石经》《字林》之学,举其文义,岁登下之,亦古之小学也。自顷考功、礼部课试贡举,务于取人之急,许以所习为通,人苟趋便,不求当否。字失六书,犹为壹事,五经本文,荡而无守矣。十年夏六月,有司以职事之病上言其状,诏委国子儒官勘校经本,送尚书省。参幸承诏旨,得与二三儒者分经钩考而共决之,互发字义,更相难极。又以前古字少,后代稍益之,故经典音字多有假借。谓若借后为後、辟为避、大为太、知为智之类,经典通用。陆氏《释文》,自南徂北,遍通众家之学,分析音训,特为详举,固当以此正之。唯今文《尚书》改就今字删定,《月令》依其时进本,与《释文》音训颇有不同。卒以所刊书于屋壁,虽未如蔡学之精密,石经之坚久,慕古之士,且知所归。然以经典之文六十余万,既字带惑体,若鼎鼏同物、《礼经》相舛、芶远同姓、《春秋》互出、诂故同义、诗题交错之类。音非一读,若乡原之乡为嚮、取材之材为哉,两音出于一家,而不决其当否。学者传授,义有所存,离之若有失,合之则难并,至当之余,但未发其傍而已。犹虑岁月滋久,官曹代易,傥复芜污,失其本真。乃命孝廉生颜传经收集疑文互体,受法师儒,以为定例,凡一百六十部,三千二百三十五字,分为三卷。《说文》体包古今,先得六书之要,若古文作明,篆文作眀;古文作坐,篆文作坐之类。古体经典通行,不必改而从篆。有不备者,求之《字林》。若桃祢、逍遥之类,《说文》漏略,今得之于《字林》。其或古体难明,众情惊懗者,则以石经之余,比例为助。若宜变为宜,晉变为晋之烦。《说文》宜、晉人,所难识,则以石经遗文宜与晋代。石经湮没,所存者寡，通以经典及《释文》相承隶省，引而伸之，不敢专也。若鬻变为寿，奥变为栗之类，石经湮没经典及《释文》相承作耳。近代字样，多依四声，传写之后，偏傍渐失。今则采《说文》《字林》诸部，以类相从，务于易了，不必旧次，自非经典文义之所在，虽切于时，略不集录，以明为经不为字也。其字非常体，偏有所合者，详其证据，各以朱字记之，俾夫观省，无至多惑。大历十一年六月七日，司业张参序。

《全唐文》卷四五八，中华书局一九八三年版

顾少连

顾少连(约 741—约 803)　字夷仲,苏州吴(今江苏苏州)人。大历五年(770 年)举进士,历官登封主簿、监察御史、水部员外郎、翰林学士、中书舍人、吏部侍郎、京兆尹、吏部尚书、兵部尚书、东都留守等。于贞元九年(793 年)、十年、十四年三次主持贡举。

请以口问经义录于纸上以便依经疏对奏

伏以取士之科,以明经为首;教人之本,则义理为先。至于帖书及以对策,皆形文字,并易考寻。试义之时,独令口问,对答之失,覆视无凭,黜退之中,流议遂起。伏请准建中二年十二月敕,以所问录于纸上,各令直书其义,不假文言。仍请依经疏对奏。

《全唐文》卷五一四,中华书局一九八三年版

崔元翰

崔元翰(生卒年未详) 名鹏,字元翰,以字行,博陵(今河北定州)人。建中二年(781年)举进士,后又登博学宏词科及贤良方正直言极谏科。曾任义成节度从事、太原掌书记、太常博士、礼部员外郎、知制诰、比部郎中等。为文师法班固、蔡伯喈,致思精密,年老而好学不倦。著有《崔元翰集》三十卷。

与常州独孤使君书

月日,崔元翰再拜上书郎中使君阁下:天之文,以日月星辰;地之文,以百谷草木。生于天地而肖天地,圣贤又得其灵和粹美,故皆含章垂文,用能裁成庶物,化成天下。而治平之主,必以文德致时雍;其承辅之臣,亦以文事助王政。而唐尧、虞舜、禹汤、文武之代,则宪章、法度、礼乐存焉,皋陶、伯益、伊傅、周召之伦,则诰命、谟训、歌颂传焉。其后卫武、邵穆、吉甫、仍叔,咸作之诗,并列于雅。孔圣无大位,由修《春秋》,述《诗》《易》,反诸正而寄之治;而素臣丘明、游、夏之徒,又述而赞之。推是而言,为天子大臣,明王道,断国论,不通乎文学者,则陋矣。士君子立于世,升于朝,而不繇乎文行者,则僻矣。然患后世之文,放荡于浮虚,舛驰于怪迂,其道遂隐。谓宜得明哲之师长,表正其根源,然后教化淳矣。

阁下绍三代之文章,播六学之典训,微言高论,正词雅音,温纯深润,溥博宏丽,道德仁义,粲然昭昭,可得而本。学者风驰云委,日就月将,庶几于正。若元翰者,徒以先人之绪业,不敢有二事,不迁于他物。而其颛蒙朴骏,难以为工;抗精劳力,未有可采。独喜阁下虽处贵位,而有仲尼诲人不倦之美,亦欲以素所论撰,贡之阁下,然而未有暇也。不意流于朋友,露其嗤鄙,而乃盛见称叹,俯加招纳,顾惟狂简,何以克堪?今谨别贡五篇,庶垂观察,傥复褒其一字,有逾拱璧之利;假以一言,若垂华衮之荣。不宣。元翰再拜。

《全唐文》卷五二三,中华书局一九八三年版

崔元翰

李阳冰

李阳冰（生卒年未详） 字少温，赵郡（今河北赵县）人。唐代文字学家、书法家。乾元时为缙云县令，宝应元年（762年）为当涂县令，后任集贤院学士、将作少监等。工于篆书，得法于秦《峄山刻石》，后世学篆者尊之为典范。

上李大夫论古篆书

阳冰志在古篆，殆三十年。见前人遗迹，美则美矣，惜其未有点画，但偏傍模刻而已。缅想圣达立制造书之意，乃复仰观俯察六合之际焉。于天地山川，得方圆流峙之形；于日月星辰，得经纬昭回之度；于云霞草木，得霏布滋蔓之容；于衣冠文物，得揖让周旋之礼；于须眉口鼻，得喜怒惨舒之分；于虫鱼禽兽，得屈伸飞动之理；于骨角齿牙，得摆拉咀嚼之势。随手万变，任心所成，可谓通三才之气象，备万物之情状者矣。常痛孔壁遗文，汲冢旧简，年代浸远，谬误滋多。蔡中郎以豊同豐，李丞相将束为宋，鱼鲁一惑，泾渭同流，学者相承，靡所迁复。每一念至，未尝不废食雪泣，揽笔长叹焉。天将未丧斯文也，故小子得篆籀之宗旨。皇唐圣运，逮兹八叶。天生克复之主，人乐惟新之令。以淳古为务，以文明为理，钦若典谟，畴兹故实。诚愿刻石作篆，备书六经，立于明堂，为不刊之典，号曰《大唐石经》，使百代之后，无所损益。仰明朝之洪烈，法高代之圣事，死无恨矣。阳冰年垂五十，去国万里，家无宿舂之储，出无代步之乘。仰望紫极，远接丹霄。若溘先犬马，此志不就，必将负于圣朝，是长埋于古学矣。大夫衔命北阙，抚宁南方，苟利国家，专之可也。伏望处分，令题简牍，及到主人，寒天已暮。暗烛之下，应命书之，霜深笔冷，未穷体势。傥归奏之日，一使闻天，非小人之己务，是大夫之功业。可否之事，伏惟去就之。阳冰再拜。

《全唐文》卷四三七，中华书局一九八三年版

李阳冰

李适（唐德宗）

李适（742—805）　即唐德宗。李豫长子。779—805
年在位。当政期间，改租庸调制为两税法，并征收间架税、
茶税等，加强搜括，以增加财政收入；对藩镇势力起初采取
裁抑政策，自发生泾原兵变之后，转为姑息迁就；信用宦官，
使宦官权势日盛；重视科举取士，对官学教育也给予一定
关注。

命举选人习开元礼诏

《开元礼》，国家盛典，列圣增修。今则不列学官，藏在书府，
使效官者昧于郊庙之仪，治家者不达冠婚之义。移风固本，合正
其源。自今已后，举选人有能习《开元礼》者，举人同一经例。选
人不限选数许集，但问大义一百条，试策三道。全通者，超资与
官。义通七十条，策通二道已上者，放及第。已下，不在放限。其
有试官能通者，亦依正员官例处分。其明经举人，有能习律一部
以代《尔雅》者，如帖义俱通，于本色减两选，令即日与官。其明法
举人，有能兼习一经小帖义通者，依明经例处分。

《唐会要》卷七六《贡举中》，中华书局一九六〇年版

两馆学生宜据式考试敕

本置两馆学士,皆选勋贤胄子。盖欲令其讲艺,绍习家风,固非开此幸门,堕紊典教。且令式之内,具有条章,考试之时,理须精核。比闻此色,幸冒颇深,或假市门资,或变易昭穆,殊亏教化之本,但长浇漓之风。未补者,务取阙员,已补者,自然登第。用荫既已乖实,试艺又皆假人,诱进之方,岂当如此!自今已后,所司宜据式文考试,定其升黜。如有假代,并准法处分。(贞元六年九月)

《册府元龟》卷六四〇《贡举部》,中华书局一九六〇年版

条流习礼经人敕

王者设教,劝学攸先;生徒肄业,执礼为本。故孔子曰:"不学礼,无以立。"又曰:"安上理人,莫善于礼。"然则礼者,盖务学之本,立身之端,居安之大猷,致理之要道。属辞比事,而不裁之以礼则乱;疏通知远,而不节之以礼则诬。实百行之本源,为五经之户牖。虽圣人设教,罔不会通,而学者遵行,宜有先后。自顷有司定议,计功记习,不量教化浅深,义理难易。遂使博学者例从冬集,习《礼经》者独授散官。敦本劝人,颇乖指要,姑务弘奖,以广儒风。自今已后,明经习《礼记》及第者,亦宜冬集。如中经兼习《周易》若《仪礼》者,量减一选。应诸色人中习三礼者,前资及出身人,依科目例;白身人,依贡举例。每经问大义三十条,试策三道。仍主司于朝官学官中,简择精通经术三五人闻奏。主司与同

试问，质定通否。义策全通为上等，转加超奖；大义每经通十五条已上，策通两道已上为次等，依资与官。如先是员外试官者，听依正员例。其习《开元礼》人，问大义一百条，试策三道，全通者为上等；大义通八十条已上，策通两道已上为次等；余一切并准习三礼例处分。其诸馆学士，愿习三礼及《开元礼》者，并听。仍永为恒式。（贞元）

《唐大诏令集》卷一〇六，商务印书馆一九五九年版

颁广利方敕

敕：立国之道，莫重于爱民；育物之心，期臻于寿域。故安其性命，顺其节宣，使六气不差，百疾不作，斯亦救人之要也。朕以听政之暇，思及黎元，每虑温湿不时，壅郁为厉。或僻远之俗难备于医方，或贫匮之家有亏于药石，失于救疗，遂至伤生。言念于兹，载深忧轸。属春阳在候，寒暑方交，闾里之间，颇闻疾患，每因服饵，尤感予衷。遂阅方书，求其简要，并以曾经试用，累验其功。及取单方，务于速效，当使疾无不差，药必易求，不假远召医工，可以立救人命。因加纂集，以便讨寻，类例相从，勒成五卷，名曰《贞元集要广利方》。宜付所司，即颁下州府，闾阎之内，咸使闻知。

《唐大诏令集》卷一一四，商务印书馆一九五九年版

冯伉

冯伉(744—809)　原籍魏州元城(今河北大名),家居京兆(今陕西西安)。唐代经学家。大历初,登五经秀才科。建中四年(783年),又登博学三史科。历官秘书郎、膳部员外郎、醴泉令、给事中、皇太子及诸王侍读、兵部侍郎、国子祭酒、同州刺史等。任醴泉令时,为改易风俗,重视社会教育,著《谕蒙》十四篇,宣扬仁义,勤学务农,每乡给一卷,使其传习。为祭酒时,奏请整顿学事,实行较严格的管理制度,并将考试成绩与廪膳待遇联系起来,以激励生徒勤于学业,被采纳实施。著有《三传异同》三卷。

科处应解补学生奏

应解补学生等:国家崇儒,本于劝学。既居庠序,宜在交修。有其艺业不勤,游处非类,樗蒲六博,酗酒喧争,凌慢有司,不修法度,有一于此,并请解退。又有文章帖义不及格限,频经五年,不堪申送者,亦请解退。其礼部所补学生,到日亦请准格帖试,然后给厨。后每月一度试,经年等第不进者,停厨,庶以止奸,示其激劝。又准格,九年不及第者,即出监。访闻比来多改

名却入，起今已后，如有此类，请送法司，准式科处。（元和元年四月）

《册府元龟》卷六○四《学校部》，中华书局一九六○年版

灵　澈

灵澈(746—816)　本姓汤,字源澄,越州会稽(今浙江绍
兴)人。云门寺律僧。少时从严维学诗,后至吴兴,与僧皎然
游。贞元中,皎然荐之包佶,又荐之李纾,名震京师。僧徒中
有人疾之,造谣诬谤,因贬徙汀州,后遇赦归乡,吴楚诸州多
以宾礼招延之。有诗十卷。苏州刺史刘禹锡曾为其作《澈上
人文集纪》。

大藏治病药

《大藏经》曰:救灾解难,不如防之为易;疗疾治病,不如避之
为吉。今人见左,不务防之而务救之,不务避之而务药之。譬之
有君者不思励治以求安,有身者不能保养以全寿。是以圣人求福
于未兆,绝祸于未萌。盖灾生于稍稍,病起于微微。人以小善为
无益而不为,以小恶为无损而不改,孰知小善不积,大德不成;小
恶不止,大祸立至。故太上特指心病要目百行,以为病者之鉴。
人能静坐持照,察病有无,心病心医,治以心药,奚俟卢扁,以瘳厥
疾?无使病积于中,倾溃莫遏,萧墙祸起,恐非金石草木可攻。所
为长年,因无病故,智者勉焉。

喜怒偏执是一病。亡义取财是一病。好色坏德是一病。

专心系爱是一病。憎欲无理是一病。纵贪蔽过是一病。

毁人自誉是一病。擅变自可是一病。轻口喜言是一病。

快意遂非是一病。以智轻人是一病。乘权纵横是一病。

非人自是是一病。侮易孤寡是一病。以力胜人是一病。

威势自胁是一病。语欲胜人是一病。货不念偿是一病。

曲人自直是一病。以直伤人是一病。与恶人交是一病。

喜怒自伐是一病。愚人自贤是一病。以功自矜是一病。

诽议名贤是一病。以劳自怨是一病。以虚为实是一病。

喜说人过是一病。以富骄人是一病。以贱讪贵是一病。

谗人求媚是一病。以德自显是一病。以贵轻人是一病。

以贫妒富是一病。败人成功是一病。以私乱公是一病。

好自掩饰是一病。危人自安是一病。阴阳嫉妒是一病。

激厉旁悖是一病。多憎少爱是一病。坚执争斗是一病。

推负著人是一病。文拒钩锡是一病。持人长短是一病。

假人自信是一病。施人望报是一病。无施责人是一病。

与人追悔是一病。好自怨憎是一病。好杀虫畜是一病。

蛊道厌人是一病。毁訾高才是一病。憎人胜己是一病。

毒药鸩饮是一病。心不平等是一病。以贤唝嗃是一病。

追念旧恶是一病。不受谏谕是一病。内疏外亲是一病。

投书败人是一病。笑愚痴人是一病。烦苛轻躁是一病。

擿捶无理是一病。好自作正是一病。多疑少信是一病。

笑颠狂人是一病。蹲踞无礼是一病。丑言恶语是一病。

轻慢老少是一病。恶态丑对是一病。了戾自用是一病。

好喜嗜笑是一病。当权任性是一病。诡谲谀谄是一病。

嗜得怀诈是一病。两舌无信是一病。乘酒凶横是一病。

骂詈风雨是一病。恶言好杀是一病。教人堕胎是一病。

干预人事是一病。钻穴窥人是一病。不借怀怨是一病。

负债逃走是一病。背向异词是一病。喜抵捍戾是一病。

调戏必固是一病。故迷误人是一病。探巢破卵是一病。

惊胎损形是一病。水火败伤是一病。笑盲聋哑是一病。

乱人嫁娶是一病。教人捶擿是一病。教人作恶是一病。

舍祸离爱是一病。唱祸道非是一病。见货欲得是一病。

强夺人物是一病。

此为百病也。人能一念，除此百病，日逐检点，使一病不作，决无灾害、痛苦、烦恼、凶危，不惟自己保命延年，子孙百世永受其福矣。

《大藏经》曰：古之圣人，其为善也，无小而不崇；其于恶也，无微而不改。改恶从善，是药饵也，录所谓百药以治之。

思无邪僻是一药。行宽心和是一药。动静有礼是一药。

起居有度是一药。近德远色是一药。清心寡欲是一药。

推分引义是一药。不取非分是一药。虽憎犹爱是一药。

心无嫉妒是一药。教化愚顽是一药。谏正邪乱是一药。

戒敕恶仆是一药。开导迷误是一药。扶接老幼是一药。

心无狡诈是一药。拔祸济难是一药。常行方便是一药。

怜孤恤寡是一药。矜贫救厄是一药。位高下士是一药。

语言谦逊是一药。不负宿债是一药。愍慰笃信是一药。

敬爱卑微是一药。语言端悫是一药。推直引曲是一药。

不争是非是一药。逢侵不鄙是一药。受辱能忍是一药。

扬善隐恶是一药。推好取丑是一药。与多取少是一药。

称叹贤良是一药。见贤内省是一药。不是夸彰是一药。

推功引善是一药。不自伐善是一药。不掩人功是一药。

劳苦不恨是一药。怀诚抱信是一药。覆蔽阴恶是一药。

崇尚胜己是一药。安贫自乐是一药。不自尊大是一药。

好成人功是一药。不好阴谋是一药。得失不形是一药。

积德树恩是一药。生不骂詈是一药。不评论人是一药。

甜言美语是一药。灾病自咎是一药。恶不归人是一药。

施不望报是一药。不杀生命是一药。心平气和是一药。

不忌人美是一药。心静意定是一药。不念旧恶是一药。

匡邪弼恶是一药。听教伏善是一药。忿怒能制是一药。

不干求人是一药。无思无虑是一药。尊奉高年是一药。

对人恭肃是一药。内修孝悌是一药。恬静守分是一药。

和悦妻挐是一药。以食饮人是一药。助修善事是一药。

乐天知命是一药。远嫌避疑是一药。宽舒大度是一药。

敬信经典是一药。息心抱道是一药。为善不倦是一药。

济度贫穷是一药。舍药救疾是一药。信礼神佛是一药。

知机知足是一药。清闲无欲是一药。仁慈谦爱是一药。

好生恶杀是一药。不宝厚藏是一药。不犯禁忌是一药。

节俭守中是一药。谦己下人是一药。随事不慢是一药。

喜谈人德是一药。不造妄语是一药。贵能援人是一药。

富能救人是一药。不尚争斗是一药。不淫妓眚是一药。

不生奸盗是一药。不怀咒厌是一药。不乐词讼是一药。

扶老挈幼是一药。

此为百药也。人有病疾，皆因过恶阴掩不见，故应以疾病，因

缘饮食、风寒、恶气而起。由人犯违圣教，以致魂迷魄丧，不在形

中,肌体空虚,精气不守。故风寒、恶气,得以中之。是以有德者,虽处幽暗,不敢为非;虽居荣禄,不敢为恶;量体而衣,随分而食;虽富且贵,不敢恣欲;虽贫且贱,不敢为非。是以外无残暴,内无疾病也。吾人可不以百病自究,以百药自治,养吾天和,一吾心志,作耆年寿之地也哉?

《唐人说荟》二,上海扫叶山房一九二二年石印本

灵
澈

郑余庆

郑余庆（746—820）　字居业，郑州荣阳（今属河南）人。勤学善文，通究六经。大历中，举进士。贞元时，历官兵部员外郎、库部郎中、翰林学士、工部侍郎、中书侍郎、同中书门下平章事。自贞元至元和年间，曾两次为相，两任节度使，两授国子祭酒。元和十三年（818年）为凤翔节度使时，创立学宫，以容学者。十四年为国子祭酒时，以太学荒废日久，生徒稀少，奏请按文官等级抽取俸给百分之一，以作修整两京国子监经费，被采纳。为官清廉，自奉俭薄，以振起儒学为己任，砥砺名行，始终不渝。接待后学，皆劝以经学，对贫乏者能周济所急。所著诗文汇为《郑余庆集》五十卷。

请抽京外官俸料修孔子庙堂奏

请京见任文官一品以下、九品以上，及外使兼京正员官者，每月所请料钱，请率计每贯抽一十文，以充国子监修造先师庙及诸室宇缮壁，经公廨杂用之余，益充本钱，诸色随便宜处置。臣以为历事文吏，无非孔徒，所取至微，足以资学。教化之根本，人伦之纪纲。陛下文德武功，勘乱除暴，事超历代，道冠百王。国学毁坏荒芜,盖以兵戎日久,而葺修未暇也。今寇虽涤荡,天下砥平,爰俾耆臣,叨领儒职,臣兢于受命,敢不肃恭。伏念旬时,莫过于此。伏望天恩,便赐允许,仍令户部每月据数,并以实钱付国子监。其东都留司京官,亦准数率钱,便充东都国子监修理。(元和十四年十二月)

《册府元龟》卷六○四《学校部》,中华书局一九八三年版

郑余庆

周 存

周存（生卒年未详） 大历八年（773年），举进士。

观太学射堂赋（以事变仪存犹以识礼为韵）

观射堂之攸设，知射侯之有以。非取善于主皮，盖绎心而正
已。故王用制之，而诸侯是务，择以习焉，而射宫观美。莫不比
乎礼乐，和其容止，将申明于德行，必审固夫弓矢。皇家之阐化
也，稽古议，酌前修。兹宇既启，兹道惟休。职备乎司射，事集乎
司裘。采蘋采蘩，乃施有度。以熊以豹，实命不犹。是用外直诸
体，内正乎志，循声而发彼有的，得祭而益乎尔地。苟斯义罔取，
或承之羞，既于德可观，则无不利。岂徒称善者五，举正者四？
诚有国之恒规，而择贤之盛事。曩者天下无虞，羯胡生变，动摇
我区域，辛螫我方面。救弊者权，必反常以合道；靖难者武，故训
人以知战。于是大阅礼行，大射义息。司马无祭侯之事，梓人罢
栖鹄之职。盖弛张之道因时，而沿革之宜可识。方今寰海谧如
以无事，射堂岿然而独存，彩侯不张而远国来属，贡士不习而盛
德必敦。故夫五帝殊仪，三王异礼，咸登太和与至理，莫不雍雍
而济济。是知崇乐非钟鼓之器，立德为正鹄之体也。鄙生乎尧

日,选乎璧池,达弓矢之妙旨,伟栋宇之宏规。傥斯道而可复,庶
当见择之刑仪。

《全唐文》卷五一一,中华书局一九八三年版

周
存

黎　逢

黎逢（生卒年未详）　大历十二年（777年）举进士，建中元年（780年）举经学优深科。

人不学不知道赋（以学然后知不足为韵）

君子之为道也，敦《诗》《书》，说《礼》《乐》。俾其润身而浴德，克己而志学。亦犹嘉肴在器，良玉抱璞。肴之知味，既因于尝；玉之成功，必由于琢。物既肖游，士亦宜然。知此道者，必勤学焉。若夫即其讲肆，齿以胄筵，儒风是习，素业斯传。以三坟五典为本，以八索九丘为先，存乎博奥，究其精研，渔猎乎六籍之内，牢笼乎百氏之前。得用而行，将陈力于休明之代；自强不息，必苦节于少壮之年。于是慎择其师，审取其友，师之严则尊敬而靡懈，友之直则切磋而可久。志有所立，言无所苟，讲道德必探其本原，进礼乐必尽其先后。故业就而青紫可拾，器成而瑚琏自负。

《全唐文》卷四八二，中华书局一九八三年版

宋少真

宋少真（生卒年未详）　大历时，官侍御史。

对聚徒教授判

甲聚徒教授每春秋享时以素木瓠叶为俎豆

学以知道，行以成德，谓修己之不懈，则化人而有孚。甲括习
《诗》《书》，佩服忠信，谈经不同于稷下，请益其多；强学颇类于关
西，发蒙斯众。既闻讲道，亦见习仪。且享以训恭，射则观德。素
木瓠叶，足表献酬之教；桑弧蒿矢，方昭揖逊之容。学不习而则
落，礼不行而斯坏。刑而致诘，何迷邹鲁之风？习以见尤，其如城
阙之刺。祭遵施之于军旅，尚不云非；刘昆列之于家庭，且未言
失。古则可据，今何以疑？所谓习不违经，学无废业。告人昧识，
徒效西邻之责言；在甲合仪，请遵东观之故事。

《全唐文》卷四五八，中华书局一九八三年版

沈既济

沈既济（约 750—约 797）　苏州吴（今江苏苏州）人，一说吴兴德清（今属浙江）人。举进士。博通群籍，尤善史学。建中初，宰相杨炎荐既济有良史才，授左拾遗、史馆修撰。杨炎被谴逐，既济坐贬处州司户参军。后复入朝，任礼部员外郎。著有《建中实录》十卷、《选举志》十卷。

词科论

开元以后，四海晏清，无贤不肖，耻不以文章达。其应诏而举者，多则二千人，少犹不减千人，所收才百一。礼部员外郎沈既济论曰：初国家自显庆以来，高宗圣躬多不康，而武太后任事，参决大政，与天子并。太后颇涉文史，好雕虫之艺，永隆中，始以文章选士。及永淳之后，太后君天下二十余年，当时公卿百辟，无不以文章，因循遐久，浸以成风。以至开元、天宝之中，上承高祖、太宗之遗烈，下继四圣理平之化，贤人在朝，良将在边，家给户足，人无苦窳，四夷来同，海内晏然。虽有宏猷上略无所措，奇谋雄武无所奋。百余年间，生育长养，不知金鼓之声，烽燧之光，以至于老。故太平君子，唯门调户选，征文射策，以取禄位，此行己立身之美者也。父教其子，兄教其弟，无所易业。大者登台阁，小者任郡县，资身奉家，各得其足。五尺童子，耻不言文墨焉。是以进士为士林华选，四方观听，希其风采，每岁得第之人，不浃辰而周闻天下。故忠贤隽彦，韬才毓行者，咸出于是，而桀奸无良者或有焉。故是非相陵，毁称相腾，或扇结钩党，私为盟歃，以取科第，而声名动天下。或钩撦隐慝，嘲为篇咏，以列于道路，迭相谈訾，无所不至焉。

《全唐文》卷四七六，中华书局一九八三年版

杂议论下

计近代以来，爵禄失之者久矣。其失非他，在四太而已。何者？入仕之门太多，代胄之家太优，禄利之资太厚，督责之令太薄。请征古制以明之。

管子曰："夫利出一孔者，其国无敌；出二孔者，其兵不屈；出三孔者，不可以举兵；出四孔者，其国必亡。先王知其然，故塞人之养，隘其利途。"使人无游事，而一其业也。而近代以来，禄利所出数十百孔，故人多岐心，疏泻漏失而不可辖也。夫入仕者多，则农工益少，农工少则物不足，物不足则国贫。是以言入仕之门太多。

《礼》曰："天子之元子，士也。天下无生而贵者。"则虽储贰之尊，与士伍同。故汉王良以大司徒免归兰陵，后光武巡幸，始复其子孙邑中徭役，丞相之子不得蠲户课。而近代以来，九品之家皆不征，其高荫子弟，重承恩奖，皆端居役物，坐食百姓，其何以堪之？是以言代胄之家太优。

沈既济

371

先王制士，所以理物也；置禄，所以代耕也。农工商有经管作役之劳，而士有勤人致理之忧。虽风猷道义，士伍为贵，其苦乐利害，与农工商等不甚相远也。后代之士，乃撞钟鼓，树台榭，以极其欢；而农工鞭臀背，役筋力，以奉其养。得仕者如升仙，不仕者如沉泉。欢娱忧苦，若天地之相远也。夫上之奉养也厚，则下之征敛也重。养厚则上觊其欲，敛重则下无其聊。故非类之人，或没死以趣上，构奸以入官，非唯求利，亦以避害也。是以言禄利之资太厚。

《语》曰："陈力就列，不能者止。"昔李膺、周举为刺史，守令畏惮，睹风投印绶者四十余城。夫岂不怀禄而安荣哉？顾汉法之不可偷也。自隋变选法，则虽甚愚之人，蠕蠕然，第能乘一劳，结一课，获入选叙，则循资授职，族行之官，随列拜揖，藏俸积禄，四周而罢；因缘侵渔，抑复有焉。其罢之日，必妻孥华楚，仆马肥腯，而偃仰乎士林之闲。及限又选，终而复始，非为巨害，至死不黜。故里语谓"人之为官若死然，未有不了而倒还"者。为官如此易，享禄如此厚，上法如此宽，下敛如此重，则人孰不违其害，以就其利者乎？是以言督责之令太薄。

既济以为，当轻其禄利，重其督责，使不才之人，虽虚座设位，置印绶于旁，揖让而进授之，不敢受；宽其征徭，安其田里，使农商百工各乐其业，虽以官诱之，而莫肯易。如此，则规求之志不禁而息，多士之门不扃而闭。若上不急其令，下不宽其徭，而欲以法术遮列，禁人奸冒，此犹坏土以壅横流也，势必不止。

夫古今选用之法，九流常叙，有三科而已，曰：德也，才也，劳也。而今选曹，皆不及焉，何以言之？且吏部之本，存乎甲令，虽曰度德居官，量才授职，计劳升秩，其文具矣。然考校之法，皆在书判簿历、言词俯仰之间，侍郎非通神，不可得而知之。则安行徐言，非德也；丽藻芳翰，非才也；累资积考，非劳也。苟执此不失，犹乖得人，况众流茫茫，耳目有不足者乎！盖非鉴之不明，非择之不精，法使然也。先朝数人以下言之详矣，是以文皇帝病其失而将革焉。夫物盈则亏，法久终弊，虽文武之道，亦与时驰张，五帝三王之所以不相沿也。是以王者观变以制法，察时而立政。按前代选用，皆州府察举，及年代久远，讹失滋深。至于齐、隋，不胜其弊，凡所置署，多由请托。故当时议者以为，与其率私，不若自举；与其外滥，不若内收。是以罢州府之权而归于吏部。此矫时惩弊之权法，非经国不刊之常典。

今吏部之法蹙矣，复宜扫而更之，无容循默，坐守刓弊。伏以为当今选举，人未土著，不必本于乡间；鉴不独明，不可专于吏部。谨按详度古制，折量今宜，谓五品以上及群司长官，俾宰臣进叙，吏部、兵部得参议焉。其六品以下，或僚佐之属，许州府辟用。则铨择之任，悉委于四方；结奏之成，咸归于二部。必先择牧守，然后授其权：高者先署而后闻，卑者听版而不命。其牧守、将帅或选用非公，则吏部、兵部得察而举之。圣主明目达聪，逖听遐视，罪其私冒不慎举者，小加谴黜，大正刑典，责成授任，谁敢不勉。夫如是，则接名伪命之徒，菲才薄行之人，贪叨贿货，懦弱奸宄，下诏之日，随声而废。通计大数，十除八九，则人少而员宽，事详而官审，贤者不奖而自进，不肖者不抑而自退。除隋权道，复古美制，则众才咸得，而天下幸甚！

或曰："当开元、天宝中，不易吏部之法，而天下砥平，何必外辟，方臻于理？"既济以为不然。夫选举者，经邦之一端，虽制之有美恶，而行之由于法令。是以州郡察举，在两汉则理，在魏、齐则乱；吏部选集，在神龙则紊，在开元、天宝则理。当其时，久承升平，御以法术，庆赏不轶，威刑必齐，由是而理，匪关吏部而臻此也。向以此时用辟召之法，则其理不益久乎？夫议事以制不以权，当征其本末，计其遐迩，岂时得时失之可言耶！

或曰："帝王之都，必浩穰辐辏，士物繁合，然后称其大。若权散郡国，远人不至，则京邑索矣。如之何？"又甚不然。自古至隋，数百千年，选举之任，皆分郡国。当汉文、景、武帝之时，京师庶富，百廛九市，人不得顾，车不得旋，侈溢之盛，亦云极矣，岂待举选之士为其助哉！又夫人有定土，土无剩人，浮冗者多，则地著者少。自隋罢外选，招天下之人聚于京师，春还秋往，鸟聚云合，穷关中地力之产，奉四方游食之资，是以筋力尽于漕运，薪粒方于桂玉，是由斯人索我京邑，而谓谁索乎？且权分州郡，所在辟举，则四方之人无有退心，端居尊业，而禄自及；禄苟未及，业常不废。若仕进外绝，要攒乎京，惜时怀禄，孰肯安堵？必货鬻田产，竭家赢粮，糜费道路，交驰往复，是驱地著而为浮冗者也！夫京师之冗，孰与四方之实？一都之繁，孰与万国之殷？况王者当繁其天下，岂廛闬之中校其众寡哉？

或曰："仕门久开，入者已众，若革其法，则旧名常调，不足以致身，使中才之人进无所容，退无所习，其将安归乎？"既济以为，人系贤愚，业随崇替，管库之贤既可以入仕，则士之不肖宁愧乎出流？从古以然，非一代也。故《传》云："三后之姓，于今为庶。"今士流既广，不可以强废，但键其旧门，不使新入；峻其宦途，不使滥登。十数年间，新者不来，而旧者耗矣，待其人少，然后省官。夫人之才分，各有余裕，自为情欲所泪，而未尝尽焉，引之则长，萦之则短，在勉而已。故凡士族，皆禀父兄之训，根听明之性，盖以依倚官绪,无湮沦垫溺之虞。故循常不修,名义罕立,此教使然也。若惟善是举,不才决弃,前见爵禄,后临涂泥,人怀愤激,孰不腾进,则中品之人,悉为长材,虽曰慎选,舍之何适?

《通典》卷一八《选举六》,中华书局一九八四年版

沈既济

欧阳詹

欧阳詹（生卒年未详）　字行周，泉州晋江（今属晋江）人。善于文词，名闻江南。贞元八年（792 年）举进士。与韩愈、崔群友善。曾任国子监四门助教、四门博士等。著有《欧阳行周文集》十卷。

太学张博士讲礼记记

说释典籍谓之讲，讲之为言構也，如农之耕田畴焉。田畴将植而求实，虽耕矣必構，分其畦垄，嘉谷由是乎生。典籍将肄以求明，虽习矣必讲，穷其旨趣，儒术由是乎成。我国庠春享先师后，更日命太学博士清河张公讲《礼记》，成儒术也。圣祖三刊经九，公通其六，精于五，而《礼记》在乎其中。礼也者，御人之大，故首于群籍而讲之。束脩既行，筵肆乃设，公就几北坐南面，直讲抗牍南坐北面，大司成端委居于东，小司成率属列于西。国子师长序公侯子孙自其馆，太学师长序卿大夫子孙自其馆，四门师长序八方俊造自其馆，广文师长序天下秀彦自其馆。其余法家、墨家、算家，辍业以从，亦自其馆。没阶云来，即集鳞次，攒弁如星，连襟成帷。公先申有礼之本，次陈用礼之要。正三代损益得失，定百家疏义长短，镕乎作者之意，注乎学者之耳。河倾于悬，风落于天，清冷洒荡，幽远无泥。所昧镜彻于灵台，所疑冰释于心泉。后一日闻于朝，百司达官造者半。后一日闻于都，九域知名造者半，皆寻声得器，虚来实归。予职在下庠，亦掌有教，道不足训，领徒从公。惟始洎终，睹公之美，敬书盛事，记诸屋壁，并列当时执简抠衣者于左偏。

《全唐文》卷五九七，中华书局一九八三年版

自明诚论

自性达物曰诚，自学达诚曰明。上圣述诚以启明，其次自明以得诚。苟非将圣，未有不由明而致诚者。文、武、周、孔，自性而诚者也。无其性，不可得而及矣。颜子、游、夏，得诚自用者也。有其明，可得而至焉。从古而还，自明而诚者众矣。尹喜自明诚而长生，孙弘自明诚而为卿，张子房自明诚而辅刘，公孙鞅自明诚而佐嬴。明之于诚，犹玉待琢，器用于是乎成。故曰："玉不琢，不成器；人不学，不知道。"器者，隐于不琢而见于琢者也。诚者，隐于不明而见乎明者也。无有琢玉而不成器，用明而不至诚焉。呜呼！既明且诚，施之身，可以正百行而通神明；处之家，可以事父母而亲兄弟；游于乡，可以睦闾里而宁讼争；行于国，可以辑群臣而子黎甿；立于朝，可以上下序；据于天下，可以教化平。明之于诚，所恨不诚也。苟诚也，蹈水火其罔害，弥天地而必答，岂止君臣乡党之间乎！父子兄弟之际乎！大哉！明诚也。凡百君子有明也，何不急夫诚？先师有言曰："生而知之者上也。"所谓自性而诚者也。又曰："学而知之者次也。"所谓自明而诚者也。且仁远

乎哉！我欲仁，斯仁至矣。夫然，则自明而诚可致也。苟致之者，与自性而诚，异派而同流矣。知之者知之，委之者知之。

《全唐文》卷五九八，中华书局一九八三年版

韩方明

韩方明(生卒年未详) 唐代书法家。德宗贞元时人。曾授书法于东海徐璹,后又与褚长文俱授书法于清河崔邈。撰有《授笔要说》。

授笔要说

昔岁学书,专求笔法。贞元十五年授法于东海徐公璹,十七年授法于清河崔公邈,由来远矣。自伯英以前,未有真行草书之法。姚思廉奉诏论书云:"王僧虔答竟陵王书云:'张芝、韦诞、钟会、索靖、二卫,并得名书,古今无以辨其优劣,惟见笔力惊绝耳。'"时有罗晖、赵袭,并善书,与张芝同著名,而张矜巧自许。众颇惑之,尝与大仆朱宽书云:"上比崔、杜不足,下方罗、赵有余。"今言自古能书,皆云钟、张。按张自矜巧,为众所惑。今言笔法,亦不言自张芝。芝自云比崔、杜不足,即可信乎笔法起自崔瑷子玉明矣。清河公虽云传笔法于张旭长史,世之所传得长史法者,惟有得永字八法,次有五执笔,已下并未之有前闻者乎。方明传之于清河公,问八法,起于隶字之始,后汉崔子玉历钟、王以下,传授至于永禅师,而至张旭,始宏八法,次演五势,更备九用,则万字无不该于此。墨道之妙，无不由之以成也。

夫把笔有五种，大凡笔管长不过五六寸，贵用易便也。第一执管。夫书之妙，在于执管，既以双指苞管，亦当五指共执，其要实指虚掌，钩擫𪿲送，亦曰抵送，以备口传手授之说也。世俗皆以单指苞之，则力不足而无神气，每作一画点，虽有解法，亦当使用不成。曰平腕双苞，虚掌实指，妙无所加也。第二撅管，亦名拙管，谓五指共撅其管末，吊笔急疾，无体之书，或起稿草用之。今世俗多用五指撅管书，则全无筋骨，慎不可效也。第三撮管，谓以五指撮其管末，惟大草书或书图障用之，亦与拙管同也。第四握管，谓捻拳握管于掌中，悬腕以肘助力书之。或云起自诸葛诞倚柱书，时雷霹柱裂，书亦不辍。当用壮气，率以此握管书之，非书家流所用也。后王僧虔用此法，盖以异于人，故非本为也。近有张从申郎中拙然而为，实为世笑也。第五搦管，谓从头指至小指，以管于第一、二指节中搦之，亦是效握管，小异所为。有好异之辈，窃为流俗书图障用之，或以示凡浅时，提转甚为怪异，此又非书家之事也。

东海公琦曰：置笔于大指，中节前居，动转之际，以头指齐中指，兼助为力，指自然实，掌自然虚。虽执之使齐，必须用之自在。今人皆置笔当节，碍其转动，拳指塞掌，绝其力势。况执之愈急，愈滞不通。纵用之规矩，无以施为也。又云：执笔在乎便稳，用笔在乎轻健。故轻则须沉，便则须涩，谓藏锋也。不涩则险劲之状无由而生也，太流则便成浮滑，浮滑则是为俗也。故每点画，须依笔法，然后书同古人之迹而合于作者。又曰：欲书当先看所书，一纸之中，是何词句，言语多少，及纸色目相称，以何等书令与书体相合，或真或行或草，与纸相当。意在笔前，笔居心后，皆须存用笔法。想有难书之字，预于心中布置，然后下笔，自然容与徘徊，意态雄逸。不可临时无法，任笔所成，则非谓能解也。

《全唐文》卷四八二，中华书局一九八三年版

韩方明

赵　赞

赵赞（生卒年未详）　河东（今山西蒲州）人。德宗建中初，曾任荆、襄等道黜陟使，中书舍人。三年（782 年），以中书舍人受命主持贡举。同年，进为户部侍郎、判度支。次年，被贬为播州司马。

请以箴表等代诗赋奏

箴、论、表、赞代诗赋，仍各试策三道，应口问大义明经人。明经之目，义以为先。比来相承，惟务习帖。至于义理，少有能通。经术浸衰，莫不繇此。今若顿取大义，恐全少其人，欲且因循，又无以劝学。请酌举司旧例，稍示考义之难。承前问义，不形文字，落第之后，喧竞者多。臣今请以所问，录于纸上，各令直书其义，不假文言。既与策有殊，又事堪征证，凭此取舍，庶归至公。如有义策全通者五经举人，请准广德元年七月敕超与处分，明经请减两选。伏请每岁甄奖，不过数人，庶使经术渐兴，人知教本。

《全唐文》卷五二六，中华书局一九八三年版

梁 肃

　　梁肃(753—793)　字敬之，一字宽中，陆浑(今河南嵩县东北)人。建中元年(780年)，举文辞清丽科。曾任太子校书郎、淮南节度府掌书记、监察御史、右补阙、翰林学士、皇太子侍读等。作为既崇儒也崇佛的古文作者，在思想上更偏重佛教，限制了他在古文运动中发挥更大的作用。著有《梁肃集》二十卷。

昆山县学记

　　学之制，与政损益。政举则道举，道污则政污。昆山，吴东鄙之县，先是县有文宣王庙，庙堂之后有学室。中年兵馑荐臻，堂宇大坏，方郡县多故，未遑缮完。其后长民者或因而葺之，以民尚未泰，故讲习之事，设而不备。大历九年，太原王纲以大理司直兼县令，既而释奠于庙，退而叹曰："夫化民成俗，以学为本。是而不崇，何政之为？"乃谕三老主吏，整序民，饰班事，大启宇于庙垣之右，聚五经于其间。以邑人沈嗣宗躬履经学，俾为博士。于是遐迩学徒，或童或冠，不召而至，如归市焉。公听治之暇，则往敷大猷以耸之，博考明德以翼之。优而柔之，使自求之；揭而厉之，使自趋之。故民见德而兴行，行于乡党，洽于四境。父笃其子，兄勉其弟，其不被儒服而行，莫不耻焉。金曰："公之设教，矫其末不堕其本，易其俗不失其宜也。"传曰："本立而道生。"昔崔瑗有《南阳文学志》，王粲有《荆州文学志》，皆表儒训，以著不朽。遂继其流为《县学记》。俾来者知我邑经艺文教之所以兴。是岁龙集乙卯，公为县之明年也。

《全唐文》卷五一九，中华书局一九八三年版

陪独孤常州观讲论语序

晋陵守河南独孤公，以德行文学为政一年，儒术大行，与洙泗同风。公以为使民悦以从教，莫先乎讲习，括五经英华，使夫子微言不绝，莫备乎《论语》。于是俾儒者陈生以《鲁论》二十篇，于郡学之中率先讲授。乃季冬月朔，公既视政，与二三宾客躬往观焉。已而，公遂言曰："昔文翁用儒变蜀，蜀至于鲁。当大历初元，新被兵馑之苦，今御史大夫赞皇李公为是邦，愍学道圮阙，开此庠序。自后俊秀并兴，与计偕者岁数十人。《子衿》之诗，起而复废；乡饮酒之礼，废而复兴。至于今，风俗遂敦，美矣哉！仁人之化也！抠衣之徒，承其波流，得不勉欤！"既诲而厉之，又悦以动之，朱输迟迟，逮暮而归。士有获在左右，睹公之施教，退谓人曰："夫四时继气而成物，仁贤继功而成化。是学校也，非赞皇不启，非我公不大。鼓之以经书，润之以仁义，君子得之以修词立诚，小人仰之以迁善远罪。泱泱乎不知所以然，以至夫政和而人泰。"旧史记前召后杜，而南阳移风，民到于今称之。矧赞皇植学之本，与我公道之以德，德则有成，而未播于叙述，后人谓之何哉？鄙不佞，谨纪公

孙培青文集　第三卷　隋唐五代教育论著选

之雅训，或传诸好事者云尔。

《全唐文》卷五一八，中华书局一九八三年版

常州刺史独孤及集后序

大历丁巳岁夏四月，有唐文宗常州刺史独孤公薨于位。秋九月既葬，门下士安定梁肃，咨谋先达，稽览故志，以公茂德映乎当世，美化加乎百姓，若发扬秀气，磅礴古训，则在乎斯文。斯文之盛，不可以莫之纪也。于是缀其遗草三百篇为二十卷，以示后嗣，乃系其辞曰：夫大者天道，其次人文。在昔圣王以之经纬百度，臣下以之弼成五教。德又下衰，则怨刺形于歌咏，讽议彰乎史册。故道德仁义，非文不明；礼乐刑政，非文不立。文之兴废，视世之治乱；文之高下，视才之厚薄。唐兴，接前代浇醨之后，承文章颠坠之运，王风下扇，旧俗稍革，一作"作者迭起"。不及百年，文体反正。其后时浸和溢，而文亦随之。天宝中，作者数人，颇节之以礼。洎公为之，于是操道德为根本，总礼乐为冠带，以《易》之精义，《诗》之雅兴，《春秋》之褒贬，属之于辞。故其文宽而简，直而婉，辩而不华，博厚而高明。论人无虚美，比事为实录，天下凛然，复睹两汉之遗风。善乎！中书舍人崔公祐甫之言也，曰："常州之文，以立宪诫世，褒贤遏恶为用，故议论最长。其或列于碑颂，流于咏歌，峻如嵩华，浩如江河，若赞尧、舜、禹、汤之命，为诰为典，为谟为训，人皆许之，而不吾试，论道之位，宜而不陟。"诚哉！公讳及，字至之，秘书监府君之中一作"第四"。子。道与之粹，天授之德，聪明博达，刚毅正直，中行独复，动静可则，孝悌一作"仁厚"。积为行本，文艺成乎余力。凡立言必忠孝大伦，王霸大略，权正大

义，古今大体。其中虽波腾雷动，起伏万变，而殊流会归，同志于道。故于赋《远游》颂《啸台》，见公放怀大观，超迈流俗。于《仙掌》《函谷》二铭、《延陵论》《八阵图记》。见公识探神化，智合权道。于议郊祀配天之礼，吕谭、卢弈之谥，见公阐明典训，综核名实。若夫述圣道以扬儒风，则《陈留郡文宣王庙碑》《福州新学碑》。美成功以旌善人，则《张平原颂》，李常侍、姚尚书、严庶子、韦给事、韦颍叔墓铭，《郑氏孝行记》，李睢阳、杨怀州碑。纂世德以贻后昆，则《先秘书监灵表》。陈黄老之义，于是有对策文。演释氏之奥，于是有《镜智禅师碑》。论文变之损益，于是有《李遏叔集序》。称物状以怡情性，一作"称物状之美而畅其情性"。于是有《琅珰溪述》《卢氏竹亭记》。抒久要于存殁之间，则祭贾尚书、相里侍郎、元郎中、一作"员外"。李叔子文。其余纪物叙事，一篇一咏，皆足以追踪往烈，裁正狂简。噫！天其以述作之柄授夫子乎！不然，则吾党安得遭遇乎斯文也？初，公视肃以友，肃仰公犹师，每申之话言，必先道德一作"德礼"。而后文学。且曰："后世虽有作者，六籍其不可及已。荀、孟朴而少文，屈、宋华而无根，有以取正，其贾生、史迁、班孟坚云尔。唯子可与共学，当视斯文，庶乎成名。"肃承其言，大发蒙惑。今则已矣，知我者其谁哉？遂衔涕为叙，俾来者于是观夫子之志。若立身行道，始终出处，皆载易名之状，故不备之此篇。

《全唐文》卷五一八，中华书局一九八三年版

导引图序

气之贯万物也，盛矣！本乎天者，资之以生；本乎地者，资之

以成。古之善为道者，知气之在人，不利则郁，郁则伤性，伐其命而不可援也。于是乎，张而翕之，导而引之，熊经鸟伸，吐故纳新。使流于六藏，畅于四支，浃于肌肤之会，固其筋骸之束。然后百病不生，耳目聪明，可以保神，可以尽年，和之至也。故歧伯得之，为《轩辕》师；广成子得之，千二百岁而身不衰；彭祖得之，上及有虞，下及五霸；后学得之，隐名山而游人间，寿考者不可详而纪矣。原其所出，皆以歧伯为祖。有浮山隐居朱少阳者，得其术于《黄帝外书》，又加以元化五禽之说，乃志其善者，演而图之，被以章目，凡三篇。究其所由，盖久视之门，户枢之善喻者也。少阳年涉期颐，神气转壮，每至虚空之中，自试此法，或屈或伸，或盘或旋，或回互翕辟，终日不倦。每振寂邮肯綮之际，必砉然响。然用力其微，而合于《桑林》之舞，此又技之甚尤异者也。暇日以所述示予，予喜而序之，以置篇首，俾博览者以知还年之一路，道者之雅戏云。

《全唐文》卷五一八，中华书局一九八三年版

梁
肃

陆　质

陆质(？—805)　初名淳,后改名质,字伯冲,吴郡(今江苏苏州)人。唐代经学家。与赵匡同师啖助,传其春秋学。历官国子博士,信州、台州刺史,皇太子侍读等。以《左氏》虽长于述事,但发明大义则不如《公羊》《穀梁》,于是综述《春秋》义例,阐发《春秋》微言大义,著有《春秋集传纂例》《春秋微旨》《春秋集传辨疑》等,开学者疑经之风。

春秋集传纂例序

啖子所撰《统例》三卷,皆分别条疏,通会其义。赵子损益,多所发挥。今故纂而合之,有辞义难解者,亦随加注释。兼备载经文于本条之内,使学者以类求义,昭然易知。其三传义例,可取可舍,啖、赵俱已分析,亦随条编附,以祛疑滞,名《春秋集传纂例》,凡四十篇,分为十卷云。

《全唐文》卷六一八,中华书局一九八三年版

春秋例统序

啖先生讳助,字叔佐,关中人也。聪悟简淡,博通深识。天宝末客于江东,因中原难兴,遂不还归,以文学入仕,为台州临海尉,复为润州丹阳主簿。秩满,因家焉,陋巷狭居,晏如也。始以上元辛丑岁集三传释《春秋》,至大历庚戌岁而毕。赵子时宦于宣、歙之使府,因往还浙中,途过丹阳,乃诣室而访之。深话经意,事多向合。期反驾之日,当更讨论。呜呼!仁不必寿,是岁先生即世,时年四十有七。是冬也,赵子随使府迁镇于浙东。淳痛师学之不彰,乃与先生之子异躬自缮写,共戴以诣赵子。赵子因损益焉。淳随而纂会之,至大历乙卯岁而书成。

《全唐文》卷六一八,中华书局一九八三年版

春秋集传微旨序

陆质

传曰:"惟天为大,惟尧则之。韶尽美矣,又尽善也;武尽美矣,未尽善也。"又曰:"禹吾无间然矣。"推此而言,宣尼之心,尧舜之心也;宣尼之道,三王之道也。故《春秋》之文,通于《礼经》者,谓凡郊庙、朝聘、雩社、婚姻之类是也。斯皆宪章周典,可得而知矣。其有事或反经,而志协乎道,纪侯去其国之类是也。迹虽近义,而意实蕴奸。楚子虔诱蔡侯般之类是也。或本正而末邪,楚杀征舒,楚子入陈之类是也。或始非而终是,晋人纳捷菑,不克纳之类是也。贤智莫能辩,彝训莫能及,则表之圣心,酌乎皇极。是生人已来,未有臻斯理也。岂但拨乱反正,使乱臣贼子知惧而已乎?今故掇其微旨,总为三卷。

三传旧说,亦备存之。其义当否,则以朱、墨为别。其有与我同志,思见唐虞之风者,宜乎齐心极虑于此,得端本清源之意。而后周流乎二百四十二年褒贬之义,使其道贯于灵府,其理浃于事物,则知比屋可封,重译而至,其犹指诸掌尔。宣尼曰:"如有用我者,期月而已可也。"岂虚言哉!岂虚言哉!

《全唐文》卷六一八,中华书局一九八三年版

权德舆

权德舆(759—818)　字载之，天水略阳（今甘肃秦安东南）人。幼时聪颖，四岁能作诗，十五岁撰文数百篇，编为《童蒙集》十卷。贞元时，受召为太常博士，后转任左补阙、起居舍人、知制诰、中书舍人、礼部侍郎、户部侍郎等，曾三次主持贡举。元和时，历官兵部侍郎、吏部侍郎、太子宾客、太常卿、礼部尚书平章事、东都留守、太常卿、刑部尚书、山南西道节度使等。著有《权载之文集》五十卷。

答柳福州书

来问见爱，殷勤甚厚。疏以先师对仲弓先有司之说，又曰：由于有司，以风天下。诚哉！大君子之言理道也。

今之取士，在于礼部，吏部按资格以拟官，奏郎官以考判，失权衡轻重之本，无乃甚乎！至于礼部求才，犹似为仁由己，然亦沿于时风，岂能自振？

尝读刘秩祭酒上疏云："太学设官，职在造士。士不知方，时无贤才，臣之罪也。"每读至此，心常慕之。当时置于国庠，似在散地，而方以乏贤内讼，慨然上奏。此君子之心也，君子之言也。况以蒙劣辱当仪曹，为时求人，岂敢容易？然再岁计偕，多有亲故进士，初榜有之，帖落有之，策落有之，及第亦有之。不以私害公，不以名废实，不敢自爱，不访于人。

两汉设科，本于射策，故公孙宏、董仲舒之伦，痛言理道。近者祖习绮靡，过于雕虫，谓之甲赋律诗，俪偶对属。况十数年间，至大官右职，教化所系，其若是乎？是以半年以来，参考对策，不访名物，不征隐奥，求通理而已，求辩惑而已。习常而力不足者，则不能回复于此。故或得其人，庶他时有通识懿文可以持重不迁者，而不尽在于龊龊科第也。明经问义，有幸中所记者，则书不停缀，令通其意，则墙面木偶，遂列上第，末如之何。顷者参伍其问，令书释意义，则于疏注之内，苟删撮旨要。有数句而通者，昧其理而未尽；有数纸而黜者，虽未尽善，庶稍得之。

至于来问，明六经之义，合先王之道，而不在于注疏者，虽今吏部学究一经之科，每岁一人，犹虑其不能至也。且明经者，仕进之多数也。注疏者，犹可以质验也。不者，傥有司率情，下上其手，既失其末，又不得其本，则荡然矣。无乃然乎？

古人云：强勉行道，则德日起而大有功。中庸有困而行之，勉强而行之。鄙虽不敏，敢忘勉之之道邪？大凡常情为近习所胜，没没于闻见，汲汲于进取。苟避患安时，俾躬处休，以至老死，自为得计。岂复有揣摩古今风俗，整齐教化根本，原始要终，长辔远驭，如阁下吐论之若是者耶？此鄙人所以喟然三复，而不知其止也。

来问又言三代两汉至近古，所尚不同，岂古化敻远之不可复，因缘渐靡，而操执者不之思耶？鄙人顽固，谨俟余论，因自发舒，惭怍无量。德舆再拜。八月十一日。

《权载之文集》卷四一，商务印书馆《四部丛刊初编》本

左谏议大夫韦公诗集序

洙泗门人，登四科者，唯称端木赐、卜商可与言诗，以其善于取类，敏以喻礼。然则缘情咏言，感物造端，发为人文，必本王泽。

贞元十二年夏四月庚辰，皇帝临麟德殿，命通儒硕士，与缁黄上首，杂论奥赜，互相发明。由是京兆韦君，以四门博士召见。三元六学，博辩闳大，精义具举，宸心乃愉。寻献七百字诗一章，词华彬蔚，诏旨优答。浃日授秘书郎，逾月迁右补阙，未半岁拜谏议大夫。其于以文发身，以直事君，言语侍从，论思讽谏，贾生当受厘之问，方朔擅不穷之智，近臣渥命，荣冠一时，荐绅竞劝，岩穴皆耸。

初，君年十一，尝赋《铜雀台》绝句，右拾遗李白见而大骇，因授以古乐府之学，且以瑰琦轶拔为己任。至弱冠，乃喟然曰："四始五际，今既远矣。会性情者，因于物象；穷比兴者，在于声律。盖辩以丽，丽以则得于无间，合于天倪者，其在是乎？彼惠休称谢永嘉如芙蓉出水，钟嵘谓范尚书如流风回雪，吾知之矣。"遂苦心藻虑，俪词比事，纤密清巧，度越群伦。尝著天竺寺十六積，鲁郡文忠公序引而和之，使画工图于仁祠，摘句配撰，偕为绝胜。又于江南著卧疾三十韵，晋国忠肃公手翰以美之，曰："卓尔独立，其在我韦生乎！"其为名臣宗公所称赏如此。又与竟陵陆鸿渐、杼山僧皎然为方外之侣，沉冥博约，为日最久，而不名一行，不滞一方。故其曳羽衣也，则曰遗名；摄方袍也，则曰尘外；被儒服也，则今之名字著焉。周流三教，出入无际，寄词诣理，必于斯文。自贞元五年，始以晋公从事至京师，迨今十年。所著凡三百篇，尝因休沐，悉以见示。

德舆鄙昧，不能言诗，徒以掖垣之寮，辱命为序，岂爱之厚而忘其不能与？前此论著，别为篇第。后此者，方绅怀仙章句，而不复赋人间之事矣。

今兹诗集，以类相从，献酬属和，因亦编次，且以《圣诞日麟德殿三教讲论诗》为首，凡千卷云。

《权载之文集》卷三五，商务印书馆《四部丛刊初编》本

宏文馆大学士壁记

圣人南面以理天下，在崇起教化，缉熙于光明。太宗文皇帝敷文德，建皇极，始于宏文殿侧创宏文馆，藏书以实之，思与大雅闳达之伦，切劘理道，金玉王度。盛选重名虞世南、褚亮而下，为之学士，更直密侍于其中。其论思应对，或至夜艾，诞章远猷，讲议启迪。武德、贞观之泽，洎于元元，厥有助焉。其后徙于门下省，景龙初始置大学士，名命益重，多以宰司处之。所以登闳古先，腹润大政，则汉廷之金马、石渠、兰台、延阁，方斯陋矣。按《六典》，常令给事中一人判馆事，每二府爰立，则统于黄枢。而或署或否，不为恒制。孝文后元二十年间，斯职阙焉。前年秋八月，今河中司空公居之。今年夏五月，相国萧公居之。公粹清庄重，山立泉塞，苞孔门之四教，蕴《洪范》之三德，静若彝器，扣如黄钟。由小司徒升左辅，乃莅斯职。于是戒官师，稽宪令，贵游青襟，辨志乐群，皆修其方而逊其业。且以左户之羡财，百方附益而修饰之。公署书府，静深华敞，清禁之内，辅臣攸居，宜乎舒六艺而调四气于此室也。初，公之王父考功府君，在中宗朝为直学士，懿文含章，休有厥声。至公则聿修之宏大，贻厥之昌阜，尽在是矣。至

若命馆之再为修文，中为昭文，改复岁月，传诸故志。前贤名氏，宜列屋壁。公以德舆交代于中台之任，踊跃于大冶之中，惠然受简，使得论次。自景龙二年，李赵公峤始受命，为大学士，至公凡若干人，揭而书之，所以备文馆之故实，广台臣之年表。抑公之命也，不敢辞焉。元和二年秋九月记。

贞元十三年中书试进士策问两道

第一道

问：先师之言，辨君子小人而已。劝学则举六蔽，咸事则称九德，推其性类，又极于是矣。孟轲之数圣者，有清有和。文子之言人位，上五下五。列夷惠于天纵，颇有所疑。况牛马于至灵，岂有至当？班固之《古今表》，刘邵之《人物志》，或品第乖迕，或钩摭纤微，诚有可观，恐非尽善。既强为己之学，必有折理之精，敬俟嘉言，以祛未达。

第二道

问：乃者西裔背盟，劳师备塞。今我王自毙，边遽以闻。而议者或曰：因其丧而吊之，可以息人。或曰：乘其虚而伐之，可以开地。或曰：夷实无厌，兵者危事，皆所以疲中国也，不若如故。是三者必有可采，思以辨之。

权德舆

贞元二十一年礼部策问

进士策问五道

第一问

问：古之善为政者，在得人而已，在求理而已。周以功德诏爵禄，秦以农战居职员，汉武帝诏察茂异可以为将相者。夫功与德，非常才所及也；农与战，非筮仕所宜也；安危注意之重，非设科可俟也。是三者固有利病，幸错综言之。又三适之宜，九品之法，或计户以贡士，或限年以入官。事有可行，法有可采，制度当否，悉期指明。

第二问

问：夏、殷、周之政，忠、敬、文之道，承弊以救，始终循环。而上自五帝，不言三统，岂备有其政，或史失其传？嬴、刘而下，教化所尚，历代相变，其事如何？岂风俗渐靡，不登于古？复救之之道，有所未至耶？国家化光三代，首冠百王，固以忠厚胜兹文弊。前代损益，亿闻讨论，遽数之中，所希体要也。

第三问

问：古者士足以理官业，工足以备器用，商足以通货贿，而农者居多。所以务三时之功，有九年之蓄。用阜其业，实藏于人。乃有惰游相因，颇复去本。今皇帝励精至化，在宥万方，德音圣泽，际天接地。凡宏于理道者，无不至也。裕于齐人者，无不被也。而又询吏禄公田之制，稽财征榷管之宜，使群有司质政损益，庶官匹士皆得上言。众君子躬先师之儒，生盛圣之代，亻兹嘉话，当荐所闻。

第四问

问：昔伊尹耕莘，傅说胥靡，竟昌殷道，以阜王业。春秋时，观丁父、彭仲爽，申、都之俘也，克州、蓼，封陈、蔡，楚邦赖之。汉廷韩安国徒中拜二千石，张释之以赀为郎，并称名臣，焊叙前代。然则俘徒作役，或财用自发，前代取之，而得人如是。魏晋已降，流品渐分，筮仕之初，率先文学。或荐贤推择，皆秀发州间，而致理之风，颇未反古。岂朴散浸久，或求之太精，斯何故也？尝有所懵。今四门大辟，百度惟贞，执事者固欲上副聪明，悉搜才实。幸酌古道，指陈所宜。

第五问

问：言，身之文也。又曰：灼于中，必文于外。司马相如、扬雄籍甚汉庭，其文盛矣。或奏琴心而涤器，或赞符命以投阁，其于溺情败节，又奚事于文章耶？至若孔融、祢衡，夸傲于代，祸不旋踵，何可胜言！两汉亦有质材敦厚之科，廉清孝顺之举，皆本于行而遣其文。复何如哉？为辩其说。

明经策问七道

左氏传

问：《春秋》者，以仲尼明周公之志而修经，丘明受仲尼之经而为传，元凯悦丘明之传而为注。然则夫子感获麟之无应，因绝笔以寄词，作为褒贬，使有劝惧。是则圣人无位者之为政也，其于笔削义例，岂皆用周法耶？左氏有无经之传，杜氏又错传分经，诚多艳富，虑失根本。既学于是，颇尝思乎？

礼记

问：《大学》有明德之道，《中庸》有尽性之术。阙里宏教，微言在兹。圣而无位，不敢作礼乐，时当有开，所以先气志。然则得申、甫之佐，犹曰降神；处定、哀之时，亦尝问政。致知自当乎格物，梦奠奚难于宗予？必若待文王之无忧，遭虞舜之大德，然后凝道，孰为致君尔？其深惟，以判斯惑。

周易

问：洁静精微，研几通变。伏羲重其象，文王演其辞。设位尽通于三极，修德岂惟于九卦。何思何虑，既宜以同归；先甲先庚，乃详于出令。俭德避难，颇殊謇謇之风；趋时贵近，有异谦谦之吉。穷理尽性之奥，入神致用之精，乾元用九之则，大衍虚一之数,成性有存存之道,知几穷至至之言,既所讲闻,试陈崖略。

尚书

问:《洪范》之美大同也,曰子孙其逢吉;数五福也,曰考终命。皆其极也。至若允恭克让而生丹朱,方命圮族,乃产神禹,何吉凶之相戾也?《金縢》请命,方秉圭以植璧;元龟习吉,乃启籥而见书。岂赋命之可移也?绝地天通,未详厥理;血流漂杵,何乃溢言?待问而来,宜陈师说。

毛氏诗

问:风化天下,形于咏歌,辨理代之音,厚人伦之道。邶、鄘褊小,尚列于篇;楚、宋奥区,岂无其什?变《风》《雅》者,起于何代?动天地者,本自何诗?《南垓》《白华》,亡其词而不获;《谷风》《黄鸟》,同其目而不刊。举毛、郑之异同,辨齐、鲁之传授,面墙而立,既非其徒,解颐之言,斯有所望。

榖梁传

问:《榖梁》名经,兴于鲁学;刘向博习,称于汉朝。或贬绝过深,或象类无据。非立异姓,乃以莒灭。成文,同乎他人,岂谓齐侯之子?异端颇甚,后学难从。讳亲讳贤,当举其例;耳治目治,幸数其言。何词所谓近于情?何义所谓失于短?凡厥师授,为予明之。

论语

问：夫子以天纵之圣，畏匡厄陈。行合神明，固久于丘祷。将行理道，奚矢于天厌？对社栗之问，宰我强通。叹山梁之时，仲由未达。季氏旅岱，冉有莫救。皆见称于达者，或才比于具臣。尝隶善言，顾多滞义。末卷载游、夏之事，终篇纪舜、禹之词，颇疑不伦，可以敷畅。

弘崇生问

问：左掖东朝，载宏学教，贵游门子，于是翔集。法禁或弛，艺实难征。推恩补员，据阙升第，或人疑张禄，词假葛龚。诚瑕不掩瑜，岂仕优方学。澄汰则众心未允，因循则流弊浸深。有司病诸，幸喻其术。

道举问

问：至人恬漠，外其形体，使如死灰，如木鸡，斯可矣。至若蹈履水火而不燋没，虽以诚信，庸至是乎？斯所以有疑于吕梁丈人、商丘开之说也。盖有以诚信安于死而不迁者，未有以诚信蹈难而必不死者，此何所谓？其质言之。

《权载之文集》卷四〇，商务印书馆《四部丛刊初编》本

宋若昭

宋若昭(761—828)　贝州清阳(今河北清河)人。唐代女学士。宋家世为儒学,至宋庭芬,能词章,生五女,皆聪慧,善文词。长曰若莘,次曰若昭、若伦、若宪、若荀。若莘教诲诸妹如严师,著《女论语》十篇,若昭为之作解。贞元四年(788年),德宗并召宋氏姐妹入宫,试文章,问经史大义,尊其志操,称为学士。七年,宫中记注簿籍,由若莘总领。元和末,若莘卒。长庆初,穆宗以若昭通晓历练,令继其职,官尚宫,宫内皆称为先生,后妃及诸皇子、公主皆尊之为师。

女论语

曹大家曰:妾乃贤人之妻,名家之女,四德兼全,亦通书史。因辍女工,间观文字。九烈可嘉,三贞可慕,深惜后人,不能追步。乃撰一书,名为《论语》,敬戒相承,教训女子。若依斯言,是为贤妇,罔俾前人,传美千古。

立身章第一

凡为女子，先学立身。立身之法，惟务清贞。清则身洁，贞则身荣。行莫回头，语莫露唇，坐莫动膝，立莫摇裙，喜莫大笑，怒莫高声。内外各处，男女异群。莫窥外壁，莫出外庭。窥必掩面，出必藏形。男非眷属，莫与通名。女非善属，莫与相亲。立身端正，方可为人。

学作章第二

凡为女子，须学女工。纫麻缉苎，粗细不同，机车纺织，切莫匆匆。看蚕煮茧，晓夜相从，采桑摘柘，看雨占风。滓湿即替，寒冷须烘，取叶饲食，必得其中。取丝经纬，丈匹成工，轻纱下轴，细布入筒。绸绢苎葛，织造重重，亦可货卖，亦可自缝。刺鞋补袜，引线绣绒，补联纫缀，百事皆通。能依此语，寒冷从容，衣不愁破，家不愁穷。莫学懒妇，积小痴慵，不贪女务，不计春冬。针线粗率，为人所攻，嫁为人妇，耻辱门风。衣裳破损，牵西遮东，遭人指点，耻笑乡中。奉劝女子，听取言终。

学礼章第三

凡为女子，当知女务。女客相过，安排坐具，整顿衣裳，轻行缓步，敛手低声，请过庭户，问候通时，从头称叙，答问殷勤，轻言细语，备办茶汤，迎来递去。莫学他人，抬身不顾，接见依稀，有相欺侮。如到人家，且依礼数。相见传茶，即通事务，说罢起身，再三辞去。主若相留，礼筵待过，酒略沾唇，食无又箸，退盏辞壶，过承推拒。莫学他人，呼汤呷醋，醉后颠狂，遭人所恶，身未回家，已遭点污。当在家庭，少游道路，生面相逢，低头看顾。莫学他人，不知朝暮，走遍乡村，说三道四，引惹恶声，多招骂怒，辱贱门风，连累父母，损破自身，供他笑具。如此之人，有如犬鼠。莫学他人，惶恐羞辱。

早起章第四

凡为女子，习以为常。五更鸡唱，起着衣裳，盥漱已了，随意梳妆。拾柴烧火，早下厨房，磨锅洗镬，煮水煮汤。随家丰俭，蒸煮食尝，安排蔬菜，炮豉春姜。随时下料，甜淡馨香，整齐碗碟，铺设分张。三餐饭食，朝暮相当。侵晨早起，百事无妨。莫学懒妇，不解思量，黄昏一觉，直到天光，日高三尺，犹未离床。起来已宴，却是惭惶，早起梳洗，突入厨堂。容颜龌龊，手脚慌忙，煎茶煮饭，不及时常。又有一等，餕馎争尝，未曾炮馔，先已偷藏。丑呈乡里，辱及爹娘，被人传说，岂不羞惶。

事父母章第五

女子在堂，敬重爹娘。每朝早起，先问安康，寒则烘火，热则扇凉，饥则进食，渴则进汤。父母检责，不得慌忙，近前听取，早夜思量。若有不是，改过从长，父母言语，莫作寻常。遵依教训，不可强良，若有不是，借问无妨。父母年老，朝夕忧惶，补联鞋袜，做造衣裳,四时八节,孝养相当。父母有疾,身莫离床,衣不解带,汤药亲尝,求神拜佛,指望安康。莫教不幸,或致身亡,痛入骨髓,哭断肝肠,三年乳哺,恩德难忘,衣裳装殓,持服居丧,安埋设祭,礼拜烧香,追修荐拔,超上天堂。莫学忤逆,咆哮无常,才出一语,应答千张,便行抛掉,说着相伤,如此妇女,教坏村坊。

事舅姑章第六

阿翁阿姑,夫家之主。既入他门,合称新妇,供承看养,如同父母。敬事阿翁,形容不睹,不敢随行,不敢对语,如有使令,听其嘱付。姑坐则立,使令便去,早起开门,莫令惊忏,换水堂前,洗濯巾布,齿药肥皂,温凉得所,退步阶前,待其浣洗,万福一声,即时退步。备办茶汤,逡巡递去,整顿茶盘,安排匙箸,饭则软蒸,肉则熟煮。自古老人,牙齿疏蛀,茶水羹汤,莫教虚度。夜晚更深,将归睡处,安置辞堂,方回房户。日日一般,朝朝相似,传教庭帏,人称贤妇。莫学他人,跳梁可恶,咆哮尊长,说辛道苦,呼唤不来,饥寒不顾。如此之人,号为恶妇,天地不容,雷霆震怒,责罚加身,悔之无路。

事夫章第七

女子出嫁,夫主为亲。前生缘分,今世婚姻,将夫比天,其义匪轻。夫刚妻柔,恩爱相因,居家相待,敬重如宾。夫有言语,侧耳详听。夫有恶事,劝谏谆谆。莫学愚妇,惹祸临身。夫若出外,借问途程,黄昏未返,瞻望思寻,停灯温饭,等候敲门。莫学懒妇,未晚先眠。夫如有病,终日劳心,多方问药,遍处求神,百般医疗,愿得长生。莫学愚妇,全不忧心。夫若发怒,不可生嗔,退身求让,忍气吞声。莫学愚妇,斗闹频频。粗丝细葛,补洗精神,莫令寒冷,冻损夫身。家常菜饭,供待殷勤,莫教饥渴,瘦瘠苦辛。同甘同苦,同富同贫,死同棺椁,生共衣衾。莫学泼妇,巧口花唇。能依此语,和乐瑟琴。如此之女,百口传闻。

训男女章第八

大抵人家,皆有男女。年已长成,教之有序,训诲之权,实专于母。男入书堂,请延师傅,习学礼义,吟诗作赋。尊敬师儒,束脩酒脯,五盏三杯,莫令虚度。十日一旬,安排礼数,设席肆筵,施呈樽俎。月夕花朝,游园纵步,挈榼提壶,主宾相顾,万福一声,即登归路。女处闺门,少令出户,唤来便来,教去便去,稍有不从,当叱辱怒。在堂中训,各勤事务,扫地烧香,纫麻缉苎。若出人前,训他礼数,道福逊声,递茶待步。莫纵娇痴,恐他啼怒;莫纵跳梁,恐他轻侮;莫纵歌词,恐他淫语;莫纵游行,恐他恶事。堪笑今人,不能为主。男不知书,听其弄齿,斗闹贪杯,讴歌习舞,官府不忧,家乡不顾。女不知书,强梁言语,不识尊卑,不能针指,辱及尊亲,怨却父母,恶语相伤,养猪养鼠。

营家章第九

营家之女,惟俭惟勤。勤则家起,懒则家倾,俭则家富,奢则家贫。凡为女子,不可因循,一生之计,惟在于勤,一年之计,惟在于春,一日之计,惟在于晨。奉箕拥帚,洒扫灰尘,撮除邋遢,有用

宋若昭

非轻，眼前伶俐，家宅光明，莫教秽污，有玷门庭。耕田下种，莫怨辛勤，炊羹造饭，思记频频，耘耨田土，茶水匀停，莫令晏慢，饥饿在身。积糠聚潲，喂养孳牲，呼归放去，捡点搜寻，莫教失落，扰乱四邻。夫有钱米，收拾经营，夫有酒物，存积留停，迎宾待客，不可偷侵。大富由命，小富由勤。禾麻粟麦，成栈成困。油盐椒豉，儾沓张盛。猪鸡鹅鸭，成队成群。四时八节，免得营营。酒浆食馔，各有余剩。夫妇享福，欢笑欣欣。

待客章第十

大抵人家，皆有宾主。蔌滚汤瓶，抹光橐子，准备人来，点汤递水。退立堂前，听夫言语。若欲传杯，即时办去。欲若相留，待夫回步，细与商量，杀鸡为黍，物味调和，菜蔬济楚，五酌三杯，有光门户。红日含山，晚留居住，点烛擎灯，安排坐具，枕席纱厨，铺毡拥被，钦敬相承，温凉得趣。次晓相看，客如辞去，别酒殷勤，十分注意，夫喜能家，家称晓事。莫学他人，不持家务，客来无汤，荒忙无措。夫若留人，妻怀嗔怒，有箸无匙，有盐无醋，争啜争哺，打男骂女，夫受惭惶，客怀羞愧。有客到门，无人在户，须遣家童，问其来处。客若殷勤，即通名字，却整容仪，出厅延住，点茶递汤，莫缺礼数，借问姓名，询其事务，记得夫归，即当说与，客下阶去，即当回步。奉劝后人，切须学取。

和柔章第十一

处家之法，妇女虽能，以和为贵，孝顺为先。翁姑有责，曾如不曾，姑嫜有责，闻如不闻，上房下户，子侄团圆，是非休习，长短休争。从来家丑，不出外传，东邻西舍，礼数周全。往来贺问，款曲盘旋，一茶一水，笑语忻然。当说便说，当行则行，闲是闲非，不入我门。莫学愚妇，不问根源，秽言污语，触突尊贤。奉劝女子，量后思前。

守节章第十二

古来贤妇，九烈三贞，名标青史，传到而今。后生莫学，初匪难行，第一守节，第二清贞。有女在堂，莫出闺庭，有客在户，莫出厅堂。不异私语，莫起淫言，黄昏来往，秉烛擎灯。暗中出入，恐惹不情，一行有失，百行无成。夫妻结发，义重千金，若有不幸，中路先倾，三年重服，守志坚心，保家持业，整顿坟茔，有生有死，一命所同。

此篇《论语》，谈尽题容。后人依此，日月相逢，切须记取，不可朦胧。若依斯言，享福无穷。

《说郛》卷七〇，清顺治四年刻本

宋若昭

田弘正

田弘正(764—821) 本名兴,字安道,平州卢龙(今属河北)人。少习儒书,知礼节,通兵法,善骑射。魏博节度使田季安任其为衙内兵马使。田季安死后,衙兵拥立田兴。田兴听命于朝廷,宪宗授以魏博节度观察使,赐名弘正。弘正于府舍起书楼,聚书万余卷,常与宾佐讲论古今。元和十年(815年)讨伐吴元济,十三年讨伐李师道,弘正均听朝廷号令,派兵进讨。十五年,奉命为成德节度使。次年,军乱,遇害。

与李勃书

弘正珍重执事之心,积二十余年,竟不获自道于执事者,徒恳恳终日,常恐空老而无所师,诚固内自不安矣。自前年朝谒,得展拜执事于道路之间,时苦牵事,复略不得伸前时所畜之意,弥有不足于心矣。执事以古今仁义,发为惩恶劝善之心,岂惟当世士君子所赖,抑亦姬公、孔子之心,待执事而明白之矣。每览前后史策,纪其所为,古之贤者,有出无愧矣。

弘正近奉制书,去魏就镇,自念宠荣已极,能无忧惕之甚哉!

且自二寇乱常已来,六十余载矣。河北之地,教化之所不行,冀、赵、魏、常山,又河北之尤者,日月积习,遂为匪人,诚可悲矣。寝食常念之,以为负经济不羁之才者,执事可以将朝廷之化,移犷俗之心矣。弘正庸虚,辄不自意,思君子降重,为邑人启茅塞之心,仰执事坐师氏之筵,使鄙夫修拥篲之礼,则向之羞,姑可掩矣。不审执事,当俯而就之乎?复耻而不就乎?今辄虚上倅之位,俟君子光临。古人有功成不居,退得所诣者,鄙人咏之久矣。傥终不拒至诚之情,幸甚!

《唐文粹》卷八六,商务印书馆《四部丛刊初编》本

田弘正

李　绛

李绛(764—830)　字深之,赵州赞皇(今属河北)人。贞元八年(792年)举进士,次年又登博学宏词科。历官校书郎、渭南尉、监察御史、翰林学士、主客员外郎、司勋员外郎、知制诰、中书舍人、户部侍郎、中书侍郎、同中书门下平章事、礼部尚书、华州刺史、兵部尚书、河中观察使、御史大夫、吏部尚书、东都留守、兖海节度观察使、尚书右仆射、太子少师、太常卿、山南西道节度使等。反对宦官操纵政事,也反对藩镇大肆搜刮。著有《李绛集》二十卷、《论事集》三卷。

请崇国学疏

自三代哲王已降,奄有天下者,未尝不崇建太学,尊重名儒,习干戚羽籥之容,盛樽俎揖让之礼,以兴教化,以致太平。天子视学,皇太子行齿胄之礼,斯所以化成天下也。故《记》曰:"如欲化民成俗,必由学乎?"当征讨之急,则先武事;丁治平之运,则尚文德。二柄相须,百王不易。故汉光武于兵革之中,投戈讲艺;魏太祖于扰攘之际,崇立学校。历代之于儒道,如此急也。后汉儒学之盛,太学至有三万人,讽先圣之言,酌当代之务,鸿名硕德,匡国济时,未有不游于太学，以跻于显位者也。国家自高祖初立，关中便修太学，并为功臣宗室子弟别立小学，建黉舍，大加儒训。增置生徒，各立博赡，鸿儒硕学，盛于朝列，质疑应问，酌古辨今，咸征经据，并传师法。故朝廷无不根之论，蕃夷有慕义之名，风教大成，礼乐咸备，贞观之理，谓之太平。至于开元中，亦弘国学之制，复睹儒道之盛。故太学兴废，从古及今，皆兴于理化之时，废于衰乱之代。所以俾风俗趋末而背本，好虚而忘实，盖由国学废讲论之理，儒者靡师资之训。自是以降，不本经义，不识君臣父子之道，不知礼乐制度之方，和气不流，悖乱遂作。其师氏之废，如是之害也。今天下遭逢圣明，荡除瑕秽，前代所不能举，百王所不能行，而陛下行之，万方倾耳，兆人企踵，思望圣化，希承德风。而德盛道光，阙弦歌之雅咏；政流化洽，鲜儒学之高风。顷自羯胡乱华，乘舆避狄，中夏凋耗，生人流离，儒硕解散，国学毁废，生徒无鼓箧之志，博士有倚席之讥，马废园蔬，殆恐及此。伏惟陛下挺超代之姿，发振俗之令，复崇太学，重延硕儒，精选生徒，奖宠博士，备征天下名德专门之士，增饰学中屋室厨馔之制，殿最讲习之优劣，彰明义训之得失，明立科品，使有惩劝，拔萃出群者縻之以禄，废业怠教者置之以刑，自然儒雅日兴，典坟日重，先王之道日盛，太学之训日崇。陛下垂拱明庭，受厘清禁，使师氏教德，不独美于周时，桥门观礼，岂复谢于汉日？伏希天造，特鉴愚言，起兹废坠，弘于教化，冀神圣教，以助皇风。

《唐文粹》卷二七下，商务印书馆《四部丛刊初编》本

论任贤第二疏

尧舜亦以知人为难，况近代浇薄，真伪不分，固不易知也。然

李绛

以事小验之，必十得七八。任官清廉，无贪秽之迹；当事坚正，无阿容之私；章疏谏诤，无希望依违之苟；在左右献纳，无邪佞愉悦之辞。言必及远大，行不顾财利，如此则可谓近于贤矣。若言必诏谀，动关名利；攻人之短，不扬人之美；求己之售，不量己之分；观望主意，以希合为心；逢迎君意，以恩幸为志；为主招怨，为身图利，斯可谓之小人也。验之以行事，参之以舆议，然后用之。委用以后，名声相副，则当任之。既任之，则当久之，使代天下之绩，久而化成。然后圣君垂拱而治矣。贤者行理端直，身寡党援，拔擢贤彦，则小人怨谤；杜塞邪径，则奸人构陷；制度画一，则贵戚毁伤；忠正进用，则谀佞攻击。夫用贤岂容易哉！自非圣主明君，悬鉴情伪，不使毁谤得行，疑似生隙，尽其才器，极其智用，然后政化可得而兴。故齐桓公任管夷吾，一则仲父，二则仲父，齐国大理，是任之不疑也。管仲对桓公曰："既任君子，而以小人参之，此最害霸也。"古人以求贤不至，则贤者不出，故喻以蜗蚓之饵，以求吞舟之鳞；设釜钟之禄，以致济代之器。不可得也！陛下但以数事验之以言，校之以实，采之于众，任之以权，则贤不肖得矣。伏惟圣智详察。

《全唐文》卷六四五，中华书局一九八三年版

裴 度

裴度(765—839) 字中立,河东闻喜(今山西闻喜东北)人。贞元五年(789年)进士,举宏词科,又举贤良方正能直言极谏科。历官县尉、监察御史、起居舍人、司封员外郎知制诰、中书舍人、御史中丞等。力主加强中央集权,削除藩镇。元和十年(815年)六月为宰相,十二年自请督师淮西,攻破蔡州,擒吴元济,一时威震河北藩镇,多表示效顺朝廷。十四年罢相,先后为河东节度使、东都留守、淮南节度使、山南西道节度使、山南东道节度使、观察使等。晚年不满宦官专权,退居洛阳。支持古文运动,同时对文体有自己的主张。

寄李翱书

前者唐生至自滑,猥辱致书札,兼获所贶新作二十篇。度俗流也,不尽窥见。若《愍女碑》《烈妇传》,可以激清教义,焕于史氏。《钟铭》谓以功伐名于器为铭,《与弟正辞书》谓文非一艺,斯皆可谓救文之失、广文之用之文也。甚善甚善!然仆之知弟也,未知其他,直以弟敏于学而好于文也,就六经而正焉。故每遇名辈,称弟不容于口,自谓弥久,益无愧词。窃料弟亦以直谅见待,不以悦媚相容。故不惟嗟悒，亦欲商度其万一耳。若弟摈落今古，脱遗经籍，斯则如献白豕，何足采取？若犹有祖述，则愿陈其梗概，以相参会耳。

愚谓三五之代，上垂拱而无为，下不知其帝力，其道渐被于天地万物，不可得而传也。夏殷之际，圣贤相遇，其文在于盛德大业，又鲜可得而传也。厥后周公遭变，仲尼不当世，其文遗于册府，故可得而传也。于是作周、孔之文，荀、孟之文。左右周、孔之文也，理身、理家、理国、理天下，一日失之，败乱至矣。骚人之文，发愤之文也，雅多自贤，颇有狂态。相如、子云之文，谲谏之文也，别为一家，不是正气。贾谊之文，化成之文也，铺陈帝王之道，昭昭在目。司马迁之文，财成之文也，驰骋数千载，若有余力。董仲舒、刘向之文，通儒之文也，发明经术，究极天人。其实擅美一时，流誉千载者多矣，不足为弟道焉。然皆不诡其词，而词自丽；不异其理，而理自新。若夫典谟训诰，文言系辞，国风雅颂，经圣人之笔削者，则又至易也，至直也。虽大弥天地，细入无间，而奇言怪语，未之或有。意随文而可见，事随意而可行，此所谓文可文，非常文也。其可文而文之，何常之有？俾后之作者有所裁准，而请问于弟，谓之何哉？谓之不可。非仆敢言。谓之可也，则大学之道，在明明德，在止至善矣，能止于止乎？若遂过之，犹不及也。观弟近日制作大旨，常以时世之文，多偶对俪句，属缀风云，羁束声韵，为文之病甚矣。故以雄词远志，一以矫之，则是以文字为意也。且文者，圣人假之以达其心，达则已理，穷则已非，故高之下之，详之略之也。愚欲去彼取此，则安步而不可及，平居而不可逾，又何必远关经术，然后骋其材力哉？昔人有见小人之违道者，耻与之同形貌共衣服，遂思倒置眉目，反易冠带以异也。不知其倒之反之之非也，虽非于小人，亦异于君子矣。故文人之异，在气格之高下，思致之浅深，不在其磔裂章句，隳废声韵也。人之异，在风神之清浊，心志之通塞，不在于倒置眉目，反易冠带也。试用高明，少纳庸妄，若以为未。幸不以苦言见革其惑，唯仆心处荒散，百事罢息。然意之所在，敢隐于故人耶？昌黎韩愈，仆识之旧矣，中心爱之，不觉惊赏。然其人信美材也，近或闻诸侪类，云恃其绝足，往往奔放，不以文立制，而以文为戏。可矣乎？可矣乎？今之作者，不及则已，及之者，当大为防焉耳。弟素居多年，劳想深至，穷阴凝沍，动息如何？入奉晨昏之叹，出参帷幄之画，固多适耳。昨第来字，欲度及时干进。度昔岁取名，不敢自高，今孤茕若此，游宦谓何？是不复能从故人之所勖耳。但置力田园，省过朝夕而已。然待春气微和，农事未动，或当策蹇谒贤大夫，兼与弟道旧，未尔间犹希尺牍。珍重珍重！力书无余，从表兄裴度奉简。

《全唐文》卷五三八，中华书局一九八三年版

裴
度

裴 肃

裴肃(生卒年未详) 河东闻喜(今山西闻喜东北)人。贞元中任国子司业,主张以《尔雅》代《老子》,作为考试科目。上准其请。历官常州刺史、越州刺史、浙东围练观察使等。曾镇压以栗锽为首的浙东农民起义,述其事,撰《平戎记》。家教有方,令其子俦、休、俅在家读书,尽讲经籍,夜课诗赋,三子日后皆登进士第。

请举人依前加尔雅奏

《尔雅》博通诂训,纲维六经,为文字之楷范,作诗人之兴咏,备详六亲九族之礼,多识鸟兽草木之名,今古习传,儒林遵范。其《老子》是圣人元微之言,非经典通明之旨,为举人所习之书,伏恐稍乖本义。伏请依前加《尔雅》。

《唐会要》卷七五《贡举上》,商务印书馆《丛书集成初编》本

赵 匡

赵匡(生卒年未详) 字伯循,河东(治今山西永济西南)人。唐代经学家。师事啖助,通明《春秋》,官至洋州刺史。批评科举制度存在弊端,要求改革,并撰《举选议》,提出一些具体办法。曾补订啖助所撰《春秋集传》和《春秋统例》,并自撰《春秋阐微纂类义统》十卷。认为《春秋》文简意晦,不易明了,而其中寓有深意;怀疑《春秋》经文有阙误,开学者怀疑经传的风气。

举选议

三代建侯,与今事异,请自汉言之。汉朝用人,自诏举之外,其府寺郡国属吏,皆令自署。故天下之士,修身于家,而辟书交至。以此士务名节,风俗用修。魏氏立九品之制,中正司之,于是族大者第高,而寒门之秀屈矣。国朝举选,用隋氏之制,岁月既久,其法益讹。

夫才智因习而就,固然之理。进士者,时共贵之,主司褒贬,实在诗赋,务求巧丽,以此为贤。不惟无益于用,实亦妨其正习。不惟挠其淳和,实又长其佻薄。自非识度超然,时或孤秀,其余溺于所习,悉昧本源。欲以启导性灵,奖成后进,斯亦难矣。故士林鲜体国之论,其弊一也。

又人之心智,盖有涯分;而九流《七略》,书籍无穷。主司问目,不立程限,故修习之时,但务钞略,比及就试,偶中是期。业无所成,固由于此。故当代寡人师之学,其弊二也。

疏以释经,盖筌蹄耳。明经读书,勤苦已甚,既口问义,又诵疏文,徒竭其精华,习不急之业,而其当代礼法,无不面墙。及临民决事,取办胥吏之口而已。所谓所习非所用,所用非所习者也。故当官少称职之吏,其弊三也。

举人大率二十人中方收一人,故没齿而不登科者甚众,其事难,其路隘也如此。而杂色之流,广通其路也。此一彼十,此百彼千,揆其秩序,无所差降。故受官多底下之人,修业抱后时之叹,待不才者何厚,处有能者何薄?崇末抑本,启昏窒明。故士子舍学业而趋末伎,其弊四也。

收人既少,则争第急切,交驰公卿,以求汲引,毁訾同类,用以争先。故业因儒雅,行成险薄,非受性如此,势使然也。浸以成俗,亏损国风,其弊五也。

大抵举选人以秋初就路,春末方归,休息未定,聚粮未办,即又及秋,正业不得修习,益令艺能浅薄,其弊六也。

羁旅往来,縻费实甚,非惟妨阙正业,盖亦隳其旧产,未及数举,索然以空,其弊七也。

贫窭之士在远方,欲力赴京师,而所冀无际,以此揆度,遂至没身。使兹人有抱屈之恨,国家有遗才之阙,其弊八也。

官司运江淮之储,计五费其四乃达京邑,刍薪之贵又十倍。而四方举选之人,每年攒会,计其人畜,盖将数万,无成而归。十乃七八，徒令关中烦耗，其弊九也。

为官择人，惟才是待。今选司并格之以年数，合格者判虽下劣，一切皆收。如未合格而应科目者，才有小瑕，莫不见弃。故无能之士，禄以例臻；才俊之流，坐成白首。此非古人求贤审官之义，亦已明矣，其弊十也。

选人不约本州所试，悉令聚于京师，人既浩穰，文薄烦杂，因此偷滥，其事百端。故俗间相传云："入试非正身，十有三四；赴官非正身，十有二三。"此弊之尤者。

今若未能顿除举选，以从古制，且稍变易，以息弊源，则官多佳吏，风俗可变。其条例如后，谨议。

《全唐文》卷三五五，中华书局一九八三年版

举人条例

一、立身入仕，莫先于礼，《尚书》明王道，《论语》诠百行，《孝经》德之本，学者所宜先习。其明经通此，谓之两经举，《论语》《孝经》为之翼助，诸试帖一切请停，惟令策试义及口问。其试策自改问时务以来，经业之人鲜能属缀，以此少能通者。所司知其若此，亦不于此取人。故时人云："明经问策，礼试而已。"所为变实为虚，无益于政。今请令其精习，试策问经义及时务各五节，并以通四以上为第。但令直书事义，解释分明，不用空写疏文，及务华饰。其十节总于一道之内问之。余科准此。其口问诸书，每卷问一节，取其心中了悟，解释分明，往来问答，无所滞碍，不用要令，诵疏亦以十通八以上为第。诸科亦准此。外更通《周易》《毛诗》，名四经举。加《左氏春秋》，为五经举。不习《左氏》者，任以《公

赵匡

419

羊》《穀梁》代之。其但习《礼记》及《论语》《孝经》，名一经举。既立差等，随等授官，则能否区分，人知劝勉。

一、明法举，亦请不帖，但策问义并口问，准经业科。

一、学《春秋》者，能断大事，有兼习三传，参其异同，商榷比拟，得其长者，谓之《春秋》举。策问经义并口问，并准前。

一、进士习业，请令习《礼记》《尚书》《论语》《孝经》并一史。其杂文请试两首，共五百字以上、六百字以下，试笺、表、议、论、铭、颂、箴、檄等有资于用者，不试诗赋。其理通其词雅为上，理通词平为次，余为否。其所试策，于所习经史内问，经问圣人旨趣，史问成败得失，并时务共十节。贵观理识，不用求隐僻，诘名数，为无益之能，言词不至鄙陋，即为第。

一、其有通《礼记》《尚书》《论语》《孝经》之外，更通《道德》诸经，通《元经》《孟子》《荀卿子》《吕氏春秋》《管子》《墨子》《韩子》，谓之茂才举。达观之士，既知经学，兼有诸子之学，取其所长，舍其偏滞，则于理道，无不该矣。试策问诸书义理，并时务共二十节，仍与之言论，观其通塞。

一、其有学兼经史，达于政体，策略深正，其词典雅者，谓之秀才举。经通四经，或二礼，或三家《春秋》，兼通三史以上，即当其目。其试策，经问圣人旨趣，史问成败得失，并时务共二十节，仍与之谈论，以究其能。

一、学倍秀才，而词策同之，谈论贯通，究识成败，谓之宏才举。以前三科，其策当词高理备，不可同于进士。其所问每十节，通八以上为第。

一、其史书，《史记》为一史，《汉书》为一史，《后汉书》并刘昭所注志为一史，《三国志》为一史，《晋书》为一史，李延寿《南史》为一史，《北史》为一史。习《南史》者兼通《宋》《齐志》，习《北史》者通《后魏》《隋书志》。自宋以后，史书烦碎冗长，请但问政理成败所因，及其人物损益关于当代者，其余一切不问。国朝自高祖下及睿宗《实录》并《贞观政要》，共为一史。

一、天文律历，自有所司专习，且非学者卒能寻究，并请不问。惟五经所论，盖举其大体，不可不知。

一、每年天下举人来秋入贡者，今年九月，州府依前科目先起试，其文策通者，注等第讫，试官、本司官、录事参军及长吏连押其后。其口问者，题策后云，口问通若干，即相连印缝，并依写解为先后，不得参差，封题讫。十月中旬送观察使，观察使差人送都省司，随远近比类，须合程限，省司重考定讫。其入第者，二月内符下诸道诸州追之，限九月内尽到。到即重试之，其文策皆勘会书迹词理，与州试同即收之，伪者送法司推问。其国子监举人，亦准前例。

一、诸色身名，都不涉学，昧于廉耻，何以居官？其简试之时，虽云试经及判，其事苟且，与不试同。诸皆令习《孝经》《论语》。其《孝经》口问五道，《论语》口问十道，须问答精熟，知其义理，并须通八以上。如先习诸经书者，任随所习试之，不须更试《孝经》《论语》。其判问以时事，取其理通，必在责其重保，以绝替代，其合外州申解者，依举选例处分。

一、一经及第人，选日请授中县尉之类，判入第三等及荫高，授上县尉之类。两经出身，授上县尉之类，判入第三等及荫高，授紧县尉之类。用荫止于此。其以上当以才进。四经出身，授紧县尉之类，判入第三等，授望县尉之类。五经授望县尉之类，判入第二等，授畿县尉之类。明法出身，与两经同资。进士及三礼举、

赵匡

421

《春秋》举，与四经同资。其茂才、秀才，请授畿尉之类。其宏才，请送词策上中书、门下，请授谏官、史官等。《礼经》举人，若更通诸家礼论及汉以来礼仪沿革者，请便授太常博士。茂才等三科，为学既优，并准五经举人便授官。其杂色出身人，量书判授中县尉之类，判入第三等及荫高者，加一等。凡荫除解褐官外，不在用限。

一、其今举人所习，既从简易，士子趋学，必当数倍往时，每年诸色举人，主司简择，常以五百人为大限，此外任收杂色。

《全唐文》卷三五五，中华书局一九八三年版

选人条例

一、其前资官及新出身，并请不限选数任集，庶有才不滞，官得其人。

一、不习经书史，无以立身；不习法理，无以效职。人出身以后，当宜习法。其判问请皆问以时事疑狱，令约律文断决。其有既依律文，又约经义，文理宏雅，超然出群，为第一等。其断以法理，参以经史，无所亏失，粲然可观，为第二等。判断依法，颇有文彩，为第三等。颇约法式，直书可否，言虽不文，其理无失，为第四等。此外不收。但如曹判及书题，如此则可，不得拘以声势文律，翻失其真。故合于理者，数句亦收；乖于理者，词多亦舍。其倩人暗判，人间谓之判罗，此最无耻，请榜示以惩之。

一、其授试官及员外等官，悉不许选，恐抱才者负屈；若并分集，则侥幸者颇多。当酌事宜，取其折中。请令送所在审加勘责，但无偷滥，并准出身人例试判送省。授官日，以九品、八品官请同

黄衣选人例,七品、六品官依前资解褐官例,四品、五品依前资第二正官例。其官好恶,约判之工拙也。

一、旧法,四品、五品官不复试判者,以其历任既久,经试固多,且官班已崇,人所知识,不可复为伪滥矣。自有兵难,仕进多门,侥幸超擢,不同往日,并请试判。待三五年,举选路清,然后任依旧法。其曾经登科及有清白状,并曾任台省官,并诸司长官已经选择,并不试,依常例处分。

一、每年天下选人欲赴来冬选,则今秋九月,依举人召集审勘,责绝其奸滥。试时,长吏亲自监临,皆令相远,绝其口授及替代。其第四等以上封送省,皆依举人例处置。吏部计天下阙员讫,即重考天下所送判。审定等第讫,从上等据本色人数收人具名,下本道观察使追之,限十月内到,并重试之。讫,取州试判,类其书踪及文体。有伪滥者,准法处分。其合留者,依科目资序,随稳便注拟。

一、其两都选人,不比外州,请令省司自试,隔年先试,一同外州。东都选人判亦将就上都考定等第,兼类会人数,明年依例追集重试之,还以去秋所试,验其书踪及词理。则隔年计会替代,事亦难为。

一、兵兴以来,士人多去乡土,既因避难,所在寄居,必欲网罗才能,隔年先试,令归本贯,为弊更深。其诸色举选人,并请准所在寄庄寄住处投状。请试举人既不虑伪滥,其选人但勘会符告,并责重保,知非伪滥,即准例处分。

一、宏词拔萃以甄逸才,进士、明经以长学业,并请依常年例,其平选判入第二等,亦任超资授官。

一、诸以荫绪优劳准敕授官者,如判劣恶者,请授员外官,待稍习法理,试判合留,依资授正员官。

一、诸合授正员官人,年不满三十,请授无职事京官及州府参军,不得授职事官。

《全唐文》卷三五五,中华书局一九八三年版

举选后论

有司或诘于议者曰:"吏曹所铨者四,谓身、言、书、判。今外州送判,则身、言阙失,如何!"对曰:"夫身、言者,岂非《洪范》貌、言乎?貌谓举措可观,言谓词说合理,此皆才干之士方能及此。今所试之判,不求浮华,但令直书是非,以观理识,于此既蔽,则无貌、言,断可知矣。书者,非理人之具,但字体不至乖越,即为知书。判者,决断百事,真为吏所切,故观其判,才可知矣。彼身言及书,岂可同为铨序哉?"

有司复诘曰:"王者之盛,莫逾尧、舜。《书》称敷纳以言,为求才之通轨。今以言为后,亦有说乎?"对曰:"夫敷纳以言者,谓引用贤良,升于达位,方将询以庶政,非言无以知之。其唐、虞官百,咨俞无几。下及小吏,官长自求,各行敷纳,事至简易。今吏曹所习,辄数千人,三铨藻鉴,心目难溥,酬喧竞之不暇,又何敷纳之有乎?其茂才以上,学业既优,可以言政教,接以谈论,近于敷纳矣。"

有司复曰:"士有言行不差而阙于文学,或颇有文学而言行未修,但以诸科取士,无乃未备?"对曰:"吏曹所铨,必求言行,得之既审,然后授官,则外州遥试,未为通矣。今铨衡之下,奸滥所萃,纷争剧于狱讼,伪滥深于市井。法固致此,无如之何。岂若外州

先试，兼察其行？苟居宅所在，则邻伍知之，官司耳目，易为采听。古之乡举里选，方斯近矣。且今之新法，以学举者，一经毕收；以判选者，直书可否：可谓易矣。修言行者，心当敦固，不能为此，余何足观？若有志性过人，足存激劝，及躬为恶行，不当举用者，则典章已备，但举而行之耳。"

有司复曰："其有效官公清，且有能政，以其短于词判，不见褒升，无乃阙于事实乎？"对曰："苟能如此，最为公器。使司善状，国有常规，病在不行耳。但令诸道观察使，每年终必有褒贬，不得僭滥，则善不蔽矣。"

问曰："试帖经者，求其精熟，今废之，有何理乎？"对曰："夫人之为学，帖易于诵，诵易于讲。今口问之，令其讲释，若不精熟，如何应对？此举其难者，何用帖为？且务于帖，则于义不专，非演智之术，固已明矣。夫帖者，童稚之事，今方授之以职，而待以童稚，于理非宜。"

有司复曰："旧法，口问并取通六，今令通八，无乃非就易之义乎？"对曰："所习者少，当务其精，止于通六，失在卤莽，是以然耳。"

复曰："举人试第，例皆五通，方并为一，有何理？"对曰："夫事尚实则有功，徇虚则益寡。试策五通，多书问目，数立头尾，徇虚多矣，岂如一策之内，并问之乎？"

赵匡

李 观

李观（766—794）　字元宾，陇西（今甘肃陇西东南）人。唐代文学家。贞元八年（792 年）进士，九年又举博学宏词科，授太子校书郎。为文尚词，词自己出，不袭前人，时谓与韩愈并。著有《李观文集》三卷。

请修太学书

草莽贱臣观再拜上言：臣伏思太学之为道也，厥惟大哉！实所以德宇于国家，教源于万方，辨齐于人伦，亲亲而尊尊。诚宜岁敕崇严，日致肃祗。工度木不俟乎榱桷崩，朝命官取侔乎师氏当，然后乃可以陈四代之礼，兴无穷之风，开素王之堂，削《青衿》之篇。人懋廉隅，俗捐争端，天下之仁人相则焉。是以德由此泽，教由此流，若水之润下，泽满植物，利不浩哉！今尝睹斯坏，甚不然。呜呼！在昔学有六馆，居类其业；生有三千，盛侔于古。中年祸难，浸用耗息。泊陛下君临，宿弊尚在。执事之臣，顾不为急。升学之徒，阃敢上达，积微成悪，超岁历纪。贱臣极言，求合要道，具六馆之目，其曰国子、太学、四门、书、律、算等。今存者三，亡者三。亡者职由厥司，存者恐不逮修。舆人有弃本之议，群生有将压之虞。至于博士助教,锄犁其中,播五稼于三时,视辟雍如农郊,堂宇颓废,磊砢属联,终朝之雨,流潦下渟。既夕之天,列宿上罗,群生寂寥,攸处贸迁。而陛下不以问,学官不以闻,执政之臣不以思。所谓德宇将摧,教源将干,先圣之道将不堪。犹火之炎上,焰焰至焚,其为不利也,岂不畏哉!日者圣朝以武夷时屯,有风牧建帝庸;今者圣朝以文象天经,有皋衡宣王猷。实四三六五之君子,间无足以间之。然事不为加理,人不为加安,岁贡之夫,不能应请问;晏罢之勤,无以申元机。天下有倒悬之悲,诸侯有安忍之怀。执事之臣,深惟无从,但劳心于无益,全身于因循,是了不知长国之术在乎养士,养士之方在乎隆学。夫学废则士亡,士亡则国虚,国虚则上下危,上下危则礼义销,礼义销则狂可奸圣,贼可凌德。圣德威迤,不知其终。今观执事臣之心,必以修学为害时,而他害者千之;养士为费财,而他费者万之。殊不知此费无费,而他费为费也;此害无害,而他害为害也。谚所谓"溜之细穿石,绠之细断干"。斯言损益有渐,非聪哲靡察。今乃不明征于儒书,钦若于权舆,继统于易俗,恢业于纯风,而望海内隽杰靡然踯武于云龙之庭,不知其可也。《礼》称虞、夏、殷、周,天下之盛王也。盖以其庇民之德,祚国之仁,可仰而巍巍。且太学之兴,本于有虞,达于三王,逾至于汉魏以降,特盛于我太宗文皇帝,重圣遵之,无以增荐。兴于先皇,而及于圣朝,此乃古帝王愍醇醨乱萌,故用教于人,百代奉之以宏长国家,广之以存济元元。陛下不宜忽之而已。今四君德以相高,八圣幽而不照,风声随而凋落焉。夫四君之民,古犹易制;陛下之民,猾且难矣。易制之民,古犹或遗之;难制之民,得不重慎乎!昔《春秋》书太室屋坏,《传》曰:"书不恭也。"臣今惧圣朝之史书太学废,使万代之嗣无法矣。今圣朝聚国中之兵,守塞下之垒,空织绵之机,悉农夫之储。岂其恶民而贱物？诚为社稷之谋也。设一旦农夫死，织妇病，兵垒在边，粟帛不输，陛下此时，其暇劝学乎？则礼义之心不素蓄于人，亦难以致天下之和矣。且四方之学，太学之枝叶也；天子之教，诸侯之本也。未有本之颠也，而枝叶之存，天子之废，而诸侯之兴。夫为国者，亦犹理一人之身，京师人之心，四方心之体，诸侯体之四支。心平则体之患易除，体平则四支之患不除而愈。今不啬神于心体，而竭资于四支，时变于外，气殚于中，则为不起之忧矣。伏唯陛下察弛张之会，观损益之图；减无用之府，崇有裕之源。废阙修而百度明，庠序昌而教化行，经邦于长久，熙载于登闳。顾夫周营灵台，鲁修泮宫，于陛下万分之一焉。伏惟速令职司，无至于不可持，天下幸甚！臣观再拜。

《李元宾文集》卷五，商务印书馆《丛书集成初编》本

述行

噫！圣人之所能，而贤人所难，曰德。德不愧，则修立之事著矣。观每究圣人旨，显而微，隐而著，义让以表其外，德行以明其内，恩信以昭其贤，宽惠以广其物，刚毅以将其志，温柔以制其勇。去义让则父子之道乖，舍德行则君臣之志缺，废恩信则朋友之道坠，亡宽惠则刑法之政弊，用刚毅则勇果之心遂，斥温柔则和弱之旨息。六者，圣人之尊，贤人之难也。所以尧、舜而治，丹病而废。禹、汤得尧、舜之道，桀、纣芜禹、汤之化。是则德行义让，恩信刚柔，偕随时而晦明也。吁！以偶为己任，以利为己友。夫如是，虽冠带俨然，事虚美于寰宇下，具年足之一气尔，乌异沐猴而冠者耶？德行可置乎哉？

《全唐文》卷五三五，中华书局一九八三年版

张 籍

张籍(约767—约830) 字文昌,苏州(今属江苏)人。唐代诗人。贞元进士。自称"学诗为众体",以能诗名于时,古体诗更杰出。与当时的公卿名士交游,韩愈尤敬重之。历官国子监助教、秘书郎、国子博士、水部郎中、国子司业等。以诗法教授弟子,从其学诗者有朱庆余、项斯、董居中、韩昶、任蕃、陈标、章孝标、滕倪、司空图等。著有《张籍诗集》,今本八卷。

上韩昌黎书

古之胥教诲举动言语,无非相示以义,非苟相谀悦而已。执事不以籍愚暗,时称发其善,教所不及,施诚相与,不间塞于他人之说,是近于古人之道也?籍今不复以义,是执竿而拒欢来者,乌所谓承人以古人之道欤?顷承论于执事,尝以为世俗陵靡,不及古昔。盖圣人之道废弛之所为也。宣尼没后,杨朱、墨翟恢诡异说,干惑人听。孟子作书而正之,圣人之道,复存于世。秦氏灭学,汉重以黄老之术教人,使人浸惑。扬雄作《法言》而辩之,圣人之道犹明。及汉衰末,西域浮屠之法入于中国,中国之人世世译而广之,黄老之术相沿而炽,天下之言善者,唯二者而已矣。昔者圣人以天下生生之道旷，乃物其金木水火土谷药之用以厚之，因人资善，乃明乎仁义之德以教之。俾人有常，故治生相存而不殊。今天下资于生者，咸备圣人之器用。至于人情，则溺乎异学，而不由乎圣人之道，使君臣、父子、夫妇、朋友之义沉于世，而邦家继乱，固仁人之所痛也。自扬子云作《法言》，至今近千载，莫有言圣人之道者。言之者惟执事焉耳。习俗者闻之，多怪而不信，徒推为訾，终无裨于教也。执事聪明文章，与孟子、扬雄相若，盍为一书以兴存圣人之道，使时之人、后之人知其去绝异学之所为乎？曷可俯仰于俗，嚣嚣为多言之徒哉？然欲举圣人之道者，其身亦宜由之也。比见执事多尚驳杂无实之说，使人陈之于前以为欢，此有以累于令德。又商论之际，或不容人之短，如任私尚胜者，亦有所累也。先王存六艺，自有常矣，有德者不为，犹以为损，况为博塞之戏，与人竞财乎？君子固不为也。今执事为之，以废弃时日，窃实不识其然。且执事言论文章，不谬于古人。今所为或有不出于世之守常者，窃未为得也。愿执事绝博塞之好，弃无实之谈，宏广以接天下士，嗣孟子、扬雄之作，辨杨、墨、老、释之说，使圣人之道复见于唐，岂不尚哉？籍诚知之，以材识顽钝，不敢窃居作者之位，所以咨于执事而为之尔。若执事守章句之学，因循于时，置不朽之盛事，与夫不知言，亦无以异矣。籍再拜。

《全唐文》卷六八四，中华书局一九八三年版

上韩昌黎第二书

　　籍不以其愚，辄进说于执事。执事以导进之分，复赐还答，曲折教之，使昏塞者不失其明。然犹有所见，愿复于执事，以毕其说

焉。夫老、释惑乎生人久矣，诚以世相沿化，而莫之知，所以久惑乎尔。执事才识明旷，可以任著书之事，故有告焉。今以为言谕之不入，则观书亦无所得，为此而止，未为至也。一处一位在一乡，其不知圣人之道，可以言谕之，不入乃舍之，犹有已化者为证也。天下至广，民事至众，岂可资一人之口而亲谕之者？近而不入则舍之，远而有可谕者，又岂可以家至而说之乎？故曰："莫若为书。"为书而知者，则可以化乎天下矣，可以传于后世矣。若以不入者而止为书，则为圣人之道奚传焉？士之壮也，或从事于要剧，或旅游而不安宅，或偶时之丧乱，皆不皇有所为，况有疾疢吉凶虞其间哉？是以君子汲汲于所欲为，恐终无所显于后。若皆待五六十而后有所为，则或有遗恨矣。今执事虽参于戎府，当四海弭兵之际，优游无事，不以此时著书，而曰"俟后"，或有不及，曷可追乎？天之与人性，度已有器也，不必老而后有或立者。昔颜子之庶几，岂待五六十乎？执事目不睹圣人而究圣人之道，材不让于颜子矣。今年已逾之，曷惧于年未至哉？颜子不著书者，以其从圣人之后，圣人已有定制故也。若颜子独立于世，必有所云著也。古之学君臣父子之道，必资于师，师之贤者，其徒数千人，或数百人。是以没则纪其师之说以为书，若孟子者是已。传者犹以孟子自论集其书，不云没后其徒为之也。后孟子之世发明其学者，扬雄之徒，咸自作书。今师友道丧，浸不及扬雄之世，不自论著以与圣人之道，欲待孟子之门人，必不可冀矣。君子发言举足，不远于理，未尝闻以驳杂无实之说为戏也。执事每见其说，亦拊拚呼笑，是挠气害性，不得其正矣。苟正之不得，曷所不至焉？或以为中不失正，将以苟悦于众，是戏人也，是玩人也，非示人以义之道也。

张
籍

殷侑

殷侑(767—838)　陈郡(今河南淮阳)人。贞元二十一年(805年)举明经。历官太常博士、谏议大夫、桂管观察使、右散骑常侍、洪州刺史、江西观察使、卫尉卿、工部尚书、沧齐德观察使、刑部尚书、天平军节度使、山南东道节度使、太子宾客、忠武节度使等。精于历代礼制。

请试三传奏

谨案:《春秋》二百四十二年行事,王道之正,人伦之纪备矣。故先师仲尼称志在《春秋》。历代立学,莫不崇尚其教。伏以《左传》卷轴文字比《礼记》多较一倍,《公羊》《穀梁》比《尚书》《周易》多较五倍。是以国朝旧制,明经若大经、中经能习一传,即放冬集。然明经为学者,犹十不一二。今明经一例冬集,人之常情,趋少就易,三传无复学者。伏恐周公之微旨,仲尼之新意,史官之旧章,将坠于地。伏请置三传科,以劝学者。《左传》问大义五十条,《公羊》《穀梁》各问大义三十条,策三道。义通七以上,策通二以上,与及第。其白身应者,请同五经例处分。其先有出身及前资官应者,请准学究一经例别处分。

《册府元龟》卷六四〇《贡举部》,中华书局一九六〇年版

请试史学奏

历代史书,皆记当时善恶,系以褒贬,垂裕劝戒。其司马迁《史记》,班固、范晔两《汉书》,旨义详明,惩恶劝善,亚于六经,堪为代教。伏惟国朝故事,国子学有文史直者,弘文馆弘文生,并试以《史记》、两《汉书》、《三国志》,又有一史科。近日已来,史学都废,至于有身处班列,朝廷旧章昧而莫知者,况乎前代之载,焉能知之? 伏请量前件史科,每史问大义一百条,策三道。义通七,策通二以上为及第。能通一史者,白身请同五经、三传例处分。其有出身及前资官应者,请同学究一经例处分。其有出身及前资官,稍优与处分。其三史皆通者,请录奏闻,特加奖擢。仍请班下两都国子监,任生徒习请。

《册府元龟》卷六四〇《贡举部》,中华书局一九六〇年版

殷侑

韩　愈

韩愈(768—824)　字退之,河南河阳(今河南孟州南)人。唐代文学家、思想家和教育家。三岁时父母双亡,由兄嫂教养成长。受独孤及、梁肃等人影响,特别重视古文。贞元八年(792年)进士及第,仕途坎坷,几经起落。曾任学官,历四门博士、国子博士、国子祭酒等。政治上,始终忠于唐王朝,维护中央集权制度,反对藩镇分裂割据。主张复兴儒学,作为加强皇权、保持国家统一的指导思想。揭露佛教是社会祸害根源,违反中国伦理传统,要求排斥佛老,采用行政命令加以禁止。领导唐中期古文运动,主张文以载道,要求以接近口语的散体文代替形式主义的骈体文,为宣扬孔孟仁义之道和推动社会改革服务。在教育上有实际贡献。任潮州刺史时,恢复州学,捐俸助学,礼聘学师,促进了地方教育发展。任国子祭酒时,整顿国子监,对生徒的入学资格严加审查,选用学有专长者为博士,组织讲学活动,扭转不良学风,使国子监呈现朝气。在教育理论上,重视教育的社会作用。认为学校教育的目的在于培养德艺具备的君子。要求注重个人修养,对自己有严格全面的要求。若犯过错,要勇于改过,防止重犯。《进学解》中,总结自己的教学经验,认为勤学是学业进步的基本条件，提出"业精于勤，荒于嬉；行成于思，毁于随"的论点。主张尊重个性，爱护人才，做到因材施教和因材使用。认为教育者的责任在于善于发现和培养人才，当政者的责任在于人尽其才。《师说》中，阐述自己对师道问题的新见解，认为师之任务为传道、授业、解惑，三者中以传道为中心，学道者应学无常师。认为师生之间可以相互学习，他们的关系是根据条件而转化的，这是教学相长思想的新发展。以传道为己任，乐于教导青年，从学者甚多，时人称"韩门弟子"，著名的有李翱、皇甫湜、李汉等。所著甚多，经汇编成《韩昌黎集》四十卷、外集十卷。

原道

韩愈

博爱之谓仁，行而宜之之谓义，由是而之焉之谓道，足乎己无待于外之谓德。仁与义为定名，道与德为虚位。故道有君子小人，而德有凶有吉。老子之小仁义，非毁之也，其见者小也。坐井而观天，曰天小者，非天小也。彼以煦煦为仁，孑孑为义，其小之也则宜。其所谓道，道其所道，非吾所谓道也；其所谓德，德其所德，非吾所谓德也。凡吾所谓道德云者，合仁与义言之也，天下之公言也。老子之所谓道德云者，去仁与义言之也，一人之私言也。

周道衰，孔子没，火于秦，黄老于汉，佛于魏、晋、梁、隋之间。其言道德仁义者，不入于杨，则入于墨；不入于老，则入于佛。入于彼，必出于此。入者主之，出者奴之；入者附之，出者污之。噫！后之人其欲闻仁义道德之说，孰从而听之？老者曰："孔子，吾师之弟子也。"佛者曰："孔子，吾师之弟子也。"为孔子者，习闻其说，乐其诞而自小也，亦曰："吾师亦尝云尔。"不惟举之于其口，而又笔之于其书。噫！后之人虽欲闻仁义道德之说，其孰从而求之？甚矣，人之好怪也！不求其端，不讯其末，惟怪之欲闻。

古之为民者四，今之为民者六；古之教者处其一，今之教者处其三；农之家一，而食粟之家六；工之家一，而用器之家六；贾之家一，而资焉之家六。奈之何民不穷且盗也！古之时，人之害多矣。有圣人者立，然后教之以相生养之道。为之君，为之师，驱其虫蛇禽兽，而处之中土。寒，然后为之衣；饥，然后为之食。木处而颠，土处而病也，然后为之宫室。为之工，以赡其器用；为之贾，以通其有无；为之医药，以济其夭死；为之葬埋祭祀，以长其恩爱；为之礼，以次其先后；为之乐，以宣其壹郁；为之政，以率其怠倦；为之刑，以锄其强梗。相欺也，为之符玺、斗斛、权衡以信之；相夺也，为之城郭、甲兵以守之。害至而为之备，患生而为之防。今其言曰："圣人不死，大盗不止；剖斗折衡，而民不争。"呜呼！其亦不思而已矣！如古之无圣人，人之类灭久矣。何也？无羽毛鳞介以居寒热也，无爪牙以争食也。是故君者，出令者也；臣者，行君之令而致之民者也；民者，出粟米麻丝，作器皿，通货财，以事其上者也。君不出令，则失其所以为君；臣不行君之令而致之民，民不出粟米麻丝，作器皿，通货财，以事其上，则诛。今其法曰："必弃而君臣，去而父子，禁而相生养之道，以求其所谓清净寂灭者。"呜呼！其亦幸而出于三代之后，不见黜于禹、汤、文、武、周公、孔子也；其亦不幸而不出于三代之前，不见正于禹、汤、文、武、周公、孔子也。

帝之与王，其号名殊，其所以为圣一也。夏葛而冬裘，渴饮而饥食，其事殊，其所以为智一也。今其言曰："葛不为太古之无事?"是亦责冬裘者曰:"曷不为葛之之易也?"责饥之食者曰:"曷不为饮之之易也?"传曰:"古之欲明明德于天下者,先治其国;欲治其国者,先齐其家;欲齐其家者,先修其身;欲修其身者,先正其心;欲正其心者,先诚其意。"然则古之所谓正心而诚意者,将以有为也。今也欲治其心而外天下国家,灭其天常,子焉而不父其父,臣焉而不君其君,民焉而不事其事。孔子之作《春秋》也,诸侯用夷礼则夷之,进于中国则中国之。经曰:"夷狄之有君,不如诸夏之亡。"《诗》曰:"戎狄是膺,荆舒是惩。"今也举夷狄之法,而加之先王之教之上,几何其不胥而为夷也。

　　夫所谓先王之教者,何也?博爱之谓仁,行而宜之之谓义,由是而之焉之谓道,足乎己无待于外之谓德。其文《诗》《书》《易》《春秋》,其法礼、乐、刑、政,其民士、农、工、贾,其位君臣、父子、师友、宾主、昆弟、夫妇,其服麻丝,其居宫室,其食粟米、果蔬、鱼肉。其为道易明,而其为教易行也。是故以之为己,则顺而祥;以之为人,则爱而公,以之为心,则和而平,以之为天下国家,无所处而不当。是故生则得其情,死则尽其常,郊焉而天神假,庙焉而人鬼飨。曰:"斯道也,何道也?"曰:"斯吾所谓道也,非向所谓老与佛之道也。"尧以是传之舜,舜以是传之禹,禹以是传之汤,汤以是传之文、武、周公,文、武、周公传之孔子,孔子传之孟轲,轲之死不得其传焉。荀与扬也,择焉而不精,语焉而不详。由周公而上,上而为君,故其事行;由周公而下,下而为臣,故其说长。然则如之何而可也?曰:"不塞不流,不止不行。人其人,火其书,庐其居,明先王之道以道之,鳏、寡、孤、独、废、疾者有养也,其亦庶乎其可也!"

韩愈

原性

性也者,与生俱生也;情也者,接于物而生也。性之品有三,而其所以为性者五;情之品有三,而其所以为情者七。曰:"何也?"曰:"性之品有上、中、下三。上焉者,善焉而已矣;中焉者,可导而上下也;下焉者,恶焉而已矣。其所以为性者五:曰仁,曰礼,曰信,曰义,曰智。上焉者之于五也,主于一而行于四;中焉者之于五也,一不少有焉,则少反焉,其于四也混;下焉者之于五也,反于一而悖于四。性之于情视其品。情之品有上、中、下三,其所以为情者七:曰喜,曰怒,曰哀,曰惧,曰爱,曰恶,曰欲。上焉者之于七也,动而处其中;中焉者之于七也,有所甚,有所亡,然而求合其中者也;下焉者之于七也,亡与甚,直情而行者也。情之于性视其品。"

孟子之言性曰:"人之性,善。"荀子之言性曰:"人之性,恶。"扬子之言性曰:"人之性,善恶混。"夫始善而进恶,与始恶而进善,与始也混而今也善恶,皆举其中而遗其上下者也,得其一而失其二者。叔鱼之生也,其母视之,知其必以贿死;杨食我之生也,叔向之母闻其号也,知必灭其宗;越椒之生也,子文以为大戚,知若敖氏之鬼不食也;人之性果善乎? 后稷之生也,其母无灾,其始匍匐也,则岐岐然,嶷嶷然。文王之在母也,母不忧;既生也,传不勤;既学也,师不烦。人之性果恶乎? 尧之朱,舜之均,文王之管、蔡,习非不善也,而卒为奸;瞽叟之舜,鲧之禹,习非不恶也,而卒为圣人。人之性善恶果混乎? 故曰:"三子之言性也,举其中而遗其上下者也,得其一而失其二者也。"

曰:"然则性之上下者,其终不可移乎?"曰:"上之性,就学而愈明;下之性,畏威而寡罪。是故上者可教,而下者可制也。其品则孔子谓不移也。"曰:"今之言性者异于此,何也?"曰:"今之言者,杂佛老而言也。杂佛老而言也者,奚言而不异?"

《韩昌黎集》卷一一,商务印书馆一九三三年版

杂说马

世有伯乐,然后有千里马。千里马常有,而伯乐不常有。故虽有名马,只辱于奴隶人之手,骈死于槽枥之间,不以千里称也。马之千里者,一食或尽粟一石。食马者不知其能千里而食也。是马也,虽有千里之能,食不饱,力不足,才美不外见,且欲与常马等不可得,安求其能千里也?

策之不以其道,食之不能尽其材,鸣之而不能通其意,执策而临之曰:"天下无马!"呜呼!其真无马邪?其真不知马也!

《韩昌黎集》卷一一,商务印书馆一九三三年版

韩愈

符读书城南

木之就规矩,在梓匠轮舆。人之能为人,由腹有诗书。
诗书勤乃有,不勤腹空虚。欲知学之力,贤愚同一初。
由其不能学,所入遂异闾。两家各生子,提孩巧相如。
少长聚嬉戏,不殊同队鱼。年至十二三,头角稍相疏。
二十渐乖张,清沟映污渠。三十骨骼成,乃一龙一猪。
飞黄腾踏去,不能顾蟾蜍。一为马前卒,鞭背生虫蛆。
一为公与相,潭潭府中居。问之因何尔,学与不学欤。

金璧虽重宝，费用难贮储。学问藏之身，身在则有余。

君子与小人，不系父母且。不见公与相，起身自犁锄。

不见三公后，寒饥出无驴。文章岂不贵，经训乃菑畲。

潢潦无根源，朝满夕已除。人不通古今，马牛而襟裾。

行身陷不义，况望多名誉。时秋积雨霁，新凉入郊墟。

灯火稍可亲，简编可卷舒。岂不旦夕念，为尔惜居诸。

恩义有相夺，作诗劝踌躇。

《韩昌黎集》卷六，商务印书馆一九三三年版

示儿

始我来京师，止携一束书。辛勤三十年，以有此屋庐。

此屋岂为华，于我自有余。中堂高且新，四时登牢蔬。

前荣馔宾亲，冠婚之所于。庭内无所有，高树八九株。

有藤娄络之，春华夏阴敷。东堂坐见山，云风相吹嘘。

松果连南亭，外有瓜芋区。西偏屋不多，槐榆翳空虚。

山鸟旦夕鸣，有类涧谷居。主妇治北堂，膳服适戚疏。

恩封高平君，子孙从朝裾。开门问谁来，无非卿大夫。

不知官高卑，玉带悬金鱼。问客之所为，峨冠讲唐虞。

酒食罢无为，棋槊以相娱。凡此座中人，十九持钧枢。

又问谁与频，莫与张樊如。来过亦无事，考评道精粗。

趑趄媚学子，墙屏日有徒。以能问不能，其蔽岂可祛。

嗟我不修饰，事与庸人俱。安能坐如此，比肩于朝儒。

诗以示儿曹，其无迷厥初。

《韩昌黎集》卷七，商务印书馆一九三三年版

答陈生书

愈白：

陈生足下，今之负名誉享显荣者，在上位几人。足下求速化之术，不于其人，乃以访愈，是所谓借听于聋，求道于盲，虽其请之勤勤，教之云云，未有见其得者也。

愈之志在古道，又甚好其言辞。观足下之书，及十四篇之诗，亦云有志于是矣。而其所问则名，所慕则科，故愈疑于其对焉。虽然，厚意不可虚辱，聊为足下诵其所闻。

盖君子病乎在己，而顺乎在天，待己以信，而事亲以诚。所谓病乎在己者，仁义存乎内，彼圣贤者能推而广之，而我蠢焉为众人。所谓顺乎在天者，贵贱穷通之来，平吾心而随顺之，不以累于其初。所谓待己以信者，己果能之，人曰不能，勿信也；己果不能，人曰能之，勿信也。孰信哉？信乎己而已矣。所谓事亲以诚者，尽其心不夸于外，先乎其质，后乎其文者也。尽其心不夸于外者，不以己之得于外者为父母荣也，名与位之谓也。先乎其质者，行也；后乎其文者，饮食旨甘，以其外物供养之道也。诚者，不欺之名也，待于外而后为养，薄于质而厚于文，斯其不类于欺欤！果若是，子之汲汲于科名，以不得进为亲之羞者，惑也！速化之术，如是而已。

古之学者，惟义之问，诚将学于太学，愈犹守是说而俟见焉，愈白。

《韩昌黎集》卷一六，商务印书馆一九三三年版

韩
愈

原毁

古之君子,其责己也重以周,其待人也轻以约。重以周,故不怠;轻以约,故人乐为善。闻古之人有舜者,其为人也,仁义人也。求其所以为舜者,责于己曰:"彼,人也;予,人也。彼能是,而我乃不能是!"早夜以思,去其不如舜者,就其如舜者。闻古之人有周公者,其为人也,多才与艺人也。求其所以为周公者,责于己曰:"彼,人也;予,人也。彼能是,而我乃不能是!"早夜以思,去其不如周公者,就其如周公者。舜,大圣人也,后世无及焉;周公,大圣人也,后世无及焉。是人也,乃曰:"不如舜,不如周公,吾之病也。"是不亦责于身者重以周乎!其于人也,曰:"彼人也,能有是,是足为良人矣;能善是,是足为艺人矣。"取其一,不责其二;即其新,不究其旧。恐恐然惟惧其人之不得为善之利。一善易修也,一艺易能也,其于人也,乃曰:"能有是,是亦足矣。"曰:"能善是,是亦足矣。"不亦待于人者轻以约乎!

今之君子则不然,其责人也详,其待己也廉。详,故人难于为善;廉,故自取也少。己未有善,曰:"我善是,是亦足矣。"己未有能,曰:"我能是,是亦足矣。"外以欺于人,内以欺于心,未少有得而止矣,不亦待其身者已廉乎!其于人也,曰:"彼虽能是,其人不足称也;彼虽善是,其用不足称也。"举其一,不计其十;究其旧,不图其新。恐恐然惟惧其人之有闻也。是不亦责于人者已详乎!夫是之谓不以众人待其身,而以圣人望于人,吾未见其尊己也!

虽然,为是者有本有原,怠与忌之谓也。怠者不能修,而忌者畏人修。吾常试之矣,尝试语于众曰:"某,良士。某,良士。"其应者,必其人之与也;不然,则其所疏远不与同其利者也;不然,则其畏也。不若是,强者必怒于言,懦者必怒于色矣。又尝语于众曰:"某,非良士。某,非良士。"其不应者,必其人之与也;不然,则其所疏远不与同其利者也;不然,则其畏也。不若是,强者必说于言,懦者必说于色矣。是故事修而谤兴,德高而毁来。

呜呼!士之处此世,而望名誉之光,道德之行,难已!将有作于上者,得吾说而存之,其国家可几而理欤!

《韩昌黎集》卷一一,商务印书馆一九三三年版

通解(节选)

今之人以一善为行而耻为之,慕达节而称夫通才者多矣。然而脂韦汩没,以至于老死者相继,亦未见他之称,其岂非乱教贼名之术欤!

且五常之教,与天地皆生。然而天下之人,不得其师,终不能自知而行之矣。

············

且古圣人言通者,盖百行众艺备于身而行之者也。今恒人之言通者,盖百行众艺阙于身而求合者也。是则古之言通者,通于道义,今之言通者,通于私曲,其亦异矣!将欲齐之者,其不犹矜粪丸而拟质随珠者乎!

且今令父兄教其子弟者曰:"尔当通于行,如仲尼。"虽愚者亦知其不能也。曰:"尔尚力一行,如古之一贤。"虽中人亦希其能矣。岂不由圣可慕而不可齐邪?贤可及而可齐也。今之人,行未能及乎贤,而欲齐乎圣者,亦见其病矣。

韩
愈

443

夫古人之进修，或几乎圣人。今之人，行不出乎中人，而耻乎力一行为独行，且曰："我通同如圣人。"彼其欺心邪？吾不知矣。彼其欺人而贼名邪？吾不知矣。余惧其说之将深，为《通解》。

《韩昌黎集·外集》卷四，商务印书馆一九三三年版

伯夷颂（节选）

士之特立独行，适于义而已，不顾人之是非，皆豪杰之士，信道笃而自知明者也。一家非之，力行而不惑者，寡矣。至于一国一州非之，力行而不惑者，盖天下一人而已矣。若至于举世非之，力行而不惑者，则千百年乃一人而已耳。若伯夷者，穷天地亘万世而不顾者也。

············

今世之所谓士者，一凡人誉之，则自以为有余；一凡人沮之，则自以为不足。彼独非圣人，而自是如此。夫圣人乃万世之标准也。余故曰："若伯夷者，特立独行，穷天地亘万世而不顾者也。虽然，二微子，乱臣贼子接迹于后世矣。"

《韩昌黎集》卷一二，商务印书馆一九三三年版

择言解

火泄于密，而为用且大，能不违于道，可燔可炙，可镕可甄，以利乎生物。及其放而不禁，反为灾矣。水发于深，而为用且远，能不违于道，可浮可载，可饮可灌，以济乎生物。及其导而不防，反为患矣。言起于微，而为用且博，能不违于道，可化可令，可告可

训，以推于生物。及其纵而不慎，反为祸矣。火既我灾，有水而可伏其焰，能使不陷于灰烬矣。水既我患，有土而可遏其流，能使不仆于波涛矣。言既我祸，即无以掩其辞，能不罹于过者，亦鲜矣。所以知理者，又焉不择其言欤？其为慎而甚于水火。

《韩昌黎集·外集》卷四，商务印书馆一九三三年版

省试颜子不贰过论

论曰：登孔氏之门者众矣。三千之徒，四科之目，孰非由圣人之道，为君子之儒者乎！其于过行过言，亦云鲜矣。而夫子举不贰过，惟颜氏之子，其何故哉？请试论之。

夫圣人抱诚明之正性，根中庸之至德，苟发诸中形诸外者，不由思虑，莫匪规矩。不善之心，无自入焉；可择之行，无自加焉。故惟圣人无过。所谓过者，非谓发于行，彰于言，人皆谓之过，而后为过也；生于其心，则为过矣。故颜子之过，此类也。不贰者，盖能止之于始萌，绝之于未形，不贰之于言行也。《中庸》曰："自诚明谓之性，自明诚谓之教。"自诚明者，不勉而中，不思而得，从容中道，圣人也，无过者也。自明诚者，择善而固执之者也，不勉则不中，不思则不得，不贰过者也。故夫子之言曰："回之为人也，择乎中庸，得一善，则拳拳服膺而不失之矣。"又曰："颜氏之子，其殆庶几乎！"言犹未至也。而孟子亦云："颜子具圣人之体而微者。"皆谓不能无生于其心，而亦不暴之于外。考之于圣人之道，差为过耳。颜子自惟其若是也，于是居陋巷以致其诚，饮一瓢以求其志，不以富贵妨其道，不以隐约易其心，确乎不拔，浩然自守，知高坚之可尚，忘钻仰之为劳，任重道远，竟莫之致。是以夫子叹

韩
愈

其"不幸短命"，"今也则亡"，谓其不能与己并立于至圣之域，观教化之大行也。不然，夫行发于身，加于人，言发乎迩，见乎远，苟不慎也，败辱随之，而后思欲不贰过，其于圣人之道，不亦远乎？而夫子尚肯谓之"其殆庶几"，孟子尚复谓之"具体而微"者哉？则颜子之不贰过，尽在是矣。谨论。

《韩昌黎集》卷一四，商务印书馆一九三三年版

送孟秀才序

今年秋，见孟氏子琯于郴，年甚少，礼甚度，手其文一编甚巨。退披其编以读之，尽其书无有不能，吾固心存而目识矣。其十月，吾道于衡潭以之荆，累累见孟氏子焉。其所与偕，尽善人长者，吾益以奇之。今将去是，而随举于京师，虽不有请，独将强而授之，以就其志，况其请之烦邪？京师之进士以千数，其人靡所不有，吾常折肱焉，其要在详择而固交之。善虽不吾与，吾将强而附；不善虽不吾恶，吾将强而拒。苟如是，其于高爵犹阶而升堂，又况其细者邪？

《韩昌黎集》卷二〇，商务印书馆一九三三年版

五箴五首（并序）

人患不知其过，既知之不能改，是无勇也。余生三十有八年，发之短者日益白，齿之摇者日益脱，聪明不及于前时，道德日负于初心，其不至于君子而卒为小人也，昭昭矣！作《五箴》以讼其恶云。

游箴

余少之时，将求多能，孜夜以孜孜。余今之时，既饱而嬉，夜以无为。呜呼余乎，其无知乎？君子之弃，而小人之归乎？

言箴

不知言之人，乌可与言？知言之人，默焉而其意已传。幕中之辩，人反以汝为叛；台中之评，人反以汝为倾。汝不惩邪，而呶呶以害其生邪！

行箴

行与义乖，言与法违，后虽无害，汝可以悔。行也无邪，言也无颇，死而不死，汝悔而何？宜悔而休，汝恶曷瘳？宜休而悔，汝善安在？悔不可追，悔不可为。思而斯得，汝则弗思。

好恶箴

无善而好，不观其道；无悖而恶，不详其故。前之所好，今见其尤，从也为比，舍也为雠。前之所恶，今见其臧，从也为愧，舍也为狂。维雠维比，维狂维愧，于身不详，于德不义。不义不祥，维恶之大，几如是为，而不颠沛？齿之尚少，庸有不思。今其老矣，不慎胡为！

韩愈

447

知名箴

内不足者，急于人知。霈焉有余，厥闻四驰。今日告汝，知名之法，勿病无闻，病其哗哗。昔者子路，惟恐有闻，赫然千载，德誉愈尊。矜汝文章，负汝言语，乘人不能，掩以自取。汝非其父，汝非其师，不请而教，谁云不欺？欺以贾憎，掩以媒怨，汝曾不瘳，以及于难。小人在辱，亦克知悔，及其既宁，终莫能戒。既出汝心，又铭汝前，汝如不顾，祸亦宜然。

《韩昌黎集》卷一二，商务印书馆一九三三年版

进学解

国子先生晨入太学，招诸生立馆下，诲之曰："业精于勤，荒于嬉；行成于思，毁于随。方今圣贤相逢，治具毕张，拔去凶邪，登崇畯良。占小善者率以录，名一艺者无不庸。爬罗剔抉，刮垢磨光。盖有幸而获选，孰云多而不扬？诸生业患不能精，无患有司之不明；行患不能成，无患有司之不公。"

言未既，有笑于列者曰："先生欺余哉！弟子事先生，于兹有年矣。先生口不绝吟于六艺之文，手不停披于百家之编。记事者必提其要，纂言者必钩其玄。贪多务得，细大不捐，焚膏油以继晷，恒兀兀以穷年。先生之业，可谓勤矣。抵排异端，攘斥佛老；补苴罅漏，张皇幽眇。寻坠绪之茫茫，独旁搜而远绍。障百川而东之，回狂澜于既倒。先生之于儒，可谓有劳矣。沉浸醲郁，含英咀华；作为文章，其书满家。上规姚、姒，浑浑无涯；周诰、殷盘，佶

屈聱牙;《春秋》谨严,《左氏》浮夸;《易》奇而法,《诗》正而葩;下逮庄、骚,太史所录,子云、相如,同工异曲。先生之于文,可谓闳其中而肆其外矣。少始知学,勇于敢为;长通于方,左右具宜。先生之于为人,可谓成矣。然而公不见信于人,私不见助于友,跋前踬后,动辄得咎。暂为御史,遂窜南夷。三年博士,冗不见治。命与仇谋,取败几时?冬暖而儿号寒,年丰而妻啼饥。头童齿豁,竟死何裨?不知虑此,而反教人为!"

先生曰:"吁!子来前。夫大木为杗,细木为桷,欂栌侏儒,椳闑扂楔,各得其宜,施以成室者,匠氏之工也。玉札丹砂,赤箭青芝,牛溲马勃,败鼓之皮,俱收并蓄,待用无遗者,医师之良也。登明选公,杂进巧拙,纡余为妍,卓荦为杰,校短量长,惟器是适者,宰相之方也。昔者孟轲好辩,孔道以明,辙环天下,卒老于行;荀卿守正,大论是弘,逃谗于楚,废死兰陵。是二儒者,吐辞为经,举足为法,绝类离伦,优入圣域,其遇于世何如也?今先生学虽勤而不繇其统,言虽多而不要其中,文虽奇而不济于用,行虽修而不显于众。犹且月费俸钱,岁靡廪粟,子不知耕,妇不知织;乘马从徒,安坐而食;踵常途之促促,窥陈编以盗窃。然而圣主不加诛,宰臣不见斥,非其幸欤?动而得谤,名亦随之。投闲置散,乃分之宜。若夫商财贿之有亡,计班资之崇庳,忘己量之所称,指前人之瑕疵,是所谓诘匠氏之不以杙为楹,而訾医师以昌阳引年,欲进其豨苓也。"

《韩昌黎集》卷一二,商务印书馆一九三三年版

进士策问(节选)

问:"夫子既没,圣人之道不明。盖有杨、墨者,始侵而乱之,

其时天下咸化而从焉。孟子辞而辟之，则既廓如也。今其书尚有存者，其道可推而知不可乎？其所守者何事？其不合于道者几何？孟子之所以辞而辟之者何说？今之学者，有学于彼者乎，有近于彼者乎？其己无传乎？其无乃化而不自知乎？其无传也，则善矣，如其尚在，将何以救之乎？诸生学圣人之道，必有能言是者，其无所为让。"

问："所贵乎道者，不以其便于人而得于己乎？当周之衰，管夷吾以其君霸，九合诸侯，一匡天下，戎狄以微，京师以尊，四海之内，无不受其赐者。天下诸侯，奔走其政令之不暇，而谁与为敌？此岂非便于人而得于己乎？秦用商君之法，人以富，国以强，诸侯不敢抗，及七君，而天下为秦。使天下为秦者，商君也。而后代之称道者，咸羞言管商氏，何哉？庸非求其名而不责其实欤？愿与诸生论之，无惑于旧说。"

问："夫子之言，'盍各言尔志'；又曰'居则曰：不吾知也，如或知尔，则何以哉'。今之举者，不本于乡，不序于庠，一朝而群至乎有司，有司之不之知也宜矣。今将自州县始，请各诵所怀，聊以观诸生之志。死者可作，其谁与归？事其大夫之贤者？友其士之仁者？敢问诸生之所事而友者，为谁乎？所谓贤而仁者，其事如何哉？言及之而不言，亦君子之所不为也。"

···········

问："人之仰而生者谷帛。谷帛丰，无饥寒之患，然后可以行之于仁义之途，措之于安平之地，此愚智之同识也。今天下谷愈多，而帛愈贱，人愈困者，何也？耕者不多而谷有余，蚕者不多而帛有余，有余宜足而反不足，此其故又何也？将以救之，其说如何？"

……………

问："古之学者必有师，所以通其业，成就其道德者也。由汉氏已来，师道日微，然犹时有授经传业者，及于今，则无闻矣。德行若颜回，言语若子贡，政事若子路，文学若子游，犹且有师，非独如此。虽孔子亦有师，问礼于老聃，问乐于苌弘，是也。今之人不及孔子、颜回远矣，而且无师。然其不闻有业不通，而道德不成者，何也？"

问："食粟衣帛，服仁行义，以俟死者，二帝三王之所守，圣人未之有改焉者也。今之说者，有神仙不死之道，不食粟，不衣帛，薄仁义以为不足为，是诚何道邪？圣人之于人，犹父母之于子，有其道而不以教之，不仁；其道虽有而未之知，不智。仁与智且不能，又乌足为圣人乎？不然，则说神仙者妄矣。"

《韩昌黎集》卷一四，商务印书馆一九三三年版

答侯继书（节选）

韩愈

仆少好学问，自五经之外，百氏之书，未有闻而不求，得而不观者。然其所志，惟在其意义所归。至于礼乐之名数，阴阳、土地、星辰、方药之书，未尝一得其门户。虽今之仕进者，不要此道，然古之人未有不通此而能为大贤君子者。仆虽庸愚，每读书，辄用自愧。今幸不为时所用，无朝夕役役之劳，将试学焉。力不足而后止，犹将愈于汲汲于时俗之所争，既不得而怨天尤人者，此吾今之志也。惧足下以吾退归，因谓我不复能自强不息，故因书奉晓，冀足下知我之退，未始不为进；而众人之进，未始不为退也。

《韩昌黎集》卷一六，商务印书馆一九三三年版

上兵部李侍郎书（节选）

愈少鄙钝，于时事都不通晓，家贫不足以自活，应举觅官，凡二十年矣。薄命不幸，动遭谗谤，进寸退尺，卒无所成。性本好文学，因困厄悲愁，无所告语，遂得究穷于经传史记百家之说，沉潜乎训义，反复乎句读，砻磨乎事业，而奋发乎文章。凡自唐虞以来，编简所存，大之为河海，高之为山岳，明之为日月，幽之为鬼神，纤之为珠玑华实，变之为雷霆风雨，奇辞奥旨，靡不通达。惟是鄙钝，不通晓于时事，学成而道益穷，年老而智益困，私自怜悼，悔其初心，发秃齿豁，不见知己。

《韩昌黎集》卷一五，商务印书馆一九三三年版

送陈密序

太学生陈密请于余曰："密承训于先生，今将归觐其亲，不得朝夕见，愿先生赐之言，密将以为戒。密来太学举明经，累年不获选，是弗利于是科也。今将易其业，而三礼是习，愿先生之张之也，密将以为乡荣。"

余愧乎其言，遗之言曰："子之业信习矣，其容信合于礼矣，抑吾所见者外也？夫外不足以信内。子诵其文，则思其义；习其仪，则行其道，则将谓子君子也。爵禄之来也，不可辞矣，科宁有利不利邪！"

《韩昌黎集》卷一九，商务印书馆一九三三年版

送王秀才序

吾常以为孔子之道，大而能博，门弟子不能遍观而尽识也。故学焉而皆得其性之所近，其后离散分处诸侯之国，又各以所能授弟子，原远而末益分。盖子夏之学，其后有田子方，子方之后，流而为庄周，故周之书喜称子方之为人。荀卿之书，语圣人必曰孔子、子弓。子弓之事业不传，惟太史公书《弟子传》有姓名字，曰馯臂子弓。子弓受《易》于商瞿。孟轲师子思，子思之学盖出曾子。自孔子没，群弟子莫不有书，独孟轲氏之传得其宗，故吾少而乐观焉。

太原王埙示予所为文，好举孟子之所道者，与之言信悦孟子，而屡赞其文辞。夫沿河而下，苟不止，虽有迟疾，必至于海。如不得其道也，虽疾不止，终莫幸而至焉。故学者必慎其所道，道于杨、墨、老、庄、佛之学，而欲之圣人之道，犹航断港绝潢以望至于海也。故求观圣人之道，必自孟子始。今埙之所由既几于知道，如又得其船与楫，知沿而不止。呜呼！其可量也哉！

《韩昌黎集》卷二〇，商务印书馆一九三三年版

赠张童子序

天下之以明二经举于礼部者，岁至三千人。始自县考试，定其可举者，然后升于州若府，其不能中科者，不与是数焉。州若府总其属之所升，又考试之，如县加察详焉，定其可举者，然后贡于天子，而升之有司，其不能中科者，不与是数焉，谓之乡贡。有司

者总州府之所升而考试之，加察详焉，第其可进者，以名上于天子而藏之，属之吏部，岁不及二百人，谓之出身。能在是选者，厥惟艰哉！二经章句仅数十万言，其传注在外皆诵之，又约知其大说，缫是举者或远至十余年，然后与乎三千之数，而升于礼部矣；又或远至十余年，然后与乎二百之数，而进于吏部矣。班白之老半焉！昏塞不能及者，皆不在是限，有终身不得与者焉。

张童子生，九年自州县达礼部，一举而进，立于二百之列。又二年，益通二经，有司复上其事，缫是拜卫兵曹之命。人皆谓童子，耳目明达，神气以灵。余亦伟童子之独出于等夷也。童子请于其官之长，随父而宁母，岁八月自京师道陕，南至虢，东及洛师，北过大河之阳，九月始来及郑。自朝之闻人，以及五都之伯长群吏，皆厚其饩牢，或作歌诗以嘉童子，童子亦荣矣。

虽然，愈将进童子于道，使人谓童子："求益者，非欲速成者。"夫少之与长也异观：少之时，人惟童子之异；及其长也，将责成人之礼焉。成人之礼，非尽于童子所能而已也。然则童子宜暂息乎其已学者，而勤乎其未学者可也。愈与童子，俱陆公之门人也，慕回、路二子之相请赠与处也，故有以赠童子。

《韩昌黎集》卷二〇，商务印书馆一九三三年版

赠别元十八协律（节选）

读书患不多，思义患不明。患足已不学，既学患不行。子今四美具，实大华亦荣。王官不可阙，未宜后诸生。嗟我摈南海，无由助飞鸣。

《韩昌黎集》卷六，商务印书馆一九三三年版

短灯檠歌

长檠八尺空自长,短檠二尺便且光。

黄帘绿幕朱户闭,风露气入秋堂凉。

裁衣寄远泪眼暗,搔头频挑移近床。

太学儒生东鲁客,二十辞家来射策。

夜书细字缀语言,两目眵昏头雪白。

此时提携当案前,看书到晓那能眠。

一朝富贵还自恣,长檠高张照珠翠。

吁嗟世事无不然,墙角君看短檠弃。

《韩昌黎集》卷五,商务印书馆一九三三年版

答李翊书

韩
愈

六月二十六日,愈白:

李生足下,生之书辞甚高,而其问何下而恭也!能如是,谁不欲告生以其道?道德之归也有日矣,况其外之文乎?抑愈所谓望孔子之门墙而不入于其宫者,焉足以知是且非邪?虽然,不可不为生言之。

生所谓立言者,是也。生所为者,与所期者甚似而几矣。抑不知生之志,蕲胜于人而取于人邪?将蕲至于古之立言者邪?蕲胜于人而取于人,则固胜于人而可取于人矣。将蕲至于古之立言者,则无望其速成,无诱于势利,养其根而俟其实,加其膏而希其光。根之茂者其实遂,膏之沃者其光晔,仁义之人,其言蔼如也。

抑又有难者,愈之所为,不自知其至犹未也。虽然,学之二十

余年矣。始者非三代两汉之书不敢观，非圣人之志不敢存，处若忘，行若遗，俨乎其若思，茫乎其若迷。当其取于心而注于手也，惟陈言之务去，戛戛乎其难哉！其观于人，不知其非笑之为非笑也。如是者亦有年，犹不改，然后识古书之正伪，与虽正而不至焉者，昭昭然白黑分矣。而务去之，乃徐有得也。当其取于心而注于手也，汩汩然来矣。其观于人也，笑之则以为喜，誉之则以为忧，以其犹有人之说者存也。如是者亦有年，然后浩乎其沛然矣。吾又惧其杂也，迎而距之，平心而察之，其皆醇也，然后肆焉。虽然，不可以不养也。行之乎仁义之途，游之乎《诗》《书》之源，无迷其途，无绝其源，终吾身而已矣。

气，水也；言，浮物也。水大而物之浮者，大小毕浮。气之与言犹是也，气盛则言之短长与声之高下者皆宜。虽如是，其敢自谓几于成乎？虽几于成，其用于人也奚取焉？虽然，待用于人者，其肖于器邪？用与舍属诸人。君子则不然，处心有道，行己有方，用则施诸人，舍则传诸其徒，垂诸文而为后世法。如是者，其亦足乐乎？其无足乐也！

有志乎古者希矣！志乎古，必遗乎今，吾诚乐而悲之。亟称其人，所以劝之，非敢褒其可褒，而贬其可贬也。

问于愈者多矣，念生之言不志乎利，聊相为言之。愈白。

答尉迟生书

愈白：

尉迟生足下，夫所谓文者，必有诸其中，是故君子慎其实。实之美恶，其发也不掩。本深而末茂，形大而声宏，行峻而言厉，心醇而气和。昭晰者无疑，优游者有余，体不备不可以为成人，辞不足不可以为成文。愈之所闻者如是，有问于愈者，亦以是对。

今吾子所为皆善矣，谦谦然若不足，而以征于愈，愈又敢有爱于言乎？抑所能言者，皆古之道。古之道不足以取于今，吾子何其爱之异也？贤公卿大夫在上比肩，始进之贤士在下比肩，彼其得之，必有以取之也。子欲仕乎？其往问焉，皆可学也。若独有爱于是而非仕之谓，则愈也尝学之矣，请继今以言。

《韩昌黎集》卷一五，商务印书馆一九三三年版

答刘正夫书

愈白：

进士刘君足下，辱笺教以所不及，既荷厚赐，且愧其诚然。幸甚！幸甚！

凡举进士者，于先进之门，何所不往。先进之于后辈，苟见其至，宁可以不答其意邪？来者则接之，举城士大夫莫不皆然，而愈不幸独有接后辈名。名之所存，谤之所归也。有来问者，不敢以诚答。

或问："为文宜何师？"必谨对曰："宜师古圣贤人。"曰："古圣贤人所为书具存，辞皆不同，宜何师？"必谨对曰："师其意，不师其辞。"又问曰："文宜易宜难？"必谨对曰："无难易，惟其是尔。"如是而已，非固开其为此，而禁其为彼也。

夫百物朝夕所见者，人皆不注视也，及睹其异者，则共观而言之。夫文岂异于是乎？

汉朝人莫不能为文，独司马相如、太史公、刘向、扬雄为之最。然则用功深者，其收名也远，若皆与世沉浮，不自树立，虽不为当时所怪，亦必无后世之传也。

足下家中百物皆赖而用也，然其所珍爱者，必非常物。夫君子之于文，岂异于是乎？

今后进之为文，能深探而力取之，以古圣贤人为法者，虽未必皆是，要若有司马相如、太史公、刘向、扬雄之徒出，必自于此，不自于循常之徒也。若圣人之道，不用文则已，用则必尚其能者。能者非他，能自树立，不因循者是也。有文字来，谁不为文？然其存于今者，必其能也。顾常以此为说耳。

愈于足下忝同道而选者，又常从游于贤尊给事，既辱厚赐，又安得不进其所有以为答也？足下以为何如？愈白。

《韩昌黎集》卷一八，商务印书馆一九三三年版

送陈秀才彤序

读书以为学，缵言以为文，非以夸多而斗靡也。盖学所以为道，文所以为理耳。苟行事得其宜，出言适其要，虽不吾面，吾将信其富于文学也。

颍川陈彤始吾见杨湖南门下，颀然其长，薰然其和。吾目其貌，耳其言，因以得其为人。及其久也，果若不可及。夫湖南之于人，不轻以事接，争名者之于艺，不可以虚屈。吾见湖南之礼有加，而同进之士交誉也，又以信吾信之不失也。如是而又问焉以质其学，策焉以考其文，则何信之有？故吾不征于陈，而陈亦不出于我，此岂非古人所谓"可为智者道，难与俗人言"者类邪？吾从

事于斯也,久未见举进士有如陈生,而不如志者。于其行,姑以是赠之。

《韩昌黎集》卷二〇,商务印书馆一九三三年版

题〔欧阳生〕哀辞后

愈性不喜书,自为此文,惟自书两通:其一通遗清河崔群。群与余,皆欧阳生友也,哀生之不得位而死,哭之过时而悲。其一通,今书以遗彭城刘君伉。君喜古文,以吾所为合于古,诣吾庐而来请者八九,至而其色不怨,志益坚。凡愈之为此文,盖哀欧阳生之不显荣于前,又惧其泯灭于后也。今刘君之请,未必知欧阳生,其志在古文耳。虽然,愈之为古文,岂独取其句读,不类于今者邪?思古人而不得见,学古道则欲兼通其辞。通其辞者,本志乎古道者也。古之道,不苟誉毁于人。刘君好其辞,则其知欧阳生也,无惑焉。

《韩昌黎集》卷二二,商务印书馆一九三三年版

师说

古之学者必有师。师者,所以传道、受业、解惑也。人非生而知之者,孰能无惑?惑而不从师,其为惑也,终不解矣。生乎吾前,其闻道也固先乎吾,吾从而师之;生乎吾后,其闻道也亦先乎吾,吾从而师之。吾师道也,夫庸知其年之先后生于吾乎?是故无贵无贱,无长无少,道之所存,师之所存也。

嗟乎!师道之不传也久矣!欲人之无惑也难矣!古之圣人,

韩
愈

459

其出人也远矣，犹且从师而问焉；今之众人，其下圣人也亦远矣，而耻学于师。是故圣益圣，愚益愚。圣人之所以为圣，愚人之所以为愚，其皆出于此乎？

爱其子，择师而教之；于其身也，则耻师焉。惑矣！彼童子之师，授之书而习其句读者，非吾所谓传其道、解其惑者也。句读之不知，惑之不解，或师焉，或不焉，小学而大遗，吾未见其明也。

巫医、乐师、百工之人，不耻相师。士大夫之族曰师、曰弟子云者，则群聚而笑之。问之，则曰："彼与彼年相若也，道相似也。位卑则足羞，官盛则近谀。"呜呼！师道之不复可知矣！巫医、乐师、百工之人，君子不齿，今其智乃反不能及，其怪也欤！

圣人无常师，孔子师郯子、苌弘、师襄、老聃。郯子之徒，其贤不及孔子。孔子曰："三人行，则必有我师。"是故弟子不必不如师，师不必贤于弟子。闻道有先后，术业有专攻，如是而已。

李氏子蟠，年十七，好古文，六艺经传，皆通习之，不拘于时，学于余。余嘉其能行古道，作《师说》以贻之。

《韩昌黎集》卷一二，商务印书馆一九三三年版

答张籍书

愈始者望见吾子于人人之中，固有异焉。及聆其音声，接其辞气，则有愿交之志。因缘幸会，遂得所图，岂惟吾子之不遗，抑仆之所遇有时焉耳。

近者尝有意吾子之阙焉无言，意仆所以交之之道不至也。今乃大得所图，脱然若沉疴去体，洒然若执热者之濯清风也。然吾子所论，排释老不若著书，嚣嚣多言，徒相为訾。若仆之见，则有

异乎此也。

夫所谓著书者，义止于辞耳，宣之于口，书之于简，何择焉？孟轲之书，非轲自著，轲既殁，其徒万章、公孙丑相与记轲所言焉耳。仆自得圣人之道而诵之，排前二家有年矣。不知者以仆为好辩也。然从而化者亦有矣，闻而疑者又有倍焉。顽然不入者，亲以言谕之不入，则其观吾书也，固将无得矣。为此而止，吾岂有爱于力乎哉？然有一说，化当世莫若口，传来世莫若书。又惧吾力之未至也。三十而立，四十而不惑，吾于圣人，既过之，犹惧不及，矧今未至，固有所未至耳。请待五六十，然后为之，冀其少过也。

吾子又讥吾与人人为无实驳杂之说，此吾所以为戏耳。比之酒色，不有间乎？吾子讥之，似同浴而讥裸裎也。若商论不能下气，或似有之，当更思而悔之耳。博塞之讥，敢不承教。

其他俟相见，薄晚须到公府，言不能尽。愈再拜。

《韩昌黎集》卷一四，商务印书馆一九三三年版

重答张籍书

吾子不以愈无似，意欲推而纳诸圣贤之域，拂其邪心，增其所未高，谓愈之质有可以至于道者，浚其源，导其所归，溉其根，将食其实。此盛德者之所辞让，况于愈者哉？抑其中有宜复者，故不可遂已。

昔者圣人之作《春秋》也，既深其文辞矣，然犹不敢公传道之，口授弟子，至于后世，然后其书出焉。其所以虑患之道微也。今夫二氏之所宗而事之者，下乃公卿辅相，吾岂敢昌言排之哉？择其可语者诲之，犹时与吾悖，其声嘐嘐。若遂成其书，则见而怒之

韩
愈

461

者必多矣，必且以我为狂为惑。其身之不能恤，书于吾何有？夫子，圣人也，且曰："自吾得子路，而恶声不入于耳。"其余辅而相者周天下，犹且绝粮于陈，畏于匡，毁于叔孙，奔走于齐、鲁、宋、卫之郊，其道虽尊，其穷也亦甚矣！赖其徒相与守之，卒有立于天下。向使独言之而独书之，其存也可冀乎？今夫二氏行乎中土也，盖六百年有余矣。其植根固，其流波漫，非所以朝令而夕禁也。自文王没，武王、周公、成、康相与守之，礼乐皆在，及乎夫子，未久也。自夫子而及乎孟子，未久也。自孟子而及乎扬雄，亦未久也。然犹其勤若此，其困若此，而后能有所立。吾其可易而为之哉？其为也易，则其传也不远，故余所以不敢也。然观古人，得其时，行其道，则无所为书。书者，皆所为不行乎今，而行乎后世者也。今吾之得吾志、失吾志未可知，俟五六十为之未失也。天不欲使兹人有知乎，则吾之命不可期。如使兹人有知乎，非我其谁哉？其行道，其为书，其化今，其传后，必有在矣。吾子其何遽戚戚于吾所为哉？

前书谓吾与人商论不能下气，若好胜者然。虽诚有之，抑非好己胜也，好己之道胜也。非好己之道胜也，己之道乃夫子、孟轲、扬雄所传之道也。若不胜，则无以为道，吾岂敢避是名哉？夫子之言曰："吾与回言终日，不违如愚。"则其与众人辨也有矣。驳杂之讥，前书尽之，吾子其复之。昔者夫子犹有所戏，《诗》不云乎："善戏谑兮，不为虐兮。"《记》曰："张而不弛，文武不能也。"恶害于道哉？吾子其未之思乎？

孟君将有所适，思与吾子别，庶几一来。愈再拜。

《韩昌黎集》卷一四，商务印书馆一九三三年版

重答翊书

愈白：

李生，生之自道其志，可也；其所疑于我者，非也。人之来者，虽其心异于生，其于我也皆有意焉。君子之于人，无不欲其入于善，宁有不可告而告之，孰有可进而不进也？言辞之不酬，礼貌之不答，虽孔子不得行于互乡，宜乎余之不为也。苟来者，吾斯进之而已矣，乌待其礼逾而情过乎？虽然，生之志求知于我邪？求益于我邪？其思广圣人之道邪？其欲善其身而使人不可及邪？其何汲汲于知而求待之殊也？贤不肖固有分矣，生其急乎其所自立，而无患乎人己不知。未尝闻有响大而声微者也，况愈之于生恳恳邪？属有腹疾，无聊，不果自书。愈白。

《韩昌黎集》卷一六，商务印书馆一九三三年版

国子监论新注学官牒

国子监应今新注学官等牒。准今年赦文，委国子祭酒选择有经艺堪训导生徒者，以充学官。近年吏部所注，多循资叙，不考艺能，至今生徒不自劝励。伏请非专通经传，博涉坟史，及进士五经诸色登科人，不以比拟。其新受官，上日必加研试，然后放上，以副圣朝崇儒尚学之意。具状牒上吏部，仍牒监者。谨牒。

《韩昌黎集》卷四〇，商务印书馆一九三三年版

举荐张籍状

登仕郎守秘书省校书郎张籍。

右件官学有师法，文多古风，沉默静退，介然自守；声华行实，光映儒林。臣当司见阙国子监博士一员，生徒藉其训导。伏乞天恩，特授此官，以彰圣朝崇儒尚德之道。谨录奏闻，伏听敕旨。

《韩昌黎集》卷三九，商务印书馆一九三三年版

请复国子监生徒状

国子监应三馆学士等。

准《六典》：国子馆学生三百人，皆取文武三品已上及国公子孙、从三品已上曾孙补充；太学馆学生五百人，皆取五品已上及郡县公子孙、从三品已上曾孙补充；四门馆学生五百人，皆取七品已上及侯伯子男子补充。

右国家典章，崇重庠序，近日趋竞，未复本源。至使公卿子孙耻游太学，工商凡冗或处上庠。今圣道大明，儒风复振，恐须革正，以赞鸿猷。

今请国子馆并依《六典》，其太学馆量许取常参官八品已上子弟充，其四门馆亦量许取无资荫有才业人充。如有资荫不补学生应举者，请礼部不在收试限。其新补人有冒荫者，请牒送法司科罪。缘今年举期已近，伏请去上都五百里内，特许非时收补；其五百里外，且任乡贡，至来年春一时收补。其厨粮度支，先给二百七十四人，今请准新补人员数，量加支给。

谨具如前,伏听处分。

《韩昌黎集》卷三七,商务印书馆一九三三年版

省试学生代斋郎议

斋郎职奉宗庙社稷之小事,盖士之贱者也。执豆笾,骏奔走,以役于其官之长。不以德进,不以言扬,盖取其人力以备其事而已矣。奉宗庙社稷之小事,执豆笾,骏奔走,亦不可以不敬也。

于是选大夫士之子弟未爵命者,以塞员填阙,而教之行事。其勤虽小,其使之不可以不报也,必书其岁。岁既久矣,于是乎命之以官,而授之以事,其亦微矣哉!

学生或以通经举,或以能文称,其微者,至于习法律,知字书,皆有以赞于教化,可以使令于上者也。自非天姿茂异,旷日经久,以所进业发闻于乡闾,称道于朋友,荐于州府,而升之司业,则不可得而齿乎国学矣。

然则奉宗庙社稷之小事,任力之小者也。赞于教化,可以使令于上者,德艺之大者也。其亦不可移易明矣。

今议者谓学生之无所事,谓斋郎之幸而进,不本其意,因谓可以代任其事而罢之,盖亦不得其理矣。

今夫斋郎之所事者,力也;学生之所事者,德与艺也。以德艺举之,而以力役之,是使君子而服小人之事,且非国家崇儒劝学,诱人为善之道也。此一说不可者也。

抑又有大不可者焉:宗庙社稷之事虽小,不可以不专,敬之至也,古之道也。今若以学生兼其事,及其岁时日月,然后授其宗彝

韩
愈

465

矗洗，其周旋必不合度，其进退必不得宜，其思虑必不固，其容貌必不庄。此其无他，其事不习而其志不专故也，非近于不敬者欤？又有大不可者，其是之谓欤！若知此不可，将令学生恒掌其事，而隳坏其本业，则是学生之教加少，学生之道益贬，而斋郎之实犹在，斋郎之名苟无也。大凡制度之改，政令之变，利于其旧，不什则不可为已，又况不如其旧哉？

考之于古则非训，稽之于今则非利，寻其名而求其实，则失其宜。故曰："议罢斋郎而以学生荐享，亦不得其理矣。"

《韩昌黎集》卷一四，商务印书馆一九三三年版

潮州请置乡校牒

孔子曰："道之以政，齐之以刑，则民免而无耻。"不如以德礼为先，而辅以政刑也。夫欲用德礼，未有不由学校师弟子者。

此州学废日久。进士、明经，百十年间，不闻有业成贡于王庭，试于有司者。人吏目不识乡饮酒之礼，或未尝闻《鹿鸣》之歌。忠孝之行不劝，亦县之耻也。夫"十室之邑，必有忠信"，今此州户万有余，岂无庶几者邪？刺史县令，不躬为之师；里闾后生，无所从学尔。

赵德秀才，沉雅专静，颇通经，有文章，能知先王之道，论说且排异端，而宗孔氏，可以为师矣。请摄海阳县尉，为衙推官，专勾当州学，以督生徒，兴恺悌之风。

刺史出己俸百千，以为举本，收其赢余，以给学生厨馔。

《韩昌黎集·外集》卷五，商务印书馆一九三三年版

子产不毁乡校颂

我思古人，伊郑之侨。以礼相国，人未安其教。游于乡之校，众口嚣嚣。或谓子产："毁乡校则止。"曰："何患焉！可以成美。夫岂多言，亦各其志。善也吾行，不善吾避。维善维否，我于此视。川不可防，言不可弭。下塞上聋，邦其倾矣！"既乡校不毁，而郑国以理。

在周之兴，养老乞言；及其已衰，谤者使监。成败之迹，昭哉可观。维是子产，执政之式。维其不遇，化止一国。诚率是道，相天下君。交畅旁达，施及无垠。于呼！四海所以不理，有君无臣。谁其嗣之？我思古人！

《韩昌黎集》卷一三，商务印书馆一九三三年版

韩
愈

裴　堪

裴堪（？—825）　绛州闻喜（今山西闻喜东北）人。贞元时，任万年县尉、太常博士等。元和时，任西川节度行军司马兼成都少尹、谏议大夫、同州刺史、江西观察使等，以户部尚书致仕。

请勿以太学生代斋郎奏

严奉宗庙，时享月祭，帝王展孝之重典也。故致斋清宫，设斋郎执事，使夫习肄虔恪，肃恭神人，内尽其敬也。太学置生徒，服勤儒业，宏阐教化，发明德义。用严师以训之，悬美禄以待之。限其课第，考其否臧，外奖其学也。夫如是，斋郎官员，焉可废也？太学生徒，焉可乱也？若虑不素洁，则无以观其敬矣。志不宿著，则无以成其业矣。故提其名而目之，表其从事也。绩其勤而禄之，使其服志也。罢斋郎则失重祭之义，用学生则挠敬业之道，将何以见促数之节、肃敬之容、强立之成、待问之奥？知必不能至矣。况国家有典，崇儒有制，岂以斋郎渎易是病？而思去之。学生冗情无取，而思役之。诚宜名分有殊，课第自别，使俎豆有楚，弓冶知训。供职有赏勤之利，敦学得乐群之至。礼举旧典，人知向方,庶乎简牍无罢代之烦,监寺绝往来之弊矣。将敦要本,在别司存,俾不相参,庶合事体。

《全唐文》附《唐文拾遗》卷二四,中华书局一九八三年版

裴
堪

李 奕

李奕（生卒年未详） 陇西姑臧（今甘肃武威）人。秘书少监李益之子。著有《唐登科记》二卷。

登科记序

选士命官，有国之大典；察言考行，先王之旧规。古者命于乡而升诸学，俾大乐正论造士之秀者而升诸司马，曰进士。进士者，谓可进而授之爵禄也。然则前代选士，其科不一。洎圣唐高祖以神武而静天下，用文教而镇万姓。武德五年，帝诏有司，特以进士为选士之目，仍古道也。自乡升县，县升州，州升府，皆历试行艺，秋会贡于文昌，咸达帝庭，以光王国。然后会群后，谒先师，备牲牢，奏金石，尊儒教也。若明试其业，主张其文，核能否于听览之间，定取舍于笔削之下，职在考功郎。后至元宗开元二十五年，重难其事，更命春官小宗伯主之，而业文志学之士劝矣。于是献艺输能、擅场中的者，榜第揭出，万人观之，未浃旬而名达四方矣。近者佐使外藩，司言中禁，弹冠宪府，起草粉闱，由此与能，十恒七八。至于能登台阶参密命者，亦繁有徒。所谓选才授爵之高科，求仕滥觞之捷径也，不其然钦！粤自武德逮乎贞元，阅崔氏本记，前后嗣续者，在吾宗为多焉。顾惟寡昧，获与斯文，因濡翰而为之序。贞元七年春三月丁亥序。

《全唐文》卷五三六，中华书局一九八三年版

李奕

吕　温

吕温(772—811)　字化光,一字和叔,河东(今山西永济西南)人。初从陆贽治《春秋》,后从梁肃为文章。贞元十四年(798年)举进士,次年又举博学宏词科。历官左拾遗、侍御史、户部员外郎、司封员外郎、刑部郎中、道州刺史、衡州刺史等。有《吕和叔文集》十卷传世。

与族兄皋请学春秋书

儒风不振久矣。某生于百代之下,不顾昧劣,凛然有志。翘企圣域,莫知明从,如仰高山、临大川,未获梯航而欲济乎深而臻乎极也。凡学之道,严师为难,师资道丧八百年矣。自凤鸟不至,麒麟遇害,血流战国,火发暴秦,先王之道几陨于地。赖汉氏勃焉而拯之,酾糟粕,扬煨烬,披云雾,揭日月,夫子文章灭而复耀,与火德俱朗者四百余年。当时大教中兴,去圣未远,学士非师说不敢辄言,鸿儒硕生乐以善诱弘道,虽为公卿,教授不彻。其徒大者至千余人,小者亦数百人,或升乎堂,或入于室,洋洋济济,有古风也。

夫学者,岂徒受章句而已,盖必求所以化人,日日新,又日新,以至乎终身。夫教者,岂徒博文字而已,盖必本之以忠孝,申之以礼义,敦之以信让,激之以廉耻,过则匡之,失则更之,如切如磋,如琢如磨,以至乎无瑕。故两汉多名臣,谏诤之风同乎三代,盖由其身受师保之教诲,朋友之箴诫,既知己之损益,不忍观人之成败也。

魏晋之后,其风大坏,学者皆以不师为天纵,独学为生知,译疏翻音,执疑护失,率乃私意,攻乎异端,以讽诵章句为精,以穿凿文字为奥。至于圣贤之微旨,教化之大本,人伦之纪律,王道之根源,则荡然莫知所措矣。其先进者亦以教授为鄙,公卿大夫耻为人师,至使乡校之老人呼以先生,则勃然动色。痛乎!风俗之移人也如是。是以今之君子,事君者不谏诤,与人交者无切磋,盖由其身不受师保之教诲,朋友之箴规,既不知己之损益,恶肯顾人之成败乎?而今而后,乃知不师不友之人,不可与为政而论交矣。且不师者,废学之渐也,恐数百年后,又不及于今日,则我师之道,其陨于深泉,是用终日不食,终夜不寝,驰古今而慷慨,抱文籍而太息。吾兄亦曾以是为念乎?

吕温

小子狂简,实有微志,蕴童蒙求我之愿,立朝闻夕死之誓,所与者不惟鸿硕之老,博洽之士,与我同志者则为吾师,与兄略言其志也。其所贵乎道者六,其《诗》《书》《礼》《乐》《大易》《春秋》欤?人皆知之,鄙尚或异。所曰《礼》者,非酌献酬酢之数,周旋裼袭之容也,必可以经乾坤,运阴阳,管人情,措天下者,某愿学焉。所曰《乐》者,非缀兆屈伸之度,铿锵鼓舞之节也,必可以厚风俗,仁鬼神,熙元精,茂万物者,某愿学焉。所曰《易》者,非揲蓍演数之妙,画卦举繇之能也,必可以正性命,观化元,贯众妙,贞夫一者,某愿学焉。所曰《书》者,非古今文字之舛,大小章句之异也,必可以辨帝王，稽道德，补大政，建皇极者，某愿学焉。所曰《诗》者，非山川风土之状，草木鸟兽之名也，必可以警暴虐，刺淫昏，全君亲，尽忠孝者，某愿学焉。所曰《春秋》者，非战争攻伐之事，聘享盟会之仪也，必可以尊天子，讨诸侯，正华夷，绳贼乱者，某愿学焉。此外非圣人所论，不与于君臣父子之际，虽欲博闻，不敢学矣。吾兄达者也，可不曰然乎？尝阅雅论，深于《春秋》，其间所得，实曰渊正。窃不自揣，愿以《春秋》三传，执抠衣之礼于左右，童蒙求我，兄得辞乎？朝闻夕死，某可逆乎？无以流俗所轻，而忽贤圣之所重也。其余五经，当今孰可为某师者？幸详鄙志，而与择焉。

《全唐文》卷六二七，中华书局一九八三年版

地志图序

广陵李该，博达之士也。学无不通，尤好地理。患其书多门，历世浸广，文词浩荡，学者疲老。由是以独见之明，法先圣之制，黜诸子之传记，述仲尼之职方，会源流，考同异，务该畅，从体要，倬然勒成一家之说。犹惧其奥未足以昭启后生，乃裂素为方仪，据书而图画，随方面以区别，拟形容而训解，命之曰《地志图》。观其粉散百川，黛凝群山，元气剖判，成乎笔端，任土之毛，有生之类，大钧变化，不出其意。然后列以城郭，罗乎陬落，内自五侯九伯，外自要荒蛮貊，禹迹之所穷，汉驿之所通，五色相宣，万邦错峙。毫厘之差，而下正乎封略；方寸之界，而上当乎分野。乾象坤势，炳焉可观。与夫聚米拟其端倪，画地陈乎梗概，固不可同年而语详略也。每虚室燕居，薄帷晴骞，普天之下，尽在屋壁。户纳四海，窗笼八极，名山大川，随顾奔走。殊方绝域，举意而到。高视

华裔,坐横古今,观帝王之疆理,见宇宙之寥廓,出迥入幽,曾不崇朝,与夫役形神于岁月,穷辙迹于区外,又不可并轨而论劳逸也。且夫删百代之弊,综群言之首,繁而不乱,疏而不漏,才识以润之,丹青以炳之,使嗜学之徒未披文而见义,不由户而睹奥,斯训导之明也。穷地而述,举世而载,事极鸿纤,理通曒昧,混一家之文轨,张大国之襟带,核人物之虚实,总山川之要会,表皇威之有截,明王道之无外,斯乃功用之大也。见苍梧涂山,则思舜禹恤民之艰;睹穷边大漠,则悟秦汉劳师之弊;览齐墟晋壤,则想桓文勤王之霸;观洞庭荆门,则知苗蜀恃险之败。王者于是明乎得失,诸侯于是鉴于兴替,斯又惩劝之远也。然则本之所以广学流,申之足以赞鸿业,垂之可以示后世,岂徒由近观远,以智自乐,为室中之一物哉?而时无知音,道不虚行,举地成图,闻天无路,此志士儒林所以为之叹息也。某久从君游,辱命序述,庶明作者之意,俾好事君子知其所以然。

《全唐文》卷六二八,中华书局一九八三年版

吕
温

人文化成论

《易》曰:"观乎人文,以化成天下。"能讽其言,盖有之矣,未有明其义者也。尝试论之,夫一二相生,大钧造物,百化交错,六气节宣,或阴阖而阳开,或天经而地纪,有圣作则,实为人文。若乃夫以刚克,妻以柔立,父慈而教,子孝而箴,此室家之文也。君以仁使臣,臣以义事君,予违汝弼,献可替否,此朝廷之文也。三公论道,六卿分职,九流异趣,百揆同归,此官司之文也。宽则人慢,纠之以猛,猛则人残,施之以宽,宽以济猛,猛以济宽,此刑政之文

也。乐胜则流，遏之以礼，礼胜则离，和之以乐，与时消息，因俗变通，此教化之文也。文者，盖言错综庶绩，藻绘人情，如成文焉，以致其理。然则人文化成之义，其在兹乎？而近代诣谀之臣，特以时君不能则象乾坤，祖述尧舜，作化成天下之文，乃以旗常冕服，章句翰墨为人文也。遂使君人者浩然忘本，沛然自得，盛仪威以求至理，坐吟咏而待太平，流荡因循，败而未悟，不其痛欤！必以旗常冕服为人文，则秦汉魏晋，声明文物，礼缛五帝，仪繁三王，可曰焕乎其有文章矣，何衰乱之多也？必以章句翰墨为人文，则陈后主、隋炀帝雍容绮靡，洋溢编简，可曰文思安安矣，何灭亡之速也？核之以名义，研之以情实，既如彼，较之以今古，质之以成败，又如此。《传》不云乎，"经纬天地曰文"？《礼》不云乎，"文王以文治"？则文之时义大矣哉！焉可以名数末流，雕虫小技，厕杂其间乎？

《全唐文》卷六二八，中华书局一九八三年版

李　翱

李翱(772—836)　字习之,陇西成纪(今甘肃静宁西南)人。唐代散文家、思想家。勤研儒学,又从韩愈习古文,是韩愈领导的古文运动和复兴儒学运动的骨干人物。贞元进士,历官校书郎、京兆府司录参军、国子博士、史馆修撰、考功员外郎、庐州刺史、谏议大夫、桂州刺史、潭州刺史、刑部侍郎、户部侍郎、检校户部尚书、山南东道节度使等。政治上,要求革去弊事。认为史官要劝善惩恶,正言直笔,实载事功。在韩愈影响下,继承思孟学派思想,反对佛教,但又接受佛家的一些学说,将佛学杂糅在儒学之中。《复性书》是其重要哲学著作,提出性善情恶说,认为性是天生的,情是派生的,有性才有情,性无不善,情则有善有不善。认为人的情感欲望败坏人的善性,教育与修养的任务是"复性",使人由恶变善。著有《李文公集》十八卷。

行己箴

人之爱我,我度于义。义则为朋,否则为利。人之恶我,我思其由。过宁不改,否又何仇。仇实生怨,利实害德。我如不思,乃陷于惑。内省不足，愧形于颜。中心无他，曷畏多言？唯咎在躬，若市于戮。慢谑自它，匪汝之辱。昔者君子，惟礼是待。自小及大，曷莫从斯。苟远于此，其何不为？事之在人，昧者亦知。迁焉及己，则莫之思。造次不戒，祸焉可期。书之在侧，以为我师。

《李文公集》卷一七，商务印书馆《四部丛刊初编》本

寄从弟正辞书

　　知尔京兆府取解不得如其所怀，念勿在意。凡人之穷达所遇，亦各有时，尔何独至于贤大夫而反无其时哉？此非吾从之所忧也。其所忧者何？畏吾之道，未能到于古之人尔，其心既自以为到且无谬，则吾何往而不得所乐？何必与夫时俗之人，同得失忧喜而动于心乎？借如用汝之所知，分为十焉，用其九学圣人之道而知其心，使有余以与时世进退俯仰。如可求也，则不啻富且贵矣。如非吾力也，虽尽用其十，只益劳其心矣，安能有所得乎？汝勿信人号文章为一艺。夫所谓一艺者，乃时世所好之文，或有盛名于近代者是也。其能到古人者，则仁义之辞也，恶得以一艺而名之哉！仲尼、孟轲殁千余年矣，吾不及见其人，吾能知其圣且贤者，以吾读其辞而得之者也。后来者不可期，安知其读吾辞也，而不知吾心之所存乎，亦未可诬也。夫性于仁义者，未见其无文也。有文而能到者，吾未见其不力于仁义也。由仁义而后文者，性也；由文而后仁义者，习也。由诚明之必相依尔。贵与富在乎外者也，吾不能知其有无也。非吾求而能至者也，吾何爱而屑屑于其间哉？仁义与文章，生乎内者也。吾知其有也，吾能求而充之者也，吾何俱而不为哉？汝虽性过于人，然而未能浩浩其心。

吾故书其所怀以张汝，且以乐言吾道云耳。

《李文公集》卷八，商务印书馆本《四部丛刊初编》本

答朱载言书

某顿首：足下不以某贱卑无所可，乃陈词屈虑，先我以书，且曰："余之艺及心，不能弃于时，将求知者。问谁可，则皆曰'其李君乎'。"告足下者，过也；足下因而信之，又过也。果若来陈，虽道德备具，犹不足辱厚命，况如某者，多病少学，其能以此堪足下所望大而深宏者耶？虽然，盛意不可以不答，故敢略陈其所闻。

盖行己莫如恭，自责莫如厚，接众莫如弘，用心莫如直，进道莫如勇，受益莫如择友，好学莫如改过，此闻之于师者也。相人之术有三：迫之以利而审其邪正，设之以事而察其厚薄，问之以谋而观其智与不才，贤不肖分矣。此闻之于友者也。列天地，立君臣，亲父子，别夫妇，明长幼，浃朋友，六经之旨矣。浩乎若江海，高乎若丘山，赫乎若日火，包乎若天地，掇章称咏，津润怪丽，六经之词也。创意造言，皆不相师。故其读《春秋》也，如未尝有《诗》也；其读《诗》也，如未尝有《易》也；其读《易》也，如未尝有《书》也；其读屈原、庄周也，如未尝有六经也。故义深则意远，意远则理辩，理辩则气直，气直则辞盛，辞盛则文工。如山有恒、华、嵩、衡焉，其同者高也，其草木之荣不必均也。如渎有淮、济、河、江焉，其同者出源到海也，其曲直、浅深、色黄白不必均也。如百品之杂焉，其同者饱于腹也，其味咸、酸、苦、辛不必均也。此因学而知者也，此创意之大归也。

天下之语文章有六说焉：其尚异者，则曰文章辞句奇险而已；

李翱

其好理者，则曰文章叙意苟通而已；其溺于时者，则曰文章必当对；其病于时者，则曰文章不当对；其爱难者，则曰文章宜深不当易；其爱易者，则曰文章宜通不当难。此皆情有所偏，滞而不流，未识文章之所主也。

义不深不至于理，言不信不在于教劝，而词句怪丽者有之矣，《剧秦美新》、王褒《僮约》是也。其理往往有是者，而词章不能工者有之矣，刘氏《人物表》、王氏《中说》、俗传《太公家教》是也。古之人能极于工而已，不知其词之对与否、易与难也。《诗》曰："忧心悄悄，愠于群小。"此非对也。又曰："遘闵既多，受侮不少。"此非不对也。《书》曰："朕堲谗说殄行，震惊朕师。"《诗》曰："莞彼柔桑，其下侯旬，捋采其刘，瘼此下人。"此非易也。《书》曰："允恭克让，光被四表，格于上下。"《诗》曰："十亩之间兮，桑者闲闲兮，行与子旋兮。"此非难也。学者不知其方，而称说云云，如前所陈者，非吾之敢闻也。

六经之后，百家之言兴，老聃、列御寇、庄周、鹖冠、田穰苴、孙武、屈原、宋玉、孟轲、吴起、商鞅、墨翟、鬼谷子、荀况、韩非、李斯、贾谊、枚乘、司马迁、相如、刘向、扬雄，皆足以自成一家之文，学者之所师归也。故义虽深，理虽当，词不工者不成文，宜不能传也。文、理、义三者兼并，乃能独立于一时，而不泯灭于后代，能必传也。仲尼曰："言之无文，行之不远。"子贡曰："文犹质也，质犹文也。虎豹之鞟，犹犬羊之鞟。"此之谓也。陆机曰："怵他人之我先。"韩退之曰："唯陈言之务去。"假令述笑哂之状曰"莞尔"，则《论语》言之矣；曰"哑哑"，则《易》言之矣；曰"粲然"，则穀梁子言之矣；曰"攸尔"，则班固言之矣；曰"辗然"，则左思言之矣。吾复言之，与前文何以异也？此造言之大归。

吾所以不协于时而学古文者，悦古人之行也；悦古人之行者，爱古人之道也。故学其言，不可以不行其行；行其行，不可以不重其道；重其道，不可以不循其礼。古之人，相接有等，轻重有仪，列于经传，皆可详引。如师之于门人则名之，于朋友则字而不名，称之于师，则虽朋友亦名之。子曰："吾与回言。"又曰："参乎！吾道一以贯之。"又曰："若由也，不得其死然。"是师之名门人验也。夫子于郑，兄事子产；于齐，兄事晏婴平仲。《传》曰："子谓子产有君子之道四焉。"又曰："晏平仲善与人交。"子夏曰："言游过矣。"子张曰："子夏云何？"曾子曰："堂堂乎张也。"是朋友字而不名验也。子贡曰："赐也何敢望回？"又曰："师与商也孰贤？"子游曰："有澹台灭明者，行不由径。"是称于师，虽朋友亦名验也。孟子曰："天下之达尊三，曰德、爵、年。恶得有其一以慢其二哉？"足下之书，"韦君词、杨君潜"。足下之德，与二君未知先后也，而足下齿幼而位卑，而皆名之。《传》曰："吾见其与先生并行，非求益者，欲速成。"窃惧足下不思，乃陷于此。韦践之与翱书，亟叙足下之善，故敢尽辞，以复足下之厚意，计必不以为犯。李某顿首。

学可进

百骸之中有心焉，与圣人无异也。嚣然不复其性，惑矣哉！道其心弗可以庶几于圣人者，自弃其性者也，终亦亡矣。茫茫乎，其将何所如？冉求非不足乎力者也，画而止，进而不止者，颜子哉！噫！颜子短命，故未到乎仲尼也。潢污之停不流也，决不到海矣。河出昆仑之山，其流徐徐，行而不休，终入于海。吾恶知其异于渊之自出者邪！

《李文公集》卷四，商务印书馆《四部丛刊初编》本

从道论

中才之人，拘于书而惑于众。《传》言："违众不祥。"《书》曰："三人占，则从二人之言。"翱以为，言出于口，则可守而为常，则中人之惑者多矣。何者？君子从乎道也，不从乎众也。道之公，余将是之，岂知天下党然而非之？道之私，余将非之，岂知天下訾然而是之？将是之，岂图是之之利乎？将非之，岂图非之之害乎？故大道可存，是非可常也。小人则不然，将是之，先惧其利己；将非之，先怖其害己。然则远害者，心是而非之；眩利者，心非而是之。故大道丧，是非汨；人伦坏，邪说胜。庸可使众言必听，众违必从之耶？且夫天下蚩蚩，知道者，几何人哉？使天下皆贤人，则从众可也。使天下贤人二，小人三，其可以从乎？况贪人以利从，则富者之言胜；柔人以生从，则威者之言胜；中人以名从，则狷者之言胜。而君子之处众，则谆谆然如愚，怡怡然如卑，当言而默者三；游同而器异则默，待近而责远则默，事及而时未则默。小人俱不然。所以君子慎言而小人饰言，君子俟时而小人徇时也。然则君子默于众，小人默于独，皆事势牵之，岂心愿耶？学而从之者，得以择之矣。呜呼！治世少而乱世多，贤一伸而邪百胜，在上者言贵和而不贵正，在下者言贵从而不贵得。设使一室之中，一人唱而十人和，一人讷则虽欲言之，群而訧之矣。是则和者人之喜，默者人之怒，吾宁从道而罹怒乎？宁违道而从众乎？斯所谓辨难易而攉是非矣。或曰：众可违而不可从，必乎？曰：未也。君子

怯于名而勇于实，吾非众之首，众非吾必从，君子完其力而已，则奚以违？理不吾之问，辞非人必从，君子耳其声而已，则奚以违？所谓君子者，进退周旋，群独语默，不失其正而不罹其害者，盖在此而已矣。

《李文公集》卷四，商务印书馆《四部丛刊初编》本

复性书（上）

人之所以为圣人者，性也；人之所以惑其性者，情也。喜、怒、哀、惧、爱、恶、欲七者，皆情之所为也。情既昏，性斯匿矣。非性之过也，七者循环而交来，故性不能充也。水之浑也，其流不清；火之烟也，其光不明；非水火清明之过。沙不浑，流斯清矣。烟不郁，光斯明矣。情不作，性斯充矣。

性与情不相无也。虽然，无性则情无所生矣。是情由性而生。情不自情，因性而情；性不自性，由情以明。性者，天之命也，圣人得之而不惑者也。情者，性之动也，百姓溺之而不能知其本者也。圣人者，岂其无情邪？圣人者，寂然不动，不往而到，不言而神，不耀而光，制作参乎天地，变化合乎阴阳；虽有情也，未尝有情也。然则百姓者，岂其无性者邪？百姓之性，与圣人之性弗差也。虽然，情之所昏，交相攻伐，未始有穷，故虽终身而不自睹其性焉。火之潜于山石林木之中，非不火也。江、河、淮、济之未流而潜于山，非不泉也。石不皲，木不磨，则不能烧其山林而燥万物。泉之源弗疏，则不能为江为河，为淮为济，东汇大壑，浩浩荡荡，为弗测之深。情之动弗息，则不能复其性而烛天地，为不极之明。

李翱

483

故圣人者，人之先觉者也。觉则明，否则惑，惑则昏。明与昏，谓之不同。明与昏，性本无有，则同与不同二者离矣。夫明者所以对昏，昏既灭，则明亦不立矣。是故诚者，圣人性之也，寂然不动，广大清明，照乎天地，感而遂通天下之故，行止语默，无不处于极也。复其性者，贤人循之而不已者也，不已则能归其源矣。《易》曰："夫圣人者，与天地合其德，日月合其明，四时合其序，鬼神合其吉凶，先天而天不违，后天而奉天时。天且弗违，而况于人乎！况于鬼神乎！"此非自外得者也，能尽其性而已矣。子思曰："唯天下至诚为能尽其性；能尽其性，则能尽人之性；能尽人之性，则能尽物之性；能尽物之性，则可以赞天地之化育。可以赞天地之化育，则可以与天地参矣。其次致曲，曲能有诚，诚则形，形则著，著则明，明则动，动则变，变则化，唯天下至诚为能化。"

圣人知人之性皆善，可以循之不息而至于圣也。故制礼以节之，作乐以和之。安于和乐，乐之本也；动而中礼，礼之本也。故在车则闻鸾和之声，行步则闻佩玉之音，无故不废琴瑟，视听言行，循礼而动。所以教人忘嗜欲而归性命之道也。道者，至诚也，诚而不息则虚，虚而不息则明，明而不息则照天地而无遗。非他也，此尽性命之道也。哀哉！人皆可以及乎此，莫之止而不为也，不亦惑邪？

昔者，圣人以之传于颜子，颜子得之，拳拳不失，不远而复，其心三月不违仁。子曰："回也，其庶乎！屡空。"其所以未到于圣人者，一息耳，非力不能也，短命而死故也。其余升堂者，盖皆传也。一气之所养，一雨之所膏，而得之者各有浅深，不必均也。子路之死也，石乞、孟黡以戈击之，断缨。子路曰："君子死，冠不免。"结缨而死。由也非好勇而无惧也，其心寂然不动故也。曾子之死也，曰："吾何求焉，吾得正而毙焉，斯已矣。"此正性命之言也。子思，仲尼之孙，得其祖之道，述《中庸》四十七篇，以传于孟轲。轲曰："我四十不动心。"轲之门人，达者公孙丑、万章之徒，盖传之矣。遭秦灭书，《中庸》之不焚者一篇存焉。于是此道废缺，其教授者唯节行、文章、章句、威仪、击剑之术相师焉。性命之源，则吾弗能知其所传矣。道之极于剥也必复，吾岂复之时邪？

吾自六岁读书，但为词句之学，志于道者四年矣，与人言之，未尝有是我者也。南观涛江，入于越，而吴郡陆傪存焉。与之言之。陆傪曰："子之言，尼父之心也。东方如有圣人焉，不出乎此也；南方如有圣人焉，亦不出乎此也。惟子行之，不息而已矣。"呜呼！性命之书虽存，学者莫能明，是故皆入于庄、列、老、释。不知者谓夫子之徒不足以穷性命之道，信之者皆是也。有问于我，我以吾之所知而传焉，遂书于书，以开诚明之源，而缺绝废弃不扬之道，几可以传于时，命曰《复性书》，以理其心，以传乎其人。乌戏！夫子复生，不废吾言矣。

复性书（中）

或问曰：人之昏也久矣，将复其性者，必有渐也，敢问其方。曰：弗虑弗思，情则不生；情既不生，乃为正思。正思者，无虑无思也。《易》曰："天下何思何虑。"又曰："闲邪存其诚。"《诗》曰："思无邪。"曰："已矣乎？"曰："未也。"此斋戒其心者也，犹未离于静焉。有静必有动，有动必有静。动静不息，是乃情也。《易》曰："吉凶悔吝，生于动者也。"焉能复其性邪？曰：如之何？曰：方静之时，知心无思者，是斋戒也；知本无有思，动静皆离，寂然不动者,是至诚也。《中庸》曰:"诚则明矣。"《易》曰:"天下之动,贞夫一者也。"问曰:不虑不思之时,物格于外,情应于内,如之何而可止也?以情止情,其可乎?曰:情者,性之邪也。知其为邪,邪本无有,心寂不动,邪思自息。惟性明照,邪何所生?如以情止情,是乃大情也。情互相止,其有已乎?《易》曰:"颜氏之子,有不善未尝不知,知之未尝复行也。"《易》曰:"不远复,无祇悔,元吉。"

问曰:本无有思,动静皆离。然则声之来也,其不闻乎?物之形也,其不见乎?曰:不睹不闻,是非人也。视听昭昭而不起于见闻者,斯可矣。无不知也,无弗为也,其心寂然,光照天地,是诚之明也。《大学》曰:"致知在格物。"《易》曰:"易无思也,无为也,寂然不动,感而遂通天下之故,非天下之至神,其孰能与于此?"曰:敢问"致知在格物"何谓也?曰:物者,万物也。格者,来也,至也。物至之时,其心昭昭然,明辨焉,而不应于物者,是致知也,是知之至也。知至故意诚,意诚故心正,心正故身修,身修而家齐,家齐而国理,国理而天下平,此所以能参天地者也。《易》曰:"与天地相似,故不违,知周乎万物而道济天下,故不过。旁行而不流,乐天知命,故不忧。安土敦乎仁,故能爱。范围天地之化而不过,曲成万物而不遗,通乎昼夜之道而知,故神无方而易无体。一阴一阳之谓道。"此之谓也。

曰:生为我说《中庸》。曰:不出乎前矣。曰:我未明也。敢问何谓"天命之谓性"?曰:人生而静,天之性也。性者,天之命也。"率性之谓道",何谓也?曰:率,循也。循其源而反其性者,道也。道也者,至诚也。至诚者,天之道也。诚者,定也,不动也。"修道之谓教",何谓也?曰:诚之者,人之道也;诚之者,择善而固执之者也。修是道而归其本者,明也。教也者,则可以教天下矣。

颜子其人也。"道也者，不可须臾离也，可离非道也。"说者曰：其心不可须臾动焉故也。动则远矣，非道也。变化无方，未始离于不动故也。"是故君子戒慎乎其所不睹，恐惧乎其所不闻，莫见乎隐，莫显乎微，故君子慎其独也。"说者曰：不睹之睹，见莫大焉；不闻之闻，闻莫甚焉。其心一动，是不睹之睹，不闻之闻也，其复之也远矣，故君子慎其独。慎其独者，守其中也。

问曰：昔之注解《中庸》者，与生之言皆不同，何也？曰：彼以事解者也，我以心通者也。曰：彼亦通于心乎？曰：吾不知也。曰：如生之言，修之一日，则可以至于圣人乎？曰：十年扰之，一日止之，而求至焉，是孟子所谓以杯水而救一车薪之火也。甚哉！止而不息必诚，诚而不息必明，明与诚终岁不违，则能终身矣。"造次必于是，颠沛必于是"，则可以希于至矣。故《中庸》曰："至诚无息，不息则久，久则征，征则悠远，悠远则博厚，博厚则高明。博厚所以载物也，高明所以覆物也，悠久所以成物也。博厚配地，高明配天，悠久无疆。如此者，不见而章，不动而变，无为而成。天地之道，可一言而尽也。"

问曰：凡人之性，犹圣人之性欤？曰：桀、纣之性犹尧、舜之性也。其所以不睹其性者，嗜欲好恶之所昏也，非性之罪也。曰：为不善者，非性邪？曰：非也。乃情所为也。情有善有不善，而性无不善焉。孟子曰："人无有不善，水无有不下。夫水，搏而跃之，可使过颡；激而行之，可使在山。是岂水之性哉？"其所以导引之者然也。人之性皆善，其不善亦犹是也。问曰：尧、舜岂不有情邪？曰：圣人至诚而已矣。尧、舜之举十六相，非喜也；流共工，放驩兜，殛鲧，窜三苗，非怒也；中于节而已矣。其所以皆中节者，设教于天下故也。《易》曰："知变化之道者，其知神之所为乎！"《中庸》曰:"喜怒哀乐之未发谓之中,发而皆中节谓之和。中也者,天下之大本也;和也者,天下之达道也。致中和,天地位焉,万物育焉。"《易》曰:"唯深也,故能通天下之志;唯几也,故能成天下之务;惟神也,故不疾而速,不行而至。"圣人之谓也。

问曰:人之性,犹圣人之性,嗜欲爱憎之心何因而生也?曰:情者,妄也,邪也。邪与妄则无所因矣。妄情灭息,本性清明,周流六虚,所以谓之能复其性也。《易》曰:"乾道变化,各正性命。"《论语》曰:"朝闻道,夕死可矣。"能正性命故也。

问曰:情之所昏,性即灭矣,何以谓之犹圣人之性也?曰:水之性清澈,其浑之者沙泥也。方其浑也,性岂遂无有邪?久而不动,沙泥自沉,清明之性鉴于天地,非自外来也。故其浑也,性本弗失;及其复也,性亦不生。人之性亦犹水也。

问曰:人之性,本皆善,而邪情昏焉。敢问圣人之性,将复为嗜欲所浑乎?曰:不复浑矣。情本邪也,妄也,邪妄无因,人不能复。圣人既复其性矣,知情之为邪;邪既为明所觉矣,觉则无邪,邪何由生也?伊尹曰:"天之道,以先知觉后知,先觉觉后觉者也。予将以此道觉此民也,非予觉之而谁也?"如将复为嗜欲所浑,是尚不自觉者也,而况能觉后人乎!

曰:敢问死何所之耶?曰:圣人之所不明书于策者也。《易》曰:"原始反终,故知死生之说。精气为物,游魂为变,是故知鬼神之情状。"斯尽之矣。子曰:"未知生,焉知死?"然则原其始而反其终,则可以尽其生之道;生之道既尽,则死之说不学而自通矣。此非所急也。子修之不息,其自知之,吾不可以章章然言且书矣。

复性书（下）

　　昼而作,夕而休者,凡人也。作乎作者,与万物皆作;休乎休者,与万物皆休。吾则不类于凡人,昼无所作,夕无所休。作非吾作也,作有物;休非吾休也,休有物。作耶,休耶? 二者离而不存。予之所存者,终不亡且离也。人之不力于道者,昏不思也。天地之间,万物生焉。人之于万物,一物也。其所以异于禽兽虫鱼者,岂非道德之性乎哉? 受一气而成其形,一为物而一为人,得之甚难也。生乎世,而又非深长之年也,以非深长之年,行甚难得之身,而不专专于大道,肆其心之所为,则其所以自异于禽兽虫鱼者亡几矣。昏而不思,其昏也终不明矣。吾之生二十有九年矣。思十九年时,如朝日也;思九年时,亦如朝日也。人之受命,其长者不过七十、八十、九十,百年者则稀矣。当百年之时,而视乎九年时也,与吾此日之思于前也,远近其能大相悬耶? 其又能远于朝日之时耶? 然则人之生也,虽享百年,若雷电之惊相激也,若风之飘而旋也,可知耳矣。况千百人而无一及百年者哉! 故吾之终日志于道德,犹惧未及也。彼肆其心之所为者,独何人耶?

　　　　《李文公集》卷二,商务印书馆《四部丛刊初编》本

李翱

刘禹锡

刘禹锡(772—842) 字梦得,洛阳(今属河南)人。唐代文学家、哲学家。家本儒学,善于艺文。贞元时举进士,任监察御史。与柳宗元友善,同主张革新政治。参与王叔文集团,推动永贞革新,失败后被贬朗州司马。几经沉浮,后任太子宾客,加检校礼部尚书。曾作《天论》,反对"天人感应"说和"因果报应"论,认为人应当积极有为,只要掌握客观规律,因势利导,就能胜天。曾上书论学事,批评当政者不知养材之道,造成学舍废、生徒少、讲论辍,指出其关键问题是"病无赀财以给其用"。建议停止州县释奠,取其值作学校经费,以增加设备和改善学官、生徒待遇。著有《刘宾客集》三十卷、外集十卷。

奏记丞相府论学事

十一月七日,使持节都督夔州诸军事、夔州刺史刘某,谨奏记相公阁下:凡今能言者,皆谓天下少士。而不知养材之道,郁堙而不扬,非天不生材也。亦犹不耕者而叹廪庾之无余,非地不产百谷也。伏以贞观中,增筑学舍千二百区,生徒三千余人。时外夷上疏，请遣子弟入附于三雍者五国。虽菁菁者莪，育材之道不足比也。今之胶庠不闻弦歌，而室庐圮废，生徒衰少。非学官不能振举也，病无赀财以给其用。鲰生今有一见，使太学立富。幸遇相公在位，可以索言之。

《礼》云："凡学官春释奠于其先师。"斯礼止于辟廱泮宫，非及天下也。今四海郡县，咸以春秋上丁，有事孔子庙，其礼不应于古，且非孔子意也。炎汉初定，群臣皆起屠贩为公卿，故孝惠、高后之间，置原庙于郡国。逮孝元时，韦玄成以硕儒为丞相，遂建议罢之。夫以子孙尚不敢违礼以飨其祖，况后学师先圣之道而首违之乎？《祭义》曰："祭不欲数。"《语》云："祭神如神在。"与其烦于旧飨，孰若行其教道？今夫子之教日颓靡，而以非礼之祀媚之，斯儒者所宜愤悱也。

窃观历代无有是事。皇家武德二年，诏于国学立周公、孔子庙，四时致祭。贞观十一年，又诏修宣尼庙于兖州。至二十年，许敬宗等奏，乃遣天下诸州县置三献官，其他如方社。敬宗非通儒，不能稽典礼。开元中，玄宗飨学，与儒臣议，繇是发德音，其罢郡县释奠牲牢，唯酒脯以荐。后数年令定。时王孙林甫为宰相，不涉学，委御史中丞王敬从刊之。敬从非文儒，遂以明衣牲牢编在学令。是首失于敬宗，而终失于林甫，习以为常，罕有敢非之者。

谨按本州四县，一岁释奠物之直缗钱十六万有奇。举天下之郡县，当千七百不啻，羁縻者不在数中。凡岁中所出于经费过四千万，适资三献官饰衣裳饱妻子而已。于尚学之道无有补焉。前日诏书，许列郡守臣得以上言便事，今谨条奏：某乞下礼官博士，详议典制，罢天下县邑牲牢衣币。如有生徒，春秋依开元敕旨，用酒醴、腶脩、腒腊、榛栗，示敬其事，而州府许如故仪。然后籍其

刘禹锡

491

资，半附益所隶州，使增学校，其半率归国庠，犹不下万计。筑学室，具器用，丰馔食，增掌固以备使令。凡儒官各加稍食，其纸笔铅黄视所出州，率令折入。学徒既备，明经日课缮书若干纸，进士命雠校亦如之。则贞观之风粲然不殊。其他郡国，皆立程督。投绂怀玺，械朴菁莪，良可咏矣。

伏惟相公发迹，咸自诸生，其尊素王之道，仪刑四方，宜在今日。是以小生敢沿故事，以奏记于左右，姑举其大较。至于证据纤悉，条奏具之，章下之日，乞留神省察，不胜大愿。惶恐拜手稽首。

《刘禹锡集》卷二〇，中华书局一九九〇年版

国学新修五经壁记

初，大历中，名儒张参为国子司业，始定五经，书于论堂东西厢之壁。辩齐、鲁之音，取其宜；考古今之文，取其正。繇是诸生之师心曲学偏听臆说，咸束之而归于大同。揭揭高悬，积六十岁，崩剥污蔑，澳然不鲜。今天子尚文章，尊典籍。于苑囿不加尺椽，而成均以治。国学上言，遽赐千万。时祭酒皞实尸之，博士公肃实佐之。国庠重严，过者必式。遂以羡赢，再新壁书。惩前土涂不克以寿，乃析坚木负墉而比之。其制如版牍而高广，其平如粉泽而洁滑。背施阴关，使众如一。附离之际，无迹而寻。堂皇靓深，两庑相照。申命国子能通法书者，分章揆日，逊其业而缮写焉。笔削既成，雠校既精。白黑彬斑，了然飞动。以蒙来求，焕若星辰；以敬来趋，肃如神明；以疑来质，决若蓍蔡。由京师而风天下，罩及九译，咸知宗师，非止服逢掖者钻仰而已。于是学官某等

暨生徒凡四百二十有八人请金石刻，且歌之曰：

我有学宇，既倾而成之。我有壁经，既昧而明之。孰规摹之，孰发挥之？祭酒维齐，博士维韦。俾我学徒，弦歌以时。切切祁祁，不敖不嬉。庶乎遒人，来采我诗。

时余为礼部郎，凡瞽宗之事得以关决，故书之以移史官，宜附于艺文云。

《刘禹锡集》卷八，中华书局一九九〇年版

论书

或问曰：书足以记姓名而已，工与拙可损益于数哉？答曰：此诚有之，盖举下之说尔，非蹈中之说。亦犹言居室曰避燥湿而已，言衣裳曰适寒燠而已，言饮食曰充腹而已，言车马曰代劳而已，言禄位曰代耕而已。今夫考居室必以闳门丰屋为美，笥衣裳必以文章遒泽为甲，评饮食必以精良海陆为贵，第车马必以华辀绝足为高，干禄位必以重侯累封为意。是数者，皆不行举下之说，奚独于书也行之邪？

《礼》曰："士依于德，游于艺。"德者何？曰至、曰敏、曰孝之谓。艺者何？礼、乐、射、御、书、数之谓。是则艺居三德之后，而士必游之也；书居数之上，而六艺之一也。《语》曰："饱食终日，无所用心，难矣哉！不有博弈者乎？为之犹贤乎已。"是则博弈不得列于艺，差愈于饱食无所用心耳。吾观今之人适有面诋之曰："子书居下品矣。"其人必逌尔而笑，或謷然不屑。有诋之曰："子握槊弈棋居下品矣。"其人必赧然而愧，或艴然而色。是故敢以六艺斥人，不敢以六博斥人。嗟乎！众尚之移人也。

问者曰：然则彼魏、晋、宋、齐间，亦尝尚斯艺矣。至有君臣争名，父子不让，何哉？答曰：吾姑欲求中道耳，子宁以尚之之弊规我欤！且夫信者美德也，秦缪尚之而贤臣莫赎。黄老者至道也，窦后尚之而儒臣见刑。道德且不可尚，矧由道德以下者哉？所谓中道而言书者何？处之文学之下，六博之上。材钧而善者得以加誉，遇钧而善者得以议能。所加在乎誉，非实也，不黩于赏。所议在乎过，非罪也，不萦于刑。夫如是，庶乎六书之学不湮坠而已乎！

因论七篇（节选）

鉴药

刘子闲居，有负薪之忧，食精良弗知其旨，血气交沴，炀然焚如。客有谓予："子病，病积日矣。乃今我里有方士，沦迹于医，厉者造焉而美肥，尪者造焉而善驰。矧常病也，将子诣诸？"予然之，之医所。切脉、观色、聆声，参合而后言曰："子之病，其兴居之节舛，衣食之齐乖所由致也。今夫藏鲜能安谷，府鲜能母气，徒为美疹之囊橐耳，我能攻之。"乃出药一丸，可兼方寸，以授予曰："服是足以沦昏烦而锄蕴结，销虫慝而归耗气。然中有毒，须其疾瘳而止，过当则伤和，是以微其齐也。"予受药以饵，过信而腿能轻，痹能和，涉旬而苛痒绝焉，抑搔罢焉。逾月而视分纤，听察微，蹈危如平，嗜粝如精。

或闻而庆予，且哄言曰："子之获是药，几神乎！诚难遭已。

顾医之态，多畜术以自贵，遗患以要财，盍重求之，所至益深矣。"予昧者也，泥通方而狃既效，猜至诚而惑劗说，卒行其言。逮再饵半旬，厥毒果肆，岑岑周体，如疕作焉。悟而走诸医。医大吒曰："吾固知夫子未达也。"促和蠲毒者投之，滨于殆而有喜。异日，进和药，乃复初。

刘子慨然曰："善哉医乎！用毒以攻疹，用和以安神，易则两踬，明矣。苟循往以御变，昧于节宣，奚独吾侪小人理身之弊而已！"

原力

刘子于迈，舟次泗滨，维纼迟之于传。传吏适传呼曰："乘驲者方来。"谁何之？则曰："力人也。雅以力闻于吴、楚间，中贵人器之，谓宜为爪士。献言于上，有旨趣如京师。"顷其至，则亿焉五辈，咸硕其体，毅其容，动睛晔如，曳趾岌如，顾瞻迟回，饮啜有声。泗滨守倅，由将授也，说而劳之，飨以太牢，饮以百壶。酒酣气振，求试自矜，傍如无人，中若有冯。有荡舟如沿者，抉鼎如飞者，绚键如麻者，开两弧而脉不偾者，扉巨石而齐如流者。异哉！果以力骇世而闻于上也。

异日，话于儒家者流，有客悱然自奋曰："斯诚力矣！上之，不过夸胡人而戏角抵；次之，不过俸期门而振袎服。我之力异，然以道用之，可以格三苗而宾左衽；以威用之，可以系六骤而断右臂。由是而言，彼力也长雄于匹夫，然犹驲其骈，饩其食；我力也无敌于天下，亦当蒲其轮，鹤其书矣。"予诘之曰："彼之力用于形者也，子之力用于心者也。形近而易见，心远而难明。理乎而言，则子

刘禹锡

之力大矣。时乎而言，则彼之力大矣。且夫小大迭用，曷常哉？彼固有小矣，子固有大矣。予所不能齐也。"客于邑垂涕洟。

刘子解之曰："屠羊于肆，适味于众口也。攻玉于山，俟如于独见也。贪日得则鼓刀利，要岁计而韫椟多。"客闻之破涕曰："吾方俟多于岁计也。岁欤岁欤！其我与欤！"

说骥

伯氏佐戎于朔陲，获良马以遗予。予不知其良也，秣之稊粃，饮之污池。厩枥也，上瘅而下蒸；羁络也，缀索而续韦。其易之如此。予方病且窭，求沽于肆。肆之驵亦不知其良也，评其价六十缗。将剂矣，有裴氏子赢其二以求之，谓善价也，卒与裴氏。

裴所善李生，雅挟相术，于马也尤工。睹之周体，眙然视，昕然笑，既而抃随之。且曰："久矣吾之不觏于是也。是何柔心劲骨，奇精妍态，宛如锵如，晔如翔如之备邪！今夫之德也全然矣，顾其维驹，藏锐于内，且秣之乖方，是用不说于常目。须其齿备而气振，则众美灼见，上可以献帝闲，次可以鬻千金。"裴也闻言竦焉。遂做其仆，蠲其皂，筐其恶，蠡其溲，稚以美荐，秣以芳粒，起之居之，澡之捆之，无分阴之怠。斯以马养，养马之至分也。居无何，果以骥德闻。

客有唁予以丧其宝，且讥其所贸也微。予洒然曰："始予有是马也，予常马畜之。今予易是马也，彼宝马畜之。宝与常，在所遇耳。且夫昔之翘陆也，谓将蹄将啮，抵以棰策，不知其笭云耳；昔之嘘吸也，谓为疵为疠，投以药石，不知其喷玉耳。夫如是，则虽旷日历月，将顿踣，是以曾何宝之有焉？繇是而言，方之于士，则八十其绲也，不犹逾于五羖皮乎？"客谡而竦。予遂言曰："马之德也，存乎形者也，可以目取，然犹违之若此。矧德蕴于心者乎？斯从古之叹，予不敢叹。"

《刘禹锡集》卷六，中华书局一九九〇年版

刘禹锡

白居易

白居易(772—846)　字乐天,其先太原(今山西太原西南)人,后迁居同州下邽(今陕西渭南北)人。唐代诗人。聪慧超人,志向远大。贞元十六年(800年)举进士,十九年登书判拔萃科,元和元年(806年)登才识兼茂明于体用科。仕途有进退,曾任校书郎、盩厔县尉、集贤校理、翰林学士、左拾遗、京兆府户曹参军、太子左赞善大夫、江州司马、忠州刺史、司门员外郎、主客郎中、知制诰、中书舍人、杭州刺史、太子左庶子、苏州刺史、秘书监、刑部侍郎、太子宾客、河南尹、同州刺史、太子少傅等。善于为诗,与元稹结为诗友,作诗的宗旨是"文章合为时而著,歌诗合为事而作"。所作讽谕诗针砭时弊,意思激切,通俗易解,广为流传。力避当时官僚集团内部存在的牛李朋党之争,最终退休隐居。著有《白氏文集》七十五卷、《经史事类》三十卷。

救学者之失（礼乐诗书）

问：学者,教之根,理之本。国家设庠序以崇儒术,张礼乐而厚国风,师资肃以尊严,文物焕其明备。何则学《诗》《书》者,拘于文,而不通其旨,习礼乐者,滞于数而不达其情？故安上之礼未行,化人之学将落。今欲使工祝知先王之道,生徒究圣人之心,《诗》《书》不失于愚诬,礼、乐无闻于盈减,积之为言行,播之为风化。何为何作,得至于斯？

臣闻:化人动众,学为先焉;安上尊君,礼为本焉。故古之王者,未有不先于学,本于礼,而能建国君人,经天纬地者也。国家删定六经之义,裁成五礼之文,是为学者之先知,生人之大惠也。故命太常以典礼乐,立太学以教《诗》《书》,将使乎四术并举而行,万人相从而化。然臣观太学生徒,诵《诗》《书》之文,而不知《诗》《书》之旨;太常工祝,执礼、乐之器,而不识礼、乐之情。遗其旨,则作忠兴孝之义不彰;失其情,则合敬同爱之诚不著。所谓去本而从末,弃精而得粗。至使陛下语学有将落之忧,顾礼有未行之叹者:此由官失其业,师非其人;故但有修习之名,而无训导之实也。伏望审官师之能否,辨教学之是非,俾讲《诗》者以六义风赋为宗,不专于鸟兽草木之名也;读《书》者以五代典谟为旨,不专于章句诂训之文也;习礼者以上下长幼为节,不专于俎豆之数、裼袭之容也;学乐者以中和友孝为德,不专于节奏之变、缀兆之度也。夫然,则《诗》《书》无愚诬之失,礼、乐无盈减之差,积而行立者,乃升之于朝廷;习而事成者,乃用之于宗庙。是故温柔敦厚之教,疏通知远之训,畅于中而发于外矣。庄敬威严之貌,易直子谅之心,行于上而流于下矣。则睹之者莫不承顺,闻之者莫不率从,管乎人情,出乎理道,欲人不化,上不安,其可得乎？

省试性习相远近赋

噫！下自人，上达君；德以慎立，而性由习分。习则生常，将俾夫善恶区别；慎之在始，必辩乎是非纠纷。原夫性相近者，岂不以有教无类，其归于一揆？习相远者，岂不以殊途异致，乃差于千里？昏明波注，导为愚智之源；邪正岐分，开成理乱之轨。安得不稽其本，谋其始；观所恒，察所以？考成败而取舍，审臧否而行止。俾流遁者反迷涂于骚人，积习者遵要道于君子。且夫德莫德于老氏，乃曰道是从矣；圣莫圣于宣尼，亦曰非生知之。则知德在修身，将见素而抱朴；圣由志学，必切问而近思。在乎积艺业于黍累，慎言行于毫厘。故得其门，志弥笃兮，性弥近矣。由其径，习愈精兮，道愈远尔。其旨可显，其义可举。勿谓习之近，徇迹而相背重阻；勿谓性之远，反真而相去几许。亦犹一源派别，随混澄而或浊或清；一气脉分，任吹煦而为寒为暑。是以君子稽古于时习之初，辩惑于成性之所。然则性者中之和，习者外之徇。中和思于驯致，外徇戒于妄进。非所习而习，则性伤；得所习而习，则性顺。故圣与狂，由乎念与罔念；福与祸，在乎慎与不慎。慎之义，莫匪乎率道为本，见善而迁。观炯诚于既往，审进退于未然。故得之则至性大同，若水济水也；失之则众心不等，犹面如面焉。诚哉！性习之说，吾将以为教先。

《白居易集》卷三八，中华书局一九七九年版

动静交相养赋（并序）

居易常见今之立身从事者，有失于动，有失于静，斯由动静俱

不得其时与理也。因述其所以然，用自儆导，命曰《动静交相养赋》云。

天地有常道，万物有常性：道不可以终静，济之以动；性不可以终动，济之以静。养之，则两全而交利；不养之，则两伤而交病。故圣人取诸震以发身，受诸复而知命。所以《庄子》曰："智养恬。"《易》曰："蒙养正。"吾观天文，其中有程：日明则月晦，日晦则月明。明晦交养，昼夜乃成。吾观岁功，其中有信：阳进则阴退，阳退则阴进。进退交养，寒暑乃顺。且躁者，本于静也。斯则躁为民，静为君。以民养君，教化之根，则动养静之道斯存。且有者，生于无也。斯则无为母，有为子；以母养子，生成之理：则静养动之理明矣。所以动之为用，在气为春，在鸟为飞，在舟为楫，在弩为机。不有动也，静将畴依？所以静之为用，在虫为蛰，在水为止，在门为键，在轮为柅。不有静也，动奚资始？则知动兮静所伏，静兮动所倚。吾何以知交养之然哉以此。有以见人之生于也，出处相济，必有时而行，非匏瓜不可以长系。人之善其身，枉直相循，必有时而屈，故尺蠖不可以长伸。嗟夫！今之人，知动之可以成功，不知非其时，动必为凶；知静之可以立德，不知非其理，静亦为贼。大矣哉！动静之际，圣人其难之。先之则过时，后之则不及时，交养之间，不容毫厘。故老氏观妙，颜氏知机。噫！非二君子，吾谁与归？

《白居易集》卷三八，中华书局一九七九年版

三教论衡

大和元年十月，皇帝降诞日，奉敕召入麟德殿内道场，对御三

501

教谈论。略录大端，不可具载。

序

中大夫守秘书监上柱国赐紫金鱼袋臣白居易言：谈论之先，多陈三教，赞扬演说，以启谈端。伏料圣心，饱知此义；伏计圣听，饫闻此谈。臣故略而不言，唯序庆诞，赞休明而已。圣唐御区宇二百年，皇帝承祖宗十四叶。大和初岁，良月上旬，天人合应之期，元圣庆诞之日。虽古者有祥虹流月，瑞电绕枢，彼皆琐微，不足引喻。伏惟皇帝陛下：臣妾四夷，父母万姓，恭勤以修己，慈俭以养人；戎夏义安，朝野无事，特降明诏，式会嘉辰。开达四聪，阐扬三教。儒臣居易，学浅才微，谬列禁筵，猥登讲座，天颜咫尺，陨越于前。窃以释门义林法师，明大小乘，通内外学；灵山岭岫，苦海津梁，于大众中，能狮子吼，所谓彼上人者，难为酬对。然臣稽先王典籍，假陛下威灵，发问既来，敢不向答？

僧问

义林法师所问：《毛诗》称六义，《论语》列四科。何者为四科？何者为六义？其名与数，请为备陈者。

对

孔门之徒三千，其贤者列为四科。《毛诗》之篇三百，其要者分为六义。六义者：一曰风，二曰赋，三曰比，四曰兴，五曰雅，六曰颂。此六义之数也。四科者：一曰德行，二曰言语，三曰政事，四曰文学。此四科之目也。在四科内，列十哲名：德行科，则有颜渊、闵子骞、冉伯牛、仲弓。言语科，则有宰我、子贡。政事科，则有冉有、季路。文学科，则有子游、子夏。此十哲之名也。四科六义之名数，今已区别；四科六义之旨意，今合辨明。请以法师本教佛法中比方，即言下晓然可见。何者？即如《毛诗》有六义，亦犹佛法之义例，有十二部分也。佛经千万卷，其义例不出十二部中。《毛诗》三百篇，其旨要亦不出六义内。故以六义，可比十二部经。又如孔门之有四科，亦犹释门之有六度。六度者，六波罗蜜。六波罗蜜者，即檀波罗蜜、尸波罗蜜、羼提波罗蜜、毗梨耶波罗蜜、禅定波罗蜜、般若波罗蜜。以唐言译之，即布施、持戒、忍辱、精进、禅定、智慧是也。故以四科，可比六度。又如仲尼之有十哲，亦犹如来之有十大弟子，即迦叶、阿难、须菩提、舍利弗、迦旃延、目乾连、阿那律、优波离、罗睺罗、富楼那是也。故以十哲，可比十大弟子。夫儒门、释教，虽名数则有异同，约义立宗，彼此亦无差别。所谓同出而异名，殊途而同归者也。所对若此，以为何如？更有所疑，请以重难。

难

法师所难：十哲四科，先标德行。然则曾参至孝。孝者，百行之先，何故曾参独不列于四科者？

对

曾参不列四科者，非为德行才业，不及诸人也，盖系于一时之事耳。请为终始言之。昔者仲尼有圣人之德，无圣人之位，栖栖应聘，七十余国，与时竟不偶，知道终不行，感凤泣麟，慨然有吾已矣夫之叹。然后自卫反鲁，删《诗》《书》，定《礼》《乐》，修《春秋》，立一王之法，为万代之教。其次则叙十哲，论四科，以垂示将来。当此之时，颜、闵、游、夏之徒，适在左右前后，目击指顾，列入四科，亦一时也。《孝经》云："仲尼居，曾子侍。"此言仲尼闲居之时，曾参则多侍从。曾参至孝，不忍一日离其亲。及仲尼旅游历聘，自卫反鲁之时，曾参或归养于家，不从门人之列，伦拟之际，偶尔见遗。由此明之，非曾参德行才业，不及诸门人也。所以不列四科者，盖一时之阙耳。因一时之阙，为万代之疑。从此辨之，又无疑矣。

问僧

儒书奥义，既已讨论。释典微言，亦宜发问。

问

《维摩经不可思议品》中云："芥子纳须弥。"须弥至大至高，芥子至微至小，岂可芥子之内，入得须弥山乎？假如入得，云何见得？假如却出，云何得知？其义难明，请言要旨。僧答不录。

难

法师所云：芥子纳须弥，是诸佛菩萨解脱神通之力所致也。

敢问诸佛菩萨，以何因缘，证此解脱？修何智力，得此神通？必有所因，愿闻其说。僧答不录。

问道士

儒典、佛经，讨论既毕，请回余论，移问道门。臣居易言：我大和皇帝祖玄元之教，挹清净之风，儒素缁黄，鼎足列座，若不讲论玄义，将何启迪皇情？道门杨弘元法师，道心精微，真学奥秘，为仙列上首，与儒争衡。居易窃览道经，粗知玄理，欲有所问，冀垂发蒙。

问

《黄庭经》中有养气存神，长生久视之道。尝闻此语，未究其由。其义如何？请陈大略。道士答不录。

难

法师所答：养气存神，长生久视之大略，则闻命矣。敢问"黄"者何义？"庭"者何物？"气"养何气？"神"存何神？谁为此经？谁得此道？将明事验，幸为指陈。道士答不录。

道士问

法师所问：《孝经》云："敬一人，则千万人悦。"其义如何者？

对

谨按：《孝经·广要道章》云："敬者，礼之本也。敬其君，则臣悦；敬一人，则千万人悦。所敬者寡而悦者众，此之谓要道也。"夫敬者，谓忠敬尽礼之义也；悦者，谓悦怿欢心之义也。要道者，谓施少报多，简要之义也。如此之义明白，各见于经文。其间别有所疑，即请更难。

难

法师所难：云：凡敬一人，则合一人悦；敬二人，则合二人悦。何故敬一人而千万人悦？又问：所悦者何义？所敬者何人？

对

《孝经》所云一人者，谓帝王也。王者无二，故曰一人，非谓臣下众庶中之一人也。若臣下敬一人，则一人悦；敬二人，则二人悦。若敬君上，虽一人，即千万人悦。何以明之？设如人有尽忠于国，尽敬于君，天下见之，何人不悦？岂止千万人乎？设如有人，不忠于国，不敬于君，天下见之，何人不怒？亦岂止千万人乎？然敬即礼也，礼即敬也。故《传》云："见有礼于其君者，事之如孝子之养父母也。"如此，则岂独空悦乎？亦将事而养之也。见无礼于其君者，诛之如鹰鹯之逐鸟雀也。如此，则岂独空不悦乎？亦将逐而诛之也。由此而言，则敬不敬之义，悦不悦之理，了然可见，复何疑哉？

退

臣伏准三教谈论，承前旧例，朝臣因对扬之次，多自叙才能，及平生志业。臣素无志业，又乏才能，恐烦圣聪，不敢自叙。谨退。

《白居易集》卷六八，中华书局一九七九年版

与元九书

月日，居易白。微之足下：

自足下谪江陵至于今，凡枉赠答诗仅百篇。每诗来，或辱序，或辱书，冠于卷首，皆所以陈古今歌诗之义，且自叙为文因缘，与年月之远近也。仆既受足下诗，又谕足下此意，常欲承答来旨，粗论歌诗大端，并自述为文之意，总为一书，致足下前。累岁已来，牵故少暇，间有容隙，或欲为之；又自思所陈，亦无出足下之见；临纸复罢者数四，卒不能成就其志，以至于今。今俟罪浔阳，除盥栉食寝外无余事，因览足下去通州日所留新旧文二十六轴，开卷得意，忽如会面。心所畜者，便欲快言，往往自疑，不知相去万里也。既而愤悱之气，思有所泄，遂追就前志，勉为此书。足下幸试为仆留意一省。

夫文尚矣！三才各有文：天之文，三光首之；地之文，五材首之；人之文，六经首之。就六经言，《诗》又首之。何者？圣人感人心而天下和平。感人心者，莫先乎情，莫始乎言，莫切乎声，莫深

乎义。诗者，根情、苗言、华声、实义。上自圣贤，下至愚骏，微及豚鱼，幽及鬼神；群分而气同，形异而情一；未有声入而不应，情交而不感者。圣人知其然，固其言，经之以六义；缘其声，纬之以五音。

音有韵，义有类；韵协则言顺，言顺则声易入。类举则情见，情见则感易交。于是乎孕大含深，贯微洞密，上下通而一气泰，忧乐合而百志熙。五帝三皇所以直道而行，垂拱而理者，揭此以为大柄，决此以为大窦也。

故闻元首明、股肱良之歌，则知虞道昌矣；闻五子洛汭之歌，则知夏政荒矣。言者无罪，闻者足戒。言者闻者，莫不两尽其心焉。

洎周衰秦兴，采诗官废，上不以诗补察时政，下不以歌泄导人情，乃至于诐成之风动，救失之道缺。于时，六义始刓矣。

国风变为骚辞，五言始于苏、李。苏、李，骚人，皆不遇者，各系其志，发而为文。故"河梁"之句，止于伤别；"泽畔"之吟，归于怨思。彷徨抑郁，不暇及他耳。然去《诗》未远，梗概尚存。故兴离别，则引双凫一雁为喻；讽君子小人，则引香草恶鸟为比。虽义类不具；犹得风人之什二三焉。于时，六义始缺矣。

晋、宋已还，得者盖寡。以康乐之奥博，多溺于山水；以渊明之高古，偏放于田园。江、鲍之流，又狭于此。如梁鸿《五噫》之例者，百无一二焉。于时，六义浸微矣。

陵夷至于梁、陈间，率不过嘲风雪、弄花草而已。噫！风雪花草之物，三百篇中，岂舍之乎？顾所用何如耳。设如"北风其凉"，假风以刺威虐也。"雨雪霏霏"，因雪以愍征役也。"棠棣之华"，感华以讽兄弟也。"采采芣苢"，美草以乐有子也。皆兴发于此，而义归于彼。反是者可乎哉？然则"余霞散成绮，澄江净如练"，"离花先委露，别叶乍辞风"之什，丽则丽矣，吾不知其所讽焉。故仆所谓嘲风雪、弄花草而已。于时，六义尽去矣。

唐兴二百年，其间诗人，不可胜数。所可举者，陈子昂有《感遇诗》二十首，鲍防有《感兴诗》十五首。又诗之豪者，世称李、杜。李之作才矣，奇矣，人不逮矣。索其风雅比兴，十无一焉。杜诗最多，可传者千余首，至于贯穿今古，觑缕格律，尽工尽善，又过于李。然撮其《新安》《石壕》《潼关吏》《塞子》《花门》之章，"朱门酒肉臭，路有冻死骨"之句，亦不过三四十。杜尚如此，况不逮杜者乎？

仆尝痛诗道崩坏，忽忽愤发，或食辍哺，夜辍寝，不量才力，欲扶起之。嗟乎！事有大谬者，又不可一二而言，然亦不能不粗陈于左右。

仆始生六七月时，乳母抱弄于书屏下，有指"无"字、"之"字示仆者。仆虽口未能言，心已默识。后有问此二字者，虽百十其试，而指之不差。则仆宿习之缘，已在文字中矣。及五六岁，便学为诗。九岁，谙识声韵。十五六，始知有进士，苦节读书。二十已来，昼课赋，夜课书，间又课诗，不遑寝息矣。以至于口舌成疮，手肘成胝，既壮而肤革不丰盈，未老而齿发早衰白，瞥瞥然如飞蝇垂珠在眸子中也，动以万数。盖以苦学力文所致，又自悲矣！

家贫多故，二十七，方从乡试。既第之后，虽专于科试，亦不废诗。及授校书郎时，已盈三四百首。或出示交友，如足下辈，见皆谓之工，其实未窥作者之域耳。自登朝来，年齿渐长，阅事渐多，每与人言，多询时务；每读书史，多求理道：始知文章合为时而著，歌诗合为事而作。是时，皇帝初即位，宰府有正人，屡降玺书，访人急病。仆当此日，擢在翰林，身是谏官，手请谏纸，启奏之外，有可以救济人病，裨补时阙，而难于指言者，辄咏歌之，欲稍稍递进闻于上。上以广宸聪，副忧勤；次以酬恩奖，塞言责；下以复吾平生之志。岂图志未就而悔已生，言未闻而谤已成矣！

又请为左右终言之。凡闻仆《贺雨》诗，而众口籍籍，已谓非宜矣。闻仆《哭孔戡》诗，众面脉脉，尽不悦矣。闻《秦中吟》，则权豪贵近者相目而变色矣。闻《乐游园》寄足下诗，则执政柄者扼腕矣。闻《宿紫阁村》诗，则握军要者切齿矣。大率如此，不可遍举。不相与者，号为沽名，号为诋讦，号为讪谤。苟相与者，则如牛僧孺之戒焉。乃至骨肉妻孥，皆以我为非也。其不我非者，举世不过三两人。有邓鲂者，见仆诗而喜，无何，而鲂死。有唐衢者，见仆诗而泣，未几，而衢死。其余则足下。足下又十年来，困踬若此。呜呼！岂六义四始之风，天将破坏，不可支持耶？抑又不知天之意，不欲使下人之病苦闻于上耶？不然，何有志于诗者，不利若此之甚也！

然仆又自思：关东一男子耳，除读书属文外，其他懵然无知。乃至书画棋博，可以接群居之欢者，一无通晓，即其愚拙可知矣。初应进士时，中朝无缌麻之亲，达官无半面之旧，策蹇步于利足之途，张空拳于战文之场，十年之间，三登科第，名入众耳，迹升清贯，出交贤俊，入侍冕旒。始得名于文章，终得罪于文章，亦其宜也。

日者，又闻亲友间说，礼、吏部举选人，多以仆私试赋判，传为准的。其余诗句，亦往往在人口中。仆恧然自愧，不之信也。及再来长安，又闻有军使高霞寓者，欲聘倡妓。妓大夸曰："我诵得白学士《长恨歌》，岂同他妓哉？"由是增价。又足下书云：到通州日，见江馆柱间，有题仆诗者，复何人哉？又昨过汉南日，适遇主人集众乐，娱他宾。诸妓见仆来，指而相顾曰："此是《秦中吟》《长恨歌》主耳。"自长安抵江西三四千里，凡乡校、佛寺、逆旅、行舟之中，往往有题仆诗者。士庶、僧徒、孀妇、处女之口，每每有咏仆诗者。此诚雕虫之戏，不足为多。然今时俗所重，正在此耳。虽前贤如渊、云者，前辈如李、杜者，亦未能忘情于其间哉。

古人云："名者公器，不可以多取。"仆是何者？窃时之名已多，既窃时名，又欲窃时之富贵，使已为造物者，肯兼与之乎？今之迍穷，理固然也。况诗人多蹇，如陈子昂、杜甫，各授一拾遗，而迍剥至死。李白、孟浩然辈，不及一命，穷悴终身。近日，孟郊六十，终试协律。张籍五十，未离一太祝。彼何人哉？彼何人哉？况仆之才，又不逮彼。今虽谪佐远郡，而官品至第五，月俸四五万，寒有衣，饥有食，给身之外，施及家人，亦可谓不负白氏之子矣。微之微之！勿念我哉！

仆数月来，检讨囊帙中，得新旧诗，各以类分，分为卷首。自拾遗来，凡所适、所感，关于美刺兴比者。又自武德讫元和，因事立题，题为《新乐府》者，共一百五十首，谓之"讽谕诗"。又或退公独处，或移病闲居，知足保和，吟玩情性者一百首，谓之"闲适诗"。又有事务牵于外，情理动于内，随感遇而形于叹咏者一百首，谓之"感伤诗"。又有五言、七言、长句、绝句，自一百韵至两韵者四百余首，谓之"杂律诗"。凡为十五卷，约八百首。异时相见，当尽致于执事。

微之！古人云："穷则独善其身，达则兼济天下。"仆虽不肖，常师此语。大丈夫所守者道，所待者时。时之来也，为云龙，为风鹏，勃然突然，陈力以出；时之不来也，为雾豹，为冥鸿，寂兮寥兮，

白居易

奉身而退。进退出处，何往而不自得哉？故仆志在兼济，行在独善，奉而始终之则为道，言而发明之则为诗。谓之"讽谕诗"，兼济之志也。谓之"闲适诗"，独善之义也。故览仆诗者，知仆之道焉。其余"杂律诗"，或诱于一时一物，发于一笑一吟，率然成章，非平生所尚者，但以亲朋合散之际，取其释恨佐欢。今铨次之间，未能删去，他时有为我编集斯文者，略之可也。

微之！夫贵耳贱目，荣古陋今，人之大情也。仆不能远征古旧，如近岁韦苏州歌行，才丽之外，颇近兴讽。其五言诗，又高雅闲澹，自成一家之体。今之秉笔者，谁能及之？然当苏州在时，人亦未甚爱重，必待身后，然后人贵之。今仆之诗，人所爱者，悉不过"杂律诗"与《长恨歌》已下耳。时之所重，仆之所轻。至于"讽谕"者，意激而言质；"闲适"者，思澹而词迂。以质合迂，宜人之不爱也。

今所爱者，并世而生，独足下耳。然千百年后，安知复无如足下者出，而知爱我诗哉？故自八九年来，与足下小通则以诗相戒，小穷则以诗相勉，索居则以诗相慰，同处则以诗相娱。知吾罪吾，率以诗也。如今年春，游城南时，与足下马上相戏，因各诵新艳小律，不杂他篇。自皇子陂归昭国里，迭吟递唱，不绝声者二十里余。樊、李在傍，无所措口。知我者以为诗仙，不知我者以为诗魔。何则？劳心灵，役声气，连朝接夕，不自知其苦，非魔而何？偶同人，当美景，或花时宴罢，或月夜酒酣，一咏一吟，不知老之将至，虽骖鸾鹤，游蓬瀛者之适，无以加于此焉，又非仙而何？微之微之！此吾所以与足下外形骸，脱踪迹，傲轩鼎，轻人寰者，又以此也。

当此之时，足下兴有余力，且欲与仆悉索还往中诗，取其尤长者,如张十八古乐府,李二十新歌行,卢、杨二秘书律诗,窦七、元八绝句,博搜精掇,编而次之,号《元白往还诗集》。众君子得拟议于此者,莫不踊跃欣喜,以为盛事。嗟乎!言未终而足下左转。不数月,而仆又继行。心期索然,何日成就?又可为之叹息矣!

又仆尝语足下:凡人为文,私于自是,不忍于割截,或失于繁多,其间妍媸,益又自惑;必待交友有公鉴无姑息者,讨论而削夺之,然后繁简当否,得其中矣。况仆与足下为文,尤患其多。己尚病之,况他人乎?今且各纂诗笔,粗为卷第,待与足下相见日,各出所有,终前志焉。又不知相遇是何年?相见在何地?溘然而至,则如之何?微之微之!知我心哉!

浔阳腊月,江风苦寒,岁暮鲜欢,夜长无睡,引笔铺纸,悄然灯前,有念则书,言无次第,勿以繁杂为倦,且以代一夕之话也。微之微之!知我心哉!乐天再拜。

《白居易集》卷四五,中华书局一九七九年版

白
居
易

柳宗元

柳宗元(773—819)　字子厚,河东解县(今山西运城西南)人。唐代文学家、思想家和教育家。少时聪颖,博学古今,为文精裁密致。二十一岁登进士第,二十六岁应博学宏词而为集贤殿正字。后改蓝田尉、监察御史、礼部员外郎等。参与以王叔文为首的永贞革新运动,失败后先被贬为邵州刺史,后被加贬为永州司马。闲居中,刻苦钻研学术,写作甚多,与韩愈同为古文运动倡导者。改任柳州刺史时,进行兴利除弊的改革,制定释放奴婢的措施,鼓励开垦荒地,改进饮水卫生,宣传医药治疗,恢复府学,发展文化事业,起了破除迷信、移风易俗的作用。对来求教为文的青年,热心接待并讲授,还利用通信的方式指导青年学习。在教育理论上,反对"天命"思想,认为才能与德性均非天赋,而是个人付出劳力的结果。认为教育的目的在于培养济世安民的君子,先要明道,才能行道。强调读圣人之书,方可明圣人之道,故学者应以五经为本。除儒经之外,认为应兼习诸子百家。对历史文化,强调不是全盘继承,而要细加筛选取舍,推陈出新,使文以明道。主张君子既要"周乎艺",还要"周乎志",成为德才兼备的君子。认为人的社会行为既要遵循一定的原则,还应从实情出发，灵活地实行，将知经和知权统一起来。在教育方法上，主张顺从天性，认为教育者要创设一定的条件，让人依发展规律自然成长，具有自然主义倾向。发表《师友箴》《答韦中立论师道书》等，提倡求师问道，认为人要成才成德不能无师，求师不以社会地位为标准，根本条件在于明道。主张重视求师问道的实际，不必强调师徒弟子的名分，只需要有朋友的关系，可相互学习就行，体现了民主、平等精神。遗著由刘禹锡编定，经后人补遗，成《河东先生集》四十五卷、外集两卷。

答韦中立论师道书

二十一日，宗元白：辱书云欲相师，仆道不笃，业甚浅近，环顾其中，未见可师者。虽常好言论，为文章，甚不自是也。不意吾子自京师来蛮夷间，乃幸见取。仆自卜固无取，假令有取，亦不敢为人师。为众人师且不敢，况敢为吾子师乎？

孟子称："人之患在好为人师。"由魏、晋氏以下，人益不事师。今之世，不闻有师，有辄哗笑之，以为狂人。独韩愈奋不顾流俗，犯笑侮，收召后学，作《师说》，因抗颜而为师。世果群怪聚骂，指目牵引，而增与为言辞。愈以是得狂名，居长安，炊不暇熟，又挈挈而东，如是者数矣。屈子赋曰："邑犬群吠，吠所怪也。"仆往闻庸蜀之南，恒雨少日，日出则犬吠，余以为过言。前六七年，仆来南，二年冬，幸大雪，逾岭被南越中数州，数州之犬，皆苍黄吠噬狂走者累日，至无雪乃已，然后始信前所闻者。今韩愈既自以为蜀之日，而吾子又欲使吾为越之雪，不以病乎？非独见病，亦以病吾子。然雪与日岂有过哉？顾吠者犬耳。度今天下不吠者几人，而谁敢衒怪于群目，以召闹取怒乎？

仆自谪过以来，益少志虑。居南中九年，增脚气病，渐不喜闹，岂可使哎哎者早暮哘吾耳、骚吾心？则固僵仆烦愤，愈不可过矣。平居望外，遭齿舌不少，独欠为人师耳。

抑又闻之，古者重冠礼，将以责成人之道，是圣人所尤用心者也。数百年来，人不复行。近有孙昌胤者，独发愤行之。既成礼，明日造朝至外庭，荐笏言于卿士曰："某子冠毕。"应之者咸怃然。京兆尹郑叔则怫然曳笏却立，曰："何预我耶？"廷中皆大笑。天下不以非郑尹而快孙子，何哉？独为所不为也。今之命师者大类此。

吾子行厚而辞深，凡所作，皆恢恢然有古人形貌，虽仆敢为师，亦何所增加也？假而以仆年先吾子，闻道著书之日不后，诚欲往来言所闻，则仆固愿悉陈中所得者。吾子苟自择之，取某事去某事，则可矣。若定是非以教吾子，仆材不足，而又畏前所陈者，其为不敢也决矣。吾子前所欲见吾文，既悉以陈之，非以耀明于子，聊欲以观子气色诚好恶何如也。今书来，言者皆大过。吾之诚非佞誉诬谀之徒，直见爱甚故然耳。

始吾幼且少，为文章，以辞为工。及长，乃知文者以明道，是固不苟为炳炳烺烺，务采色、夸声音而以为能也。凡吾所陈，皆自谓近道，而不知道之果近乎，远乎？吾子好道而可吾文，或者其于道不远矣。故吾每为文章，未尝敢以轻心掉之，惧其剽而不留也；未尝敢以怠心易之，惧其弛而不严也；未尝敢以昏气出之，惧其昧没而杂也；未尝敢以矜气作之，惧其偃蹇而骄也。抑之欲其奥，扬之欲其明，疏之欲其通，廉之欲其节，激而发之欲其清，固而存之欲其重，此吾所以羽翼夫道也。本之书以求其质，本之诗以求其恒,本之《礼》以求其宜,本之《春秋》以求其断,本之《易》以求其动,此吾所以取道之原也。参之穀梁氏以厉其气,参之《孟》《荀》以畅其支,参之《庄》《老》以肆其端,参之以《国语》以博其趣,参之以《离骚》以致其幽,参之太史公以著其洁,此吾所以旁推交通而以为之文也。凡若此者,果是耶,非耶?有取乎,抑其无取乎?吾子幸观焉择焉,有余以告焉。苟亟来以广是道,子不有得焉,则我得矣,又何以师云尔哉?取其实而去其名,无招越、蜀吠怪,而为外廷所笑,则幸矣!宗元白。

《柳宗元集》卷三四,中华书局一九七九年版

师友箴（并序）

今之世,为人师者众笑之,举世不师,故道益离;为人友者,不以道而以利,举世无友,故道益弃。呜呼!生于是病矣,歌以为箴。既以儆己,又以诚人。

不师如之何?吾何以成!不友如之何?吾何以增!吾欲从师,可从者谁?借有可从,举世笑之。吾欲取友,谁可取者?借有可取,中道或舍。仲尼不生,牙也久死,二人可作,惧吾不似。中焉可师,耻焉可友,谨是二物,用惕尔后。道苟在焉,佣丐为偶;道之反是,公侯以走。内考诸古,外考诸物,师乎友乎,敬尔无忽!

《柳宗元集》卷一九,中华书局一九七九年版

答严厚舆秀才论为师道书

二十五日某白,冯翊严生足下:得生书,言为师之说,怪仆所

柳宗元

517

作《师友箴》与《答韦中立书》，欲变仆不为师之志，而屈己为弟子。凡仆所为二文，其卒果不异。仆之所避者名也，所忧者其实也，实不可一日忘。仆聊歌以为箴，行且求中以益己，慄慄不敢暇，又不敢自谓有可师乎人者耳。若乃名者，方为薄也笑骂，仆脆怯，尤不足当也。内不足为，外不足当，众口虽恳恳见迫，其若吾子何？实之要，二文中皆是也，吾子其详读之，仆见解不出此。

吾子所云仲尼之说，岂易耶？仲尼可学不可为也。学之至，斯则仲尼矣；未至而欲行仲尼之事，若宋襄公好霸而败国，卒中矢而死。仲尼岂易言耶？马融、郑玄者，二子独章句师耳。今世固不少章句师，仆幸非其人。吾之欲之，其有乐而望吾子者矣。言道、讲古、穷文辞以为师，则固吾属事。仆才能勇敢不如韩退之，故又不为人师。人之所见有同异，吾子无以韩责我。若曰仆拒千百人，又非也。仆之所拒，拒为师弟子名，而不敢当其礼者也。若言道、讲古、穷文辞，有来问我者，吾岂尝瞑目闭口耶？

敬叔吾所信爱，今不得见其人，又不敢废其言。吾子文甚畅远，恢恢乎其辟大路将疾驰也。攻其车，肥其马，长其策，调其六辔，中道之行大都，舍是又奚师欤？亟谋于知道者而考诸古，师不乏矣。幸而亟来，终日与吾子言，不敢倦，不敢爱，不敢肆。苟去其名，全其实，以其余易其不足，亦可交以为师矣。如此，无世俗累而有益乎己，古今未有好道而避是者。宗元白。

《柳宗元集》卷三四，中华书局一九七九年版

报袁君陈秀才避师名书

秀才足下：仆避师名久矣。往在京都，后学之士到仆门，日或

数十人，仆不敢虚其来意，有长必出之，有不至必惎之。虽若是，当时无师弟子之说。其所不乐为者，非以师为非，弟子为罪也。有两事，故不能：自视以为不足为，一也；世久无师弟子，决为之，且见非，且见罪，惧而不为，二也。其大说具《答韦中立书》，今以往，可观之。

秀才貌甚坚，辞甚强，仆自始觌，固奇秀才，及见两文，愈益奇。虽在京都，日数十人到门者，谁出秀才右耶？前已毕秀才可为成人，仆之心固虚矣，又何鲲鹏互乡于尺鷃哉！秋风益高，暑气益衰，可偶居卒谈。秀才时见咨，仆有诸内者不敢爱惜。

大都文以行为本，在先诚其中。其外者当先读六经，次《论语》、孟轲书皆经言；《左氏》、《国语》、庄周、屈原之辞，稍采取之；穀梁子、太史公甚峻洁，可以出入；余书俟文成异日讨也。其归在不出孔子，此其古人贤士所懔懔者。求孔子之道，不于异书。秀才志于道，慎勿怪、勿杂、勿务速显。道苟成，则悫然尔，久则蔚然尔。源而流者岁旱不涸，蓄谷者不病凶年，蓄珠玉者不虞殍死矣。然则成而久者，其术可见。虽孔子在，为秀才计，未必过此。不具。宗元白。

《柳宗元集》卷三四，中华书局一九七九年版

答韦珩示韩愈相推以文墨事书

足下所封示退之书，云欲推避仆以文墨事，且以励足下。若退之之才，过仆数等，尚不宜推避于仆，非其实可知，固相假借为之辞耳。退之所敬者，司马迁、扬雄。迁于退之，固相上下。若雄者，如《太玄》《法言》及《四愁赋》，退之独未作耳，决作之，加恢奇，

至他文过扬雄远甚。雄之遣言措意，颇短局滞涩，不若退之猖狂恣睢，肆意有所作。若然者，使雄来尚不宜推避，而况仆耶？彼好奖人善，以为不屈己，善不可奖，故慊慊云尔也。足下幸勿信之。

且足下志气高，好读《南》《北》史书，通国朝事，穿穴古今，后来无能和。而仆稚呆，卒无所为，但趑趄文墨笔砚浅事。今退之不以吾子励仆，而反以仆励吾子，愈非所宜。然卒篇欲足下自挫抑，合当世事以固当，虽仆亦知无出此。吾子年甚少，知己者如麻，不患不显，患道不立尔。此仆以自励，亦以佐退之励足下。不宜。宗元顿首再拜。

《柳宗元集》卷三四，中华书局一九七九年版

送易师杨君序

世之学易者，率不能穷究师说，本承孔氏而妄意乎物表，争伉乎理外，务新以为名，纵辩以为高，离其原，振其末，故羲、文、周、孔之奥，诋冒混乱，人罕由而通焉。不违古师以入道妙，若弘农、杨君者其鲜矣。御史中丞崔公，博而守儒，达而好礼，故杨君之来也，馆于燕堂，馈之侯食，日命合邦之学者，论说辩问，贯穿上下，挥散而咸同，幽昏而大明，言若诞而不乖于圣，理若肆而不失于正；不为他奇以立名氏，姑务达其旨而已。古人谓驾孔子之说者，杨君固其徒欤？

宗元以为太学立儒官，传儒业，宜求专而通，新而一者，以为胄子师。昔尝游焉而未得其人。今天下外多贤连师、方伯，朝廷立槐棘之下，皆用儒先，而杨君之道未列于博士，则谁咎欤？无乃隐其声，含其美，以自穷欤？

夫以退让自穷于丰富之世，以贻有位者羞，是习易之说而废其道也。于将行而问以言，敢以变君之志。

《柳宗元集》卷二五，中华书局一九七九年版

送元十八山人南游序（节选）

太史公尝言：世之学孔氏者，则黜老子，学老子者，则黜孔氏，道不同不相为谋。余观老子，亦孔氏之异流也，不得以相抗，又况杨、墨、申、商、刑名纵横之说，其迭相訾毁、抵捂而不合者，可胜言耶？然皆有以佐世。太史公没，其后有释氏，固学者之所怪骇舛逆其尤者也。

今有河南元生者，其人闳旷而质直，物无以挫其志；其为学恢博而贯统，数无以跻其道。悉取向之所以异者，通而同之，搜择融液，与道大适，咸伸其所长，而黜其奇衺，要之与孔子同道，皆有以会其趣，而其器足以守之，其气足以行之。不以其道求合于世，常有意乎古之"守雌"者。

《柳宗元集》卷二五，中华书局一九七九年版

与刘禹锡论周易九六书

见与董生论《周易》九六义，取老而变，以为毕中和承一行僧得此说，异孔颖达疏，而以为新奇。彼毕子、董子何肤末于学而遽云云也？都不知一行僧承韩氏、孔氏说，而果以为新奇，不亦可笑矣哉！

韩氏注"《乾》之策二百一十有六"，曰"《乾》一爻三十有六

柳宗元

521

策",则是取其遇揲四分而九也。"《坤》之策一百四十有四",曰"《绅》一爻二十四策",则是取其遇揲四分而六也。孔颖达等作《正义》,论云:九六有二义,其一者曰"阳得兼阴,阴不得兼阳";其二者曰"老阳数九,老阴数六。二者皆变用,《周易》以变者占。"郑玄注《易》,亦称以变者占,故云九六也。所以老阳九、老阴六者,九遇揲得老阳,六遇揲得老阴。此具在《正义·乾篇》中。周简子之说亦若此,而又详备。何毕子、董子之不视其书,而妄以口承之也?君子之学,将有以异也,必先究穷其书,究穷而不得焉,乃可以立而正也。今二子尚未能读韩氏《注》、孔氏《正义》,是见其道听途说者,又何能知所谓《易》者哉?足下取二家言观之,则见毕子、董子肤末于学而遽云云也。

足下所为书,非元凯兼三《易》则诺。若曰孰与颖达著,则此说乃颖达说也,非一行僧、董子能有异者也。无乃即其谬而承之者欤?观足下出入筮数,考校《左氏》,今之世罕有如足下求《易》之悉者也。然务先穷昔人书,有不可者而后革之,则大善。谨之勿遽。宗元白。

《柳宗元集》卷三一,中华书局一九七九年版

六逆论

《春秋左氏》言卫州吁之事,因载六逆之说曰:"贱妨贵,少陵长,远间亲,新间旧,小加大,淫破义,六者,乱之本也。"余谓"少陵长,小加大,淫破义",是三者,固诚为乱矣。然其所谓"贱妨贵,远间亲,新间旧",虽为理之本可也,何必曰乱?

夫所谓"贱妨贵"者,盖斥言择嗣之道,子以母贵者也。若贵

而愚，贱而圣且贤，以是而妨之，其为理本大矣，而可舍之以从斯言乎？此其不可固也。夫所谓"远间亲，新间旧"者，盖言任用之道也。使亲而旧者愚，远而新者圣且贤，以是而间之，其为理本亦大矣，又可舍之以从斯言乎？必从斯言而乱天下，谓之师古训可乎？此又不可者也。

呜呼！是三者，择君置臣之道，天下理乱之大本也。为书者，执斯言，著一定之论，以遗后代，上智之人固不惑于是矣；自中人而降，守是为大据，而以致败乱者，固不乏焉。晋厉死而悼公入，乃理；宋襄嗣而子鱼退，乃乱：贵不足尚也。秦用张禄而黜穰侯，乃安；魏相成璜而疏吴起，乃危：亲不足与也。苻氏进王猛而杀樊世，乃兴；胡亥任赵高而族李斯，乃灭：旧不足恃也。顾所信何如耳！然则斯言殆可以废矣。

噫！古之言理者，罕能尽其说。建一言，立一辞，则龊龊而不安，谓之是可也，谓之非亦可也，混然而已。教于后世，莫知其所以去就。明者慨然将定其是非，则拘儒瞀生相与群而咻之，以为狂为怪，而欲世之多有知者可乎？夫中人可以及化者，天下为不少矣，然而罕有知圣人之道，则固为书者之罪也。

非国语序

左氏《国语》，其文深闳杰异，固世之所耽嗜而不已也。而其说多诬淫，不概于圣。余惧世之学者溺其文采而沦于是非，是不得由中庸以入尧、舜之道。本诸理，作《非国语》。

柳宗元

与吕道州温论非国语书（节选）

四月三日，宗元白化光足下：近世之言理道者众矣，率由大中而出者咸无焉。其言本儒术，则迂回茫洋而不知其适；其或切于事，则苟峭刻核，不能从容，卒泥乎大道。甚者好怪而妄言，推天引神，以为灵奇，恍惚若化而终不可逐。故道不明于天下，而学者之至少也。

吾自得友君子，而后知中庸之门户阶室，渐染砥砺，几乎道真。……

尝读《国语》，病其文胜而言尨，好诡以反伦，其道舛逆。而学者以其文也，咸嗜悦焉，伏膺呻吟者，至比六经，则溺其文必信其实，是圣人之道翳也。余勇不自制，以当后世之讪怒，辄乃黜其不臧，救世之谬。凡为六十七篇，命之曰《非国语》。……

…………

……苟不悖于圣道，而有以启明者之虑，则用是罪余者，虽累百世滋不憾而恧焉！于化光何如哉？激乎中必厉乎外，想不思而得也。宗元白。

《柳宗元集》卷三一，中华书局一九七九年版

答吴武陵论非国语书

濮阳吴君足下，仆之为文久矣，然心少之，不务也，以为是特博奕之雄耳。故在长安时，不以是取名誉，意欲施之事实，以辅时及物为道。自为罪人，舍恐惧则闲无事，故聊复为之。然而辅时

及物之道，不可陈于今，则宜垂于后。言而不文则泥，然则文者固不可少耶！

……若《非国语》之说，仆病之久，尝难言于世俗。今因其闲也而书之，恒恐后世之知言者用是诟病，狐疑犹豫，伏而不出累月方示足下。足下乃以为当，仆然后敢自是也。吕道州善言道，亦若吾子之言，意者斯文殆可取乎？夫为一书，务富文采，不顾事实，而益之以诬怪，张之以阔诞，以炳然诱后生，而终之以僻，是犹用文锦覆陷阱也。不明而出之，则颠者众矣。仆故为之标表，以告夫游乎中道者焉。

仆无闻而甚陋，又在黜辱，居泥涂若螾蛭然，虽鸣其音声，谁为听之？独赖世之知言者为准；其不知言而罪我者，吾不有也。仆又安敢期如汉时列官以立学，故为天下笑耶？是足下之爱我厚，始言之也。前一通如来言以污箧牍，此在明圣人之道，微足下仆又何托焉？不悉。宗元顿首。

《柳宗元集》卷三一，中华书局一九七九年版

四维论

《管子》以礼义廉耻为四维，吾疑非管子之言也。

彼所谓廉者，曰"不蔽恶"也；世人之命廉者，曰不苟得也。所谓耻者，曰"不从枉"也；世人之命耻者，曰羞为非也。然则二者果义欤，非欤？吾见其有二维，未见其所以为四也。夫不蔽恶者，岂不以蔽恶为不义而去之乎？夫不苟得者，岂不以苟得为不义而不为乎？虽不从枉与羞为非皆然。然则廉与耻，义之小节也，不得与义抗而为维。圣人之所以立天下，曰仁义。仁主恩，义主断。

恩者亲之，断者宜之，而理道毕矣。蹈之斯为道，得之斯为德，履之斯为礼，诚之斯为信，皆由其所之而异名。今管氏所以为维者，殆非圣人之所立乎？

又曰："一维绝则倾，二维绝则危，三维绝则覆，四维绝则灭。"若义之绝，则廉与耻其果存乎？廉与耻存，则义果绝乎？人既蔽恶矣，苟得矣，从枉矣，为非而无羞矣，则义果存乎？

使管子庸人也，则为此言；管子而少知理道，则四维者非管子之言也。

《柳宗元集》卷三，中华书局一九七九年版

天爵论

柳子曰：仁义忠信，先儒名以为天爵，未之尽也。夫天之贵斯人也，则付刚健、纯粹于其躬，倬为至灵，大者圣神，其次贤能，所谓贵也。刚健之气，钟于人也为志，得之者，运行而可大，悠久而不息，拳拳于得善，孜孜于嗜学，则志者其一端耳。纯粹之气，注于人也为明；得之者，爽达而先觉，鉴照而无隐，盹盹于独见，渊渊于默识，则明者又其一端耳。明离为天之用，恒久为天之道，举斯二者，人伦之要尽是焉。故善言天爵者，不必在道德忠信，明与志而已矣。

道德之于人，犹阴阳之于天也；仁义忠信，犹春秋冬夏也。举明离之用，运恒久之道，所以成四时而行阴阳也。宣无隐之明，著不息之志，所以备四美而富道德也。故人有好学不倦而迷其道挠其志者，明之不至耳；有照物无遗而荡其性脱其守者，志之不至耳。明以鉴之，志以取之，役用其道德之本，舒布其五常之质，充之而弥六合，播之而奋百代，圣贤之事也。

然则圣贤之异愚也，职此而已。使仲尼之志之明可得而夺，则庸夫矣；授之于庸夫，则仲尼矣。若乃明之远迩，志之恒久，庸非天爵之有级哉？故圣人曰"敏以求之"，明之谓也；"为之不厌"，志之谓也。道德与五常，存乎人者也；克明而有恒，受于天者也。呜呼！后之学者，尽力于斯所及焉。

或曰："子所谓天付之者，若开府库焉，量而与之耶？"曰：否。其各合乎气者也。庄周言天曰自然，吾取之。

《柳宗元集》卷三，中华书局一九七九年版

说车赠杨诲之

杨诲之将行，柳子起而送之门，有车过焉，指焉而告之曰："若知是之所以任重而行于世乎？材良而器攻，圆其外而方其中然也。材而不良，则速坏。工之为功也，不攻则速败。中不方则不能以载，外不圆则窒拒而滞。方之所谓者，箱也；圆之所谓者，轮也。匪箱不居，匪轮不涂。吾子其务法焉者乎？"曰："然。"

曰："是一车之说也，非众车之说也，吾将告子乎众车之说。泽而杼，山而侔，上而轻，下而轩且曳。祥而旷左，革而长毂以戟，巢焉而以望，安以爱老，辐以蔽内，垂绥而以敉，载十二旒，而以庙以郊以陈于庭，其类众也。然而其要，存乎材良而器攻，圆其外而方其中也。是故任而安之者箱，达而行之者轮，恒中者轴，揾而固者蚤，长而桡，进而不罪乎马，退不罪乎人者辕，却暑与雨者盖，敬而可伏者轼，服而制者马若牛，然后众车之用具。

"令杨氏，仁义之林也，其产材良。诲之学古道，为古辞，冲然

527

而有光,其为工也攻。果能恢其量若箱,周而通之若轮,守大中以动乎外而不变乎内若轴,摄之以刚健若蚤,引焉而宜御乎物若辕,高以远乎污若盖,下以成乎礼若轼,险而安,易而利,动而法,则庶乎车之全也。《诗》之言曰:四牡骓骓,六辔如琴。孔氏语曰:左为六官,右为执法。此其以达于大政也。凡人之质不良,莫能方且恒,质良矣,用不周,莫能以圆遂。孔子于乡党,恂恂如也,遇阳虎必曰诺,而其在夹谷也,视叱齐侯类畜狗,不震乎其内。后之学孔子者,不志于是,则吾无望焉耳矣。"

诲之,吾戚也,长而益良,方其中矣。吾固欲其任重而行于世,惧圆其外者未至,故说车以赠。

与杨诲之书(节选)

足下幼时,未有以异于众童,仆未始知足下。及至潭州,乃见足下气益和,业益专,端重而少言,私心乃喜,知舜之陶器不苦窳为倍然。而舜之德,可以及土泥,而不化其子,何哉?是又不可信也。则足下本有异质,而开发之不早耳。然开发之要在陶煦,然后不失其道。则足下亦教谕之至,固其进如此也。自今者再见足下,文益奇,艺益工,而气质不更于潭州时,乃信知其良也。中之正不惑于外,君子之道也。然而显然翘然,秉其正以抗于世,世必为敌仇,何也?善人少,不善人多,故爱足下者少,而害足下者多。吾固欲其方其中,圆其外,今为足下作《说车》,可详观之。车之说,其有益乎行于世也。

与杨诲之第二书（节选）

仆之言车也，以内可以守，外可以行其道。今子之说曰"柔外刚中"，子何取于车之疏耶？果为车柔外刚中，则未必不为弊车；果为人柔外刚中，则未必不为恒人。夫刚柔无恒位，皆宜存乎中，有召焉者在外，则出应之。应之咸宜，谓之时中，然后得名为君子。必曰外恒柔，则遭夹谷武子之台。及为蹇蹇匪躬，以革君心之非。庄以莅乎人，君子其不克欤？中恒刚，则当下气怡色，济济切切。哀矜、淑问之事，君子其卒病欤？吾以为刚柔同体，应变若化，然后能志乎道也。今子之意近是也，其号非也。内可以守，外可以行其道，吾以为至矣，而子不欲焉，是吾所以惕惕然忧且疑也。

今将申告子以古圣人之道：《书》之言尧，曰"允恭克让"；言舜，曰"温恭允塞"；禹闻善言则拜；汤改过不吝；高宗曰，"启乃心，沃朕心"；惟此文王，小心翼翼，日昃不暇食，坐以待旦；武王引天下诛纣，而代之位，其意宜肆，而曰"予小子，不敢荒宁"；周公践天子之位，提发吐哺；孔子曰，"言忠信，行笃敬"；其弟子言曰，"夫子温良恭俭让以得之"。今吾子曰："自度不可能也。"然则自尧、舜以下，与子果异类耶？乐放弛而愁检局，虽圣人与子同。圣人能求诸中，以厉乎己，久则安乐之矣，子则肆之。其所以异乎圣者，在是决也。若果以圣与我异类，则自尧、舜以下，皆宜纵目印鼻，四手八足，鳞毛羽鬣，飞走变化，然后乃可。苟不为是，则亦人耳，而子举将外之耶？若然者，圣自圣，贤自贤，众人自众人，咸任其意，又何以作言语立道理，千百年天下传道之？是皆无益于世，独遗好事者藻缋文字,以矜世取誉,圣人不足重也。故曰:"中人以上,可以语上,唯上智与下愚不移。"吾以子近上智,今其言曰"自度不可能也",则子果不能为中人以上耶?吾之忧且疑者以此。

凡儒者之所取,大莫尚孔子。孔子七十而纵心。彼其纵之也,度不逾矩而后纵之。今子年有几?自度果能不逾矩乎?而遽乐于纵也!传说曰:"惟狂克念作圣。"今夫狙猴之处山,叫呼跳梁,其轻躁狠戾异甚,然得而絷之,未半日则定坐求食,唯人之为制。其或优人得之,加鞭筈,狎而扰焉,跪起趋走,咸能为人所为者。未有一焉,狂奔掣顿,踣毙自绝,故吾信夫狂之为圣也。今子有贤人之资,反不肯为狂人之克念者,而曰"我不能,我不能"。舍子其孰能乎?是孟子之所谓不为也,非不能也。

凡吾之致书,为《说车》,皆圣道也。今子曰:"我不能为车之说,但当则法圣道而内无愧,乃可长久。"呜呼!吾车之说,果不能为圣道耶?吾以内可以守,外可以行其道告子。今子曰:"我不能覉覉拘拘,以同世取荣。"吾岂教子为覉覉拘拘者哉?子何考吾车说之不详也?吾之所云者,其道自尧、舜、禹、汤、高宗、文王、武王、周公、孔子皆由之,而子不谓圣道,抑以吾为与世同波,工为覉覉拘拘者?以是教己,固迷吾文,而悬定吾意,甚不然也。圣人不以人废言。吾虽少时与世同波,然未尝覉覉拘拘也。又子自言"处众中逼侧扰攘,欲弃去不敢,犹勉强与之居"。苟能是,何以不克为车之说耶?忍污杂嚣哗,尚可恭其体貌,逊其言辞,何故不可吾之说?吾未尝佞且伪,其旨在于恭宽退让,以售圣人之道,及乎人,如斯而已矣。尧、舜之让,禹、汤、高宗之戒,文王之小心,武王之不敢荒宁,周公之吐握,孔子之六十九未尝纵心,彼七八圣人者所为若是,岂恒愧于心乎?慢其貌,肆其志,茫洋而后言,偃蹇而后行，道人是非，不顾齿类，人皆心非之，曰"是礼不足者"，甚且见骂。如是而心反不愧耶？圣人之礼让，其且为伪乎？为佞乎？

今子又以行险为车之罪。夫车之为道，岂乐行于险耶？度不得已而至乎险，期勿败而已耳。夫君子亦然，不求险而利也，故曰："危邦不入，乱邦不居"；"国无道，其默足以容"。不幸而及于危乱，期勿祸而已耳。且子以及物行道为是耶，非耶？伊尹以生人为己任，管仲饙浴以伯济天下，孔子仁之。凡君子为道，舍是宜无以为大者也。今子书数千言，皆未及此，则学古道，为古辞，尨然而措于世，其卒果何为乎？是之不为，而甘罗、终军以为慕，弃大而录小，贱本而贵末，夸世而钓奇，苟求知于后世，以圣人之道为不若二子，仆以为过矣。彼甘罗者，左右反覆，得利弃信，使秦背燕之亲己而反与赵合，以致危于燕。天下以是益知秦无礼不信，视函谷关若虎豹之窟，罗之徒实使然也。子而慕之，非夸世欤？彼终军者，诞谲险薄，不能以道匡汉主好战之志，视天下之劳，若观蚁之移穴，玩而不戚；人之死于胡、越者，赫然千里，不能谏而又纵踊之；己则决起旧怒，掉强越，挟淫夫，以媒老妇，欲虫夺人之国，智不能断，而俱死焉。是无异卢狗之遇嗾，呀呀而走，不顾险阻，唯嗾者之从，何无已之心也？子而慕之，非钓奇欤？二小子之道，吾不欲吾子言之。孔子曰："是闻也，非达也。"使二小子及孔子氏，曾不得与于琴张、牧皮狂者之列，是固不宜以为的也。

且吾子之要于世者，处耶？出耶？主上以明圣，进有道，兴大化，枯槁伏匿缧锢之士，皆思踊跃洗沐，期辅尧、舜。万一有所不及，丈人方用德艺达于邦家，为大官，以立于天下。吾子虽欲为处，何可得也？则固出而已矣。将出于世而仕，未二十而任其心，吾为子不取也。冯妇好搏虎，卒为善士；周处狂横，一旦改节，皆老而自克。今子素善士，年又甚少，血气未定，而忽欲为阮咸、嵇康之所为，守而不化，不肯入尧、舜之道，此甚未可也。

吾意足下所以云云者，恶佞之尤，而不悦于恭耳。观过而知仁，弥见吾子之方其中也，其乏者独外之圆耳。屈子曰："惩于羹者而吹齑。"吾子其类是欤？佞之恶而恭反得罪。圣人所贵乎中者，能时其时也。苟不适其道，则肆与佞同。山虽高，水虽下，其为险而害也，要之不异。足下当取吾《说车》申而复之，非为佞而利于险也明矣。吾子恶乎佞，而恭且不欲，今吾又以圆告子，则圆之为号，固子之所宜甚恶。方于恭也，又将千百焉。然吾所谓圆者，不如世之突梯苟冒，以矜利乎己者也。固若轮焉：非特于可进也，锐而不滞；亦将于可退也，安而不挫；欲如循环之无穷，不欲如转丸之走下也。乾健而运，离丽而行，夫岂不以圆克乎？而恶之也？

吾年十七求进士，四年乃得举。二十四求博学宏词科，二年乃得仕。其间与常人为群辈数十百人。当时志气类足下，时遭讪骂诟辱，不为之面，则为之背。积八九年，日思摧其形，锄其气，虽甚自折挫，然已得号为狂疏人矣。及为蓝田尉，留府庭，旦暮走谒于大官堂下，与卒伍无别。居曹则俗吏满前，更说买卖，商算赢缩。又二年为此，度不能去，益学《老子》，"和其光，同其尘"，虽自以为得，然已得号为轻薄人矣。及为御史郎官，自以登朝廷，利害益大，愈恐惧，思欲不失色于人。虽戒励加切，然卒不免为连累废逐。犹以前时遭狂疏轻薄之号既闻于人，为恭让未洽，故罪至而无所明之。至永州七年矣，夙夜惶惶，追思咎过，往来甚熟，讲尧、舜、孔子之道亦熟，益知出于世者之难自任也。今足下未为仆向所陈者，宜乎欲任己之志，此与仆少时何异？然循吾向所陈者而由之，然后知难耳。今吾先尽陈者，不欲足下如吾更诇辱，被称号，已不信于世，而后知慕中道，费力而多害，故勤勤焉云尔而不已也。子其详之熟之，无徒为烦言往复，幸甚！

又所言书意有不可者，令仆专专为掩匿覆盖之，慎勿与不知者道，此又非也。凡吾与子往复，皆为言道。道固公物，非可私而有。假令子之言非是，则子当自求暴扬之，使人皆得刺列，卒采其可者以正乎己，然后道可显达也。今乃专欲覆盖掩匿，是固自任其志，而不求益者之为也。士传言，庶人谤于道，子产之乡校不毁，独何如哉？君子之过，如日月之蚀，又何盖乎？是事，吾不能奉子之教矣！幸悉之。

《柳宗元集》卷三三，中华书局一九七九年版

忧箴

忧可无乎？无谁以宁！子如不忧，忧日以生。忧不可常，常则谁怿？子常其忧，乃小人戚。敢问忧方，吾将告子：有闻不行，有过不徙；宜言不言，不宜而烦；宜退而勇，不宜而恐。中之诚恳，过又不及。忧之大方，唯是焉急！内不自得，甚泰为忧。省而不疚，虽死优游。所忧在道，不在乎祸。吉之先见，乃可无过。告子如斯，守之勿堕！

《柳宗元集》卷一九，中华书局一九七九年版

送元秀才下第东归序

周乎志者，穷踬不能变其操；周乎艺者，屈抑不能贬其名。其

柳宗元

或处心定气，居斯二者，虽有穷屈之患，则君子不患矣。元氏之子，其殆庶周乎。言恭而信，行端而静，勇于讲学，急于进业。既游京师，寓居侧陋，无使令之童，阙交易之财，可谓穷踬矣。而操逾厉，志之周也。才浚而清，词简而备，工于言理，长于应卒。从计京师，受丙科之荐。献艺春卿，当三黜之辱，可谓屈抑矣。而名益茂，艺之周也。苟非处心定气，则曷能如此哉！

余闻其欲退家殷墟，修志增艺，惧其沉郁伤气，怀愤而不达，乃往送而谕焉。夫有湛卢豪曹之器者，患不得犀兕而刿之，不患其不利也。今子有其器，宜其利，乘其时，夫何患焉？磨砺而坐待之可也。遂欣欣而去。

送豆卢膺秀才南游序

君子病无乎内而饰乎外，有乎内而不饰乎外者。无乎内而饰乎外，则是设覆为阱也，祸孰大焉；有乎内而不饰乎外，则是焚梓毁璞也，诟孰甚焉！于是有切磋琢磨镞砺栝羽之道，圣人以为重。豆卢生，内之有者也，余是以好之，而欲其遂焉。而恒以幼孤羸馁为惧，恤恤焉游诸侯求给乎是，是固所以有乎内者也。然而不克专志于学，饰乎外者未大，吾愿子以《诗》《礼》为冠屦，以《春秋》为襟带，以图史为佩服，琅乎璆璜冲牙之向发焉，煌乎山龙华虫之采列焉，则揖让周旋乎宗庙朝廷斯可也。惜乎余无禄食于世，不克称其欲，成其志，而姑欲其速反也，故诗而序云。

送崔子符罢举诗序

　　世有病进士科者，思易以孝悌经术兵农，曰："庶几厚于俗，而国得以为理乎？"柳子曰："否。以今世尚进士，故凡天下家推其良，公卿大夫之名子弟，国之秀民举归之。且而更其科，以为得异人乎？无也。唯其所尚文学，移而从之，尚之以孝悌，孝悌犹是人也；尚之以经术，经术犹是人也。虽兵与农皆然。"曰："然则宜如之何？"曰："即其辞，观其行，考其智，以为可化人及物者，隆之。文胜质，行无观，智无考者，下之。俗其以厚，国其以理，科不俟易也。"

　　今有博陵崔策子符者，少读经书，为文辞，本于孝悌，理道多容，以善别时，刚以知柔。进于有司，六选而不获。家有冤连，伏阙下者累月不解。仕将晚矣，而戚其幼孤，往复不惮万里，再岁不就选。世皆曰孝悌人也。如是且不见隆，虽百易科，其可厚而理乎？今夫天下已理，民风已厚，欲继之于无穷，其在慎是而已。朝廷未命有司，既命而果得有道者，则是术也宜用。崔子之仕，又何晚乎？

　　仆智不足而独为文，故始见进而卒以废。居草野八年，丽泽之益，镵砺之事，空于耳而荒于心。崔子幸来而亲余，读其书，听其言，发余始志，若寤而言梦，醒而问醉。未及悉，而告余以行。余惧其悼时之往而不得于内也，献之酒，赋之诗而歌之，坐者从而和之，既和而叙之。

柳宗元

与友人论为文书（节选）

古今号文章为难，足下知其所以难乎？非谓比兴之不足，恢捷之不远，钻砺之不工，颇类之不除也。得之为难，知之愈难耳。苟或得其高朗，探其深赜，虽有芜败，则为日月之蚀也，大圭之暇也，曷足伤其明黜其实哉？

且自孔氏以来，兹道大阐。家修人励，刓精竭虑者，几千年矣。其间耗费简札，役用心神者，其可数乎？登文章之箓，波及后代，越不过数十人耳。其余谁不欲争裂绮绣，互攀日月，高视于万物之中，雄峙于百代之下乎？率皆纵臾而不克，踯躅而不进，力蹶势穷，吞志而没。故曰：得之为难。

嗟乎！道之显晦，幸不幸系焉；谈之辩讷，开降系焉；鉴之颇正，好恶系焉；交之广狭，屈伸系焉。则彼卓然自得以奋其间者，合乎否乎？是未可知也。而又荣古陋今者，比肩叠迹。大抵生则不遇，死而垂声者众焉。扬雄没而《法言》大兴，马迁生而《史记》未振。彼之二才，且犹若是，况乎未甚闻著者哉！固有文不传于后祀，声遂绝于天下者矣。故曰：知之愈难。而为文之士，亦多渔猎前作，戕贼文史，抉其意，抽其华，置齿牙间，遇事蠭起，金声玉耀，诳聋瞽之人，徼一时之声。虽终沦弃，而其夺朱乱雅，为害已甚。是其所以难也。

《柳宗元集》卷三一，中华书局一九七九年版

报崔黯秀才论为文书（节选）

崔生足下，辱书及文章，辞意良高，所向慕不凡近，诚有意乎

圣人之言。然圣人之言，期以明道，学者务求诸道而遗其辞。辞之传于世者，必由于书。道假辞而明，辞假书而传，要之，之道而已耳。道之及，及乎物而已耳，斯取道之内者也。今世因贵辞而矜书，粉泽以为工，遒密以为能，不亦外乎？吾子之所言道，匪辞而书，其所望于仆，亦匪辞而书，是不亦去及物之道愈以远乎？仆尝学圣人之道，身虽穷，志求之不已，庶几可以语于古。恨与吾子不同州部，闭口无所发明。观吾子文章，自秀士可通圣人之说。今吾子求于道也外，而望于余也愈外，是其可惜欤！吾且不言，是负吾子数千里不弃朽废者之意，故复云尔也。

凡人好辞工书者，皆病癖也。吾不幸蚤得二病。学道以来，日思砭针攻熨，卒不能去，缠结心腑牢甚，愿斯须忘之而不克，窃尝自毒。今吾子乃始钦钦思易吾病，不亦惑乎？斯固有潜块积痕，中子之内藏，恬而不悟，可怜哉！其卒与我何异？均之二病，书字益下，而子之意又益下，则子之病又益笃，甚矣，子癖于伎也。

与李睦州论服气书（节选）

愚幼时尝嗜音，见有学操琴者，不能得硕师，而偶传其谱，读其声，以布其爪指。蚤起则嘹嘹谇谇以逮夜，又增以脂烛，烛不足则讽而鼓诸席。如是十年，以为极工。出至大都邑，操于众人之坐，则皆得大笑曰："嘻，何清浊之乱，而疾舒之乖欤？"卒大惭而归。及年已长，则嗜书，又见有学书者，亦不得硕师，独得国故书，伏而攻之，其勤若向之为琴者，而年又倍焉。出曰："吾书之工，能为若是。"知书者又大笑曰："是形纵而理逆。"卒为天下弃，又大惭

537

而归。是二者，皆极工而反弃者，何哉？无所师而徒状其文也。其所不可传者，卒不能得，故虽穷日月，弊岁纪，愈远而不近也。今兄之所以为服气者，果谁师耶？始者独见兄传得气书于卢遵所，伏读三两日，遂用之；其次得气诀于李计所，又参取而大施行焉。是书是诀，遵与计皆不能知，然则兄之所以学者无硕师矣，是与向之两事者无毫末差矣。……

《柳宗元集》卷三二，中华书局一九七九年版

与杨京兆凭书（节选）

今之世言士者，先文章。文章，士之末也。然立言存乎其中，即末而操其本，可十七八，未易忽也。自古文士之多莫如今，今之后生为文，希屈、马者，可得数人；希王褒、刘向之徒者，又可得十人；至陆机、潘岳之比，累累相望。若皆为之不已，则文章之大盛，古未有也。后代乃可知之。今之俗耳庸目，无所取信，杰然特异者，乃见此耳。……宗元自小学为文章，中间幸联得甲乙科第，至尚书郎，专百官章奏，然未能究知为文之道。自贬官来无事，读百家书，上下驰骋，乃少得知文章利病。去年吴武陵来，美其齿少，才气壮健，可以兴西汉之文章，日与之言，因为之出数十篇书。庶几铿锵陶冶，时时得见古人情状。然彼古人亦人耳，夫何远哉！凡人可以言古，不可以言今。桓谭亦云：亲见扬子云，容貌不能动人，安肯传其书？诚使博如庄周，哀如屈原，奥如孟轲，壮如李斯，峻如马迁，富如相如，明如贾谊，专如扬雄，犹为今之人，则世之高者至少矣。由此观之，古之人未始不薄于当世，而荣于后世也。若吴子之文，非丈人无以知之。独恐世人之才高者，不肯久学，无

以尽训诂风雅之道，以为一世甚盛。……

《柳宗元集》卷三〇，中华书局一九七九年版

复杜温夫书

二十五日，宗元白：两月来，三辱生书，书皆逾千言，意若相望仆以不对答引誉者。然仆诚过也。而生与吾文又十卷，噫！亦多矣。文多而书频，吾不对答引誉，宜可自反。而来征不肯相见，亟拜亟问，其得终无辞乎？

凡生十卷之文，吾已略观之矣。吾性骏滞，多所未甚谕，安敢悬断是且非耶？书抵吾必曰周、孔，周、孔安可当也？拟人必于其伦，生以直躬见抵，宜无所谀道，而不幸乃曰周、孔，吾岂得无骇怪？且疑生悖乱浮诞，无所取幅尺，以故愈不对答。来柳州，见一刺史，即周、孔之；今而去我，道连而谒于潮，之二邦，又得二周、孔；去之京师，京师显人为文词、立声名以千数，又宜得周、孔千百，何吾生胸中扰扰焉多周、孔哉！

吾虽少为文，不能自雕斫，引笔行墨，快意累累，意尽便止，亦何所师法？立言状物，未尝求过人，亦不能明辨生之才致。但见生用助字，不当律令，唯以此奉答。所谓乎、欤、耶、哉、夫者，疑辞也；矣、耳、焉、也者，决辞也。今生则一之。宜考前闻人所使用，与吾言类且异，慎思之则一益也。庚桑子言藿蠋鹄卵者，吾取焉。道连而谒于潮，其卒可化乎？然世之求知音者，一遇其人，或为十数文，即务往京师，急日月，犯风雨，走谒门户，以冀苟得。今生年非甚少，而自荆来柳，自柳将道连而谒于潮，途远而深矣，则其志果有异乎？又状貌嶷然类丈夫，视端形直，心无歧径，其质气诚可

也,独要谨充之尔。谨充之,则非吾独能,生勿怨。亟之二邦以取法,时思吾言,非固拒生者。孟子曰:"余不屑之教诲也者,是亦教诲之而已矣。"宗元白。

《柳宗元集》卷三四,中华书局一九七九年版

种树郭橐驼传

郭橐驼,不知始何名。病瘘,隆然伏行,有类橐驼者,故乡人号之"驼"。驼闻之曰:"甚善,名我固当。"因舍其名,亦自谓橐驼云。其乡曰丰乐乡,在长安西。驼业种树,凡长安豪富人为观游及卖果者,皆争迎取养。视驼所种树,或移徙,无不活,且硕茂早实以蕃。他植者虽窥伺效慕,莫能如也。

有问之,对曰:"橐驼非能使木寿且孳也,能顺木之天,以致其性焉尔。凡植木之性,其本欲舒,其培欲平,其土欲故,其筑欲密。既然已,勿动勿虑,去不复顾。其莳也若子,其置也若弃,则其天者全而其性得矣。故吾不害其长而已,非有能硕茂之也;不抑耗其实而已,非有能早而蕃之也。他植者则不然,根拳而土易,其培之也,若不过焉则不及。苟有能反是者,则又爱之太恩,忧之太勤,旦视而暮抚,已去而复顾。甚者爪其肤以验其生枯,摇其本以观其疏密,而木之性日以离矣。虽曰爱之,其实害之;虽曰忧之,其实仇之,故不我若也。吾又何能为哉!"

问者曰:"以子之道,移之官理可乎?"驼曰:"我知种树而已,理,非吾业也。然吾居乡,见长人者好烦其令,若甚怜焉,而卒以祸。且暮吏来而呼曰:'官命促尔耕,勖尔植,督尔获。早缫而绪,早织而缕,字而幼孩,遂而鸡豚。'鸣鼓而聚之,击木而召之。吾小

人辍飧饔以劳吏者，且不得暇，又何以蕃吾生而安吾性耶？故病且怠。若是，则与吾业者其亦有类乎？"

问者曰："嘻，不亦善夫！吾问养树，得养人术。"传其事以为官戒。

与太学诸生喜诣阙留阳城司业书

二十六日，集贤殿正字柳宗元敬致尺牍，太学诸生足下：始朝廷用谏议大夫阳公为司业，诸生陶煦醇懿，熙然大洽，于兹四祀而已，诏书出为道州。仆时通籍光范门，就职书府，闻之悒然不喜。非特为诸生戚戚也，乃仆亦失其师表，而莫有所矜式焉。而署吏有传致诏草者，仆得观之。盖主上知阳公甚熟，嘉美显宠，勤至备厚，乃知欲烦阳公宣风裔土，覃布美化于黎献也。遂宽然少喜，如获慰荐于天子休命。然而退自感悼，幸生明圣不讳之代，不能布露所蓄，论列大体，闻于下执事，冀少见采取，而还阳公之南也。翌日，退自书府，就车于司马门外，闻之于抱关掌管者，道诸生爱慕阳公之德教，不忍其去，顿首西阙下，恳悃至愿乞留如故者百数十人。辄用抚手喜甚，震抃不宁，不意古道复形于今。仆尝读李元礼、嵇叔夜传，观其言太学生徒仰阙赴诉者，仆谓讫千百年不可睹闻，乃今日闻而睹之，诚诸生见赐甚盛。

於戏！始仆少时，尝有意游太学，受师说，以植志持身焉。当时说者咸曰："太学生聚为朋曹，侮老慢贤，有堕窳败业而利口食者，有崇饰恶言而肆斗讼者，有凌傲长上而谇骂有司者，其退然自克，特殊于众人者无几耳。"仆闻之，惆骇怛悸，良痛其游圣人之门，而众为是嗒嗒也。遂退托乡闾家塾，考厉志业，过太学之门而不敢蹢顾，尚何能仰视其学徒者哉！今乃奋志厉义，出乎千百年之表，何闻见之乖刺欤？岂说者过也，将亦时异人异，无向时之桀害者耶？其无乃阳公之渐渍导训，明效所致乎？夫如是，服圣人遗教，居天子太学，可无愧矣。

於戏！阳公有博厚恢弘之德，能并容善伪，来者不拒。曩闻有狂惑小生，依托门下，或乃飞文陈愚，丑行无赖，而论者以为言，谓阳公过于纳污，无人师之道。是大不然。仲尼吾党狂狷，南郭献讥；曾参徒七十二人，致祸负刍；孟轲馆齐，从者窃屦。彼一圣两贤人，继为大儒，然犹不免，如之何其拒人也？俞、扁之门，不拒病夫；绳墨之侧，不拒枉材；师儒之席，不拒曲士，理固然也。且阳公之在于朝，四方闻风，仰而尊之，贪冒苟进邪薄之夫，庶得少沮其志，不遂其恶，虽微师尹之位，而人实具瞻焉。与其宣风一方，覃化一州，其功之远近，又可量哉！诸生之言非独为己也，于国体实甚宜，愿诸生勿得私之。想复再上，故少佐笔端耳。勖此良志，俾为史者有以纪述也。努力多贺。柳宗元白。

《柳宗元集》卷三四，中华书局一九七九年版

皇甫湜

皇甫湜(约777—约835)　字持正,睦州新安(今浙江淳安)人。唐代文学家。与李翱同学古文于韩愈,为韩门嫡传弟子之一。元和进士,官至工部郎中。特受裴度赏识,辟为东都判官。积极参与古文运动,并传之于后学。综其所习及为文心得,成为文要诀,传之于来无择,来无择又传之于孙樵。著有《皇甫持正文集》六卷。

答李生第一书

辱书,适嘿黑,使者立复,不果一二,承来意之厚。传曰:"言及而不言,失人。"粗书其愚,为足下答,幸察。

来书所谓今之工文,或先于奇怪者,顾其文工与否耳。夫意新则异于常,异于常则怪矣;词高则出众,出众则奇矣。虎豹之文,不得不炳于犬羊;鸾凤之音,不得不锵于鸟鹊;金玉之光,不得不炫于瓦石。非有意先之也,乃自然也。必崔嵬然后为岳,必滔天然后为海。明堂之栋,必挠云霓;骊龙之珠,必固深泉。足下以少年气盛,固当以出拔为意。学文之初,且未自尽其才,何遽称力不能哉?图王不成,其弊犹可以霸;其仅自见也,将不胜弊矣。孔子讥其身不能者,幸勉而思进之也。

来书所谓浮艳声病之文,耻不为者,虽诚可耻,但虑足下方今不尔,且不能自信其言也。何者?足下举进士,举进士者,有司高张科格,每岁聚者试之,其所取乃足下所不为者也。工欲善其事,必先利其器,足下方伐柯而舍其斧斤,可乎哉?耻之,不当求也;求而耻之,惑也。今吾子求之矣,是徒涉而耻濡足也,宁能自信其言哉?

来书所谓急急于立法宁人者,乃在位者之事,圣人得所施为也,非诗赋之任也。功既成,泽既流,咏歌纪述光扬之作作焉。圣人不得势,方以文词行于后。今吾子始学未仕,而急其事,亦太早计矣。

凡来书所谓数者,似言之未称,思之或过,其余则皆善矣。既承嘉思,敢自疏急,聊复所为,俟见方尽。湜再拜。

答李生第二书

湜白:生之书词甚多,志气甚横流,论说文章,不可谓无意。若仆愚且困,乃生词竟于此,固非宜。虽然,恶言无从,不可不卒,勿怪夫谓之奇,则非正矣,然亦无伤于正也。谓之奇,即非常矣。非常者,谓不如常者,谓不如常乃出常也。无伤于正,而出于常,虽尚之亦可也。此统论奇之体耳,未以文言之,失也。

夫文者非也,言之华者也,其用在通理而已,固不务奇,然亦无伤于奇也。使文奇而理正,是尤难也。生意便其易者乎?夫言,亦可以通理矣;而以文为贵者,非他,文则远,无文即不远也。以非常之文,通至正之理,是所以不朽也。生何嫉之深耶?夫"绘事后素",既谓之文,岂苟简而已哉?

圣人之文,其难及也,作《春秋》,游、夏之徒不能措一词。吾何敢拟议之哉?秦汉已来,至今文学之盛,莫如屈原、宋玉、李斯、司马迁、相如、扬雄之徒,其文皆奇,其传皆远。生书文亦善矣,比之数子,似犹未胜,何必心之高乎?传曰:"言之不出,耻躬之不逮也。"生自视何如哉?《书》之文,不奇;《易》之文,可为奇矣。岂碍理伤圣乎?如"龙战于野,其血玄黄";"见豕负涂,载鬼一车";"突如其来,如焚、如死、如弃"。如此,何等语也?生轻宋玉而称仲尼、班、马、相如为文学。按司马迁传屈原曰:"虽与日月争光,可矣。"生当见之乎?若相如之徒,即祖习不暇者也。岂生称误耶?识分其所至极耶?将彼之所立,卓尔非强为所庶几,遂仇嫉之邪?其何伤于日月乎?

生笑"紫贝阙兮珠宫",此与《诗》之"金玉其相"何异?天下人有金玉为之质者乎?"披薜荔兮带女萝",此与"赠之以芍药"何异?文章不当如此说也。岂谓怒三四而喜四三,识出之白,而性入之黑乎?生云:"虎豹之文非奇。"夫长,本之长短,形之则长矣。虎豹之形于犬羊,故不得不奇也。他皆仿此。生云:"自然者,非性。"不知天下何物非自然乎?生又云:"物与文学不相侔。"此喻也。凡喻,必以非类,岂可以弹喻弹乎?是不根者也。生称以"知难而退为谦"。夫无难而退,谦也;知难而退,宜也,非谦也。岂可见黄门而称贞哉?生以一诗一赋为非文章,抑不知一之少便非文章邪?直诗赋不是文章邪?如诗赋非文章,三百篇可烧矣。如少非文章,汤之《盘铭》是何物也?孔子曰:"先行其言。"既为甲赋矣,不得称不作声病文也。孔子云:"必也正名乎?"生既不以一第为事,不当以进士冠姓名也。夫"焕乎""郁郁乎"之文,谓制度,非止文词也。前者捧卷轴而来，又以浮艳声病为说，似商量文词，当与制度之文异日言也。近风教偷薄，进士尤甚，乃至有一谦三十年之说，争为虚张，以相高自漫。诗未有刘长卿一句，已呼阮籍为老兵矣；笔语未有骆宾王一字，已骂宋玉为罪人矣。书字未识偏傍，高谈稷、契；读书未知句度，下视服郑。此时之大病，所当嫉者。生美才，勿似之也。传曰："唯书人能受尽言。"孔子曰："君子无所争，必也射乎？"问于湜者多矣，以生之有心也，聊有复，不能尽，不宣。再拜。

《皇甫持正文集》卷四，商务印书馆《四部丛刊初编》本

孟荀言性论

孟子曰："人之性善。"荀卿曰："其善者伪也。"是于圣人皆一偏之论也。推而言之，性之品有三，下愚、中人、上智是也。圣人言性之品亦有三，可上、可下、不移是也。

黄帝生而神灵，幼而徇齐；文王在母不忧，在师不烦；后稷不圻不副，克歧克嶷：之谓上智矣。齐桓公以管仲辅之则理，以易牙辅之则乱；子夏出见纷华而悦，入闻仁义而乐：之谓中人矣。越椒之生，熊虎之状；叔鱼之生，溪壑之心：谓下愚矣。是故有生而恶者，得称性善乎哉？有生而善者，得称性恶乎哉？故曰：孟子、荀卿之言，其于圣人皆一偏之说也。

穷理尽性，唯圣人能之，宜乎微言绝而异端作，大义乖而一偏之说行。孟子大儒也，荀卿亦大儒也，是岂特开异门故持曲辨哉？盖思有所未至，明有所不周耳。

即二子之说，原其始而要其终，其于辅教化，尊仁义，亦殊趋

而一致，异派而同源也。何以明之？孟子以恻隐之心，人皆有之；是非之心，人皆有之；性之生善，由水之趋下；物诱于外，情动于中，然后恶之焉。是劝人汰心源，返天理者也。荀卿曰：人之生，不知尊亲，长习于教，然后知焉。人之幼，不知礼让，长习于教，然后知焉。是劝人黜嗜欲求良善也。一则举本以推末，一则自叶而流根，故曰：二子之说，殊趋而一致，异派而同源也。

虽然，孟子之心，以人之性皆如尧、舜，未至者斯勉矣。荀卿之言，以人之性皆如桀、跖，则不及者斯怠矣。《书》曰："惟人最灵。"《记》曰："人生而静，感于物而动。"则轲之言合经为多，益故为尤乎！

谕业

《逍遥游》曰："适百里者宿春粮，适千里者必聚粮。"此言务远则积弥厚。成安君曰："千里馈粮，士有饥色，樵苏后爨，师不宿饱。"此言持不实则危。一则寓论，一则武经，相发明其义符也。故强于内者外必胜，殖不固者发不坚。功不十倍，不可以果志；力不兼两，不可以角敌。号猿贯虱，彻札饮羽，必非一岁之扌夬拾；仰马出鱼，理心顺气，必非容易之搏。拊浅辟庸种无嘉苗，类絇疏织无良帛。夫欲利其获，不若优其为获之方；若欲显其能，不若营其为显之道。求诸人，不若求诸己；驰其华，不若驰其实。彼则趑趄于卿士之门，我则婆娑于圣贤之域；彼则巾车于名利之肆，我则冠履于文史之囿。道寝而后进，业成而后索。以其劳于彼，曷若勤于此？以其背于路，曷若斋于家？求售者声门而衒买，致贱者深匦而俟价，求聘者自容于靓妆，取贿者嫌扁于密影。鲔可荐也，不虑纶罟之不逢；橘可贡也，不虑包匦之不入。务出人之名，安得不厉出人之器？战横行之陈，安得不振横行之略？书不千轴，不可以语化；文不百代，不可以知变。体无常轨，言无常宗，物无常用，景无常取。在谭其理，核其微，赋物而穷其致。歌咏者极情性之本，载述者遵良直之旨。触类而长，不失其要。此大略也。夫比文之流，其来尚矣。自六经子史，至于近代之作，无不备详。当朝之作，则燕公悉以评之。自燕公已降，试为子论之。燕公之文，如梗木枝干，缔构大厦，上栋下宇，孕育气象，可以变阴阳，阅寒暑，坐天子而朝群后。许公之文，如应钟鼙鼓，笙簧錞磬，崇牙树羽，考以宫县，可以奉神明，享宗庙。李北海之文，如赤羽玄甲，廷亘平野，如云如风，有貔有虎，阗然鼓之，吁可畏也。贾常侍之文，如高冠华簪，曳裾鸣玉，立于廊庙，非法不言，可以望为羽仪，资以道义。李员外之文，则如金罍玉辇，雕龙彩凤，外虽丹青可掬，内亦体骨不饥。独孤尚书之文，如危峰绝壁，穿倚霄汉，长松怪石，倾倒溪壑，然而略无和畅，雅德者避之。杨崖州之文，如长桥新构，铁骑夜渡，雄震威厉，动心骇耳，然而鼓作多容，君子所慎。权文公之文，如朱门大第，而气势宏敞，廊庑廪厩，户牖悉周，然而不能有新规胜概，令人竦观。韩吏部之文，如长江大注，千里一道，衡飙激浪，污流不滞，然而施于灌溉，或爽于用。李襄阳之文，如燕市夜鸿，华亭晓鹤，嘹唳亦足惊听，然而才力偕鲜，瞥然高远。故友沈谘议之文，则隼击鹰扬，灭没空碧，崇兰繁荣，曜兮杨蕤，虽迅举秀擢，而能沛艾绝景。其他握珠玑、奋组绣者，不可一二而纪矣。

若数公者，或传符于玄宰，或受命于神功，或凤骞词林，或虎踞文苑,或抗辔荀、孟,攘袂班、扬,皆一时之豪彦,笔砚之麟凤。今皆游咏其波澜,偃息其林薮,铨其一揖之旧也,而骤以敦业之言,动子之志,诚未当也。遂绝意随计,解装退修,循力行待取之儒规,达先难后获之通理,将为勇退,真勇进也,斯可尚矣。子既信余之不欺,余亦贵子之不忽,因源流导业而列谕焉。

《皇甫持正文集》卷一,商务印书馆《四部丛刊初编》本

送王胶序

始湜于江陵,望见王胶而异之。知其为王胶,又悦其胶名之不凡,然未之谕,不忍而问诸。

胶乃称曰:"胶之为言,犹牢固也。胶痛今之人,其始之心以利回,其始之交以利迁,将固吾初心与吾交,勿以利迁。将固吾心与吾交,犹惧醉睡病昏之时,忽然而忘之,故以胶自名。欲吾造次颠沛,起居意问,口记吾心守与交也。胶以进士举,进士尤轻其流,惧混然与之化,惧书绅铭坐之怠疏,故以胶自名。"其始,望见胶而异之,又悦其名而为胶,又悦其言诚意贞,又悦其与吾业同,遂大悦之。征其文章,乃出累百篇,其歌诗高处用古人,其录述词壮而有奇,然后吾于胶见其才之全,其为人之成也。

今侍郎韩公,余之旧知,将荐胶而未具,于西行,叙以先之。

《皇甫持正文集》卷二,商务印书馆《四部丛刊初编》本

皇甫湜

元　稹

元稹(779—831)　字微之,又字威明,先世本鲜卑拓跋部,属籍河南(府治今河南洛阳)。唐代诗人。八岁丧父,家贫无师,由母教读。十五岁举明经科;二十四岁登书判拔萃科;二十八岁应制举之才识兼茂明于体用科,居于第一。仕途有起伏。工于为诗,与白居易齐名,共同形成一个通俗诗派,他们的诗作被广泛传诵,号为"元和体"。所著诗文一百卷,题曰《元氏长庆集》。

论教本书

臣伏见陛下降明诏,修废学,增胄子,选司成。大哉尧之为君,伯夷典礼,夔教胄子之深旨也。然而事有万万急于此者,敢冒昧殊死而言之。

臣闻诸贾生曰:"三代之君仁且久者,教之然也。"诚哉是言!且夫周成王,人之中才也,近管、蔡则谗入,有周、召则义闻,岂可谓天聪明哉?然而克终于道者,得不谓教之然耶?始其为太子也,未生胎教,既生保教。太公为之师,周公为之傅,召公为之保,伯禽、唐叔与之游,礼乐诗书为之习。目不得阅淫艳妖诱之色,耳不得闻优笑凌乱之声，口不得习操断击搏之书，居不得近容顺阴邪之党，游不得恣追禽逐兽之乐，玩不得有遐异僻绝之珍。凡此数者，非谓备之于前而不为也，亦将不得见而为之矣。及其长而为君也，血气既定，游习既成，虽有放心快乙之事日陈于前，固不能夺已成之习、已定之心矣。则彼忠直道德之言，固吾之所习闻也，陈之者有以论焉。回佞庸违之说，固吾之所积惧也，诣之者有以辨焉。人之情，莫不欲耀其所能而党其所近，苟将得志，则必快其所蕴矣。物之性亦然。是以鱼得水而游，马逸驾而走，鸟乘风而翔，火得薪而炽，此皆物之快其所蕴也。今夫成王，所蕴道德也，所近圣贤也。是以举其近，则周公左而召公右，伯禽鲁而太公齐；快其蕴，则兴礼乐而朝诸侯，措刑罚而美教化。教之至也，可不谓信然哉！

及夫秦则不然。灭先王之学，曰将以愚天下；黜师保之位，曰将以明君臣。胡亥之生也，《诗》《书》不得闻，圣贤不得近。彼赵高者，诈宦之戮人也，而傅之以残忍戕贼之术，且日恣睢盱天下以为贵，莫见其面以为尊，是以天下之人未尽愚，而胡亥固已不能分兽畜矣。赵高之威慑天下，而胡亥固已自幽于深宫矣。李斯者，秦之宠丞相也，因谗冤死，无以自明，而况于疏远之臣庶乎？若此，则秦之亡有以致之也。

汉高承之以兵革，汉文守之以廉谨，卒不能苏复大训，是以景、武、昭、宣，天资甚美，才可以免祸乱；哀、平之间，则不能虞篡弑矣。然而惠帝废易之际，犹赖羽翼以胜其邪心，是后有国之君，议教化者，莫不以兴廉举孝、设学崇儒为意。曾不知教化之不行自贵者始，略其贵者，教其贱者，无乃邻于倒置乎？洎我太宗文皇帝之在藩邸，以至于为太子也，选知道德者十八人与之游习；即位之后，虽宴游饮食之间，若十八人者，实在其中，上失无不言，下情无不达，不四三年而名高盛古，岂一日二日而致是乎？游习之渐也。贞观已还，师傅之官皆宰相兼领，其余宫寮，选亦甚重。马周以官高，恨不得为司议郎，此其验也。文皇之后，渐疏贱之。至于武后临朝，剪弃王族，当中、睿二圣危难之际，虽有骨鲠敢言之士，既不得在调护保安之职，终不能措扶卫之一词，而令近胡安金藏剖腹以明之，岂不大哀哉？兵兴以来，兹弊尤甚，师资保傅之官，非疾废眊聩不任事者为之，即休戎罢帅不知书者处之。至于友谕赞议之徒，疏冗散贱之甚者，搢绅耻由之。夫以匹夫之爱其子者，犹求明哲慈惠之师以教之，直谅多闻之友以成之，岂天下之元子，而可以疾废眊聩不知书者为之师，疏冗散贱不适用者为之友乎？此何足反居上之甚也！

　　近制，宫寮之外，往往以沉滞僻老之儒，充侍书侍读之选，而又疏弃斥远之，越月逾时不得召见，彼又安能傅成道德而保养其躬哉？臣以为积此弊者，岂不以皇天眷佑，祚我唐德，以舜继舜，以尧继尧，傅陛下十一圣矣。莫不生而神明，长而仁圣，以是为屑屑习仪者，故不之省耳。臣独以为于列圣之谋则可也，计无穷传后嗣则不可。脱或万代之后，有若周成王中才者，而又生于深宫优笑之间，无周、召保助之教，则将不能知喜怒哀乐之所自矣，况稼穑之艰难乎？

　　今陛下以上圣之资，肇临海内，是天下之人倾耳注目之日也。特愿陛下思成王训导之功，念文皇游习之渐，选重师保，慎简宫寮，皆用博厚弘深之儒，而又练达机务者为之。更进迭见，日就月将。因令皇太子洎诸王，定齿胄讲业之仪，行严师问道之礼，至德要道以成之，撤膳记过以警之。血气未定，则辍禽色之娱以就学；

圣质既备，则资游习之善以弘德。此所谓一人元良，万国以贞之化也。岂直修废学，选司成，而足伦匹其盛哉？而又俾则百王，莫不幼同师，长同术，识君道之素定，知天伦之自然，然后选用贤良，树为藩屏。出则有晋、郑、鲁、卫之盛，入则有东牟、朱虚之强，盖所谓宗子维城、犬牙盘石之势，又岂与夫魏、晋以降，囚贼其兄弟而自剪其本枝者同年而语乎？微臣窃不自揆，思为陛下建永永无穷之长算，辄敢冒昧殊死而言之。

《元稹集》卷二九，中华书局二〇一〇年版

诲侄等书

告仑等：吾谪窜方始，见汝未期，粗以所怀，贻诲于汝。汝等心志未立，冠岁行登，古人讥十九童心，能不自惧？吾不能远谕他人，汝独不见吾兄之奉家法乎？吾家世俭贫，先人遗训常恐置产怠子孙，故家无樵苏之地，尔所详也。吾窃见吾兄，自二十年来，以下士之禄，持窘绝之家，其间半是乞丐羁游，以相给足。然而吾生三十二年矣，知衣食之所自，始东都为御史时。吾常自思，尚不省受吾兄正色之训，而况于鞭笞诘责乎？呜呼！吾所以幸而为兄者，则汝所以得而为父矣。有父如此，尚不足为汝师乎？

吾尚有血诚，将告于汝：吾幼乏岐嶷，十岁知方，严毅之训不闻，师友之资尽废。忆得初读书时，感慈旨一言之叹，遂志于学。是时尚在凤翔，每借书于齐仓曹家，徒步执卷，就陆姊夫师授，栖栖勤勤其始也。若此，至年十五，得明经及第，因捧先人旧书，于西窗下钻仰沉吟，仅于不窥园井矣。如是者十年，然后粗沾一命，粗成一名。及今思之，上不能及乌鸟之报复，下未能减亲戚之饥寒，抱釁终身，偷活今日。故李密云："生愿为人兄，得奉养之日长。"吾每念此言，无不雨涕。

汝等又见吾自为御史来，效职无避祸之心，临事有致命之志，尚知之乎？吾此意虽吾弟兄未忍及此，盖以往岁忝职谏官，不忍小见，妄干朝听，谪弃河南，泣血西归，生死无告。不幸余命不殒，重戴冠缨，常誓效死君前，扬名后代，殁有以谢先人于地下耳。

呜呼！及其时而不思，既思之而不及，尚何言哉？今汝等父母天地，兄弟成行，不于此时佩服诗书，以求荣达，其为人耶？其曰人耶？

吾又以吾兄所职，易涉悔尤，汝等出入游从，亦宜切慎，吾诚不宜言及于此。吾生长京城，朋从不少，然而未尝识倡优之门，不曾于喧哗纵观，汝信之乎？

吾终鲜姊妹，陆氏诸生，念之倍汝，小婢子等。既抱吾殁身之恨，未有吾克己之诚，日夜思之，若忘生次。汝因便录吾此书寄之，庶其自发。千万努力，无弃斯须。积付仑郑等。

《元稹集》卷三〇，中华书局二〇一〇年版

叙诗寄乐天书

积九岁学赋诗，长者往往惊其可教。年十五六，粗识声病。时贞元十年已后。……仆时孩骏，不惯闻见，独于书传中初习，理乱萌渐，心体悸震，若不可活，思欲发之久矣。适有人以陈子昂《感遇》诗相示，吟玩激烈，即日为《寄思玄子》诗二十首。故郑京兆于仆为外诸翁，深赐怜奖，因以所赋呈献。京兆翁深相骇异，秘书少监王表在座，顾谓表曰："使此儿五十不死，其志义何如哉！惜吾辈不见其成就。"因召诸子训责泣下。仆亦窃不自得，由是勇于为文。又久之，得杜甫诗数百首，爱其浩荡津涯，处处臻到，始病沈、宋之不存寄兴，而讶子昂之未暇旁备矣。不数年，与诗人杨巨源友善，日课为诗，性复僻懒，人事常有闲暇，间则有作，识足下时有诗数百篇矣。习惯性灵，遂成病蔽。每公私感愤，道义激扬，朋友切磨，古今成败，日月迁逝，光景惨舒，山川胜势，风云景色，当花对酒，乐罢哀余，通滞屈伸，悲欢合散，至于疾恙躬身，悼怀惜逝，凡所对遇异于常者，则欲赋诗。又不幸，年三十二时有罪谴弃。今三十七矣，五六年之间，是丈夫心力壮时，常在闲处无所役用。性不近道，未能淡然忘怀，又复懒于他欲。全盛之气，注射语言，杂糅精粗，遂成多大，然亦未尝缮写。

适值河东李明府景俭在江陵时，僻好仆诗章，谓为能解，欲得尽取观览，仆因撰成卷轴。其中有旨意可观，而词近古往者，为古讽。意亦可观，而流在乐府者，为乐讽。词虽近古，而止于吟写性情者，为古体。词实乐流，而止于模象物色者，为新题乐府。声势沿顺属对稳切者，为律诗，仍以七言、五言为两体。其中有稍存寄兴、与讽为流者为律讽。不幸少有伉俪之悲，抚存感往，成数十诗，取潘子《悼亡》为题。又有以干教化者，近世妇人晕淡眉目，绾约头鬓，衣服修广之度，及匹配色泽，尤剧怪艳，因为艳诗百余首。词有今古，又两体。自十六时，至是元和七年矣，有诗八百余首，色类相从，共成十体，凡二十卷。自笑冗乱，亦不复置之于行李。昨来京师，偶在筐箧，及通行，尽置足下，仅亦有说。

仆闻上士立德，其次立事，不遇立言。凡人急位，其次急利，下急食。仆天与不厚，既乏全然之德，命与不遇，未遭可为之事，性与不惠，复无垂范之言，兀兀狂痴，行近四十，徼名取位不过于第八品，而冒宪已六七年。授通之初，有习通之熟者曰："通之地湿垫卑褊，人士稀少，近荒札，死亡过半。邑无吏，市无货，百姓茹草木，刺史以下计粒而食。大有虎、貘、蛇、虺之患，小有蟆蚋、浮尘、蜘蛛、蛒蜂之类，皆能钻啮肌肤，使人疮痏。夏多险霪，秋为痢疟，地无医巫，药石万里，病者有百死一生之虑。"夫何以朴之命不厚也如此，智不足也又如此，其所诣之忧险也又复如此！则安能保持万全，与足下必复京辇，以须他日立言事之验耶？但恐一旦与急食者相扶而终，使足下受天下友不如己之诮。是用悉所为文，留秽箱笥，比夫格弈樗塞之戏，犹曰愈于饱食，仆所为不又愈于格弈樗塞之戏乎？

昨行巴南道中，又有诗五十一首，文书中得七年已后所为，向二百篇，繁乱冗杂，不复置之执事。前所为《寄思玄子》者，小岁云为，文不能自足其意。贵其起予之始，且志京兆翁见遇之由，今亦写为古讽之一，移诸左右。仆少时授吹嘘之术于郑先生，病懒不就，今在闲处，思欲怡神保和，以求其病，异日亦不复费词于无用之文矣。省视之烦，庶亦已于是乎！

《元稹集》卷三〇，中华书局二〇一〇年版

白氏长庆集序

《白氏长庆集》者，太原人白居易之所作。居易，字乐天。乐天始言，试指"之""无"二字，能不误。始既言，读书勤敏，与他儿异。五六岁识声韵，十五志诗赋，二十七举进士。贞元末，进士尚驰竞，不尚文，就中六籍尤摈落。礼部侍郎高郢始用经艺为进退，乐天一举擢上第。明年，拔萃甲科。由是《性习相近远》《求玄珠》《斩白蛇》等赋，及百道判，新进士竞相传于京师矣。会宪宗皇帝册召天下士，乐天对诏称旨，又登甲科。未几，入翰林，掌制诰，比比上书言得失。因为《贺雨》《秦中吟》等数十章，指言天下事，时人比之《风》《骚》焉。

予始与乐天同校秘书之名，多以诗章相赠答。会予遣掾江陵，乐天犹在翰林，寄予百韵律诗及杂体，前后数十章。是后，各佐江、通，复相酬寄。巴蜀江楚间洎长安中少年，递相仿效，竞作新词，自谓为"元和诗"。而乐天《秦中吟》《贺雨》讽谕等篇，时人罕能知者。然而二十年间，禁省、观寺、邮候墙壁之上无不书，王公妾妇、牛童马走之口无不道。至于缮写模勒，衒卖于市井，或持之以交酒茗者，处处皆是。其甚者，有至于盗窃名姓，苟求自售，杂乱间厕，无可奈何！予于平水市中，见村校诸童竞习诗，召而问之，皆对曰："先生教我乐天、微之诗。"固亦不知予之为微之也。又鸡林贾人求市颇切，自云："本国宰相每以百金换一篇。其甚伪者，宰相辄能辨别之。"自篇章已来，未有如是流传之广者。

长庆四年，乐天自杭州刺史以右庶子诏还。予时刺会稽，因得尽征其文，手自排缵，成五十卷，凡二千一百九十一首。前辈多以前集、中集为名，予以为陛下明年当改元，长庆讫于是，因号曰《白氏长庆集》。大凡人之文各有所长，乐天之长可以为多矣。是以讽谕之诗长于激，闲适之诗长于遣，感伤之诗长于切，五字律诗、百言而上长于赡，五字七字、百言而下长于情，赋、赞、箴、戒之类长于当，碑记、叙事、制诰长于实，启表、奏状长于直，书檄、词策、剖判长于尽。总而言之，不亦多乎哉！至于乐天之官秩景行，与予之交分浅深，非叙文之要也，故不书。长庆四年冬十二月十日微之序。

《元稹集》卷五一，中华书局二〇一〇年版

舒元舆

舒元舆(? —835)　婺州东阳(今属浙江)人。元和八年(813年)登进士第。历官监察御史、刑部员外郎、著作郎、左司郎中、御史中丞兼刑部侍郎、同中书门下平章事等。支持李训、郑注谋诛宦官,事败,为宦官仇士良所杀。有《舒元舆集》一卷。

问国学记

先王建太学法,以教国胄子,欲驱人归义府也。故设官区掌,严大其事,明公侯卿大夫必由是而出。

元舆既求售艺于阙下,谓今之太学,犹古之太学,将欲观焉。以自为下士小儒,未尝睹天子庠序,欲往时,先三日斋沐而后行。行及门下,脱盖下车,循墙而趋,请于谒者曰:"吾欲观礼于太学,将每事问之于子,可乎?"谒者许诺,遂前导之。

初过于朱门,门阛沉沉,问,曰:"此鲁圣人之宫也。"遂拜之。次至于西,有高门,门中有厦屋,问之,曰:"此论堂也。"予愧非鸿学、方论,不敢入。导者曰:"此无人,乃虚堂尔。"予惑之,遂入。见庭广数亩,尽垦为圃矣,心益惑,复问导者曰:"此老圃所宅,子安得欺我耶?"导者曰:"此积年无儒论,故庭化为废地。久为官于此者圃之,非圃所宅也。"循廊升堂,堂中无机榻,有苔草没地。予立其上,凄惨满眼,大不称向之意。复为导者引,又至一门,问之,曰:"此国子馆也。"入其门,其庭其堂,如入论堂。俄又历至三馆门,问之,曰:"广文也,大学也,四门也。"入其门,其庭其堂,如国子;其生徒去圣人之奥,如堂馆之芜。

嗟乎!诗、书、礼、乐,国之洪源也。浚其源,天下可以光润;窒其源,天下为之憔悴。故唐尧知其如此,亦先命廷臣典三礼,教胄子,诞敷文德于天下,天下之屋皆可封。及夏殷时,其孟也,则必能浚之;其季也,则皆自窒之。自窒之时,则天下之屋皆可诛。至周室,有文、武、周公,勃焉而作,复唐虞之道,行五六百年而付仲尼。仲尼承之,孜孜日夜,席不暇暖,祖述之,宪章之,发挥于邹鲁,恢张于洙泗。上磨蹭三光,下垂之无穷。其徒有入室者,升堂者,及门者,散满天下。虽丁周季,而天下奸臣贼子犹解,曰:"周孔之教,不敢妄动。"以此,则文之教,岂可须臾弛耶!至嬴政犯之,窒其源,源未绝而已自绝于天下矣。汉初,才息干戈,复浚其源,而伏生、公孙宏、倪宽、卜式之徒,并出维持战争之。汉二百年间,无所失坠,皆周公、仲尼之力也。国家用干戈取天下,其道正于汉氏。及辟儒宫,立素王祠,设学官,命生徒,崇盛馆宇,固亦不下汉氏。然自寇生幽陵,军旅之事,始胜俎豆。故太学之道,不得不衰凉。

今皇帝传大宝七祀,生献吴濞蜀禅于邸庙,枭夏逆首,殛潞奸帅,拔魏世家,比用两阶之舞,可谓至矣。今溟澥无扬波,兵器可以蒙之虎皮矣,乃大修周公、仲尼之道之时也。而太学且犹衰凉之若此,岂非有司之不供职耶!群公卿士之不留意耶!不然,何使巍巍国庠，寂寞不闻回也赐也说绎道义之声？虽馆宇云合，鞠为荒圃。可谓大国设虚以自欺也。愚甚不取，且惧周公、仲尼之道，没坠于泉，遂记其所荒之大略，以谕有司。

《全唐文》卷七二七，中华书局一九八三年版

上论贡士书

草茅臣某昧死奏书皇帝陛下：

圣德修三代之教，尽善矣。唯贡士一门，阙然不修。臣窃以为有司过矣。

臣为童子时，学读书，见《礼经》有乡举里选，必得其人而贡于上，上然后以弓旌束帛招之。臣年十五既通经，无何，心中有文窍开，则又学之。遍观群籍，见古人有片善可称，必闻于天子有司，天子有司亦修礼待之不苟。臣既学文于古人圣人，言皆信之，谓肖质待问上国，必见上国礼。无几，前年，臣年二十三，学文成立，为州县察臣，臣得备下土贡士之数。到阙下月余，待命有司，始见贡院悬板样，立束缚检约之目，勘磨状书，剧责与吏胥等伦。臣幸状书备，不被驳放，得引到尚书试。试之日，见八百人尽手携脂烛水炭，泊朝晡餐器，或荷于肩，或提于席，为吏胥纵慢声大呼其名氏。试者突入，棘围重重，乃分坐庑下，寒余雪飞，单席在地。呜呼！唐虞辟门，三代贡士，未有此慢易者也。臣见今之天下贡士既如此，有司待之又如此，乃益大不信古圣人言。及睹今之甲赋律诗，皆是偷折经诰，侮圣人之言者，乃知非圣人之徒也。

臣伏见国朝开进士一门，苟有登升者，皆资之为宰相、公侯、卿大夫，则此门固不轻矣。凡将为公侯、卿相者，非贤人君子不

舒元舆

561

可。有司坐举子于寒庑冷地，是比仆隶已下，非所以见征贤之意也。施棘围以截遮，是疑之以贼奸徒党，非所以示忠直之节也。试甲赋律诗，是待之以雕虫微艺，非所以观人文化成之道也。有司之不知其为弊若此，臣恐贤人君子远去，不肖污辱，为陛下用。且指近陈之，今四方贡珠玉金银，有司则以篚筐皮币承之。贡贤才俊乂，有司以单席冷地承之，是彰陛下轻贤才而重金玉也。贤才耻之，臣亦耻之。

臣又见每岁礼部格下天下，未有不言察访行实无颇邪，然后上贡，苟不如格，抵罪举主。臣初见之，窃独心贺，谓三代之风，必作于今日矣。及格既下，而法不下，是以岁有无艺朋党，哗然扇突不可绝，此又恶用格为，徒乱人耳。又于格中程之人数，每岁多者固不出三十，少或不满二十，此又非天子纳士之心也。何以言之？今日月出没，皆为陛下，内地自渐海流沙朔南，周环绵亿万千里，其间异气所钟，生英豪俊彦固不少矣。若陛下明诏，必以礼举之，忽一岁之内，有百数元、凯、杨、马之才德者来之，则有司必曰："吾格取二十，而黜八十。"是为求贤邪？遗贤邪？若有司以仆隶待之，忽一岁之内，负才德来者无十数辈，则有司必曰："吾拔二十。"是缪收其半，徒足满人数，是为取才邪？取合格邪？其不可先定人数，亦昭昭矣。

向之数事，臣久为陛下疾。有司不供职，使圣朝取士首科委就地矣。臣寒微若此，出言不足以定贡士之得失，然百虑之中，或几一得之。臣窃欲陛下诏有司，按三代故事，明修格文，使天下入贡者皆茂行实，不拘人数；其不茂行实，法与之随。此为澄源。源既澄，则来者皆向方矣。俾有司加严礼待之，举六义试之。试之时，免自担荷，廊庑之下，特设茵榻，陈炉火脂烛，设朝晡饭馔，则前日之病，庶几其有瘳矣。人人知天子重贤奖士之道，胜气坌漫。如此，士之立身，无不由正以成之者。为士身正，则公卿正；公卿正，未有天下不治者；天下治，而陛下求不垂拱以高揖义轩，不可得也。苟不如此，则士之求名，无不由邪以成者。为士名邪，未有公卿不邪者。公卿邪，未有天下而治者。天下不治，而陛下欲不役圣虑而忧黔首，不可得也。

　　臣虽至愚，以此观之，知贡士之道，所系尤重。是以愿输写血诚，以正此门。陛下无以臣迹在贡士中，疑臣自谓。臣虽不敏，窃窥太常一第，不为难得。何以明之？若使臣为今日贡士之体，事便僻巧佞，驰骛关键，固非臣之所不能也，耻不为也。故互以顽才干有司。得之固无忝，不得则纳履而去，纵迹巢由，以乐陛下熙熙之化，何往而无泉石之快哉？伏惟陛下留神独听，天下之幸也。于臣何幸，死罪死罪！

《全唐文》卷七二七，中华书局一九八三年版

舒元舆

贻诸弟砥石命（并铭）

　　昔岁吾行吴江上，得亭长所贻剑，心知其不莽卤，匣藏爱重，未曾亵视。今年秋在秦，无何发开，见惨翳积蚀，仅成死铁。意惭身将利器，而使其不光明若此，常缄求淬磨之心于胸中。数月后，因过岐山下，得片石如绿水色，长不满尺，阔厚半之，试以手磨，理甚腻，文甚密。吾意其异石，遂携入城，问于切磋工。工以为可为砥，吾遂取剑发之。初数日，浮埃薄落，未见快意。意工者相绐，复就问之。工曰："此石至细，故不能速利坚铁，但积渐发之，未一月，当见真貌。"归如其言，果睹变化。苍惨剥落，若青蛇退鳞，光

劲一水，泳涵星斗。持之切金钱三十枚，皆无声而断，愈始得之利数十百倍。吾因叹以为金刚首五材，及为工人铸为器，复得首出利物，以刚质铦利。苟暂不砥砺，尚与铁无以异，况质柔铦钝，而又不能砥砺，当化为粪土耳，又安得与死铁伦齿耶！

以此，益知人之生于代，苟不病盲聋瘖哑，则五常之性全，性全则豺狼燕雀亦云异矣。而或公然忘弃砺名砥行之道，反用狂言放情为事，蒙蒙外埃，积成垢恶，日不觉瘥，以至于戕正性，贼天理。生前为造化剩物，殁复与灰土俱委。此岂不为辜负日月之光景耶？

吾常睹汝辈趋向，尔诚全得天性者。况夙能承顺严训，皆解甘心服食古圣人道，知其必非雕缺道义，自埋于偷薄之伦者。然吾自干名在京城，兔魄已十九晦矣。知尔辈惧旨甘不继，困于薪粟，日丐于他人之门。吾闻此，益悲此身使尔辈承顺供养至此，亦益忧尔辈为穷窭而斯须忘其节，为苟得眩惑而容易徇于人，为投刺牵役而造次惰其业。日夜忆念，心力全耗。且欲书此为戒，又虑尔辈年未甚长成，不深谕解。今会鄂骑归去，遂置石于书函中，乃笔用砥之功，以寓往意。欲尔辈定持刚质，昼夜淬砺，使尘埃不得间发而入，为吾守固穷之节，慎临财之苟，积习肆之业。上不贻庭闱忧，次不贻手足病，下不贻心意愧。欲三者不贻，只在尔砥之而已，不关他人。若砥之不已，则向之所谓切金涵星之用，又甚琐屑，安足以谕之？然吾固欲尔辈常置砥于左右，造次颠沛，必于是思之，亦古人韦弦铭座之义也。因书为《砥石命》，以勖尔辈，兼刻辞于其侧曰：

剑之锷，砥之而光；人之名，砥之而扬。砥乎砥乎，为吾之师乎！仲兮季兮，无坠吾命乎！

牛僧孺

牛僧孺(780—848) 字思黯,安定鹑觚(今甘肃灵台)人。贞元二十一年(805年)举进士,元和三年(808年)举贤良方正能直言极谏科。宪宗时,曾任伊阙尉、监察御史、礼部员外郎、都官员外郎、考功员外郎、集贤殿直学士。穆宗时,任库部郎中知制诰、御史中丞、户部侍郎、同中书门下平章事。敬宗时,任中书侍郎、同中书门下平章事、武昌军节度使。文宗时,任兵部尚书同平章事、门下侍郎、弘文馆大学士、淮南节度使、东都留守、尚书左仆射、山南东道节度使。武宗时,任太子太傅、循州长史。宣宗时,任太子少师。是"牛李党争"中牛派的首领。著有传奇集《玄怪录》。

辨私论

近古之人所谓私者,谓苟牟于利,苟处于逸,苟润其屋者也。僧孺以为斯皆小人之私,非圣人之私也。

夫圣贤无私,而不自知其私也。何者? 必公其身以利于人,是不私一身而使天下私之也。胡以言之? 夫婴儿见保傅之母,则咤然而识,非有知而亲之,利其乳哺而私之也。枥马见厕养之夫,则奋然而嘶，非有知而亲之，利其刍粟而私之也。夫天下之人，非复乳孩枥马之愚也，苟有公其身而利之者，孰不利而私之乎？故贤君良臣，必私天下而公其身，故天下之人皆私而亲之；暗君愚臣，必公天下而私其身，故天下之人皆公而疏之。人疏之者多，故天下任其亡也；亲之者多，故天下欲其昌也。

昔大禹之手足胼胝，是公其身于理水也。咎繇之谟明弼谐，是公其身于规谏也。傅说之对扬王庭，是公其身于辅佐也。周公之吐握勤拳，是公其身于礼贤也。宣父之作《春秋》、删《诗》《书》，是公其身于垂教也。故有夏之人思大禹之功，有虞之人思皋陶之直，有殷之人思傅说之政，有周之人思周公之勤，有道之人思宣父之教。或开国尊其嗣而私之，或建祠崇其像而私之。至于殷辛之聚财鹿台，是以天下之利私于己也，故天下公而疏之。秦始皇之废弃诸侯，是以天下之爵私于身也，故天下亦公而疏之。故武王公天下之财而散之，而天下之兆庶皆私而亲之。高皇帝公天下之爵而封之，而天下之英雄亦皆私而亲之。是以自私者，人公而亡也；自公者，人私而昌也。

夫圣贤非必公其身，私在其中，不得不公也；天下非必私于一人，公在其中，不得不私也。余谓亡国之君，亡家之臣，亡身之人，俱不得私之道也，非圣贤之无私也。

《全唐文》卷六八二，中华书局一九八三年版

善恶无余论

《易》曰："积善之家，必有余庆；积不善之家，必有余殃。"则其善恶之积，俱无余也。不者，善人之子，不必皆恶，若庆必加于善

人，殃必加于不善人。予恐庆殃之谬加也，力人而已。余固曰：善恶庆殃，俱无余也。

余庆劝人之善，余殃诫人之恶。则善人之子，能不有恃庆怠于善者乎？恶人之子，能不有恣恶俟其殃者乎？

末代之君，世禄之人，先见万乘之尊我，八音之娱我，五味之饱我，黄金白璧之富我，不知父兄得道而传之，己行不善而失之。乃至乎万乘为匹夫，世家为皂隶，乌谓余庆之可恃乎？父善及子乎？子不善而父伐之，石碏是也。兄善及弟乎？弟不善而兄杀之，周公是也。父母与兄弟，不能令子弟之不善，又可以恃余庆于天下乎？父恶殃子乎？父出之而尧贵之，虞舜是也。母恶殃子乎？母恶之而父好之，郑庄公是也。兄恶殃弟乎？兄伐之而齐立之，桓公是也。父母兄弟不能攻子弟之善，而况余殃可累于天下乎？

且善者天下好之，常道也；恶者天下恶之，亦常道也。岂有将好恶必先稽其所自哉？必不然矣。若以劝善惩恶为意，则当惩报复于身，犹虑其不信，况欲远惩于身后，而取人之信者乎？又不然矣。

昔夫差信伍员，初善也；任宰嚭，终恶也。初善霸天下，终恶灭全吴，前庆后殃者，皆身也。太甲放桐宫，初恶也；任伊尹，终善也。初恶受拘囚，终善复天下，前殃后庆，亦身也。吴之嗣可以前庆后殃，殷之嗣可以前殃后庆乎？予固谓殃庆皆复于身也，不复乎子孙也。

然予敢谓善必庆而贵，恶必殃而贱也。所以贵者道贵也，所以贱者道贱也。道之贵乎？孔父素王也。道之贱乎？殷辛独夫也。余庆余殃，则吾不信之矣。

牛僧孺

韦乾度

韦乾度（生卒年未详）　京兆杜陵（今属陕西西安）人。贞元五年（789年）举进士。曾任殿中侍御史、简州刺史、成都县令、兵部郎中、左庶子、殿中监、吏部郎中、江州刺史、国子祭酒等。

条制四馆学生补阙等奏

当监四馆学生，每年有及第阙员，其四方有请补学生人，并不曾先于监司陈状，便自投名礼部，计会补署。监司因循日久，官吏都简举，但准礼部开牒收管，有乖太学引进之路。臣既忝守官，请起今已后，应四馆有阙，其每年请补学生者，须先经监司陈状，称请替某人阙。监司则先考试，通毕，然后具姓名，申礼部，仍称堪充学生。如无监司解申，请不在收管之限。旧例，每给付厨房，动多喧竞。请起今以后，当监进士、明经等，待补署毕，关牒到监司，则重考试。其进士等若重试及格，当日便给厨房。其明经等考试及格后，待经监司解送，则给厨房，庶息喧争。当监四馆学生，有及第出监者，便将本住房转与亲故。其合得房学生，则无房可给。请起今以后，学生有及第出监者，仰馆子先通状纳房，待有新补学生公试毕后，便给令居住。当监承前，并无专知馆博士。请起今以后，每馆众定一人知馆事。如生徒无故喧竞者，仰馆子与业长，通状领过，知馆博士则准监司条流处分。其中事有过悮，众可容恕，监司自议科决。如有悖慢师长、强暴斗打，请牒府县，锢身递送乡贯。

《册府元龟》卷六〇四《学校部》，中华书局一九六〇年版

韦乾度

裴　通

裴通（生卒年未详）　字文玄，又字又玄。曾任少府监、检校左散骑常侍兼御史大夫、汝州刺史、国子祭酒、太子詹事、检校礼部尚书等。精通易学，著有《易书》一百五十卷。

定决罚当司官吏学生等奏

当司所授丞簿及诸博士、助教、直讲等，谨按《六典》云，丞掌判监事。凡六学生每有业成上于监者，以其业与司业祭酒试之。明经，帖经，口试，策经义；进士，帖一中经，试杂文，策时务征事。注云：其试法皆依考功口试；明经帖限通八以上，明法、明算皆通九以上。主簿掌印勾简，凡学生有不率师教者，则举而免之。其频三年下第，九年在学无成者，亦如之。注云：假如违程限及作乐杂戏者，同准弹琴习射不禁。诸博士、助教皆分经教授学者，每授一经，必令终讲。所讲未终，不得改业。诸博士、助教皆云诸学生读经文通熟，然后授文讲义。每旬放一日休假。前一日博士考试，其试读书，每千言内试一帖，帖三言；讲义者，每二千言内问大义一条，总试三条。通二为及第；通一及全不通者，斟量决罚。谨

具当司官吏及学生令典条件如前。伏望敕下有司，允臣所
奏。（大和五年十二月）

《全唐文》卷七二九，中华书局一九八三年版

裴

通

杨　倞

杨倞（生卒年未详）　虢州宏农（今河南灵宝）人。元和时任大理评事，长庆时任大理司直，会昌时任汾州刺史。《荀子》共三十二篇，杨倞将其分为二十卷并进行注释。

荀子序

昔周公稽古三五之道，损益夏、殷之典，制礼作乐，以仁义理天下，其德化刑政存乎《诗》。至于幽、厉失道，始变《风》变《雅》作矣。平王东迁，诸侯力政，逮五霸之后，则王道不绝如线。故仲尼定礼乐，作《春秋》，然后三代遗风弛而复张，而无时无位；功烈不得被于天下，但门人传述而已。陵夷至于战国，于是申、商苛虐，孙、吴变诈，以族论罪，杀人盈城。谈说者又以慎、墨、苏、张为宗，则孔氏之道几乎息矣。有志之士，所为痛心疾首也！故孟轲阐其前，荀卿振其后。观其立言指事，根极理要，敷陈往古，掎挈当世，拨乱兴理，易于反掌，真名世之士，王者之师。又其书亦所以羽翼六经，增光孔氏，非徒诸子之言也。盖周公制作之，仲尼祖述之，荀、孟赞成之，所以胶固王道，至深至备。虽春秋之四夷交侵，战国之三纲弛绝，斯道竟不坠矣。倞以末宦之暇，颇窥篇籍，窃感炎黄之风未洽于圣代，谓荀、孟有功于时政，尤所耽慕。而《孟子》有赵氏《章句》，汉氏亦尝立博士，传习不绝。故今之君子，多好其书。独《荀子》未有注解，亦复编简烂脱，传写谬误，虽好事者时亦览之，至于文义不通，屡掩卷焉。夫理晓则惬心，文舛则忤意，未知者谓异端不览，览者以脱误不终，所以荀子之书千载而未光焉。辄用申抒鄙意，敷寻义理，其所征据，则博求诸书。但以古今字殊，齐楚言异，事资参考，不得不广；或取偏傍相近，声类相通，或字少增加，文重刊削，或求之古字，或征诸方言。加以孤陋寡俦，愚昧多蔽，穿凿之责，于何可逃。曾未足粗明先贤之旨，适增其芜秽耳。盖以自备省览，非敢传之将来。以文字繁多，故分旧十二卷三十二篇为二十卷，又改《孙卿新书》为《荀卿子》，其篇第亦颇有移易，使以类相从云。时岁在戊戌，大唐睿圣文武皇帝元和十三年十二月也。

《全唐文》卷七二九，中华书局一九八三年版

杨倞

李行修

李行修（生卒年未详） 元和四年（809年）举进士。曾任殿中侍御史、刑部员外郎、广州刺史、岭南节度使等。

请置诗学博士书

元和三年六月一日，乡贡进士臣李行修谨昧死惶恐再拜，献书阙下：臣覆视汉初经籍，起口传壁匿，焕然明备，其所由者，修废官，立太学，朝夕讲贯，以究圣意，岁时程课，以严师道，使之然也。迨乎桓灵之世，遂使扶持元极，匡饬颓俗，专委裘以终大运，其儒术已试之明效欤。近学无专门，经无师授，以音定字，以疏释经，是能使生徒由之中才，不能使天下由之致理明矣。大率五经皆然，臣独以诗学上闻，趋所急也。伏惟陛下赦其愚瞀，垂恩听察。

夫诗者，发人之蕴政，故谓之风。手舞足蹈之音作，用之光祖宗，垂风声；劳歌怨诽之音作，用之察吏理，审教化。是以四海虽大，群生虽广，犹民人之和气，息乎踵，达乎颡，流乎足；犹草木之丰泽，渐乎根，穷乎杪，被乎枝叶，上下无滞气，内外无遁情。如此则诗得其任，风得其性也。昔殷周相承，俱有圣治，道洽于下，下无快心。王化盛，告成功于神明；德泽衰，反变化于礼素。其辞主文谲谏而不讦，其教温柔敦厚而不愚。仲尼接于其时，谓王者宜以陶治风俗，臣下宜以洗濯疑谬，道济于下，吾若之何？乃采其诗，合三百五篇，善者全而用，不善者全而去，非如《春秋》诸经，或革或因，相错而成也。其若礼乐征伐，天地阴阳有度，假于辞可见，喜怒哀乐，讥刺讽谕无方，非其志莫传。志士躬当治乱之时，气有惨舒之变，臻于极而后动，积于中而后形。故言之成文，歌之成声，有一不至，则非全矣。是以圣人以全动物，物莫能固；未施敬于人而人敬，未施哀于人而人哀。顽者以之开明，躁者以之舒静，道源于是，绝而莫嗣。独有楚屈原，颇得诗人之风，介于子兰、靳尚之间，终以放死，故其道不竟。洎秦姗笑三代，燔烧经籍，世儒坑死，于是后学轧于相语，暗呃相授，以及汉兴，杂全经者七十年，师口说者四三辈。汉武笃好经术，立于学官，虽章句大修，而比兴未喻。时扬雄、司马相如，由是选耎观望，将迎忌讳，劝百讽一，推波助澜，文虽有余，不足称也。然以本学浸盛，时因灾异，屡启直声，初或不究，终得其助。故自殷已降，有天下者莫长焉。厥后君臣道薄，诗道陵夷，蕴义感慨之士，至曰吾何从乎？上之追屈原，不足以全性命；下之迹相如，不足以匡过失。故居常则郁怏其胸襟，嚄唶其齿牙，代莫通其源。

臣伏思之，以为诗教未隆于时，风雅未洽于下。教未隆则士不劝，风未洽则言多缺。故闻者卒愕，而愠者多暗投而却也。自十圣绍业，盈二百载，经术益试，周旋百度，吏事反为缘饰，霸道无所舛驳。及陛下又登礼岩穴，发扬隐伏，宸心谠议，犹天地相宣，儒风昌言，与日月横骛，以辞让次征伐而不暴，以诚明推教化而不浮。如此，则诗学何为郁然积于空虚不用之地乎？书残于古今，论失于齐鲁，汉有毛苌、郑康成，师道可观，逮圣朝刘迅者，说《诗》三千言，近代言《诗》者尚之。

伏惟陛下诏公卿诸儒，讲其异同，综其指要，列四始之元本，穷六艺之粹精，不使讲以多物而无哗，蔽之一言而得，其言极者为师法，传经而行，其毛、郑不安者亦随而刊正。选立博士弟子员，如汉朝故事。然后命瞽史纳于聪明，命司成教之世子，是谓端本。由朝廷被于民里，由京师施之远方，是谓垂化。复采诗之官，以察风俗，是谓兼听。优登才之选，以励生徒，是谓兴古。四者既备，大化自流，则动天地，感鬼神，德豚鱼，甘堇荼，来异俗，怀鬼方，皆在一致，推而广之，神而化之，无难矣。微臣不知时变，溺于师言，谨诣光顺门昧死以闻，伏待刑辟。

《全唐文》卷六九五，中华书局一九八三年版

李德裕

李德裕（787—850）　字文饶，赵郡（治今河北赵县）人。唐大臣。幼力学，尤精《汉书》《左氏春秋》，然不喜科试，以父荫补校书郎。曾任大理评事、殿中侍御史、监察御史、翰林学士、屯田员外郎、考功郎中、知制诰、中书舍人、浙西观察使、兵部侍郎、郑滑节度使、西川节度使、兵部尚书、中书侍郎、集贤殿大学士、兴元节度使、镇海节度使、太子宾客、袁州长史、滁州刺史、淮南节度使等。武宗时，居相位，力主削弱藩镇势力，并取得一定成效。在政治主张上，与李宗闵、牛僧孺集团存在对立，是"牛李党争"中李派的首领。宣宗时，罢相，受反对派排斥，被贬为崖州司户，死于贬所。著有《李文饶文集》。

臣子论

士之有志气而思富贵者，必能建功业；有志气而轻爵禄者，必能立名节。二者虽其志不同，然时危世乱，皆人君之所急也。何者？非好功业，不能以戡乱；非好名节，不能以死难。此其梗概也。好功业者，当理平之世，或能思乱。唯重名节者，理乱皆可以大任，平淡和雅。世所谓君子者，居平必不能急公理烦，遭难亦不能捐躯济危，可以羽仪朝廷，润色名教，如宗庙瑚琏，园林鸿鹄。虽不常为人用，而自然可贵也。然世亦有不拘小疵而能全大节者，如陈平背楚归汉，汉王疑其多心，令护诸将，又疑其受金，可谓不能以名节自固矣。及功成封侯，辞曰："非魏无知，臣安得进？"汉高曰："若子可谓不背本矣。"其后竟诛诸吕以安刘氏。近日宰相上官仪，诗多浮艳，时人称为"上官体"，实为正人所病。及高宗之初，竟以谋废武后，心存王室，至于宗族受祸。郭代公，倜傥不羁之士也，少不以名节自检，当萧岑内难，保护睿宗，虽履危机，竟全臣节。则名节之间，不可以一概论也。陈平能不背魏无知，所以必不负汉王矣。今士之背本者，人君岂可保之哉？

慎独论

　　士君子爱身防患，无逾于慎独矣。能惧显觌，不为暗欺。忠信参于外，虽有盗贼，不能为患矣。《易》曰："无有师保，如临父母。"斯之谓也。贼入赵孟之门者，睹其盛服将朝，不忘恭敬，悔受君命，至于触槐，所以知其不为患也。向使赵孟未辟寝门，尚安衽席，思变诈之数，无肃敬之容，为盗者必激其怒心，增其勇气，焉得保其首领哉？推是而言，人不可以不诚矣。若乃怀诈饰智，意忌貌亲，人已见其肺肝，而自谓无迹；天已夺其魂魄，而不寤将亡。此汲黯所以面折公孙宏，留言李息。庄周称："贼莫大于德为有心以有眼。"为德者尚不可以有心眼，况为恶者乎？

文章论

魏文《典论》称:"文以气为主,气之清浊有体。"斯言尽之矣。然气不可以不贯,不贯则虽有英辞丽藻,如编珠缀王,不得为全璞之宝矣。鼓气以势壮为美,势不可以不息,不息则流宕而忘反。亦犹丝竹繁奏,必有希声窈眇,听之者悦闻;如川流迅激,必有洄洑逶迤,观之者不厌。从兄翰常言:"文章如千兵万马,风恬雨霁,寂无人声。"盖谓是矣。近世诰命,唯苏廷硕叙事之外,自为文章,才实有余,用之不竭。沈休文独以音韵为切,重轻为难,语虽甚工,旨则未远矣。夫荆璧不能无瑕,隋珠不能无类。文旨既妙,岂以音韵为病哉?此可以言规矩之内,不可以言文章外意也。较其师友,则魏文与王、陈、应、刘讨论之矣。江南唯于五言为妙,故休文长于音韵,而谓灵均以来,此秘未睹,不亦诬人甚矣。古人辞高者,盖以言妙而工,适情不取于音韵,意尽而止。成篇不拘于只耦,故篇无定曲,辞寡累句。譬诸音乐,古词如金石琴瑟,尚于至音;今文如丝竹鞞鼓,迫于促节。则知声律之为弊也甚矣。世有非文章者,曰辞不出于《风》《雅》,思不越于《离骚》,摸写古人,何足贵也?余曰:譬诸日月,虽终古常见,而光景常新,此所以为灵物也。余尝为《文箴》,今载于此,曰:文之为物,自然灵气,恍惚而来,不思而至。杼柚得之,淡而无味。琢刻藻绘,珍不足贵。如彼璞玉,磨砒成器。奢者为之,错以金翠。美质既雕,良宝所弃。此为文之大旨也。

《全唐文》卷七〇九,中华书局一九八三年版

李德裕

温庭筠

温庭筠(约801—866)　本名岐,字飞卿,太原(今山西太原西南)人。唐代诗人、词人。聪敏多才,长于诗赋,尤善琴笛。数举进士不第。曾任襄阳巡官、方城尉、隋县尉、国子助教等,甚不得志。著有《汉南真稿》十卷、《握兰集》三卷、《金筌集》十卷、诗集五卷。

榜国子监

右,前件进士所纳诗篇等,识略精微,堪裨教化,声词激切,曲备风谣。标题命篇,时所难著。灯烛之下,雄词卓然。诚宜榜示众人,不敢独专华藻。并仰榜出,以明无私。仍请申堂,并榜礼部。咸通七年十月六日,试官温庭筠榜。

《全唐文》卷七八六,中华书局一九八三年版

杜 牧

杜牧(803—853)　字牧之,京兆万年(今陕西西安)人。晚唐时期的文学家、政论家。在地方上为府州幕僚,先后任黄州、池州、睦州、湖州等州刺史。在朝历任校书郎、监察御史、膳部员外郎、比部员外郎、司勋员外郎、中书舍人等。在政治上,根据经邦致用的原则,总结历史经验,研究时局政事,寻求富国强兵之道,其理想是恢复唐代前期国家统一强盛的局面。当藩镇割据的多事之秋,注重研究军事,写了多篇军事论文,并重新注释《孙子兵法》十三篇,提倡学习军事。在思想上,崇信儒学,提出自己的新见解,批判宿命论和性善论,公开著文反对佛教,揭露统治阶级信奉佛教是出于"卖罪买福"的心理,对群众起了启蒙教育作用。在文学上,继续推进古文运动,强调文以致用,反对追求华丽辞藻的形式主义。所写散文多针砭时弊,富有现实意义。所作诗文被后人编为《樊川文集》。

三子言性辩

孟子言人性善,荀子言人性恶,扬子言人性善恶混。曰喜、曰哀、曰惧、曰恶、曰欲、曰爱、曰怒，夫七者情也，情出于性也。夫七情中，爱、怒二者，生而能自。是二者性之根，恶之端也。乳儿见乳，必拿求，不得即啼，是爱与怒与儿俱生也，夫岂知其五者焉。既壮，而五者随而生焉。或有或亡，或厚或薄，至于爱、怒，曾不须臾与乳儿相离，而至于壮也。君子之性，爱怒淡然，不出于道。中人可以上下者，有爱拘于礼，有怒惧于法。世有礼法，其有逾者，不敢恣其情；世无礼法，亦随而炽焉。至于小人，虽有礼法，而不能制，爱则求之，求不得即怒，怒则乱。故曰：爱，怒者，性之本，恶之端，与乳儿俱生，相随而至于壮。凡言性情之善者，多引舜、禹；言不善者，多引丹朱、商均。夫舜、禹二君子，生人已来，如二君子者凡有几人？不可引以为喻。丹朱、商均为尧、舜子，夫生于尧、舜之世，被其化，皆为善人，况生于其室，亲为父子，蒸不能润，灼不能热，是其恶与尧、舜之善等耳。天止一日月耳，言光明者，岂可引以为喻！人之品类，可与上下者众，可与上下之性，爱、怒居多。爱、怒者，恶之端也。荀言人之性恶，比于二子，荀得多矣。

冬至日寄小侄阿宜诗

　　小侄名阿宜，未得三尺长。头圆筋骨紧，两脸明且光。去年学官人，竹马绕四廊。指挥群儿辈，意气何坚刚。今年始读书，下口三五行。随兄旦夕去，敛手整衣裳。去岁冬至日，拜我立我旁。祝尔愿尔贵，仍且寿命长。今年我江外，今日生一阳。忆尔不可见，视尔倾一觞。阳德比君子，初生甚微茫。排阴出九地，万物随开张。一似小儿学，日就复月将。勤勤不自己，二十能文章。仕宦至公相,致君作尧、汤。我家公相家,剑珮尝丁当。旧第开朱门,长安城中央。第中无一物,万卷书满堂。家集二百编,上下驰皇王。多是抚州写,今来五纪强。尚可与尔读,助尔为贤良。经书括根本,史书阅兴亡。高摘屈、宋艳,浓薰班、马香。李、杜泛浩浩,韩、柳摩苍苍。近者四君子,与古争强梁。愿尔一祝后,读书日日忙。一日读十纸,一月读一箱。朝廷用文治,大开官职场。愿尔出门去,取官如驱羊。吾兄苦好古,学问不可量。昼居府中治,夜归书满床。后贵有金玉,必不为汝藏。崔昭生崔芸,李兼生窟郎。堆钱一百屋,破散何披猖。今虽未即死,饿冻几欲僵。参军与县尉,尘土惊劻勷。一语不中治,笞棰身满疮。官罢得丝发,好买百树桑。税钱未输足,得米不敢尝。愿尔闻我语,欢喜入心肠。大明帝宫阙,杜曲我池塘。我若自潦倒,看汝争翱翔。总语诸小道,此诗不可忘。

《樊川文集》卷一,上海古籍出版社一九七八年版

答庄充书

　　某白庄先辈足下。凡为文以意为主,气为辅,以辞彩章句为之兵卫,未有主强盛而辅不飘逸者,兵卫不华赫而庄整者。四者高下圆折,步骤随主所指,如鸟随凤,鱼随龙,师众随汤、武,腾天潜泉,横裂天下,无不如意。苟意不先立,止以文彩辞句,绕前捧后,是言愈多而理愈乱,如入阛阓,纷纷然莫知其谁,暮散而已。是以意全胜者,辞愈朴而文愈高;意不胜者,辞愈华而文愈鄙。是意能遣辞,辞不能成意,大抵为文之旨如此。

　　观足下所为文百余篇,实先意气而后辞句,慕古而尚仁义者,

苟为之不已，资以学问，则古作者不为难到。今以某无可取，欲命以为序，承当厚意，惕息不安。复观自古序其文者，皆后世宗师其人而为之，《诗》《书》《春秋左氏》以降，百家之说，皆是也。古者其身不遇于世，寄志于言，求言遇于后世也。自两汉已来，富贵者千百，自今观之，声势光明，孰若马迁、相如、贾谊、刘向、扬雄之徒，斯人也岂求知于当世哉？故亲见扬子云著书，欲取覆酱瓿，雄当其时，亦未尝自有夸目。况今与足下并生今世，欲序足下未已之文，此固不可也。苟有志，古人不难到，勉之而已。某再拜。

《樊川文集》卷一三，上海古籍出版社一九七八年版

注孙子序

兵者，刑也。刑者，政事也。为夫子之徒，实仲由、冉有之事也。今者据案听讼，械系罪人，笞死于市者，吏之所为也。驱兵数万，撅其城郭，系累其妻子，斩其罪人，亦吏之所为也。木索兵刃，无异意也；笞之与斩，无异刑也。小而易制，用力少者，木索笞也；大而难制，用力多者，兵刃斩也。俱期于除去恶民，安活善人。为国家者，使教化通流，无敢辄有不由我而自恣者。其取吏无他术也，无异道也，俱止于仁义忠信、智勇严明也。苟得其道一二者，可以使之为小吏；尽得其道者，可以使之为大吏。故用力少者，其吏易得也，功易见也；用力多者，其吏难得也，功难就也。止此而已，无他术也，无异道也。自三代已降，皆由斯也。

子贡讼夫子之德曰："文、武之道，未坠于地，在人。贤者识其大者、远者，不贤者识其小者、近者。"季孙问冉有曰："子于战学之乎，性达之也？"对曰："学之。"季孙曰："事孔子，恶乎学？"冉有曰：

"即学之于孔子者，大圣兼该，文武并用，适闻其战法，犹未之详也。"复不知自何代何人分为二道，曰文、曰武，离而俱行。因使搢绅之士，不敢言兵，或耻言之。苟有言者，世以为粗暴异人，人不比数。呜呼！亡失根本，斯最为甚。

周公相成王，制礼作乐，尊大儒术，有淮夷叛则出征之。夫子相鲁公，会于夹谷，曰有文事者，必有武备，叱辱齐侯，服不敢动。是二大圣人，岂不知兵乎？周有齐太公，秦有王翦，两汉有韩信、赵充国、耿弇、虞诩、段颎，魏有司马懿，吴有周瑜，蜀有诸葛武侯，晋有羊祜、杜公元凯，梁有韦叡，元魏有崔浩，周有韦孝宽，隋有杨素，国朝李靖、李勣、裴行俭、郭元振。如此人者，当其一时，其所出计画，旨考古校今，奇秘长远，策先定于内，功后成于外。彼壮健轻死善击刺者，供其呼召指使耳，岂可知其由来哉。

某幼读《礼》，至于"四郊多垒，卿大夫辱也"，谓其书真不虚说。年十六时，见盗起圜二三千里，系戮将相，族诛刺史及其官属，尸塞城郭，山东崩坏，殷殷焉声震朝廷。当其时，使将兵行诛者，则必壮健善击刺者，卿大夫行列进退，一如常时，笑歌嬉游，辄不为辱。非当辱不辱，以为山东乱事，非我辈所宜当知。某自此谓幼所读《礼》，真妄人之言，不足取信，不足为教。

及年二十，始读《尚书》《毛诗》《左传》《国语》、十三代史书，见其树立其国，灭亡其国，未始不由兵也。主兵者圣贤材能多闻博识之士，则必树立其国也；壮健击刺不学之徒，则必败亡其国也。然后信知为国家者，兵最为大，非贤卿大夫，不可堪任其事，苟有败灭，真卿大夫之辱，信不虚也。因求自古以兵著书，列于后世，可以教于后生者，凡十数家，且百万言。其孙武所著十三篇，自武死后凡千岁，将兵者有成者，有败者，勘其事迹，皆与武所著书一一相抵当，犹印圈模刻，一不差跌。武之所论，大约用仁义，使机权也。

武所著书，凡数十万言，曹魏武帝削其繁剩，笔其精切，凡十三篇，成为一编。曹自为序，因注解之曰："吾读兵书战策多矣，孙武深矣。"然其所为注解，十不释一，此者盖非曹不能尽注解也。予寻《魏志》，见曹自作兵书十余万言，诸将征伐，皆以新书从事，从令者克捷，违教者负败。意曹自于新书中驰骤其说，自成一家事业，不欲随孙武后尽解其书，不然者，曹岂不能耶！今新书已亡，不可复知，予因取孙武书备其注，曹之所注，亦尽存之，分为上、中、下三卷。后之人有读武书予解者，因而学之，犹盘中走丸。丸之走盘，横斜圆直，计于临时，不可尽知，其必可知者，是知丸不能出于盘也。议于廊庙之上，兵形已成，然后付之于将。

汉祖言"指踪者人也，获兔者犬也"，此其是也。彼为相者曰："兵非吾事，吾不当知。"君子曰："叨居其位可也。"

《樊川文集》卷一〇，上海古籍出版社一九七八年版

李昂（唐文宗）

李昂（809—840）　即唐文宗。李恒次子，由宦官王守澄、梁守谦等拥立，827—840 年在位。在位期间，宦官操纵国政，官学经费存在困难，但于国子监立石经还是有重要意义的。

试制举人诏

志本于道，盖道以致君为先；代实生才，盖才以济理为务。不索何以获其实？不言何以知其志？故帝尧垂询众之训，殷宗首沃心之术。其《传》曰："嘉言罔攸伏。"又曰："俊人用章。"汉魏以还，诏策时作，暨于我唐，遵为故事。繇是善政惟乂，魁能间出。朕祗荷大宝，勤恤兆人，明不烛于幽暗，惠未流于鳏寡，御杇兢虑，求贤永图。是以诏命有司，会群材，列稽疑，延问阙政。子大夫达学通识，俨然来思，操觚濡翰，条诲宿滞，慰我虚伫，必宏嘉猷。故临轩命书，策以审访，继烛俟奏。其悉乃辞，各宜坐食，食毕就试。左散骑常侍冯宿、太常少卿贾㷟、库部郎中庞严，宜并充考制策官。

罢童子科诏

诸道应荐万言、童子等，朝廷设科取士，门目至多。有官者合诣吏曹，未仕者即归礼部，此外更或延引，则为冗长。起今后，不得更有闻荐。俾繇正路，冀绝幸门。

《全唐文》卷七三，中华书局一九八三年版

林简言

林简言(生卒年未详)　字欲讷,福清(今属福州)人。大和四年(830 年)举进士,曾任漳州刺史。

上韩吏部书

人有儒其业,与孟轲同代而生,不遂师于轲,不得闻乎道,阁下岂不谓之惜乎?又有与扬雄同代而生,不遂师于雄,不得闻乎道,阁下岂不谓之惜哉?有习于琴者,问其所习,必曰:"吾师于某,某所传,师旷之道也。"习于弧者,问其所习,必曰:"吾师于某,某所传,濯孺子之道也。"脱二人未至于古,然亦无敢是非者,以所传有据故也。傥曰:吾自能,非授受于人也,必知其音俚音也,其能庸能也。呜呼!圣人之道与琴弧之道相远矣,而琴弧尚能自习之如此,况圣人之道乎?去夫子千有余载,孟轲、扬雄死,今得圣人之旨,能传说圣人之道,阁下耳。今人睎阁下之门,孟轲、扬雄之门也。小子幸儒其业,与阁下同代而生。阁下无限其门,俾小子不得闻其道,为异代惜焉。

《唐文粹》卷八六,商务印书馆《四部丛刊初编》本

周 墀

周墀（生卒年未详） 字德升，豫州汝南（今河南汝南）人。长庆二年（822年）举进士。大和末，官起居郎、集贤殿学士、考功员外郎兼中书舍人等。开成时，任知制诰、翰林学士、职方郎中、中书舍人等。会昌时，任华州刺史、潼关防御使、鄂州观察使、江南西道观察使等。大中时，任义成军节度使、兵部侍郎、判度支、同平章事、中书侍郎、监修国史、刑部尚书、剑南东川节度使、检校右仆射等。

国学官事书

国学官郭彪之，太原人。幼即攻儒家书，后得大通周公、孔子旨奥，又能明百家流落之言，乐苦躬自养，不爱苟受禄。宰相闻，以东国学风醨久，学者不得官，其中皆以豪人，使授业者迷经，颛业者堕心。元和七年，诏彪之为国学助教。彪之承诏而来，拜祭酒司业已，即诣学，乃家于学焉。役马一匹，左右劳一二人，大笈一，给用生具，以实其间。彪之身修而貌古，性不合俗尚，首冠兽皮，服用麻衣，褒制襕袖，阔带高羁，履大屣。至如礼公卿大夫亦是。好饮流水，茹野蔬与松柏之英，不苟味膳。又乐饮酒，人有见者，必置酒于前。始饮，即周告四座曰："酒以和神熙性，节之则经，纵之则挠，固不可为俗主酌挹授之礼。"命饮者自献欲，彪之盈饮三爵而罢。每凌爽诣论堂，坐高床，召七学诸生，居不施广裀长席，俾邻臂而坐。澄震声音，分析典训。至于一词间，咸以俗理相谕，了入于诸生心胸中，使蒙者纵历千万日亦不失其来。由是得诸生，每岁累及荐擢于有司。彪之禄给矜孤，余即谋买居于山泉间，蔽掩其光明。嗟乎！时畏夺禄分邻者众矣，不然，何不闻斯人于天子左右？必翼扬君德，仿治古道，使今之时奋为虞、夏、殷、周之风。贤者昌，不肖者藏，公侯康而百姓康。噫！公侯卿大夫默于明者，又无由得通九重，闻彻天子聪明，彪之内乐遗闻于上，以得安性。墀元和十年，德彪之道于国学，仰其风，嘉国学得其官，又愤遗斯人于尽谏位，因书其事，作国学官书。

《全唐文》卷七三九，中华书局一九八三年版

周墀

孙 樵

孙樵（生卒年未详） 字可之，关东人。唐末散文家。大中九年（855年）举进士。僖宗时，任中书舍人、职方郎中。韩愈的三传弟子，古文运动的后继者，擅于用古文议论时事，讽刺当时统治集团的昏聩无能，指出僧尼是社会的最大祸害，公开反对佛教。中和四年（884年），自编《孙樵集》十卷。

与王霖秀才书（节选）

鸾凤之音必倾听，雷霆之声必骇心。龙章虎皮，是何等物？日月五星，是何等象？储思必深，摛辞必高，道人之所不道，到人之所不到，趋怪走奇，中病归正。以之明道，则显而微；以之扬名，则久而传。前辈作者正如是。譬玉川子《月蚀诗》、杨司成《莘山赋》、韩吏部《进学解》、冯常侍《清河壁记》，莫不拔地倚天，句句欲活，读之如赤手捕长蛇，不施控骑生马，急不得暇，莫不捉搦。又似远人入大兴城，茫然自失，讵比十家县，足未及东郭，目以极西郭耶！樵尝得为文真诀于来无择，来无择得之于皇甫持正，皇甫持正得之于韩吏部退之。然樵未始与人言及文章，且惧得罪于时。今足下有意于此，而自疑尚多，其可无言乎？樵再拜。

《孙樵集》卷二，商务印书馆《四部丛刊初编》本

与友人论文书

　　尝与足下评古今文章，似好恶不相阔者，然不有所竟。顾樵何所得哉？古今所谓文者，辞必高然后为奇，意必深然后为工，焕然如日月之经天也，炳然如虎豹之异犬羊也。是故以之明道则显而微，以之扬名则久而传。今天下以文进取者，岁丛试于有司，不下八百辈。人人矜执，自大所得，故其习于易者，则斥涩艰之辞；攻于难者，则鄙平淡之言。至有破句读以为工，摘俚语以为奇。秦汉已降，古文所称工而奇者，莫若杨、马。然吾观其书，乃与今之作者异耳。岂二子所工不及今之人乎？此樵所以惑也。当元和长庆之间，达官以文驰名者，接武于朝，皆开设户牖，主张后进，以磨定文章。故天下之文，薰然归正。洎李御史甘以乐进后士，飘然南迁，由是达官皆阖联齰舌，不敢上下后进。宜其为文者，得以盛任其意，无所取质，此诚可悲也。足下才力雄健，意语铿耀。至于发论，尚往往为时俗所拘，岂所谓以黄金注者昏耶？顾顽朴无所知晓。然尝得为文之道于来公无择，来公无择得之皇甫持正，皇甫持正得之韩先生退之。其所闻者，如前所述，岂樵所能臆说乎？

《孙樵集》卷二，商务印书馆《四部丛刊初编》本

孙樵

林　韫

林韫（生卒年未详）　咸通末为州刑掾。

拨镫序

　　韫咸通末为州刑掾，时卢陵卢肇罢南浦太守归宜春。公之文翰，海内知名。韫窃慕小学，因师于卢公子弟安期。岁余，卢公忽相谓曰："子学吾书，但求其力尔。殊不知用笔之方，不在于力。用于力，笔死矣。虚掌实指，指不入掌，东西上下，何所关焉？常人云永字八法，乃点画尔，拘于一字，何异守株？《翰林禁经》云：笔贵饶左，书尚迟钝，此君臣之道也。大凡点画，不在拘之长短远近，但勿遏其势，俾令筋骨相连，意在笔前，然后作字。若平直相似，状如算子，此画尔，非书法也。吾昔授教于韩吏部，其法曰拨镫。今将受子，子勿妄传。推、拖、撚、拽是也，诀尽于此，子其旨而味乎？"韫加以久罢戎事，笔砚多亡，终不能穷其妙。亦犹古人有得不死之术者，人将从学焉，未至，得术者物故，叹恨不极。人或议之曰：彼尚不能自免，何恨之有耶？客曰：昔有善算术者，临终传于子，终不能晓，乃传于人。他人尽其妙，彼何妨得而不能演哉？愚虽受卢公之命，既不能自益其要妙，敢吝复传于智者。

《全唐文》卷七六八，中华书局一九八三年版

李商隐

李商隐(813—858)　字义山，号玉谿生、樊南生，怀州河内(今河南沁阳)人。晚唐诗人。早年读经书，习古文。十七岁时，被天平军节度使令狐楚聘为幕僚，始从之习今体文。二十五岁时，登进士第。曾任校书郎、弘农尉、节度府掌书记、秘书省正字、观察府判官、盩厔尉、太学博士、盐铁推官等，处于下位，难展其才，甚不得志。以骈文为诗，所作虽多属情意缠绵的艳情诗，然皆寓意深远，伤时感事。有《李义山诗集》。文集已散佚，后人辑有《樊南文集》等。

骄儿诗

衮师我娇儿，美秀乃无匹。文葆未周晬，固已知六七。四岁知姓名，眼不视梨栗。交朋颇窥观，谓是丹穴物。前朝尚器貌，流品方第一。不然神仙姿，不尔燕鹤骨。安得此相谓？欲慰衰朽质。青春妍和月，朋戏浑甥侄。绕堂复穿林，沸若金鼎溢。门有长者来，造次请先出。客前问所须，含意不吐实。归来学客面，阖败秉爷笏。或谑张飞胡，或笑邓艾吃。豪鹰毛崱屴，猛马气佶傈。截得青筼筜，骑走恣唐突。忽复学参军，按声唤苍鹘。又复纱灯

595

旁,稽首礼夜佛。仰鞭罥蛛网,俯首饮花蜜。欲争蛱蝶轻,未谢柳絮疾。阶前逢阿姊,六甲颇输失。凝走弄香奁,拔脱金屈戌。抱持多反倒,威怒不可律。曲躬牵窗网,略唾拭琴漆。有时看临书,挺立不动膝。古锦请裁衣,玉轴亦欲乞。请爷书春胜,春胜宜春日。芭蕉斜卷笺,辛夷低过笔。爷昔好读书,恳苦自著述。憔悴欲四十,无肉畏蚤虱。儿慎勿学爷,读书求甲乙。穰苴《司马法》,张良黄石术。便为帝王师,不假更纤悉。况今西与北,羌戎正狂悖。诛赦两未成,将养如痼疾。儿当速成大,探雏入虎窟。当为万户侯,勿守一经帙。

《李商隐选集》之《诗选》,上海古籍出版社一九八六年版

义山杂纂（节选）

须贫

家有懒妇。早卧晚起。养子不及父。作债追陪。仓库不点检。庄园不收拾。抛散饮食。爱赌博饮洒。漫藏无用物。狼籍米谷。弃业逐乐。家事不爱惜。多蓄爱宠。好迁移不止。好结纳权贵。悭不中礼。物贵争买。物贱反不买。多作淫巧。遮盖家人作非为事。

必富

勤求俭用。见艺广学。常点检家事。不迷酒色。不欠债负。奴婢解耕织。夜眠早起。家养六畜。耕作不失时。及时收藏。

子弟一心。主母不信佛。诸妇和谐。不嫌粗疏。财物有簿籍。积少成多。买卖不失时。物料不作践。

有智能

立性有守。密事机藏。结交有智人。临事觉悟。酒后不多语。避他人忌讳。博古知今。不习贱劣事。不妄自逞能。尊敬有德。不亲近小人。不妄信奴仆。入门门讳。入境问风俗。夜间常醒睡。有疑问人。不共愚人争是非。

教子

习祖业。立言不回。知礼义廉耻。精修六艺。谈对明敏。进退威仪。忠良恭俭。孝敬慈惠。博学广览。交游贤者。不事嬉游。有守。遇事有知识。

教女

习女工。议论酒食。温良恭俭。修饰容仪。学书学算。小心软语。闺房贞洁。不唱词曲。闻事不傅。善事尊长。

强会

见他立籍强披览。见他鞍马逞乘骑。见他弓矢强弹射。见他物件强评价色。见他文字强弹驳。见他人家事强处置。见他斗打强助拳。见他评论强断是非。

无见识

不说事因先骂人。不问道理随人做事。俗人学僧家道场。遇事不分别是非。纵儿子学乐艺。纵儿子笼养。男儿学女工。要小下便宜。不得饮酒至醉。不得独入寡妇人家。不得黑暗独行。不得与无赖子往还。不得戏取物不言。不得开人私书。不得借人物用经句不还。

《唐代丛书》第四集《义山杂纂》,光绪丙申上海赐书堂石印本

刘　轲

刘轲(生卒年未详)　字希仁,曲江(今广东韶关)人。早年嗜学,撰述甚多。元和十三年(818年)举进士。曾任宏文馆学士、侍御史、洺州刺史等。著有《三传指要》十五卷、《帝王历数》歌一卷、《牛羊日历》一卷、《刘希仁文集》一卷。

上座主书

轲今月十日,祗奉榜限,纳杂文一卷。又闻每岁举人,或得以书导志。轲惟颛鲁,狃隶山野,未熟去就,悚惶惕息。伏惟宽明,少冥心察纳。轲伏见今之举士,竞取誉雌黄之口,而知必也定轻重于持衡之手,虽家至户到,曾不足锱铢两,苟自低昂,已定平徇已者之论,是私己于有司,非公有司于己也。轲也愚,敢不以是规。轲本沛上耕人,代业儒为农人家。天宝末,流离于边,徙贯南鄙,边之人,嗜习玩味,异乎沛然,亦未尝辍耕舍学,与边俗齿,且曰,言忠信,行笃敬,虽夷貊行矣。故处边如沛焉。贞元中,轲仅能执经从师。元和初,方结庐于庐山之阳,日有芟夷畚筑之役,虽震风凌雨,亦不废力火耨。或农圃余隙,积书窗下,日与古人磨砻前心,岁月悠久,浸成书癖，故有《三传指要》十五卷，《十三代名臣议》十卷，《翼孟子》三卷。虽不能传于时，其于两曜无私之烛，不为堕弃矣。流光自急，孤然一生，一日从友生计，裹足而西，京邑之大，居无环堵；百官之盛，亲无瓜葛矣。夫何能发声光于幽陋，虽不欲雌黄者之所轻重，岂不欲持衡者之所斥铢耶？此轲所以中夜愤激，愿从寒士齿庶，或搴芳入幽，不以孤秀不撷；拣金于沙，不以泥土不取。阁下自谓此心宜如何答也？尝读史，感和璞之事，必献不至三，刖不至再；必献不至再，殆几乎无刖矣。伏荷阁下以清明重德，镇定群虑，衡镜在乎蚩妍、轻重之分，咸希一定，俾退者无屈辞，进者无幸言。夫如是，非独斯四辈之望而已矣，亦宜实公器而荷百禄，岂只区区世人而已哉！轲也生甚微末，甚乎鱼鸟，鱼鸟微物，犹能依茂林清泉以厚其生，矧体乾刚坤顺之气，不能发迹于大贤人君子之门乎！轲再拜。

《全唐文》卷七四二，中华书局一九八三年版

三传指要序

先儒以《春秋》之有三传，若天之有三光然。然则《春秋》盖圣人之文乎？圣人之文天也，天其少变乎？故《诗》有变风，《易》有变体，《春秋》有变例，变之为义也，非介然温习之所至，赜乎其粹者也。轲尝病先儒各固所习，互相矛楯，学者准裁无所，岂先圣后经以辟后生者邪？抑守文持论，败溃失据者之过邪？次又病今之学者，涉流而迷源，拾经以习传，摭直言而不知其所以言，此所谓去经纬而从组缋者矣。既传生于经，亦所以纬于经也。三家者，盖同门而异户，庸得不要其终以会其归乎？愚诚颛蒙，敢会三家必当之言，列于经下，撰成十五卷，目之曰《三传指要》。冀始涉者

开卷有以见圣贤之心焉。俾《左氏》富而不诬,《公羊》裁而不俗,《穀梁》清而不短,幸是非殆乎息矣。庶儒道君子,有以相期于孔氏之门。

刘
轲

李炎（唐武宗）

李炎(814—846)　即唐武宗。李恒第五子，由宦官仇士良、鱼弘志拥立。在位期间，用李德裕为相，对宦官和藩镇稍加抑制。会昌五年(845年)，下令禁止佛教，拆毁寺院，令僧尼还俗，造成重大社会影响。

毁佛寺勒僧尼还俗制

朕闻三代已前，未尝言佛。汉、魏之后，象教浸兴。是由季时，传此异俗，因缘染习，蔓衍滋多，以至于蠹耗国风，而渐不觉；诱惑人意，而众益迷。泊于九州山原，两京城阙，僧徒日广，佛寺日崇。劳人力于土木之功，夺人利于金宝之饰，遗君亲于师资之际，违配偶于戒律之间。坏法害人，无逾此道。且一夫不田，有受其饥者；一妇不蚕，有受其寒者。今天下僧尼，不可胜数，皆待农而食，待蚕而衣。寺宇招提，莫知纪极，皆云构藻饰，僭拟宫居。晋、宋、齐、梁，物力凋瘵，风俗浇诈，莫不由是而致也。况我高祖、太宗以武定祸乱，以文理天下，执此二柄，用以经邦，岂可以区区西方之教，与我抗衡哉？贞观、开元，亦尝厘革，划除未尽，流衍转滋。朕博览前言，旁求舆议，弊之可革，断在不疑。而中外诸臣，协予至意，条流至当，宜在必行。惩千古之蠹源，成百王之典法，济人利众，予何让焉。其天下所拆寺四千六百余所，还俗僧尼二十六万五百人，收充两税户；拆招提、兰若四万余所，收膏腴上田数千万顷，收奴婢为两税户十五万人。隶僧尼属主客，显明外国之教。勒大秦穆护、祆二千余人还俗，不杂中华之风。於戏！前古未行，似将有待，及今尽去，岂谓无时？驱游惰不业之徒，已逾十万；废丹艧无用之室，何啻亿千。自此清净训人，慕无为之理；简易齐政，成一俗之功。将使六合黔黎，同归皇化。尚以革弊之始，日用不知。下制明廷，宜体予意，宣布中外，咸使闻知。

《全唐文》卷七六，中华书局一九八三年版

李炎（唐武宗）

刘　蜕

　　刘蜕(生卒年未详)　字复愚,自号文泉子,长沙(今属湖南)人,一说商州(今属陕西)人。唐代散文家。宣宗大中四年(850年)举进士。曾任左拾遗、中书舍人,因上疏言事得罪宰相令狐绹而被贬为华阴令,后终于商州刺史。为文取法于扬雄,以复古自任,所作常自嗟不遇,多愤激之辞。著有《文泉子集》。

江南论乡饮酒礼书

　　昨日送贡士堂上,得观大礼之器,见笾豆破折,尊盂穿漏,生徒倦怠,不称其服,宾主向背,不习其容。呜呼! 天下所以知尊君敬长,小所以事大者,抑非其道乎? 天下之用其道,不过于一日,尚犹偷惰如此,况天下尊君敬长,能终日者乎? 是以朝廷时诛不顺,邻里日起纷争,固当然也。夫布衣匹夫,始则用其道自达,故化耕稼为王侯,化陶渔为公卿,其变化不测若此。然而一旦居上位,既不预兴俯拜揖之事,尚不能素严有司,时阅其威仪乎? 呜呼! 则蜕谓王公大人耆老衰罢,固当然也。然而有擎跽稽首于髡褐之前,畏敬戒慎,有终日不敢嗜酒肴,不敢近妾妇者。其于诬惑之道,尚能去其情;自化之术,则不能一日勤其容。唯王公大人无渐髡褐乎?髡褐尚能自大其法,王公大人反以其道信之乎?即其奉髡褐能速化其耕稼陶渔者,则髡褐者可以有土地而制王公大人矣!是不知升乎科者,不由夷狄言;迁乎资者,不由髡褐授。昭昭然奈何哉?抑不知孔子之道如商君乎?以其法自敝也。伏惟阁下务速有司,按诸礼图,修其器服,戒将事而隳者,时训习之,毋使每岁临事而隳其容。幸甚!幸甚!蜕再拜。

《全唐文》卷七八九,中华书局一九八三年版

刘
蜕

林慎思

林慎思(? —881)　字虔中,长乐(今属福州)人。唐懿宗咸通十年(869年)中进士,次年又中博学宏词科。历官校书郎、水部郎中、万年县令等。欲以实行儒道挽救唐的危亡。黄巢率军入长安,未肯归附,为唐效忠而死。著有《儒范》七篇、《续孟子》二卷、《伸蒙子》三卷,皆对当世有所感而发。传于今唯《续孟子》《伸蒙子》两书。

喻民(古今化民难易)

干禄先生曰:"古民难化于今民乎?"伸蒙子曰:"今人易化。"曰:"古民性朴,今民性诈,安得诈易于朴邪?"曰:"朴,止也;诈,流也。止犹土也,流犹水也。水可决使东西乎? 土可决使东西乎? 且婴儿未有知也,性无朴乎? 卯儿已有知也,性无诈乎? 圣人养天下之民,犹养儿也,则古民婴然未有知也,今民卯然已有知也,化已有知孰与化未有知之难乎?"

上海扫叶山房《百子全书》之《伸蒙子》卷上

演喻

干禄先生曰:"子谓今民易化,何唐尧独彰于古邪?"伸蒙子曰:"吾所谓古民难化,性犹土也。土不移,移则垲堉生矣。今民易化,性犹水也。水可导,导则其源清矣。是以古之民虽唐尧在上,终不能化顽嚚使有知。今之民有尧之化,孰有顽嚚之难化乎?故曰:今民易化也。"

上海扫叶山房《百子全书》之《伸蒙子》卷上

明化（随其才性而化）

求已先生问:"人之善恶能化而迁乎?"伸蒙子曰:"迁矣。"曰:"性有刚柔,天然也,犹火可迁于水邪?"曰:"善不在柔,恶不在刚也。火能炮燔,亦能为灾;水能润泽,亦能为沴。及其迁也,化灾为炮燔,化沴为润泽,岂在化火为水乎?人之善恶,随化而迁也,必能反善为恶,反恶为善矣。孟母正己以化于孟轲,及其迁也,非反恶为善邪?齐桓大功而化于竖刁,及其迁也,非反善为恶邪?所谓人之善恶随化而迁,不亦明乎!"

上海扫叶山房《百子全书》之《伸蒙子》卷上

明性

韶夏之声,人非不知可敬而不能嗜也。郑卫之声,人非不知可去而不能舍也。何哉?可敬者,礼节也,礼则难行,故人不能嗜

林慎思

607

矣。可去者,非礼也,非礼易惑,故人不能舍矣。是以演先王之教
不得人之乐者,教难行也。吐倡优之辞皆得人之喜者,辞易惑也。
恶有圣徒能乘其心者后易惑而难行哉?

上海扫叶山房《百子全书》之《伸蒙子》卷下

陆龟蒙

陆龟蒙(？—约881)　字鲁望,姑苏(今江苏苏州)人。唐代
文学家。幼聪颖,家有藏书万卷,以学为事,明《春秋》,善为文。
举进士,未及第。曾为湖州、苏州州佐。退居松江甫里(今江苏
吴县甪直),多所论撰,又亲身参与耕作。自号江湖散人、甫里先
生,又号天随子。与皮日休交往唱和甚密。著有《笠泽丛书》三卷。

复友生论文书

辱示近年作者论文书二篇,使仆是非得失于其间。仆虽极顽
冥,亦知惴息汗下,见诋词之甚难,招祸患之甚易也。况仆少不攻
文章,止读古圣人书,诵其言,思行其道而未得者也。每涵咀义
味,独坐日昃,案上有一杯藜羹,如五鼎七牢馈于左右,加之以撞
金石,万羽籥也。未尝干有司对问希品第,未尝历王公丐贷饰车
马。故无用文,处江湖间,不过美泉石则记之,耸节概则传之,触
离会则序之,值巾罍则铭之。简散澹诞,无所讳避,又安知文之是
欤非欤？生过听,德我太甚,苟默默不应,非朋友切切偲偲之义
也。故扶病把笔,一二论之。曰:我自小读六经,孟轲、扬雄之书,
颇有熟者,求文之指趣、规矩,无出于此。及子史则曰:子近经,经

语古而微；史近书，书语直而浅。所言子近经，近何经？史近书，近何书？《书》则记言之史也。史近《春秋》，《春秋》则记书之史也。六籍中独《诗》《书》《易象》与鲁《春秋》经圣人之手耳。《礼》《乐》二记虽载圣人之法，近出二戴，未能通一纯实，故时有龃龉不安者。盖汉代诸儒争撰而献之，求购金耳。记言记事，参错前后，曰经曰史，未可定其体也。案经解，则悉谓之经。区而别之，则《诗》《易》为经，《书》与《春秋》实史耳，学者不当混而言之。且经解之篇句名出于戴圣耳，王辅嗣因之以《易》为经，杜元凯因之以《春秋》为经。孔子曰："学《诗》乎？学《礼》乎？""《易》之为书也，原始要终。""知我以《春秋》，罪我以《春秋》。"未尝称经。称经非圣人旨也，盖出于周公《谥法》"经纬天地曰文"故也。有经书，必有纬书。圣人既作经，亦当作纬。譬犹织也，经而不纬，可成幅乎？纬者且非圣人之书，则经亦后人名之耳，非圣人之旨明矣。苟以六籍谓之经，习而称之可也。指司马迁、班固之书谓之史，何不思之甚乎？六籍之内，有经有史，何必下及子长、孟坚，然后谓之史乎。孔子曰："吾犹及史之阙文也。"又曰："质胜文则野，文胜质则史。"又曰："董狐，古之良史也。"此则笔之曲直，体之是非，圣人悉论而辩之矣，岂须班、马而后言史哉？以《诗》《易》为经，以《书》《春秋》为史，足矣，无待于外也。谓经语古而皆微，则《易》曰"履霜坚冰至"，"初筮告，再三渎，渎则不告"，"苦节不可贞"之类，果纯古而微乎？谓史语直而浅，则《春秋》书"考仲子之宫，初献六羽"，及"齐师战于乾时，我师败绩"，"辛巳，有事于太庙。仲子遂卒于垂。壬午，犹绎，万入，去籥"之类，果纯直而浅乎？经不纯微，史不纯浅，又可见也。文之不可立谕，则曰《春秋》不当君无使滋蔓。又云：《春秋》举军旅会盟岂非叙事耶？引《左氏传》语，征左氏叙事，悉谓之《春秋》可乎？《春秋》，大典也，举凡例而褒贬之，非周公之法所及者，酌在夫子之心，故游、夏不能措一辞。若区区于叙事，则鲁国之史官耳，孰谓之《春秋》哉？前所谓自小读六经颇有熟者，求文之旨趣、规矩不出于此，安矣。又一篇云：某文也，某辞也。文既与辞异，是文优而辞劣耳。《易》之《系辞》曰："齐大小者，存乎卦；辩吉凶者，存乎辞。"故卦有大小，辞有险易。又曰："观其象辞，则思过半矣。"《易》之辞非文耶？《书》载帝庸作歌，皋陶赓歌，又歌《五子之歌》，皆辞也。《书》之辞非文耶？属辞比事，《春秋》教也。《春秋》之辞非文耶？《礼》有朝聘之辞、娶夫人之辞，《乐》有登歌、荐之辞。《礼》《乐》之辞非文耶？《法言》曰："杨、墨塞路，孟子辞而辟之，廓如也。"孟轲之辞非文耶？《太玄》之辞也，沉以穷乎下，浮以际乎上。扬雄之辞非文耶？是知文者辞之总，辞者文之用。天之将丧斯文也，天之未丧斯文也，不当称辞。古人之辞多不当称文，文辞一也。但所适有宜耳，何异涂云之哉？又曰：声病之辞非文也。夫声成文谓之音，五音克谐，然后中律度。故《舜典》曰："诗言志，歌永言，声依永，律和声。"声之不和，病也。去其病则和，和则动天地，感鬼神，反不得谓之文乎？犹绘事组绣，中有精粗耳。大凡解人之说，不敢避墉垣肤瓜而自矜于堂奥心腑也。要在引学者当知之事，以明之而已矣。师道不行，后生多泥于所习。有陷而溺者，力能援之可也。如或不同，请观过而后罚。

《唐甫里先生文集》卷一八，商务印书馆《四部丛刊初编》本

耒耜经（并序）

耒耜者，古圣人之作也。自乃粒以来至于今，生民赖之。有

陆龟蒙

天下国家者，去此无有也。饱食安坐，曾不求命称之义，非扬子所谓如禽者耶！余在田野间，一日呼耕甿，就而数其目，恍若登农皇之庭，受播种之法，淳风泠泠，耸竖毛发。然后知圣人之旨趣，朴乎其深哉！孔子谓"吾不如老农"，信也。因书为《耒耜经》，以备遗忘，且无愧于食。

经曰耒耜，农书之言也。民之习，通谓之犁。冶金而为之者，曰犁镜，曰犁壁；斫木而为之者，曰犁底，曰压镵，曰策额，曰犁箭，曰犁辕，曰犁梢，曰犁评，曰犁建，曰犁槃。木与金凡十有一事。耕之土曰垡，垡犹块也。起其垡者，镵也。覆其垡者，壁也。草之生必布于垡，不覆之，则无以绝其本根。故镵引而居下，壁偃而居上，镵表上利，壁形下圆。负镵者曰底，底初实于镵中，工谓之鳖肉。底之次曰压镵，背有二孔，系于压镵之两旁。镵之次曰策额，言其可以扞其壁也。皆虒然相载，自策额达于犁底，纵而贯之曰箭，前如程而樛者曰辕，后如柄而乔者曰梢。辕有越，加箭可弛张焉。辕之上又有如槽形，亦如箭焉，刻为级，前高而后痹，所以进退曰评。进之则箭下，入土也浅，以其上下类激射，故曰箭。以其浅深类可否，故曰评。评之上曲而衡之者曰建。建，揵也，所以柅其辕与评。无是，则二物跃而出，箭不能止。横于辕之前末曰槃，言可转也，左右系以樊乎轭也。辕之后末乎梢，中在手，所以执耕者也。辕车之胸梢取舟之尾，止乎此乎。镵长一尺四寸，广六寸。壁广长皆尺，微椭。底长四尺，广四寸。评底过压镵二尺。策减压镵四寸，广狭与底同。箭高三尺，评尺有三寸。槃增评尺七焉。建雄称绝，辕修九尺，梢得其半辕，至梢中间掩四尺。犁之终始丈有二。耕而后有爬，渠疏之义也。散垡去芟者焉。爬而后有砺砰焉，有礰礋焉。自爬至砺砟皆有齿,碌碡觚棱而已,咸以木为之,坚而重者良。江东之田器尽于是。《耒耜经》终焉。

《唐甫里先生文集》卷一九,商务印书馆《四部丛刊初编》本

陆龟蒙

司空图

司空图（837—908）　字表圣，河中（治今山西永济西）人。唐末诗人。咸通十年（869年）举进士。曾任光禄寺主簿、礼部员外郎、礼部郎中、知制诰、中书舍人、户部侍郎等。隐居中条山王官谷，与高士名僧赋诗作乐，以避世乱，自号知非子、耐辱居士。著有《一鸣集》三十卷。

将儒

儒以将道，肥其内也。武以将威，肃其外也。未有内自瘠而外能劝者焉。嗟乎！古之用儒，其所寄诚重矣。儒之将道，必欲张其治也。独将之不足侈其道，故分己之任，以寄于人。亦由资众力，以夷大路，绰绰然其甚辟也。如有用于时者，天下不几于治哉？嗟乎！后之为儒，其力浸羸矣。简古以自持，窨默而多一，知所以任之于己，不知任之于人而责之。故虽用于时，道亦削然，不喻将儒之权耳。且古之言兵，必本于仁义，反是则一决之勇，未足为武。一智之谋，足以夺其机，矧兼吾道以制于未萌哉。嗟乎！道之不可振也久矣。儒失其柄，武玩其威，吾道益孤。势果易凌于物，削之又削，以至于庸妄，于武可也。必将反是,请先将儒。

文中子碑

道,制治之大器也,儒守其器者耳。故圣哲之生,受任于天,不可斫之以就其时。仲尼不用于战国,致其道于孟、荀而传焉,得于汉成四百之祚。五胡继乱,极于周齐,天其或者生文中子,以致圣人之用,得众贤而廓之,以俟我唐,亦天命也。故房、卫数公,皆为其徒,恢文武之道,以济贞观治平之盛,今三百年矣。宜其碑,圣恢之柄,授必有施。巨底之绩,济亦厥时。子惟善守,赋而不私。克辅于我贞观休明之期。

司空图

615

皮日休

皮日休（约 838—约 883）　字逸少，又字袭美，襄阳（今属湖北）人。唐代文学家、思想家。早年隐居鹿门山，自号鹿门子。与陆龟蒙友善。咸通进士，官至太常博士。黄巢起义军入长安，任为翰林学士。所作政治诗甚多，揭露时弊，同情人民疾苦，为晚唐进步诗派代表。其散文和辞赋大都借古讽今，抒发愤慨，文笔锋利。提出以《孟子》为学科，赞颂王通和韩愈的历史贡献，是振兴儒学的提倡者。自集所撰文十卷，名为《文薮》。又著有《鹿门隐书》六十卷。

请韩文公配飨太学书

於戏！圣人之道，不过乎求用。用于生前，则一时可知也；用于死后，则百世可知也。故孔子之封赏，自汉至隋，其爵不过乎公侯，至于吾唐，乃策王号。七十子之爵命，自汉至隋，或卿大夫，至于吾唐，乃封公侯。曾参之孝道，动天地，感鬼神。自汉至隋，不过乎诸子，至于吾唐，乃旌入十哲。噫！天地久否，忽泰则平；日月久昏，忽开则明；雷震久息，忽震则惊；云雾久郁，忽廓则清。仲尼之道,否于周、秦,而昏于汉、魏,息于晋、宋,而郁于陈、隋。遇于吾唐,万世之愤,一朝而释。傥死者可作,其志可知也。今有人,身行圣人之道,口吐圣人之言,行如颜、闵,文若游、夏,死不得配食于夫子之侧,愚又不知尊先圣之道也。夫孟子、荀卿翼传孔道,以至于文中子。文中子之末,降及贞观、开元,其传者醨,其继者浅,或引刑名以为文,或援纵横以为理,或作词赋以为雅,文中之道,旷百祀而得室授者,唯昌黎文公焉。文公之文,蹴杨、墨于不毛之地,蹂释、老于无人之境,故得孔道巍然而自正。夫今之文,千百士之作,释其卷,观其词,无不裨造化,补时政,繄公之力也。公之文曰:"仆自度,若世无孔子,仆不当在弟子之列。"设使公生孔子之世,公未必不在四科焉。国家以二十二贤者,代用其书,垂于国胄,并配飨于孔圣庙堂者,其为典礼也,大矣美矣。苟以代用其书,不能以释圣人之辞,笺圣人之义哉?况有身行其道,口传其文,吾唐以来,一人而已。不得在二十二贤之列,则未闻乎典礼为备。伏请命有司,定其配飨之位。则自兹以后,天下以文化,未必不由夫是也。

文中子碑

　　天不能言,阴骘乎民,民不可纵,是生圣人。圣人之道,德与命符,是为尧、舜;性与命乖,是为孔、颜。噫!仲尼之化,不及于一国,而被于天下;不治于一时,而需于万世。非删《诗》《书》,定《礼》《乐》,赞《周易》,修《春秋》者乎?故孟子叠踵孔圣,而赞其道。忧乎千世,而可继孟氏者,复何人哉?文中子王氏,讳通,生

617

于陈、隋之间，以乱世不仕，退于汾晋，序说六经，敷为《中说》，以行教于门人。夫仲尼删《诗》《书》，定《礼》《乐》，赞《周易》，修《春秋》。先生则有《礼论》二十五篇，《续诗》三百六十篇，《元经》三十一篇，《易赞》七十篇。孟子之门人，有高第弟子公孙丑、万章焉。先生则有薛收、李靖、魏徵、李勣、杜如晦、房玄龄。孟子之门人，郁郁于乱世；先生之门人，赫赫于盛时。较其道与孔、孟，岂徒然哉？设先生生于孔圣之世，余恐不在游、夏之亚，况七十子欤？惜乎！德与命乖，不及睹吾唐受命而殁。苟唐得而用之，贞观之治，不在于房、杜、褚、魏矣。后先生二百五十余岁，生曰皮日休，嗜先生道，业先生文，因读《文中子后序》，尚阙于赞述，想先生封隧在所，因为铭曰：

大道不明，天地沦精。俟圣畅教，乃出先生。百氏黜迹，六艺腾英。道符真宰，用失阿衡。先生门人，为唐之祯。差肩明哲，接武名卿。未逾一纪，致我太平。先生之功，莫之与京。

《皮子文薮》卷四，上海古籍出版社一九八一年版

原化

或曰："圣人之化，出于三皇，成于五帝，定于周、孔。其质也，道德仁义；其文也，诗书礼乐。此万代王者未有易是，而能理者也。至于东汉，西域之教，始流中夏。其民也，举族生敬，尽财施济，子去其父，夫亡其妻，蚩蚩嚚嚚，慕其风蹈其梱者，若百川荡潏不可止者，何哉？所谓圣人之化者，不曰化民乎？今知化者，唯西域氏而已矣。有言圣人之化者，则比户以为嗤。岂圣人之化，不及于西域氏邪？何其戾也如是！"曰："天未厌乱，不世世

生圣人，其道则存乎言，其教则在乎文。有违其言，悖其教者，即戾矣。古者杨、墨塞路，孟子辞而辟之，廓如也。故有周、孔，必有杨、墨，要在有孟子而已矣。今西域之教，岳其基而溟其源，乱于杨、墨也甚矣。如是为士，则孰有孟子哉？千世之后，独有一昌黎先生，露臂瞋视，诟之于千百人内。其言虽行，其道不胜。苟轩裳之士，世世有昌黎先生，则吾以为孟子矣。譬天下之民皆桀之民也，苟有一尧民处之，一尧民之善，岂能化天下桀民之恶哉？则有心于道者，乃尧民矣。呜呼！今之士，率邪以御众，握乱以治天下。其贤尚尔，求不肖者反化之。不曰难哉！不曰难哉！"

《皮子文薮》卷三，上海古籍出版社一九八一年版

请孟子为学科书

皮日休

圣人之道，不过乎经。经之降者，不过乎史。史之降者，不过乎子。子不异乎道者，《孟子》也。舍是子者，必戾乎经、史。又率于子者，则圣人之盗也。夫《孟子》之文，粲若经传。天惜其道，不烬于秦。自汉氏得之，常置博士，以专其学。故其文，继乎六艺，光乎百氏。真圣人之微旨也。若然者，何其道哗哗于前，其书没没于后。得非道拘乎正，文极乎奥，有好邪者惮正而不举，嗜浅者鄙奥而无称耶？盖仲尼爱文王、嗜昌歜以取味。后之人将爱仲尼者，其嗜，在《孟子》矣。呜呼！古之士，以汤、武为逆取者，其不读《孟子》乎？以杨、墨为达智者，其不读《孟子》乎？由是观之，《孟子》之功利于人亦不轻矣。今有司除茂才明经外，其次有熟庄周、列了书者，亦登于科。其诱善也虽深，而悬科也未正。夫庄、列之

文,荒唐之文也。读之可以为方外之士,习之可以为鸿荒之民。有能汲汲以救时补教为志哉?伏请命有司,去庄、列之书,以《孟子》为主。有能精通其义者,其科选,视明经。苟若是也,不谢汉之博士矣。既逐之,如儒道不行,圣化无补,则可刑其言者。

《皮子文薮》卷九,上海古籍出版社一九八一年版

移成均博士书

夫居位而愧道者,上则荒其业,下则偷其言。业而可荒,文弊也;言而可偷,训薄也。故圣人惧是浸移其化,上自天子,下至子男,必立庠以化之,设序以教之。犹歉然不足,士有业高训深,必诎礼以延之,越爵以贵之,俾庠声序音,玲珑于珩佩,锵訇于金石,此圣人之至治也。

今国家立成均之业,其礼盛于周,其品广于汉,其诎礼越爵,又甚于前世,而未免乎愧道者,何哉?

夫圣人之为文也,为经约乎史,赞《易》近乎象,《诗》《书》止乎删,《礼》《乐》止乎定,《春秋》止乎修。然六籍仪形乎千万世,百王更命迭号,莫不由是大也。其幽幽于鬼神,其妙妙于玄造,后之人苟不能行。决句释者,犹万物但被玄造之化者耶。故万物但化而已,不知玄造之源也。夫六艺之于人,又何异于是? 故《诗》得毛公,《书》得伏生,《易》得杨、何,《礼》得二戴,《周官》得郑康成,揽其微言,铦其大义,幽者明于日月,奥者廓于天地。然则今之讲习之功与决释之功,不啻半矣。其文得不弊乎? 其训得不薄乎? 呜呼! 西域氏之教其徒,日以讲习决释其法为事。视吾之太学,又足为西域氏之羞矣。

足下出文阃，生学世，业精前古，言高当今。洸洸乎，洋洋乎，为诸生之蓍龟，作后来之绵蕝。得不思居其位者不愧其道，处于职者不堕其业乎？否则，市《大易》负乘之讥，招诗人《伐檀》之刺矣。奚不日诫其属，月励其徒，年持六籍，日决百氏，俾诸生于圣典也，洞知大晓。犹驾车者必知康庄，操舟者必知河海。既若是矣，执其业者，精者进而堕者退，公者得而私者失。非惟大发于儒风，抑亦不苟于禄位。足下之道，被于太学也，其利可知矣。果行是说，则太华之石，峨峨于成均之门者，吾不颂于他人矣。足下听之无忽。日休再拜。

《皮子文薮》卷九，上海古籍出版社一九八一年版

皮日休

来　鹄

来鹄(生卒年未详)　豫章(今江西南昌)人。为文师韩愈、柳宗元,诗思清丽,多寓意讥讽时事,以工诗闻名于大中、咸通间。累举进士不第,尚书韦宙独赏其才,延待幕中。逢广明庚子世乱,避难游荆襄,历险南返,客死旅中。有诗一卷。

儒义说

天下之命修文士曰儒士,其言书曰儒书,是谬久矣。夫儒者,可器之士号也。何者?以其不达于事,濡滞焉。且以《诗》《书》之法未尝言,以《周易》《春秋》之文未尝载,斯明矣。惟《论语》言当为君子儒,毋为小人儒。《礼记·儒行篇》如是,非仲尼之言也。夫圣人言君臣父子夫妇兄弟朋友宾主之法而已矣。是儒者无定,不约其事而制之,何必曰儒?苟若是,则曰儒曰佛曰道,何怪耶?夫士之出也,进道德,行礼乐,以治其身心。能语言,明仁义,则曰儒士。不善而为武夫。夫控弦荷戈,贱隶之徒也。苟修其文而不知武,乌得为君子?孔子曰:"有文事者必有武备,有武备者必有文事。"夫文所以导乎忠孝,若武所以戡乎畔逆。二事之用,以求于是而已。某是知古今之人虑或未精故也。辄建斯议,以为世式。

《全唐文》卷八一一,中华书局一九八三年版

柳玭

柳玭(生卒年未详) 京兆华原(今陕西耀州)人。以明经为秘书省正字,由书判拔萃转为左补阙,后历官昭义节度副使、殿中侍御史、刑部员外郎、岭南节度副使、起居郎、中书舍人、御史中丞、吏部侍郎、御史大夫、泸州刺史等。曾著书戒其子弟。著有《续贞陵遗事》一卷。

戒子孙

大凡门第高者,一事坠先训,则异他人,虽生可以苟爵位,死不可见祖先地下。门高则自骄,族盛则人窥嫉。实艺懿行,人未必信;纤瑕微累,十手争指矣。所以修己不得不至,为学不得不坚。夫士君子生于世,己无能而望他人用,己无善而望他人爱,犹农夫卤莽种之,而怨天泽不润,虽欲弗馁,可乎?

余幼闻先公仆射言,立己以孝悌为基,恭默为本,畏怯为务,勤俭为法。肥家以忍顺,保交以简恭,广记如不及,求名如傥来,莅官则洁己省事,而后可以言家法。家法备,然后可以言养人。直不近祸,廉不沽名。忧与祸不偕,洁与富不并。董生有云:"吊者在门,贺者在闾。"言忧则恐惧,恐惧则福至。又曰:"贺者在门,吊者在闾。"言受福则骄奢,骄奢则祸至。故世族远长与命位丰约,不假问龟蓍星数,在处心行事而已。昭国里崔山南琯,子孙之盛,仕族罕比。山南曾祖母长孙夫人,年高无齿,祖母唐夫人事姑孝,每旦栉纵笄拜阶下,升堂乳姑,长孙不粒食者数年。一日病,言"无以报吾妇,冀子孙皆得如妇孝"。然则崔之门安得不昌大乎?东都仁和里裴尚书宽,子孙众盛,实为名阀。天后时,宰相魏元同选尚书之先为婿,未成婚而魏陷罗织狱,家徙岭表。及北还,女已逾笄,其家议无以为衣食资,愿下发为尼。有一尼自外至曰:"女福厚丰,必有令匹,子孙将遍天下,宜北归。"家人遂不敢议。及荆门,则裴斋装以迎矣。今势利之徒,舍信誓如反掌,则裴之蕃衍,乃天之报施也。余旧府高公先君,兄弟三人,俱居清列,非速客不二羹胾,夕食龁卜瓠而已,皆保重名于世。永宁王相国涯居位,窦氏女归请曰:"玉工货钗,直七十万钱。"王曰:"七十万钱,岂于女惜,但钗直若此,乃妖物也,祸必随之。"女不敢复言。后钗为冯球外郎妻首饰,涯曰:"为郎吏妻,首饰有七十万钱,其可久乎?"冯为贾相国𬭼门人,贾有奴颇横。冯爱贾,召奴责之,奴泣谢。未几,冯晨谒贾,贾未出。有二青衣赍银罂出曰:"公恐君寒,奉地黄酒三杯。"冯悦,尽举之,俄病渴且咽,因暴卒。贾为叹息出涕,卒不知其由。明年,王、贾皆遭祸。噫!王以珍玩为物之妖,信知言矣,而不知恩权隆赫之妖甚于物耶!冯以卑位贪货,不能正其家,忠于所事,不能保其身,不足言矣。贾之臧获,害客于墙庑之间,而不知,欲始终富贵,其可得乎?舒相国元舆与李繁有隙,为御史鞫谯狱,穷致繁罪,后舒亦及祸。今世人盛言宿业报应,曾不思视履考祥事欤?夫名门右族,莫不由祖考忠孝勤俭以成立之,莫不由子孙顽率奢傲以覆坠之。成立之难如升天,覆坠之易如燎毛。

余家本以学识礼法称于士林，比见诸家于吉凶礼制有疑者，多取正焉。丧乱以来，门祚衰落，基构之重，属于后生。夫行道之人，德行文学为根株，正直刚毅为柯叶。有根无叶，或可俟时；有叶无根，膏雨所不能活也。至于孝慈友悌，忠信笃行，乃食之醯酱，可一日无哉？

《全唐文》卷八一六，中华书局一九八三年版

家训

　　夫门地高者，可畏不可恃。可畏者，立身行己，一事有坠先训，则罪大于他人。虽生可以苟取名位，死何以见祖先于地下？不可恃者，门高则自骄，族盛则人之所嫉。实艺懿行，人未必信，纤瑕微累，十手争指矣。所以承世胄者，修己不得不恳，为学不得不坚。夫人生世，以无能望他人用，以无善望他人爱，用爱无状，则曰"我不遇时，时不急贤"。亦由农夫卤莽而种，而怨天泽之不润，虽欲弗馁，其可得乎！

　　予幼闻先训，讲论家法。立身以孝悌为基，以恭默为本，以畏怯为务，以勤俭为法，以交结为末事，以气义为凶人。肥家以忍顺，保交以简敬。百行备，疑身之未周；三缄密，虑言之或失。广记如不及，求名如俔来。去奢与骄，庶几减过。莅官则洁己省事，而后可以言守法，守法而后可以言养人。直不近祸，廉不沽名。廪禄虽微，不可易黎甿之膏血；榎楚虽用，不可恣褊狭之胸襟。忧与福不偕，洁与富不并。比见门家子孙，其先正直当官，耿介特立，不畏强御；及其衰也，唯好犯上，更无他能。如其先逊顺处己，和柔保身，以远悔尤；及其衰也，但有暗劣，莫知所宗。此际几微，

非贤不达。

夫坏名灾己，辱先丧家。其失尤大者五，宜深志之。其一，自求安逸，靡甘澹泊，苟利于己，不恤人言。其二，不知儒术，不悦古道，懵前经而不耻，论当世而解颐，身既寡知，恶人有学。其三，胜己者厌之，佞己者悦之，唯乐戏谭，莫思古道，闻人之善嫉之，闻人之恶扬之，浸渍颇僻，销刻德义，簪裾徒在，厮养何殊。其四，崇好慢游，耽嗜曲蘖，以衔杯为高致，以勤事为俗流，习之易荒，觉已难悔。其五，急于名宦，暱近权要，一资半级，虽或得之，众怒群猜，鲜有存者。兹五不是，甚于痤疽。痤疽则砭石可瘳，五失则巫医莫及。前贤炯戒，方册具存，近代覆车，闻见相接。

夫中人已下，修辞力学者，则躁进患失，思展其用；审命知退者，则业荒文芜，一不足采。唯上智则研其虑，博其闻，坚其习，精其业，用之则行，舍之则藏。苟异于斯，岂为君子？

《旧唐书》卷一六五《柳玭传》，中华书局一九七五年版

孔 纬

孔纬(? —895) 字化文,曲阜(今属山东)人。大中举进士。官至翰林学士、中书侍郎、集贤殿大学士、宰相等。为官刚正不阿,疾恶如仇。

请助修孔子庙奏

文宣王祠庙,经兵火焚毁,有司释奠无所。请内外文臣各于本官料钱上,每一缗抽十文,助修国学。

《全唐文》卷八〇四,中华书局一九八三年版

李晔（唐昭宗）

李晔（867—904） 即唐昭宗。888—904 年在位。这一时期，唐王朝的统治已经动摇，藩镇之间争夺控制权的斗争日趋剧烈。多次逃避兵锋，后来处于被挟持状态，最终被朱温派人杀死。

修葺国学诏

有国之规，无先学校，理官之要，莫尚儒宗。故前王设塾庠，陈齿胄，所以敷扬至道，宏阐大猷者也。国学自朝廷丧乱已来，栋宇摧残之后，岁月斯久，榛芜可知。宜令诸道观察使、刺史与宾幕、州县文吏等，同于俸料内量力分抽，以助修葺。

《全唐文》卷九一，中华书局一九八三年版

第三编

五代

崔　协

崔协(？—929)　字思化，贝州清河(今属河北)人。唐末举进士，任度支巡官、渭南尉、直史馆等。后梁时，任左司郎中、万年令、给事中、兵部侍郎、太子詹事、吏部侍郎等。后唐时，任吏部侍郎、御史中丞、礼部尚书、太常卿、中书侍郎平章事、国子祭酒等。

请令国子监学生束脩光学等钱充公使奏

当监旧例：初补监生有束脩钱两贯文，及第后光学钱一贯文。切缘当监诸色举人，及第后近再多不于监司出给光学文抄，及不纳光学钱，只守选限年满，便赴南曹参选。南曹近年选人，并不收置监司光学文抄为凭。请自后欲准例应诸色举人及第后，并却于监司出给光学文抄并纳光学钱等，各有所业次第，以备当逐年修葺公使。奉敕宜准往例指挥，兼自今后，凡补监生，须令情愿住在监中修学，则得给牒收补，仍据所业次第，逐季考试申奏。其勘到见管监生一百七十八人，仍勒准此指挥。如收补年深，未闻艺业，虚沾补牒，不赴试期，亦委监司简点其姓名年月，一一分析申奏。

牛希济

牛希济（生卒年未详）　陇西（今甘肃）人。在前蜀，任起居郎、翰林学士、御史中丞。在后唐，任雍州节度副使。著有《理源》二卷。

文章论

圣人之德也有其位，乃以治化为文，唐虞之际是也。圣人之德也无其位，乃以述作为文，周、孔之教是也。纂尧、舜之运，以宫室车辂钟鼓玉帛之为文，山龙华虫粉米藻火之为章，亦已鄙矣。师周、孔之道，忘仁义教化之本，乐霸王权变之术，困于编简章句之内，何足大哉！况乎浇季之下，淫靡之文，恣其荒巧之说，失于中正之道。两汉以前，史氏之学犹在；齐、梁以降，国风雅颂之道委地。今国朝文士之作，有诗、赋、策、论、箴、判、赞、颂、碑、铭、书、序、文、檄、表、记，此十有六者，文章之区别也。制作不同，师模各异。然忘于教化之道，以妖艳为胜。夫子之文章，不可得而见矣。古人之道，殆以中绝，赖韩吏部独正之于千载之下，使圣人之旨复新。今古之体，分而为四。崇仁义而敦教化者，经体之制也。假彼问对，立意自出者，子体之制也。属词比事，存于褒贬者，史体之制也。又有释训字义，幽远文意，观之者久而方达，乃训诂雅颂之遗风，即皇甫持正、樊宗师为之，谓之难文。今有司程式之下，诗赋判章而已。唯声病忌讳为切，比事之中，过于谐谑。学古文者，深以为惭。晦其道者扬袂而行，又屈、宋之罪人也。且文者，身之饰也，物之华也。宇宙之内，微一物无文，乃顽也，何足以观？且天以日月星辰为文，地以江河淮济为文，时以风云草木为文，众庶以冠冕服章为文，君子以言可教于人谓之文。垂是非于千载，殁而不朽者，唯君子之文而已。且时俗所省者，唯诗赋两途，即有身不就学，口不知书，而能吟咏之列。是知浮艳之文，焉能臻于理道？今朝廷思尧、舜治化之文，莫若退屈、宋、徐、庾之学，以通经之儒，居燮理之任。以杨、孟为侍从之臣，使仁义治乱之道，日习于耳目。所谓观乎人文，可以化成天下也。

《全唐文》卷八四五，中华书局一九八三年版

贡士论

牛希济

禹画九州，列贡轻重，举贤用才，咸在其中。故《周官》司马得俊造之名，乃进于天子，谓之进士。又天子于射宫，以择诸侯所贡之士。若善者乃受上赏，不善者黜爵，其次削地。得预于射宫，以射诸侯之义，而为诸侯所举者重，所用者大。汉法：每州若干户，岁贡若干人，更以籍上闻。计州里之大小，材之多少，谓之计籍。人主亲试所通经业策问，理优深者乃中高第。有行著乡里辟选，自古而然。汉世得人，于斯为盛。国家武德初，令天下冬季集贡士于京师，天子制策，考其功业辞艺，谓之进士，已废于行实矣。其后以郎官权轻，移之于礼部，大率以三场为试。初以词赋，谓之

杂文;复对所通经义;终以时务为策。目虽行此,擢第又不由于文艺矣。唯王公子弟器貌奇伟,无才无艺者,亦冠于多士之首。然相士之道,备尝闻之。有门阀清贵者,有状骨卿相者,有容质秀丽者,有才藻可尚者,有权势抑取者,有朋友力盛者。机权沉密,词辩雄壮,臧否由己,升沉在心,群众必集其门。若见公相,来交请友,识面为难,动必有应,游必有从。密处隐会,深诚重约,朱门甲第之间,鬼神不能知者,尽知之。虽名臣硕德,高位重权,可以开阖之,可以摇动之,可以倾覆之。有司畏之,不敢不与之者。言泉疾于波浪,舌端利若锋芒,所排殁九泉,所引升霄汉。默默无言,众必谓之长者;发中心病,时皆目之凶人。秋风八月,鞍马九衢,神气扬扬,行者避路。取富贵若咳唾,视州县如奴仆,亦不独高于贵胄,亦不贱彼孤介。得其术者,舍末耜而取公卿;乖其道者,抱文章而成痼疾。朝廷取士之门,于斯为最。衰世以来,多非其人。明廷无策问之科,有司亡至公之道。登第之人。其辞赋皆取能者之作,以玉易石,羊质虎皮。抱愤之人,汩没尘土。天九重高,不可以叫。加以浮薄之子,递相唱和。名第之中,以只数为上,贱其双数。以甲乙为贵,轻彼两科。题目之间,增其异名。至于传粉熏香,服饰鞍马之费,多致匪人,成于牧宰。取资货以利轻肥,朋党比周,交游酒食,乱其国政,于斯为盛。窃愿明君贤臣,悉力同心,大革其弊,复以经明行修为急。所谓斥彼浮华,敦其茂实,儒风免坠,不失取士之道。

《全唐文》卷八四六,中华书局一九八三年版

后唐国子监

请设官讲明经义疏

伏以国家开设庠序，比要教授生徒，所以日就月将，知讨论之不废；卜禘视学，明考较之有程。先生既以亲临学士，岂宜他适？盖以顷者监名虽补，各以私便无常，且居罔离群，则学能敬业。终成孤陋，谁为琢磨？但希托迹为梯媒，只以多年为次第，罔思蚁术，惟俟莺迁，忍淹违养之时，徒积观光之岁。今国家化被流沙渐海，政敷有截无疆，大扇素风，恢张至道。是以重兴数仞，分设诸官，教且有常，业成无忒。而况时物甚贱，馆舍尤多。谅无悬磬之虞，足待撞钟之问。但自学徒所好，可以教亦随机。既欲成名，必须精业。如有好《春秋》者，教之以属辞比事，三体五情，尊王室而讨不庭，昭沮劝而起新旧。其所异同者，则引之以二传也。如有好《礼》者，则教之以恭俭庄敬，长幼尊卑，言揖让而知献酬，明冠昏而重丧祭。其所沿革者，则证之以二礼也。如有好《诗》者，则教之以温柔敦厚，辨之以草木虫鱼，美盛德而刺淫昏，歌风雅而察正变。如有好《书》者，则教之以疏通知远，释之以训诂典谟，思帝德而敬王言，稽古道而建皇极。如有好《易》者，则教之以洁静精微,戒之以躁动竞进;体十翼而分六爻,应吉凶而先拟议也。至于历代子史,备述变通,既属异端,诚非教本。但以适当凝冻,将近试期,欲讲小经,以消短景。今已请《尚书》博士田亩讲勘《论语》《孝经》,行莫大于事亲,道莫逾于务本。如有京中诸官子弟及外道举人,况四门博士赵著见讲《春秋》,若有听人,从其所欲。颙俟放榜,别启诸经。既温故而知新,惜寸阴而轻尺璧。颙经者若能口诵,硕学者又得指归,自然縻好爵以当仁,策科名而得俊。幸不孤于选士,冀有益于化风。

《全唐文》卷九七四,中华书局一九八三年版

任　赞

任赞（生卒年未详）　字希度。后梁开平初举进士,曾任翰林学士。后唐时,曾任房州司马、太子左庶子、工部侍郎、左散骑常侍、大理卿、户部侍郎、刑部侍郎、兵部侍郎充元帅府判官。后晋时,曾任工部侍郎、兵部侍郎。

请州县官先考试贡举人表

伏以圣代设科,贡闱取士,必自乡荐,来观国光,将叶公平,惟求艺行。盖广搜罗之理,且非喧竞之场。伏见常年举人等,省门开后,春榜悬时,所习既未精研,有司宁免黜落。或嫉其先达,或恣以厚诬,多集怨于通衢,皆取骇于群听。颇亏教本,却成乱阶。宜立新规,以革前弊。自今后,诸举人不是家在远方,水陆隔越者,望本令各于本贯选艺精通宾寮一人考试,如非通赡,不许妄荐。傥考核必当,即试官请厚于甄酬。若荐送稍私,并童子尽归于窜逐。冀彰睿化,免紊儒风,庶绝滥进之人,共守推公之道。

《全唐文》卷八五〇,中华书局一九八三年版

萧希甫

萧希甫(生卒年未详) 宋州(治今河南商丘)人。后梁时,举进士,曾为开封尹及青州节度使幕僚,因不乐为下官,削发为僧。后唐时,被荐出仕,历官驾部郎中、谏议大夫兼匦函使、左散骑常侍、集贤殿学士判院事等,因事被贬为岚州司户参军。

请置明律科奏

臣闻禁暴乱者,莫先于刑律;勤礼义者,无切于《诗》《书》。刑律明则人不敢为非,礼义行则时自然无事。今《诗》《书》之教,则业必有官;刑律之科,则世皆莫晓。近者,大理正宋升请置律学生徒,虽获上闻,未蒙申举。伏乞特颁诏旨,下付国庠,令再设此科,许其岁贡。仍委诸州各荐送一两人,就京习学,候至业成,便放出身。兼许以卑官,却还本处。则率土之内,尽会刑书,免祸触于金科,冀咸遵于皇化。

《全唐文》卷八四八,中华书局一九八三年版

田　敏

　　田敏(880—971)　淄州邹平(今属山东)人。后梁贞明
中登科,任国子四门博士。后唐时,任国子博士、屯田员外郎
兼太常博士、户部员外郎、国子司业等。后晋时,任祭酒、检
校工部尚书、户部侍郎、兵部侍郎、检校右仆射、尚书右丞等。
后周时,任尚书左丞、太常卿、检校左仆射、司空、工部尚书、
太子少保等,年老退休,归居淄州。

进印板书奏

　　臣等自长兴三年校勘雕印九经书籍,经注繁多,年代殊邈,
传写纰缪,渐失根源。臣守官胶庠,职司校定,旁求援据,上备雕
镌。幸遇圣朝,克终盛事,播文德于有截,传世教以无穷。谨具
陈进。

《全唐文》卷八六五,中华书局一九八三年版

张 允

张允（886—950）　镇州束鹿（今属河北）人。后梁时，为州参军。后唐时，历官魏州功曹、节度推官、掌书记、监察御史、水部员外郎、知制诰、给事中、左散骑常侍等。后晋时，曾任礼部侍郎、御史中丞、兵部侍郎、知制诰、翰林学士承旨等。后汉时，曾任吏部侍郎。

请罢明经科奏

明君侧席，虽切旁求；贡士观光，岂宜滥进。窃窥前代，未设诸科，始以明经，俾升高第。自有九经、五经之后，及三礼、三传已来，孝廉之科，遂因循而不废，缙绅之士，亦缄默而无言，以致相承，未能改作。每岁明经，少至五百已上，多及一千有余。举人如是繁多，试官岂能精当？况此等多不究义，唯攻帖书，文理既不甚通，名第岂可妄与？且当年登科者不少，相次赴选者甚多，州县之间，必无贡阙；辇毂之下，须有稽留。怨嗟自此而兴，谤讟因兹而起。但令广场大启，诸科并有，明经者悉包于九经、五经之中，无出于三礼、三传之内，若无厘革，恐未便宜。其明经一科，伏请停废。（天福五年四月）

《全唐文》卷八五五，中华书局一九八三年版

请罢童子科奏

　　国家悬科待士,贵务搜扬,责实求才,须除讹滥。童子每当就试,止在念书,背经则虽似精详,对卷则不能读诵。及名成贡院,身返故乡,但刻日以取官,更无心而习业。滥觞徭役,虚占官名。其童子一科,亦请停废。(天福五年四月)

《全唐文》卷八五五,中华书局一九八三年版

张允

徐台符

徐台符（？—956） 恒州获鹿（今属河北）人。后唐时，曾任镇州节度掌书记。后晋时，曾任监察御史、膳部员外郎、知制诰、金部郎中、翰林学士、中书舍人等。后周时，曾任史馆修撰、礼部尚书、翰林学士承旨、刑部侍郎等，受命主持显德元年（954年）贡举。

条陈贡举试义奏

贡举之司，条贯之道，有沿有革，或否或臧，盖趋向之不同，致施行之有异。今欲酌其近例，按彼旧规，参而用之，从其可者，谨条如右。

九经元格帖经一百二十帖，对墨义、泛义、口义共六十道，策五道。去年知举赵上交起请罢帖书、泛义、口义，都对墨义一百五十道。合今请去泛义、口义，都对墨义六十道。其帖书、对策依元格。

五经元格帖书八十帖，对墨义五十道。臣今请对墨义十五道，其帖书、对策依元格。

明法元格帖律令一十帖，对律令、墨义二十道，策试十条。去年罢帖对墨义六十道,策试如旧。臣今请并依元格。

学究元格念书、对墨义各二十道,策五道。去年罢念书,都对墨义五十道。今请依去年起请。

三礼元格对墨义九十道。去年添四十道。臣今请并依元格。

三传元格对墨义一百一十道。去年对四十道。臣今请并依元格。

《开元礼》、三史元格各对墨义三百道,策五道。去年加对五十道。臣今请并依元格。

进士试杂文、诗赋、帖经二十帖,对墨义五道。去年依帖经对义,别试杂文二首。臣今请依起请,别试杂文,其帖书、对义请依元格。

童子元格念书二十四道。起请添念书都五十道及三十通者。故臣请依起请。

《全唐文》卷八五二,中华书局一九八三年版

徐台符

窦贞固

窦贞固（892—969）　字体仁，同州白水（今属陕西）人。后唐同光时，举进士。后晋时，历官户部员外郎、翰林学士、中书舍人、御史中丞、刑部侍郎、门下侍郎、工部尚书、礼部尚书、刑部尚书等。后汉时，任吏部尚书、司空、门下侍郎同平章事、司徒等。后周时，任侍中、司徒等，后罢官居洛阳。在任礼部尚书，主持贡举时，奏请恢复夜试，使贡士各尽其才。

请贡举复限三条烛奏

进士考试杂文，及与诸科举人入策，历代已来，皆以三条烛尽为限。长兴二年，改令昼试。伏以悬科取士，有国常规，沿革之道虽殊，公共之情难失。若使就试两廊之下，挥毫短景之中，视晷刻而惟畏稽迟，演词藻而难求妍丽，未见观光之美，但同款答之由，既非师古之规，恐失取人之道。今于考试之时，准旧例以三条烛为限。其进士并诸色举贡人等，有怀藏书策入院者，旧例扶出，不令就试。近年以来，虽见怀藏，多是容纵。今欲振举弛紊，明辨臧否，冀在必行，庶为定式。

《全唐文》卷八六五，中华书局一九八三年版

孙培青文集　第三卷　隋唐五代教育论著选

张 昭

张昭(893—972) 字潜夫,濮州范县(今属河南)人。后梁时,居乡耕读。后唐时出仕,历官兴唐府推官、北京留守推官、义安军节度掌书记、左补阙、史馆修撰、都官员外郎、知制诰、职方员外郎、驾部郎中、中书舍人、礼部侍郎、御史中丞等。后晋时,任户部侍郎、翰林学士、兵部侍郎、吏部侍郎、尚书右丞等。后汉时,任吏部侍郎、太常卿等。后周时,任户部尚书、兵部尚书等。宋初,任吏部尚书,以年老退休。《宋史》卷二六三有传。疏中有"叨居谏列,备敢奏陈"之语,作于任都官员外郎之时。

请妙选东宫师傅疏

臣闻周家创业七百年,汉氏延洪四百载,非惟天命,抑亦人谋。臣虽至愚,粗闻其要,叨居谏列,备敢奏陈。古者人君即位之后,立嫡以为储闱,列土而封子弟。既尊之以名品,复教之以训词,则骄奢淫逸不萌于心,仁知贤明以习其性。良繇择正人以为师傅,闻善事益其聪明。假使中材,亦成良器。凡人善恶之性,多因染习而成,将创无穷,所宜重甚。窃以元良宗子,邦国本根，或陛下未欲封崇，先宜教导。所贵识古今之成败，知稼穑之艰难，使骄纵不期于心，正道尝闻于耳。辄条刍管，仰渎冕旒，事具于后：

一、帝王之子，生长深宫，爱自幼冲，便居逸乐，目厌雕华之玩，耳烦丝竹之音。所谓不与骄期，而骄自至。倘非天生聪惠，神授贤明，持此骄盈，焉能无惑？苟不预为教导，何以致之盘维？臣窃见先帝时，皇弟皇子，尽喜俳优，闻无稽玩物之言，则娱心悦耳；告致理经邦之说，则俯目颦眉。入则务饰姬美，出则思参仆马。亲宾满座，无非优笑之徒；食客盈门，罕有贤能之士。以此知识，以此宗师，必若托以维城，付之主鬯，无难亡之国，无不破之家。其则非遥，可谓殷鉴。臣请诸皇子各遵古议，置师傅之官，如陛下厚之以渥恩，课之以训导，令皇子屈身师事，每日讲说善道。一日之中，但记一事；一岁之内，所记渐多。每至月终，令师傅具录闻奏。或皇子上谒之时，陛下更令侍臣面问，十中得五，为益良多。何必读书，自然博识。既达安危之理，兼知成败之繇。主鬯维城，何往不可？臣虽识短，事系远图。伏乞陛下询于公卿，以为可否。

一、臣闻古之人君即位，而册太子，封拜诸王。究其所繇，盖有深旨。一则欲尊储闱而作磐石，系我宗枝；一则欲分嫡庶而辨亲疏，各归名分。使庶不乱嫡，疏不间亲，礼秩有常，邪慝不作。臣窃见近代圣后贤君，或有失于此道，以此邦家构患，衅隙萌生。昔隋祖聪明，炀帝亦倾于杨勇。太宗睿圣，魏王终覆于承乾。臣每读古书，深悲其事，愿于圣代，无此厉阶。其于卜贰封崇，在臣不敢轻议。臣请诸皇子于恩泽赐与之间，婚姻省侍之际，依嫡庶而为礼秩，据亲疏而定节文。示以等威，绝其侥幸。保宗之道，莫大于斯。

一、臣闻上圣之才，不修崇而合道；中人之性，随染习而无常。是故告以话言，束之名教，犹蹈覆车之辙，不师铭座之言。而况左右全阙正人，染习不闻善事，欲求贤行，其可得乎？伏见近代师傅之官，所设备员而已，未闻调护太子，训导诸王。坐食俸钱，诚为尸禄。臣请皇子中当为储位者，虽未封拜，先要切磋。应在朝官寮师傅之官，请每日谒见皇子，或讲论时政，或习熟礼容。日增月修，有益无损。在臣愚识，以此为忧。伏乞陛下付公卿详议，以为可否。

伏惟皇帝陛下仁深拜善，道在励精。行慈俭而爱生灵，正赏罚而激贞滥。内外皆无阙政，左右尽是贤臣。谏者无以措词，多士惟期自励。臣岂合遽陈狂瞽，辄犯宸严？但以恩未报于君亲，事实关于国本。庶裨万一，聊罄再三。

《全唐文》卷八六四，中华书局一九八三年版

张
昭

请尊师傅讲论经义疏

臣闻江海不让于细流，所以成其大；山岳不让其撮土，所以成其高；王者不倦昌言，所以成其圣。臣历观前代，乃至近朝，遍阅圣君，无不好学。故楚灵王军中决胜，不忘倚相之书；汉高帝马上争衡，犹听陆生之说。遂得宸谋益治，宗社延长。伏惟皇帝陛下缵禹丕图，受尧成法。春秋鼎盛，四聪不惑于咨询；廊庙谋深，六艺何妨于讲习？古者或立儒宫，或开文馆，旁求岩穴之士，延纳草泽之才。虽有前规，伏恐未暇。况国家设官分职，选贤任能，有辅弼讲其国经，有师傅启其言路。可以谈天人之际，可以陈理乱之

繇。但能属耳于典谟,何必服膺于卷轴。伏望陛下听政之余,数召近臣,讨论经义。所冀熟三纲五常之要,穷九畴八政之源。纵无取于儒冠,犹冀贤于博奕。

《全唐文》卷八六四,中华书局一九八三年版

和 凝

和凝(898—955)　字成绩，郓州须昌(今山东东平)人。五代时仕于后梁、后唐、后晋、后汉四朝，历官从事、殿中侍御史、主客员外郎、知制诰、翰林学士、中书舍人、工部侍郎、端明殿学士兼判度支、户部侍郎、翰林学士承旨、中书侍郎、同中书门下平章事、左仆射、太子太保、太子太傅等。

请置医学奏

当贞观之朝，则广开医学；及开元之代，则亲制方书。爰在明朝，宜遵故事。方今暄熇在近，疫疠是虞，言念军民，宜加轸闵。其边远戍卒及贫下农人，既难息于苦辛，宜偶萦于疾患，地僻既无药物，家贫难召医师，遂致疾深，多罹物故。荷戈执耒，皆展力于当年；问疾赐医，宜覃恩于此日。其诸处屯戍兵士，令太医署修合伤寒、时气、疟痢等药，量事给付大军主掌，以给有病士卒之家。百姓亦准医疾令，合和药物，救其贫户。兼请依本朝州置医博士令，考寻医方，合和药物，以济部人。其御制《广济》《广利》等方书，亦请翰林医官重校定，颁行天下。

和
凝

窦 仪

窦仪（914—966） 字可象，蓟州渔阳（今天津蓟州区）人。后晋天福中举进士，曾任夔州节度记室，滑州、陕州、孟州、郓州四镇节度从事。后汉初，被召为右补阙，改礼部员外郎。后周时，历官仓部员外郎、知制诰、翰林学士、驾部郎中、给事中、礼部侍郎、端明殿学士、西京留守事、兵部侍郎等。北宋初，任工部尚书，兼判大理寺，改翰林学士、礼部尚书。主张对科举制度进行局部改革。

条陈贡举事例奏

伏以朝廷设科，比来取艺，州府贡士，祇合荐能。爰因近年，颇隳旧制。其举子之弊也，多是才谋习业，便切干名。《周》《仪》未详，赴三礼之举；《公》《穀》不究，应三传之科。经学则偏试帖由，进士则鲜通经义。取解之处，讲张妄说于辛勤；到京之时，奔竞惟求于荐托。其举送之弊也，多是明知荒浅，具委凶粗。新差考试之官，利其情礼之物，虽所取无几，实启幸非轻。凡对问题，任从同议。谩凿通而凿否，了无去以无留，惟徇人情，仅同儿戏。致令至时就试，不下三千；每岁登科，罕逾一百。假使无添而渐

孙培青文集 第三卷 隋唐五代教育论著选

放,约须毕世而方周。乃知难其举则至公而有益于人,易其来则小惠而无实于事。有益者知滥进不得,必致精勤;无实者欲多放无能,虚令来往。且明经所业,包在诸科,近间应者渐多,其研精者益少。

又今之童子,比号神童,既幼稚之年,禀神异之性,语言辨慧,精采英奇,出于自然,有则可举。窃闻近日,实异于斯。抑嬉戏之心,教念诵之语,断其日月,委以师资。限隔而游思不容,仆拽而痛楚多及。孩童之意,本未有知;父母之情,恐或不忍。而复省试之际,岁数难知,或念诵分明,则年貌稍过;或年貌适中,则念诵未精。及有司之去留多,家人之诉讼伏。况晋朝之日,罢此三科,年代非遥,敕又见在,今宜厘革,别俾进修。

臣谬以非才,获承此任,本重难而为最,复遗阙以相仍。虔奉敕文,重令条奏。或从长而仍旧,亦因弊以改为,上副圣情,广遵公道。除依旧格敕施行外,其明经、童子,请却依晋天福五年敕停罢,任改就别科赴举。其进士,请今后省卷,限纳五卷已上,于中须有诗、赋、论各一卷。余外杂文歌篇,并许同纳,只不得有神道碑、志文之类。其帖经对义,并须实考,通三已上为合格,将来却复昼试。候考试终场,其不及第人,以文艺优劣定为五等。取文字乖舛、词理纰缪最甚者为第五等,殿五举;其次者为第四等,殿三举;以次稍优者为第三、第二、第一等,并许次年赴举。三礼,请今后解试,省试,第一场《礼记》,第二场《周礼》,第三场《仪礼》。三传,第一场《左氏》,第二场《公羊》,第三场《穀梁》,并终而复始。学究,请今后《周易》《尚书》并为一科,每经对墨义三十道,仍问经考试。《毛诗》依旧为一科,对墨义六十道。及第后,请并咸为上选。集诸科举人所对策问,或不应问曰词理乖错者,并当驳落。

其诸科举人,请第一场十否者殿五举,第二场、三场十否者殿三举,其三场内有九否者并殿一举。其进士及诸科所殿举数,并于所试卷子上朱书封送中书门下,请行指挥。及罪发解试官、监官等,其监官、试官如受取解人情礼财物,请今后并准枉法赃论。

又进士以德行为基,文章为业,苟容欺诈,何称科名?近年场中,多有诈伪,托他人之述作,窃自己之声光。用此面欺,将为身计,宜加条约,以诫轻浮。今后如有倩人述作文字应举者,许人告言,送本处色役,永不得仕进。

又切览《唐书》,见穆宗朝礼部侍郎王起奏,所试贡举人试讫,申送中书,候覆讫下当司,然后大字放榜,是时从之。臣欲请将来考试及第进士,先具姓名杂文申送中书,奏覆讫下当司,与诸科一齐放榜。

《全唐文》卷八六二,中华书局一九八三年版

徐　锴

徐锴(921—975)　字楚金,广陵(今江苏扬州)人。在南唐为官,曾任秘书郎、右拾遗、集贤殿直学士、虞部员外郎、屯田郎、知制诰、集贤殿学士、右内史舍人等。嗜读书,书册不离手,尤精小学,所校均精审。著有《说文解字系传》四十卷、《说文通释》四十卷、《方舆记》一百三十卷、《说文隐音》四卷、《说文韵谱》十卷、《历代年谱》二卷。

陈氏书堂记

古之学者,家有塾,党有庠,术有序,国有学。此系乎人者也。圣王之处士也,就闲燕,孟母之训子也,择邻居。元豹隐南山而成文章,成连适东海而移情性。此系乎地者也。然则稽合同异,别是与非者,地不如人;陶钧气质,渐润心灵者,人不若地。学者察此,可以有意于居矣。

浔阳庐山之阳,有陈氏书楼。其先盖陈宜都王叔明之后曰兼,为秘书少监。生京,给事中,以从子褒为嗣,至盐官令。生瓘,至高安县丞。其孙避难于泉州之仙游,生伯宣,著《史记》,今行于世。昔马总尝左迁泉州,与之友善。总移南康,伯宣因来居庐山,遂占籍于德安之太平乡常乐里。合族同处,迨今千人。室无私财,厨无异爨,长幼男女,以属会食。日出从事,不畜仆夫隶马。大顺中,崇为江州长史。乾宁中,崇弟勋为蒲圻令。次弟玫,本县令。能嗣其业,如是百年。勋从子衮,本州曹掾。我唐烈祖中兴之际,诏复除而表揭之,旌其义也。衮以为族既庶矣,居既睦矣,当礼乐以固之,诗书以文之。遂于居之左二十里曰东佳,因胜据奇,是卜是筑,为书楼堂庑数十间,聚书数千卷。田二十顷,以为游学之资。子弟之秀者,弱冠以上,皆就学焉。自龙纪以降,崇之子蜕、从子渤、族子乘登进士第,近有蔚文尤出焉,曰逊曰范,皆随计矣。四方游学者,自是宦成而名立,盖有之。

於戏!文如麻菽,求焉斯至;道如江海,酌焉满腹。学如不及,仁远乎哉?昔北海有邴郑之风,《离骚》有江山之助者,皆古也。门生前进士章谷,尝所肄业,笔而见告,思为之碣。会陈氏之令子曰恭,自南昌掾入仕至都下,因来告别,援翰以授之。时太岁己巳十一月九日记。

《全唐文》卷八八八,中华书局一九八三年版

陈致雍

陈致雍(生卒年未详) 字致尧,莆田(今属福建)人。博通宪章典故,又善文辞。初仕闽,为太常卿。入南唐,以通礼及第,先任太常博士,后升秘书监,不久退职还家,从事著述。撰有《晋安海物异名记》《闽王列传》《五礼仪鉴》等。后人将其议礼诸文编为《曲台奏议》。

卫匡适男入学议

枢密院刺问:寿州都院官卫匡适男乞入国子监修习。奉御批,如此之人得否。下礼院检上:按《礼经》,国学以教世子及王子公卿大夫元士之子,谓之国学。俾有道德者而教焉。道德者,今之国子博士掌教文武官三品已上及国公子孙从三品已上曾孙为国子监生者,太学博士教文武五品已上及郡县公子孙从三品曾孙为太学生者,四门博士教文武七品已上及侯伯子男子为四门学生及庶人子升俊士为之也。国子监,太学也;四门,小学也。今太学、四门学、算学,皆国子监领焉。四门俊士,《礼记·王制》论秀士升之司徒曰选士,司徒论选士之秀者而升之于学曰俊士。及按《周礼》,司徒地官卿也,其属有乡大夫。知乡人之贤能德行道艺以宾敬之。三年大比考，与之行乡饮酒礼，升诸司徒，司徒以贤能之书贡于王，即今随贡吏上于尚书，擢于礼部，乃可入官也。其有未登者，入四门为俊士也。司徒地官卿，今户部尚书也。准长寿年敕，诸府贡举人皆户部引进。其卫匡适男既无品荫，即合应乡举拔其秀异。或未登礼部试，即入四门学。准皇唐令，皆尚书省补，别载学令条例。

《全唐文》卷八七三，中华书局一九八三年版

编后记

在《孙培青文集》的几卷中，《隋唐五代教育论著选》是较早编定的。记得是在2020年春三月间。当时武汉的疫情已经控制住，上海的疫情也已波澜不兴。华东师大一村的老罗文印室在关闭两个月后，又开门迎客。征得孙老师同意，我将"隋唐五代教育与考试研究丛书"中几种工作基础较好的书稿送去老罗文印室复制，并据以加工整理，其中就有《隋唐五代教育论著选》这本。

《隋唐五代教育论著选》是以人民教育出版社1993年版"中国古代教育论著丛书"为底本进行整理的。原本为繁体字本，标点符号也是使用的老式标点。这个本子因出版时间较早，受当时编校水平所限，整体上编校不精，各种讹误较多，明显的错字别字更是不少。对于这个版本的问题，孙老师显然自己也十分清楚。可能是因为他曾经据以为教材用于研究生教学，发现文字有讹，就随手校改在页眉上。当时在复制工作底本时，就向他索要他的这本"手边书"。他在页眉上日积月累地校改，就成为此次整理的重要提示和参考，极大地方便了我们的工作。

孙老师编这本《隋唐五代教育论著选》，实际上是按照编一部隋唐五代教育思想史的思路来选人、选书和选篇的。由于这本论著选是作为专业教学和研究的参考资料而编，又是"中国古代教育论著丛书"系列中的一本,所以并不需要考虑教学课时数的问题,也就可以从反映当时教育思想的状况出发,从容设计选文和内容结构,可以比较放开。全书所选人物共计一百多人,篇目超过千篇(则)。可以说,这是一本内容颇为丰富的隋唐五代教育文选。

虽然所选入的一百多位教育历史人物的教育篇目,不可能形成一个严整的内容体系,但孙老师显然是圈定了一个隋唐五代教育论著所涉及的教育问题范围,对此他有着十分明确的认识。他在《编者的话》中一一交代了关于唐代教育的一系列问题:关于唐代崇儒的教育方针政策;关于提倡道教,大量设置玄学;关于人性论的讨论;关于培养人才的标准;关于伦理道德教育;关于统一教学内容,统一教材;关于文化、科学繁荣与教育的发展;关于教学思想;关于考试的要求和方式;关于师道问题;关于皇子的教育问题;关于士大夫的家庭教育;关于女子教育;关于社会教育。所选教育论著,都或多或少地与上述 14 类问题存在关涉。所选入的人物的论著,少则一篇,多则三四十篇,一切以是否体现时代的教育价值为准,而不求一律,由此教育人物及其思想的主次轻重也就判然而分了。

《隋唐五代教育论著选》是孙老师用功甚勤的一种学术成果,体现了他对隋唐五代教育思想的把握。建议读者不只将此书作为一般文选阅读,而应作为思想史来阅读。

杜成宪

记于 2022 年 12 月